U0738832

无敌大卫及其古亚美尼亚文《亚里士多德〈前分析篇〉评注》研究

何博超　著

华东师范大学出版社

华东师范大学出版社六点分社　策划

本专著属2013年国家社科基金重大项目“希腊罗马伦理学综合研究”（项目号：13&ZD065，主持人：廖申白教授）成果之一。

今亚美尼亚首都埃里温的无敌大卫雕像

(图片来自英文维基百科: http://en.wikipedia.org/wiki/File:David_Anhaght_(2).JPG)

公元13世纪(1280年)无敌大卫《哲学序言》(即《哲学的定义与划分》)的古亚美尼亚文抄本，藏于亚美尼亚首都埃里温的玛特纳达兰(Մատենադարան)，编号1746。图中的人物形象就是大卫，已经被圣化，头有光环，手持管笔，正在书写。
(图片来自英文维基百科: http://en.wikipedia.org/wiki/File:David_Anhaght.jpg)

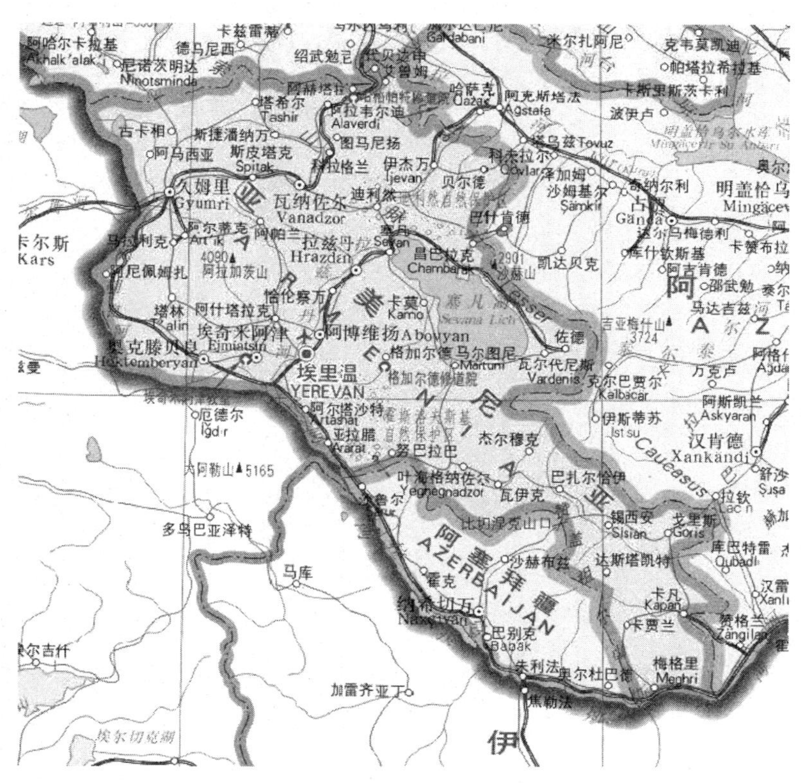

今亚美尼亚国家地图

(图片来自《新编实用世界地图册》，中国地图出版社，2006年版)

և ոչ միտք հաւաքեն, որպէս ինքնատեսողք ամենայն իրաց

——无敌大卫《〈前分析篇〉评注》I.5

Քանզի ոչ զամենայն ինչ թագոյց բնութիւնս

և ոչ դարձեալ զամենայն ինչ յայտնի արար

Այլ է ինչ, զոր թաքոյց, և է ինչ, զոր յայտնեաց

——无敌大卫《〈前分析篇〉评注》I.7

Քանզի երկնայինքն, որպէս ինքնատեսողք իրողութեանց

——无敌大卫《〈前分析篇〉评注》I.8

目　录

第一部分　无敌大卫研究

第二部分　古亚美尼亚文《〈前分析篇〉评注》研究

第一部分　无敌大卫研究

一、无敌大卫生平问题

一

今日亚美尼亚(Հայաստան, *Hayastan*[①], Armenia, 中文旧译为阿尔明尼亚), 即亚美尼亚共和国(Հայաստանի Հանրապետություն, *Hayastani Hanrapetut'yun*), 曾为前苏联成员国之一, 在欧亚交界处, 位于外高加索地区, 为山国, 国土面积2.98万平方公里, 首都埃里温(Երևան, Yerevan)。国家西邻土耳其, 北有格鲁吉亚, 东接阿塞拜疆和一块有争议的纳卡地区

---

① 亚美尼亚人自称国家为"哈亚斯坦", 斯坦即地区之意, 哈亚即亚美尼亚人自认的始祖"哈亚克"(Հայկ, Hayk), 据传为《旧约》中诺亚的后裔。亚美尼亚史学之父赫罗纳的摩西(Մովսէս խորենացի)在史书中记载他建立了亚美尼亚。他擅长弓箭, 勇猛坚毅, 还划分了时间。但实际上, "Hayk" 这个名字与古亚美尼亚原住民"哈提人"(Hattian)或同化它的"赫梯人"(Hittites)这两个名称有词源关系, 见Hovannisian(1997: 24—25, 32—34)。

今日通称的Armenia首见于一段公元前521年的古波斯语的铭文, 即Armina, 为大流士一世(Darius I)所刻, 在伊朗的贝希斯敦(Behistun)。后希腊文Ἀρμενία也沿用了这个名字, 色诺芬《希腊志》第四卷就记录了亚美尼亚; 斯特拉波(Strabo)的《地理志》11.12.3记载了大小亚美尼亚(见下), 在11.14.9, 斯特拉波说有一种颜色σάνδυξ(鲜红色)被称为亚美尼亚色。摩西的史书中认为这个名字来自哈亚克的后代亚拉姆(Արամ)。

(Nagorno—Karabakh，纳戈尔诺—卡拉巴赫共和国)[①]，南为阿塞拜疆的一块飞地纳希切万(Nakhchivan)和伊朗。国家虽小，但历史悠久，民族也以聪敏隐忍著称。对于本书主题来说，亚美尼亚的地缘位置颇有意义，它处于东西地理世界的交汇处，也是东西方文化交融的中心之一，这使得针对古代亚美尼亚的研究充满了复杂性。

现今亚美尼亚地区的原住民首先是哈提人(Hattians，后来被移民同化为赫梯人)。而当代亚美尼亚人的祖先古亚美尼亚人与古代弗里吉亚人(Phrygians)一起于公元前2000年中期，自欧洲东南部迁往了安纳托利亚(Anatolia，小亚细亚，在今天土耳其东部)，移居到了哈提人的地区，随着公元前12世纪赫梯帝国的灭亡，亚美尼亚人开始活跃起来。之后控制这个区域的是胡里安—乌拉图人(Hurro—Urarteans)建立的乌拉图帝国，该帝国公元前6世纪被波斯阿契美尼德王朝(Archaemenid，波斯第一帝国)灭掉。之后，亚美尼亚人成为了这个地区的主要民族。[②]在公元前5世纪，亚美尼亚人还建立了自己的王国。

进入纪元后时代，有四个重要事件或进程影响了亚美尼亚。首先是王室尊基督教为正统，亚美尼亚成为了世界历史上第一个尊其为国教的国家(属于东方基督教国家)。[③]但由于它周边的国家多持其他类型的宗教信仰，因此在漫长的历史中，亚美尼亚与它们

---

① 亚美尼亚和阿塞拜疆的争议地区，人口多为亚美尼亚人，1991年，该地区宣布独立，但并未得到世界上大多数国家认可。阿塞拜疆主张其为一个自治州，这被国际普遍承认。目前，该国处于事实独立的状态。由于亚阿两国的宗教背景(一个基督教，一个伊斯兰教)，这个地区依然是有可能产生冲突的焦点。

② 见Hovannisian(1997)的第二章和第三章。

③ 亚美尼亚宗教情况见Parry(2007)的第三章，由V.N.Nersessian撰写。亚美尼亚到2014年，按照一种算法，已经尊奉基督教1714年了。它的尊奉一般来说有三个标志，第一是亚美尼亚王特达特(Trdat)皈依基督教；第二是官方释放了启示者圣格里高利(Գրիգոր Լուսաւորիչ, Γρηγόριος Φωστήρ/Φωτιστής, 公元257—331年)；第三是任命格里高利为亚美尼亚大主教。这三个日子并不相同，但时间跨度不大。

多有矛盾和冲突。[①]这次宗教转型，标志着亚美尼亚摆脱了旧有的素朴原始的宗教传统，彻底地基督教化，在信仰方面具有了更为复杂和严格的制度与观念体系。[②]

第二个事件是公元387年开始，亚美尼亚阿尔萨库尼(Arshakuni)王朝一分为二，亚美尼亚被拜占庭帝国(西)和波斯萨珊帝国(东)瓜分，前者占据之地为小亚美尼亚；后者的为大亚美尼亚或波斯亚美尼亚(Persarmenia)。大亚美尼亚贵族和民众反抗波斯人，国家获得了相对的自治，基督教信仰也得以维持。小亚美尼亚彻底成为了拜占庭帝国的一个省。[③]

第三个事件就是发明了亚美尼亚文字。通常认为，古亚美尼亚字母由本国基督教神父和神学家梅斯洛布·玛什托奇(Մեսրոպ Մաշտոց, Mesrob Maštoc‘, 公元361/362—440年)于公元406年创立。[④]

---

① 比如20世纪初期，土耳其在1915—1917年曾对境内亚美尼亚人实施了恶名昭著的种族大屠杀。

② 早期亚美尼亚的宗教具有东方色彩，著名的神话人物阿拉(Ara)据说就是柏拉图《理想国》中的厄尔(Er)。当时的灵魂观还没有基督教的色彩，人死后进入地府，接受奖赏或惩罚，然后又转世复生，灵魂并未成为人最主要的本质部分。见Hovannisian(1997:33)。

③ 见Payaslian(2007:32—44)和Hovannisian(1997:84—85)。

④ 另外一个说法是，玛什托奇仅仅是推动者，古亚美尼亚文源于其他文字，并非某人原创发明。Bekerie(2003)将这两种看法统一，并主张亚美尼亚文与埃塞俄比亚(Ethiopic)文字系统有关。关于古亚美尼亚文字历史和语法，也见Thomson(1975)，Hovannisian(1997:21—23)，Ajello(1998)，Olsen (1999)，以及德克萨斯大学语言研究中心网站的古亚美尼亚文课程http://www.utexas.edu/cola/centers/lrc/eieol/armol-1-X.html。

从语法来看，古亚美尼亚语属于印欧语系，与古希腊文语法颇多类似，还相对更简单(比如名词没有性，有变格；动词无将来时，频繁使用分词)。可以说，古亚美尼亚文语法自创立开始就经历了“希腊化”过程，这方面的现象见Topchyan(2010:178—183)。

古亚美尼亚词汇在词源上有的来自原初本土的哈提语(非印欧语)、乌拉图语(非印欧语，自成语系)、赫梯语和弗里吉亚语，有的与周边的闪语系语言相关，也有很多与古希腊语、拉丁语和各种现代印欧语同源，总体上是一个吸收多方文化元素的语词系统。

其目的是为了翻译《圣经》，[①]推动亚美尼亚基督教的发展。同时，字母的发明也有利于已经分裂的亚美尼亚在精神上保持统一。亚美尼亚语言文字后来分成了东西两种方言及文字，但差别不是太大。在希腊化运动中，古亚美尼亚文起到了更为重要的作用，可以说，较之我们现代语言的译本，古亚美尼亚文的翻译在精确性上不输今人，甚至有超过之处，更能贴近希腊文文本。[②]

第四，影响亚美尼亚发展的最重要的环节与本书主题有紧密关系，就是亚美尼亚公元5世纪末到6世纪初开始的“希腊化”运动。这个进程一直持续到公元8世纪。同时，国家内部还形成了一个“希腊化学派”（Յունաբան Դպրոց）。[③]希腊化的过程，分几个阶段：第一阶段是翻译希腊文原著，力求完整保留文本的意义、句式和风格，最早译介的作品是特拉克斯的狄俄尼修斯（Διονύσιος ὁ Θρᾷξ）的《语法》（公元2世纪的作品），这部译著起到了为翻译运动提供语言标准的作用，之后就是翻译柏拉图、亚里士多德、亚历山大里亚的斐洛（公元前约20—公元后50年）[④]、某些基督教教父等的经典作品。第二阶段（公元5世纪到6世纪，即无敌大卫的盛年）是用希腊文评注，引入了亚历山大里亚学派的教学和解释方法。第三阶段（公元6世纪到7世纪上半叶）将第二阶段译为本土语言，或用本土语言评注，翻译者不是原作者，而且未必是同一人。

这场思潮之前，信仰和宗教是思想界的主要活动方式，但随着一些精英游学海外、接受并向本国传播了“异教的”希腊哲学和科学（公元4世纪就开始了），亚美尼亚的基督教之中又被注入了理

---

① 相传玛什托奇发明字母之后，翻译的第一句话就是《圣经·箴言》1:2中的Ճանաչել զիմաստութիւն եւ զխրատ, իմանալ զբանս հանճարոյ（知智慧和训导，明理智之言）。

② 见Papazian，载于Calzolari & Barnes（2009:111—112）。

③ 联系亚美尼亚文Յունաստան（希腊），Յունաբան指生活或思想方式宗法希腊，希腊化。关于这个学派，见Calzolari（1989）和Muradyan（1999），学者对于阶段的划分略有不同。

④ 这方面的研究见Lombardi & Pontani（2011）。

性因素。事实上，早在公元前3世纪，亚美尼亚与希腊文化就进行了初步的交流，虽然当时伊朗波斯文化控制着这个地区，但亚美尼亚通过希腊文化获得了活性。[①]而当更大规模的希腊化运动出现之时，亚美尼亚的科学文明就得到大幅度的提升，在当时世界上属于尤为发达的国家。与之相应，在古叙利亚文世界中，也出现了大规模翻译希腊思想的运动。这两场运动都是希腊思想东传的重要路径。

而本书的研究对象就是古亚美尼亚"希腊化"时期在公元6世纪到7世纪出现的一位宗师级哲学家无敌大卫(Դավիթ Անհաղթ)[②]及其对亚里士多德《前分析篇》的评注。对于这位哲学家，中国学界也许感到陌生，但欧美学界已经有所看重。[③]

---

① 见Hovannisian(1997:50—52)。

② 拉丁字母转写为Dawit' Anhaght', 英语通译为David, the Invincible, 法语为David l'Invincible, 德语为David der Unbesiegbare。大卫古亚美尼亚作品的标题里把"无敌"写作անյաղթ，这与անհաղթ是同义词。

③ 尤其是21世纪初，著名学者J.Barnes和V.Calzolari两人开展了"亚里士多德的亚美尼亚文评注：大卫著作集"(Commentaria in Aristotelem Armeniaca: Davidis Opera)项目。全部项目计划完成五卷著作，均由Brill出版：

第一卷即两人合编的文集*L'œuvre de David l'Invincible et la transmission de la pensée grecque dans la tradition arménienne et syriaque*, Brill, 2009。这部文集广涉了大卫生平，著作权，古希腊、古亚美尼亚、古叙利亚思想文化交流等问题。目前对大卫最为前沿的研究都收入集中，它也是本书第一部分利用最多的文献。

第二卷为大卫的经典作品《哲学序言》(也被英译为《哲学的定义》)，它早在上世纪80年代就被欧美学者研究，见Kendall & Thompson(1983)。

第三卷即《波菲里〈导论〉评注》，针对了波菲里重要的逻辑学作品《导论》(*Εἰσαγωγή*)，这是波菲里对亚氏《工具论》的导论(一说针对《范畴篇》)，列在了第一部作品《范畴篇》之前。长期以来被后人奉为经典的逻辑学教材。古代有大量学者阐释这部作品。

第四卷，《〈范畴篇〉评注》，著作权有争议，见下；第五卷，《〈前分析篇〉评注》，已经出版，配有原文校勘和英译，即Topchyan(2010)。

巴恩斯和卡尔佐拉里总结了这个项目的五点任务：①辨明大卫著作的亚美尼亚文本和希腊原本的关系；②评估亚美尼亚文本在建构希腊文本方面的价值；③分析两种语言文本的差异，考察亚美尼亚文的翻译策略；④考察亚美尼亚文的语言和翻译技巧；⑤考察希腊思想传入亚美尼亚的方式，以及古典后期的思想流动和东西文化交流。

对大卫的研究有不同的视角，既可以针对古亚美尼亚自身的思想和文化发展来讨论大卫所作的贡献，也可以以跨文化的方式探讨东西文明交流，特别是希腊思想与东方基督教的关系，另外还有东西基督教的比较；但本书的中心集中于大卫对亚里士多德及其逻辑学的研究，以古典时期对亚氏的阐释为材料，探究《前分析篇》在古代的传承和流变，深入把握其中重要的哲学和逻辑学问题。

研究的第一部分，前两节立足于国外学者最新的研究，讨论大卫的生平和著作，第三节概述他的《〈前分析篇〉评注》，最后一节试图将大卫放在更为宏观的文化语境中，来揭示他的文化意义及其对亚里士多德在古代世界的传承。研究的第二部分相对更为重要，是对《〈前分析篇〉评注》做评注式和问题式的研究，试图以类似古代评注的方式进行现代的再阐释。

二[①]

大卫的生卒年一般没有确定时间，但有的著作明确认为是公元590—660年。[②]所谓“无敌”，指他学问和口才难以匹敌(这个绰号的来由也比较复杂，见下)。

在考察大卫生平之前，先要说明的是大卫的宗教背景。看起来，他肯定是基督徒，这一方面由“大卫”这个名字决定[③]，同时古亚美尼亚传统异口同声地尊之为基督教典范，另一方面，在所有归于大卫的作品中，都带有零星的基督教色彩。但是又不乏

---

① 本小节出现的所有古代学者，均见后面第四节的阐释者和作品列表。

② 如Parry(2007:32)，这是所谓的“涅尔金的大卫”，见下。其他说法还有公元475年、公元550—620年等。

③ 见Shirinian，载于Calzolari & Barnes(2009:91)，大卫这个名字历来都用作区分异教徒和基督徒的标志。

矛盾，比如虽然大卫是基督徒，但不避讳谈论“物质永恒”、“天体的神性”、“新柏拉图主义神灵学(demonology)中永生的仙神(nymphs)”等内容，还沿用了希腊传统哲学的术语。①

同样的情况也出现在艾利阿斯(见后)身上，与大卫经常被同时提起的艾氏，表面看也是基督徒，他的名字来自希伯来文Eliyahu，即耶和华，我之神。但是有的学者看法相反，比如Wildberg，他认为上述这些违背基督教的学说只能来自异教徒，因此大卫和艾利阿斯并非具有真正的基督教背景(他分析了古希腊文《〈范畴篇〉评注》，将之归于了艾氏)，相反，他们是一些熟悉教会学说的新柏拉图主义者，他们与当时的基督教思想家，比如波埃修和斐洛珀诺斯，截然不同。另外，亚历山大里亚学派有排斥基督教的倾向，艾利阿斯就表现出了这种态度。②

既然大卫和艾利阿斯学说相仿而且与基督教多有不合，那么大卫似乎就不是基督徒了，仅仅表面上是教徒。但这与古亚美尼亚传统呈现的大卫太不一致了。我们目前只能推断，大卫可能是为了融入学派、避免冲突(区别于斐洛珀诺斯)才会掩饰自己的基督教色彩，因为学派内部还是排斥基督教的；也不排除是为了兼收并蓄各种学说，有利于亚美尼亚文明的发展；此外更重要的是，他可能是为了保存师辈的学说(属于异教学说)并仅仅打算在这个限度内加以发挥。不管情况如何，大卫的基督教背景还是很难否定掉的。

除去大卫的宗教身份之外，他的整个生平也是疑雾重重。这方面历来有两个语种的材料，一是古希腊文(保存在他人的评注中)，一是古亚美尼亚文。③

---

① 见Westerink(2011:XXIV)，以及Calzolari，载于Calzolari & Barnes (2009:22)，注释40。

② 见Wildberg(1990:42)和Westerink(2011:XXII)。

③ 见Grigoryeva(2014:190—192)最新的研究，她基本上梳理清了大卫身份问题中的疑难和线索，汇总了各家的说法；也见Neumann(1829)，Sanjian(1986)，Mahé(1990)，Westerink(2011:XXIII)和Calzolari，载于Calzolari & Barnes (2009:26—27)。

首先，古希腊文方面的情况比较简略，有很多著作归于他的名下，但文献称大卫是公元6世纪下半叶人，亚历山大里亚学派奥林匹奥多罗斯的门徒，艾利阿斯的同门，甚至是艾利阿斯的学生①。至于他什么时候去的亚历山大里亚学派，待了多久，这些都不可考。

相反，古亚美尼亚文资料充足，但内容多有矛盾，较为复杂，因为中世纪叫“大卫”的古亚美尼亚人物有多位，绰号或相同，或不同，见下。为了区别他者，我们在本小节暂称本书的大卫为“哲学家大卫”。古亚美尼亚文献中出现的所有被指认为是哲学家大卫的人物见下：

(1) 涅尔金(Nergin)②的大卫，文献中称为Nerginatsi，即来自涅尔金的。有学者认为他是哲学家大卫，或者是哲学家大卫的弟子，也号称“无敌”。③

(2) 赫莱特(Heret’)④的大卫，他也叫哈尔克的大卫，有可能是公元7世纪的一性论神学家。⑤

这两个大卫往往与其他大卫重合。哲学家大卫的出生地很可能属于这两个地方中的一个。

(3) 大主教萨哈克(Sahak或Sahag)的学生大卫。这个大卫总是和下面(4)重合，有可能是一个人。⑥

(4) 神学家大卫和翻译家大卫，翻译了大量基督教文本。满

① 见Kendall & Thompson(1983:xi)，有几部作品的著作权很长时间都在艾利阿斯和大卫之间摇摆不定，也证明这两人的关系较为紧密。

② 涅尔金属于今日亚美尼亚西南塔隆(Taron)地区。有些学者认为这个地名应该为形容词nerk’in(ներքին)，即，教内的(区别于教外的)，而不是表示地名。见Calzolari，载于Calzolari & Barnes(2009:21)。

③ 见Shirinian，载于Calzolari & Barnes(2009:90)，举了Bołarean的看法。

④ 赫莱特在今日土耳其凡(Van)湖的西北部哈尔克(Hark’)地区。

⑤ 见Calzolari，载于Calzolari & Barnes(2009:27)。

⑥ 如Dwight(1853:250)认为(3)和(4)是哲学家大卫。

足这个条件的大卫有两到三个。其中玛什托奇的学生大卫是最早出现的，他还参与了翻译《圣经》。在古代的玛什托奇传记中记录了他有一名学生叫“无敌大卫”，但这与哲学家大卫有可能并非一人，仅绰号相同。[①]

他还用古亚美尼亚文写了一些宗教作品，多为演说辞，比如《〈诗篇〉评注》(*Commentaire sur les Psaumes*)、《十字架礼赞》(*Panégyrique de la Croix*)、《耶稣变容节颂辞》(*Encomium pour la fête de de la Transfiguration*)、《第一殉道者斯蒂法努斯[②]纪念日颂辞》(*Encomium pour la fête de saint Étienne le protomartyr*)以及《圣经》评注(պառճառ, scholia)等。[③]其中也许有的是哲学家大卫所写。

文献记载，[④]大卫和主教尤维纳尔(Juvenal，盛年在公元5世纪上半叶)在公元451年的卡尔刻冬会议(Council of Chalcedon)上展开了神学争论，大卫在舌战中难以反驳，故得名“无敌”。这个大卫与(4)和下面的(9)中所述似乎是一人。

不论是哪个神学家大卫，他的盛年都是公元5世纪，这使得哲学家大卫不可能成为奥林匹奥多罗斯的学生，他甚至还早于奥氏，但从其作品的思想传承来看，大卫晚于他。因此这些神学家大卫都不是哲学家大卫。

(5) 语法家((Քերական, γραμματικός)大卫，或评注家

---

① 见Grigoryeva(2014:190)，她还认为一些传统上归于无敌大卫名下的宗教作品应该属于这个大卫，这些作品见Calzolari，载于Calzolari & Barnes(2009:21—22)。

② 法语把Stephenus(Στέφανος)译为Étienne(埃蒂安)。他是基督教第一位殉道者，西方教会定12月26日为纪念日，东方教会定为12月27日。

③ 原文是古亚美尼亚文，法文译名来自Calzolari，载于Calzolari & Barnes(2009:22)。《十字架礼赞》那篇收入了哲学家大卫校勘本的作品集，1932年在威尼斯刊行。公元12世纪，有些亚美尼亚学者也把这部作品归于哲学家大卫，但认为他在雅典诵读过，这显然与作品的内容矛盾，因为大卫不可能在雅典朗诵基督教的东西。

④ 出自下面(10)的《诸存在之书》。

(Մեկնիչ, ἑρμηνεύς, Deuter/Kommentator)大卫，[①]翻译了特拉克斯的狄俄尼修斯的《语法》。[②]

⑹ 本书的哲学家大卫，公元6世纪人，新柏拉图主义者，小奥林匹奥多罗斯的学生，就学于亚历山大里亚，也是基督徒，写过古希腊文的《哲学序言》、《波菲里〈导论〉评注》、《〈范畴篇〉评注》和《〈前分析篇〉评注》(散佚)。[③]据传还教授过亚里士多德的《物理学》。

⑺ 哲学翻译家大卫：

(a) 公元5世纪人，属于希腊化学派，用古亚美尼亚文翻译了很多亚里士多德(如《范畴篇》和《解释篇》)[④]和波菲里的作品。有学者认为这个大卫处于希腊化运动的第二个阶段(公元480—510/20年)，当时以译介亚里士多德作品为主，这个时期尚未引入新柏拉图主义，所以与⑹区分。[⑤]而且从语言上看，这个翻译者所译的文本与归于哲学家大卫的古亚美尼亚文文本多有不同，显然不是出于同一个翻译家之手。[⑥]

(b) 希腊化学派第三阶段的人，那时以柏拉图主义为本。他将⑹的四部古希腊文作品译为古亚美尼亚文，如《哲学序言》、《波菲里〈导论〉评注》、《〈范畴篇〉评注》和《〈前分析篇〉评注》(古希腊文文本散佚)。但是这个人物有可能(在某些地方)与哲学家大

---

① 符合这个条件的大卫也许还有另外两位，有一位是阿米德(Amid，今土耳其东南部城市)的大卫，翻译过约翰·斐洛珀诺斯的语法著作。还有一位叫菲尼克斯大卫(David Phoenix)，著有《论七字母书》(*Das Buch über sieben Buchstaben*)(著作名的德译文来自Grigoryeva)。此处的观点主要来自Adontz，均见Grigoryeva(2014:190)。

② Dwight(1853:288)归在了大卫名下，这是传统的看法。

③ 这些古希腊文作品的一致性见Grigoryeva(2013)的最新研究。

④ 为什么没有传下《分析篇》的古亚美尼亚文译本呢？最简单的回答就是有可能亚美尼亚学者已经掌握了希腊文所以不再需要译本了，因为《分析篇》在讲课次序上偏后而晚出。Grigoryeva(2014:194)有相同的解释。

⑤ 见Grigoryeva(2014:191—192)，在注释19中引了Arevšatyan的看法。

⑥ 见Topchyan(2010:7)。

卫是同一人，因为大卫可以自己用古希腊文创作并翻译，他有这个条件。如果不是哲学家大卫本人，那就有可能是其他佚名翻译者，未必也叫大卫，是一个人，还是几个人，是同时代人还是后来人，都不确定，因为这几种译本（尤其是前两种一组和最后一种之间）存在语词差异。[①]

(8) 评注者大卫（有可能是伪托），有古代文献表明，他利用了古亚美尼亚文的《范畴篇》和《解释篇》（其他翻译者所译）评注了这两部作品；它们都保存了下来（本书第二部分有些地方引用了前一部）。Topchyan（2010）认为《范畴篇》的评注就是哲学家大卫所写，而且加以利用。

(7a)我们可以排除，但(7b)和(8)虽然有些矛盾之处，仍可以合为一人，进而将之归于(6)，在材料不太充分的情况下，似乎没必要区分这三者，我们可以采取最为简单自然的理解。

(9) 亚美尼亚史学之父赫罗纳的摩西（Մովսես Խորենացի）的同门大卫。两人同属希腊化学派。也有史料认为他是摩西的侄子。[②]

(10) 纳齐安的格里高利（Γρηγόριος ὁ Ναζιανζηνός，公元320—389/390年）的同门或求学于雅典学派的大卫。有的文献说他和卡帕多西亚（Cappadocia）的一些教父还有往来，这些教父频繁去雅典学派，因此大卫也可能去过。[③]另外，根据公元576/578年流传的《亚美尼亚圣学者摩西和大卫论二性问题》（*Questions*

---

① 见Grigoryeva（2014:193,194），以及Topchyan（2010:7—9）对《〈前分析篇〉评注》翻译者的分析。

② 见Calzolari，载于Calzolari & Barnes（2009:23—24,25），公元11—12世纪，有些亚美尼亚学者都把哲学家大卫和摩西联系在一起。直到19世纪，仍然有亚美尼亚学者，比如Raffi（1835—1888）把这两人联系在一起。摩西的生平、著作及其思想见Topchyan（2006），以及Stepanyan，载于Calzolari & Barnes（2009:181—196）。

③ 见Calzolari，载于Calzolari & Barnes（2009:23,25—26）；以及Shirinian，载于Calzolari & Barnes（2009:91）。

des saints docteurs d'Arménie Movses et Dawit' adressées aux dyophysites)，也称为《诸存在之书》(Գիրք Էակաց, *Livre des Étants*)一书，可以看出大卫逗留过雅典。按照《存在之书》，大卫在雅典掌握了希腊语和科学，学问优异，人们就称之为“无敌”。①

但是矛盾之处也有，首先，材料大多认为哲学家大卫(或其他大卫)不早于公元5世纪，而格里高利是公元4世纪人。这条说法不太可信，至少不可能是哲学家大卫。②

其次，古希腊文文献指明了哲学家大卫和亚历山大里亚学派有师承关系，这也在他著作中得到了证实。他的盛年是公元6世纪，故他很可能没去过雅典学派——查斯丁尼大帝公元529年关闭了这个学院。因此这个雅典学派大卫或格里高利同门的大卫可能另有其人，要早于哲学家大卫。

(11) 公元6世纪的帖撒罗尼亚的大卫，基督教修士，来自美索不达米亚和亚美尼亚，定居于帖撒罗尼亚。这个大卫的绰号为Νικήτης，因此往往与哲学家“无敌”大卫混淆。③

(12) 游学于君士坦丁堡的大卫。

(a) 公元13世纪亚美尼亚历史学家奥尔伯良的斯蒂法诺斯(Step'anos Orbelean)认为，大卫在公元5世纪(约435年)与玛什托奇的小圈子有联系，还参加了卡尔刻冬的会议。④如果是这样，那么应该是这个大卫(4)。

(b) 有人认为大卫是斐洛珀诺斯和亚历山大里亚的斯蒂法努斯的同时代人，在拜占庭皇帝赫拉克利尤斯(Heraclius，公元610—641年)统治时到过君士坦丁堡，在那里翻译了自己的作品。⑤

---

① 见Calzolari，载于Calzolari & Barnes(2009:24—26)，也参Kendall & Thomson(1983)的导论部分。

② 见Calzolari，载于Calzolari & Barnes(2009:23)。

③ 见Grigoryeva(2014:191)。

④ 见Calzolari，载于Calzolari & Barnes(2009:26)。

⑤ 见Calzolari，载于Calzolari & Barnes(2009:21)，在注释34中引了Terian的看法。

这个大卫很可能是巴格莱旺德(Bagrewand)的大卫。①

(c) 执政官(ὕπατος)②大卫，公元7—8世纪在君士坦丁堡，与西温的斯蒂法诺斯(Step'anos Siwnec'i)合作翻译了很多作品。③

(13) 诗人大卫(Քերթող, ποιητής)，有学者猜想，他有可能是哲学家大卫，也有可能是语法家大卫。④

既然上述材料如此驳杂，那么确定大卫身份的最简单方法就是从大卫的原著入手。因为归于大卫名下的作品构成了一个矛盾较少的体系。按照这个体系，我们可以排除掉(2)、(3)、(4)、(5)、(7a)、(9)、(10)、(11)、(12)；(1)和(13)可以不论。只有(6)、(7b)、(8)是与原著相符的。那么可以得出如下结论：

(A)大卫的盛年必定在公元6世纪；(B)曾游学于亚历山大里亚，是奥林匹奥多罗斯的学生；(C)以新柏拉图主义为宗旨；(D)与艾利阿斯有交集；(E)是基督徒，是否写作神学作品，不好定论；(F)他的代表作有一部哲学导论，三部评注；(G)作品原始语言为古希腊文，出于大卫之手；(H)后被自己或其他人翻译为古亚美尼亚文。

最后，对于绰号"无敌"这个问题，我们还有几点说明：

第一，既然哲学家大卫不可能参加卡尔刻冬会议，也不可能去雅典，因此他的"无敌"绰号就另有他情，但原因很可能相似，无非是由于大卫学识渊博，口才和逻辑过人。从影响来看，哲学家大卫较之神学家大卫和雅典学派的大卫来说，有过之而无不及，毕竟，他开创了亚美尼亚科学和哲学的新时代。

第二，大卫希腊文作品的标题(后人所加)中没有这个绰号，见下一节，其中给大卫的修饰语是θεοφιλέστατος(最为神钟爱)

---

① 见Calzolari，载于Calzolari & Barnes(2009:27)。

② 拜占庭帝国的荣誉头衔，来自于罗马帝国的consul。

③ 见Calzolari，载于Calzolari & Barnes(2009:27)。

④ 见Grigoryeva(2014:192)，她引了C'aloyan的看法。

和θεόφρων(有神性思想和智慧)。θεόφρων是描述大卫自身能力的，这几乎就表明了大卫的无敌。

而在古亚美尼亚文作品的标题里出现了անյաղթ(无敌)一词(在其他文本中多为անհաղթ)。另一个修饰语为եռամեծի，即三重大(希腊文为τρισμέγιστος，拉丁文为trismegistus)，这个词在古代专指"三重大赫尔墨斯"(Hermes Trismegistus)，它是源自埃及和希腊宗教的一个秘传教派，教徒托名"三重大赫尔墨斯"写作了很多著作。它与基督教同时传播，影响了很多古代基督教学者，他们还认为这一教派预言了基督教的产生。这个词形容大卫，更能体现大卫的"无敌"，而且带有宗教色彩。希腊文的修饰语也是如此，都与上帝或神有联系。因此，"无敌"一词也很可能有宗教含义。

第三，如果这个绰号与宗教有关，那么也许如Grigoryeva(2014:193)所言，"无敌"这个绰号更适用于神学家大卫，而不是哲学家大卫。

但是，文献中的雅典学派大卫和神学家大卫之所以叫"无敌"，都与基督教无关，是因为论证严密，口才过人。如第一点所言，哲学家大卫被称为"无敌"，也可以归因于此。为了统一这一矛盾，我们只能认为"无敌"兼有这两重含义，一个来自传统，一个来自大卫个人能力。

第四，从语言的角度，古亚美尼亚文անհաղթ和անյաղթ在构词上都有希腊文的对应。一个是ἄμαχος，经常用来形容人，比如伊索克拉底《致腓力》139说居鲁士就是δύναμιν ἄμαχον(力量不可战胜)。埃斯库罗斯《波斯人》856形容君王是无敌的，希罗多德《历史》5.3说色雷斯人难以征服，用的都是这个词。另一个是ἀνίκητος，索福克勒斯《安提戈涅》781用它来形容爱。显然，"无敌"一词，还有一个前基督教的希腊用法传统，这个因素也包含在大卫的这个绰号中。

二、无敌大卫的哲学著作

一

较之大卫的生平问题，他的哲学著作情况还不算太复杂，虽然争议重重，但至少目前学界能够达成一些基本共识。

首先，归于大卫名下的古亚美尼亚文哲学著作的抄本有：[①]

⑴ 古希腊文《哲学序言》的译本；

⑵ 古希腊文波菲里《导论》的译本；

⑶ 古希腊文《波菲里〈导论〉评注》的译本；

⑷ 一部哲学问答教学书（Հարցուածով պիտառութիւն）；

⑸ 古希腊文《解释篇》译本；

⑹ 古希腊文《范畴篇》译本。

而学术界普遍认为⑵、⑸、⑹并非出自大卫之手，这一点上一节已经说明了。[②]⑷还有待确定。

第二，大卫的古亚美尼亚文作品集首刊于1833年的威尼斯（也

---

① 见Dwight（1853:249—250,288），他对哲学家大卫的介绍就混淆了上一节提到的各种信息。比如他也认为大卫是玛什托奇和萨哈克的学生。

② 另见Calzolari，载于Calzolari & Barnes（2009:28），引了Manandean的看法。

见本书附录二)，它收录的哲学作品有：①

(1) 古希腊文《哲学序言》(*Prolegomena philosophiae*)的译本，Դաւթի եռամեծի եւ անյաղթ փիլիսոփայի ընդդէմ առարկութեանցն չորից Պիհռոնի իմաստակի Սահմանք եւ տրամատութիւնք իմաստասիրութեան(三重大和无敌的哲学家大卫对哲学的定义和划分，以反对智者皮浪派的四个命题)；

(2)《论划分》(*Sur la division*)；②

(3) 古希腊文波菲里《导论》的译本；③

(4) 古希腊文《波菲里〈导论〉评注》的译本，Դաւթի անյաղթ փիլիսոփայի Վերլուծութիւն Ներածութեանն Պորփիւրի，(哲学家无敌大卫对波菲里《导论》的分析)；

(5) 古希腊文《范畴篇》的译本；

(6) 古希腊文《〈范畴篇〉评注》的译本；

(7) 古希腊文《解释篇》的译本；

(8) 古希腊文《〈解释篇〉评注》的译本；

(9)《〈前分析篇〉评注》，古希腊文原本散佚(即本书的研究对象，版本见附录二)；④

(10) 亚里士多德古希腊文《宇宙论》(*De Mundo*)的译本；

(11) 伪托亚里士多德的古希腊文《论德性》(*De Virtutibus*)的译本。

---

① 见Calzolari，载于Calzolari & Barnes(2009:27)。

② 著作名法译文来自Calzolari。

③ 总计有50个抄本，46个存于玛特纳达兰，两部存于巴黎，两部在维也纳。

④ 为什么《〈前分析篇〉评注》的希腊文没有传下呢？也许最简单的回答就是，有可能这部评注是原创的，并非翻译作品。但是由于这部文本的思想与哲学家大卫的其他古希腊文作品一致，且与别的古亚美尼亚文译本又存在差异，因此他很有可能由同一人原创，而出于不同译者之手。故而上述回答可以否定。我们只能认为这部评注的原本散佚了。也许由于当时古亚美尼亚文已经能很好地传达希腊文的思想而且日趋成熟(《前分析篇》在讲课次序上靠后，它的评注也晚出)，原本也就没有存在意义了。

上述中，只有(1)、(3)、(6)、(9)被大部分学者们公认为哲学家大卫的作品。[①]四部作品中，有三部的古希腊文原本保存了下来，它们也被认为是大卫的作品，尽管还有一些争议。

第三，三部古希腊文作品为：

(1)《哲学序言》，Τὰ προλεγόμενα τῆς φιλοσοφίας ἀπὸ φωνῆς Δαβῖδ τοῦ θεοφιλεστάτου καὶ θεόφρονος φιλοσόφου(来自被上帝最为钟爱、具有神性智慧的哲学家大卫的口头讲座：哲学序言)，这个标题不同于古亚美尼亚文译本；

(2)《波菲里〈导论〉评注》，Προλεγόμενα σὺν θεῷ τῆς Πορφυρίου Εἰσαγωγῆς ἀπὸ φωνῆς Δαβῖδ τοῦ θεοφιλεστάτου καὶ θεόφρονος φιλοσόφου(来自被上帝最为钟爱、具有神性智慧的哲学家大卫的口头讲座：有上帝同在、对波菲里《导论》做的序言)；

(3)《〈范畴篇〉评注》，Ἐξήγησις σὺν θεῷ τῶν δέκα κατηγοριῶν τῆς φιλοσοφίας ἀπὸ φωνῆς Δαβῖδτοῦ θεοφιλεστάτου καὶ θεόφρονος φιλοσόφου(来自被上帝最为钟爱、具有神性智慧的哲学家大卫的口头讲座：有上帝同在、对十范畴做的解释)。

这三部作品收录在*CAG*(*Commentaria in Aristotelem Graeca*)中，

Busse, A. ed.: *Commentaria in Aristotelem Graeca, Voluminis XVIII, Pars 1, Elias in Porphyrii Isagogen et Aristotelis Categorias*, Reimer, 1900.

Busse, A. ed.: *Commentaria in Aristotelem Graeca, Voluminis*

① 见Calzolari，载于Calzolari & Barnes(2009:28)。Arevšatyan后来编订了《哲学序言》、《波菲里〈导论〉评注》和《〈前分析篇〉评注》，分别于1960、1967和1976年出版。Manandean于1911年编订了《〈范畴篇〉评注》。1980年，四部作品汇为一集出版。

XVIII, Pars 2, Davidis Prolegomena et in Porphyrii Isagogen, Reimer, 1904.

其中, Busse(1900)中的《〈范畴篇〉评注》被归于了艾利阿斯名下与艾氏对波菲里《导论》的评注合刊。

围绕这些作品, 有若干问题:

(1) 著作权问题, 主要围绕着古希腊文《〈范畴篇〉评注》(本节简称《范注》)以及古亚美尼亚文的《〈前分析篇〉评注》(本节简称《分注》)。基本上学者要么认为出自大卫之手, 要么出自艾利阿斯之手, 要么兼有。目前最主流的意见, 还是认为后一部出于大卫之手; 前一部则汇集了两人的文字。这见第二和第三小节。

大卫的作品从原创之后, 就会被后人不断增补和改动, 这也是古代授课评注的主要特点。后人包括, 同时代人、学生、再传弟子以及后来的阐释者。所补入的内容包括了同时代人的"异说"、本人其他著作和他人作品中可以补充的理论、学生的记录、再传弟子和后来阐释者的发挥和发明。[①]这些都造成了大卫的著作权相对复杂。

(2) 译者问题, 古亚美尼亚文是谁从古希腊文翻译而来的。上节已经讲到了这一点。目前来看, 不可能像传统所言仅是大卫本人, 而且每部作品的译者似乎多有不同, 甚至单部作品为集体翻译。[②]

(3) 思想内容的传承和来源。这个问题, 学者们公认来自亚历

---

① 见Calzolari, 载于Calzolari & Barnes(2009:31), 引了Hadot的看法, 从扬布里科到波菲里以来, 学者就喜欢不断插入与正文相类似的其他评注。这类似中国古代的"集注或汇注"。

② 见Topchyan(2010:7—9), Arevšatyan认为大卫翻译或者由他监督; Terian认为是大卫本人。尽管古亚美尼亚文非常精确, 但依然会出现一些错误, 这些错误不可能是原作者, 即大卫本人犯下的。也见Muradyan, 载于Calzolari & Barnes(2009:67—68,77), 指出了翻译者对《波菲里〈导论〉评注》的改动和节译(有些原文都没有翻译, 译文还有所增补, 章节划分也有变化), 译文显然不是出自原作者之手。另见Shirinian, 载于Calzolari & Barnes(2009:91), 认为古亚美尼亚文《范注》的译者并非大卫或艾利阿斯。又见Calzolari, 载于Calzolari & Barnes(2009:41—54), 考察了古亚美尼亚文《哲学序言》的翻译情况, 与原作有些不合, 显然出于其他人之手, 但它也恰恰保留了一些古希腊文版没有的内容。

山大里亚和新柏拉图主义传统，这方面明显体现在大卫的《哲学序言》[①]和几部评注中。见下文第四小节。

二

无敌大卫两种文字的《波菲里〈导论〉评注》（本小节简称《导注》）[②]的著作权没有争议。因为这两部作品保存完整，互相之间存在了明确地对应，尽管也有一些不一致的地方。在*CAG*中，收录了两部《导注》，如阿姆莫尼尤斯（IV.3）、艾利阿斯（XVIII.1）。其余还有一些匿名或其他语种的《导注》。总体上，古典时期的《导注》不是很多，故而大卫的这部作品特别重要。而古亚美尼亚文《导注》还保留了一些古希腊文《导注》没有的部分。[③]

争议最大的作品首先是古希腊文的《范注》。第一个焦点在于，大卫在《导注》中承诺了要讲述“逻辑学是不是哲学的工具”这个问题，但是在《范注》中他却没有处理，而这部分内容却出现在了古亚美尼亚文《分注》内（见本书第二部分第二章）。[④]

---

① 对古亚美尼亚文《哲学序言》的语文学研究，见Calzolari，载于Calzolari & Barnes（2009:39—65）。我们在后面第四节会概述这部作品的内容。它的古希腊文版著作权没有争议，出于大卫之手。

② 对于这部作品最全面的语文学研究见Muradyan，载于Calzolari & Barnes（2009:67—88），此处简要地总结一下他的研究成果。波菲里的这本小书是古代逻辑学经典，它针对的对象一般说是《范畴篇》；也有说是《论辩篇》，Barnes（2003）序论（xv）认为它是逻辑学《导论》，并非仅仅针对《范畴篇》，这个说法比较合理。

③ 见Muradyan，载于Calzolari & Barnes（2009:72—73）。古希腊文《导注》在最后缺少了一部分，Busse（1904）认为可以参考艾利阿斯的评注，即Busse（1900）。但古亚美尼亚文保留了这些内容。

④ 见Calzolari，载于Calzolari & Barnes（2009:29—31）。列举了Busse（认为归于艾利阿斯）、Manandean（同意Busse）、Arevšatyan（反对Busse）、Goulet（同意Busse）等学者的看法。Goulet主要围绕下面的第二个焦点。对古亚美尼亚文《范注》最精到的分析，见Shirinian，载于Calzolari & Barnes（2009:89—102）。

通过这一点，有的学者得出了两个结论(或者只接受其中一个结论)，第一，古希腊文《范注》不是大卫所做，只能是同时期的艾利阿斯。既然艾氏和大卫是同门，也是那一时期希腊文评注的两大家之一，那么除了大卫之外，无人能写这样的评注。第二，古亚美尼亚文《分注》也不是大卫所写，[①]因为与大卫一开始的承诺不同，这一点见下一小节。

对于第一点，反驳者的看法不太站得住脚。因为，一方面，讨论逻辑学与哲学关系的内容放在《分注》是最合适的(如亚历山大、特密斯提欧斯、阿姆莫尼尤斯等)，另一方面古代也有阐释者放到了自己的《范注》或《导注》前(如奥林匹奥多罗斯和欧多吉尤斯，后者曾被大卫引用)。因此，大卫改变了自己的写作计划是有可能的：他一开始想要按照奥林匹奥多罗斯的方式，立足整个逻辑学讨论这一问题，后来又按照大多数学者的做法放到了《分注》中。[②]甚至可以说，后人也会将大卫的这部分内容放入古希腊文《分注》(散佚)，然后翻译者又加以迻译，因为在古亚美尼亚文《分注》中，这部分内容与前后并不连贯，像是插入的。

第二个焦点是，学者Goulet认为古希腊文《范注》中有一段文字指向了艾利阿斯的《哲学序言》，因此可证著作权是艾氏。但是这段文字在古亚美尼亚文《范注》中未见。它有可能是后来编者补入古希腊文抄本的，原因就是大卫和艾利阿斯的关系紧密，学说又有一致之处，后人会将两者互补。这反过来又证明了古希腊文《范注》并非绝对属于艾利阿斯。而且，我们可以确定古希腊文《范注》并不完全来自艾利阿斯，这方面的证据有很多。

此外，既然古亚美尼亚文《范注》只能译自大卫原著而非艾利阿斯的评注，而且大卫古希腊文《范注》中有些内容与艾氏的作品

---

① 见Papazian，载于Calzolari & Barnes(2009:111—112)。

② 同上，引了Hadot的看法。

相关，那么我们可以进一步推测，艾利阿斯本人也有一部《范注》，但散佚，其中一些内容与大卫的《范注》合并到了一起。[①]

大部分学者折衷起见，通常都用“大卫(艾利阿斯)”这种方式指明这部作品的著作权。[②]但至少可以肯定，出自大卫之手的内容比重更大。

三

古亚美尼亚文《分注》的著作权也存在争议。因为学者通过对比这部著作和古希腊文的艾利阿斯《分注》残篇，发现有很多相近之处。但是不同之处也有很多。代表性的意见以及论证主要有两种：

第一种，Papazian坚持认为古亚美尼亚文《分注》的希腊文原本为艾利阿斯所写，古亚美尼亚文《分注》以此为本，因此它不是大卫所写或翻译。证据是，一份13或14世纪的希腊文抄本包含了一部分《前分析篇》的评注，[③]其标题指明了作者是艾利阿斯。这个评注与古亚美尼亚文《分注》导论的一部分内容相似。比如讨论推论(三段论)种类。[④]

另外一个证据，就是上文提到的。既然，大卫承诺要在自己的《范注》中处理“逻辑学是不是哲学的工具”这个问题，他遵循了自己的老师奥林匹奥多罗斯。而艾利阿斯则是在自己的《分注》(上一段提到的残篇)中讨论了这个问题，与阿姆莫尼尤斯和斐洛珀诺斯

① 但Shirinian明确认为古希腊文《范注》并非来自大卫，也不确定来自艾利阿斯，而且古亚美尼亚文《范注》的译者也与两位疑似作者不同，见他的研究文章，载于Calzolari & Barnes(2009:91)。

② 见Calzolari & Barnes(2009)的书目。

③ 见Westerink(1961)的整理。

④ 见Papazian，载于Calzolari & Barnes(2009:108—110)，他罗列了不少文本证据。

等人相同。那么，既然古亚美尼亚文《分注》也论述了这个问题，且除了大卫和艾利阿斯之外，著作权不可能再归于他人，则古亚美尼亚文《分注》只能译自艾利阿斯的古希腊文《分注》。①

第二种，Topchyan承续了Arevšatyan和Manandean的看法（但后者改变了初衷），认为著作权属于大卫。他辩驳了上述Papazian的两个看法。对于第一个，Topchyan认为那两个文本之间还有更多的差异，但Papazian对此无视。对于第二个，Topchyan认为大卫不一定非要在自己的《范注》中讨论这个问题——其中的理由在上一小节已经说明。②Topchyan还进一步推测，艾利阿斯和大卫均从老师奥林匹奥多罗斯那里抄录了《前分析篇》的讲稿（即评注），分别加以个人化处理。③

Sweeting的处理更为细致，他比较了古亚美尼亚文《分注》和前面提到的艾利阿斯古希腊文《分注》残篇，发现前者的第一讲类似后者的第二部分，两者有相同的思想来源，不过语词的相似还不足以证明Papazian的看法。而前者的第三、四讲非常相似于后者的第一部分，尤其集中于第三讲；这部分讨论了前述的逻辑学工具性问题。Sweeting的结论是两种可能：第一，就这两讲而言，两人有共同的著作权；第二，大卫从艾利阿斯那里抄录了这两讲希腊文《分注》。由于艾氏《分注》仅存这些，其余情况难以推证。④总体上，Sweeting是认为这部评注为大卫所写。⑤

综上，Papazian的看法缺陷在于，回避了当时学者传抄的习惯，大卫或后人极有可能抄录艾氏的东西，就如同两人抄录师辈讲

---

① 见Papazian，载于Calzolari & Barnes（2009:114）。

② Papazian对此有回应，载于Calzolari & Barnes（2009:114—116），但比较来看，托普齐扬的论证更强。

③ 他的讨论均见Topchyan（2010:9—17），也收入了Calzolari & Barnes（2009）。

④ 见Sweeting，载于Calzolari & Barnes（2009:140—149,150）。

⑤ Papazian对此有回应，载于Calzolari & Barnes（2009:117—118）。

稿一样。因此，虽然存在尤为相同的文本，却只能证明抄录关系，不能证明著作权。后两位学者着眼于文本差异，在排除了艾利阿斯之后，则著作权只能归于大卫。这个问题虽然还是开放的，但大多数学者目前的共识仍然倾向于大卫。①本书也认为古希腊文《分注》的大部分内容来自大卫，其中有些地方是他和艾利阿斯从奥林匹奥多罗斯那里承袭的，最后经过了后人的整理和汇总，然后由其他译者参照大卫的古希腊文文本译为古亚美尼亚文。

四

在讨论了大卫几部作品的情况之后，这一小节要概述一下大卫哲学论著的宗旨和基本结构特征。所有学者都明确承认大卫的哲学著作(对哲学本身的研究和对经典作品的评注)与希腊化学派一致，秉承了亚历山大里亚学派的观念体系和教学模式。

亚历山大里亚的学术源流最早可以追溯到萨卡斯的阿姆莫尼尤斯(Ἀμμώνιος Σακκᾶς，公元3世纪)，他是普罗提诺和奥列金的老师。之后又有著名女学者希帕媞娅(Ὑπατία，公元4世纪人，后被基督徒谋杀)在此建立学派，教授哲学、天文学和几何学。由于环境适宜，学术传统厚重，在公元5世纪初，雅典柏拉图学园的叙利阿诺斯的学生、普洛克罗(Πρόκλος，公元412—485年)的同门赫尔米阿斯选择此地讲学，创立了长达将近两个世纪的“亚历山大里亚学派”，并尊柏拉图为正统。之后，他的儿子阿姆莫尼尤斯继

① 最新的研究来自Grigoryeva(2013)，她从新柏拉图主义的理念、方法和论证方式(比如该学派必谈的几个问题域)，对具体问题的回答和针对特定情况的论证(如推论的分类和人认识能力的划分)，事例(逻辑学传统常用的例句)和用词的一致性(指概念和术语的传承，显然来自一个流派渊源)四个方面入手列举了归于大卫名下的四部作品的互文段落，为进一步分析著作权问题提供了基础。其实Topchyan(2010)的附录已经提供了大量互文段落，本书也多有利用。通过研究，我们可以看到《分注》与其他三部作品难以割除的紧密关系。

任。赫氏以柏拉图为中心，阿氏则对亚里士多德进行了深入探讨并奠定了这个学派的方向和地位。他们的著名弟子有达玛斯吉欧斯（Δαμάσκιος, Damascius，公元约458年出生，卒于538年之后），以论柏拉图见长，艾斯克莱皮欧斯（Ἀσκληπιός, Asclepius，盛年公元6世纪，卒于公元560/570年），以论亚里士多德《形而上学》为最（收入*CAG*的VI.2）。当雅典学派于公元529年关闭后，亚历山大里亚学派成为了学术中心。阿姆莫尼尤斯之后又有在数学和逻辑学方面特别出色的欧多吉尤斯和基督徒斐洛珀诺斯，两人都有可能接替了阿氏的教席。再一代为小奥林匹奥多罗斯，也就是大卫和艾利阿斯的老师。奥氏出生时，阿姆莫尼尤斯已经过世。奥氏评注的柏拉图最为经典，另有诠释《范畴篇》的作品。奥氏之后，艾利阿斯有可能是接替者。艾氏再传到斯蒂法努斯，斯氏以评注《论灵魂》第三卷著称。[①]再之后，斯氏被召入君士坦丁堡，为皇帝赫拉克利尤斯讲课，执掌帝国学园。这样，亚历山大里亚学派式微，君士坦丁堡成为了学术中心。

希腊化学派的主要学习对象就是新柏拉图主义的理论（也包括亚里士多德的思想）和亚历山大里亚学派的教学模式。首先，学习内容分几个方面：(1)三艺（trivium），语法学、修辞术、论辩术；[②](2)四艺（quadrivium），算术、几何、乐艺和天文；三艺是四艺的预备技艺；(3)教学课程上，以柏拉图和亚里士多德为核心，把亚氏作为通向层次更高的柏氏的途径。[③](4)写作形式，以导论配合评注，概述亚里士多德和柏拉图的哲学体系和基本问题，然后是

---

① 关于这个学派的历史，参考了Westerink(2011:X—XXV)和Barnes，载于Calzolari & Barnes(2009:3—4)。

② 这三艺在当时古希腊文世界的代表作品为，特拉克斯的狄俄尼修斯（盛年公元前2世纪）的《语法》；艾里欧斯·提翁（Αἴλιος Θέων, Aelius Theon，盛年公元1世纪）的修辞术《预习册》(*Progymnasmata*)；亚里士多德的逻辑学和波菲里的《导论》。这些后来都被亚美尼亚学者翻译和研究。

③ 见Calzolari，载于Calzolari & Barnes(2009:16)。

文本疏解。

第二，亚历山大里亚学派留存下来的著作都是讲课稿，而非专著，这些评注在内容和功能上具有如下几个主要特点①：

(1)面向初学者，大多是教师为学生写的入门导论，服务于教学，为了让学生更好地理解经典文本；教师逐句逐段讲解，有的篇幅甚巨。这些评注大多数都比较基础，不追求深奥。(2)评注不仅仅满足于释义，它会以柏拉图观点为圭臬，立场鲜明地显露对象文本中的真理和谬误。比如亚里士多德作品中，哪些符合柏拉图主义(为真)，哪些不符合(为谬)。②因为这些评注本身就是哲学作品，评注就是古代学者进行哲学活动的基本形式，通过不断地注解，就能辨明真假，擦亮已经模糊的真理。评注不追求建立全新的哲学，因为阐释古人本身就是在做哲学。(3)评注围绕着一个个论点形成各个部分③；随着对象文本进行，有详有略；评注的形式多样，长度也不同。

第三，他们的研究和教学先从"哲学"本身出发：

(1) 进行"哲学序言"课程，授课讲义就是阿姆莫尼尤斯、艾利阿斯和大卫写的《哲学序言》。

(2) 讨论亚里士多德，以波菲里《导论》和《范畴篇》为起点，从逻辑学开始，逐步而且分别论述亚氏的全部作品，先后皆有次序。

(3) 最后讨论柏拉图，这是最高的知识。④

---

① 下面的总结见Barnes，载于Calzolari & Barnes(2009:4—9)。

② 见本书研究部分第二章第四节，大卫明显体现出了尊柏拉图，贬亚里士多德的倾向。

③ 见Hugonnard—Roche，载于Calzolari & Barnes(2009:158—162)对大卫par apories(探疑法)的解释。

④ 亚里士多德是柏拉图的准备知识，因此放在前面，见Calzolari，载于Calzolari & Barnes(2009:24—26)。古代有一部与该学派有关的匿名的《柏拉图序言》很好地体现了学派对柏拉图的教学，见Westerink(2011)。此外，该学派创作的所有柏拉图研究作品都是教授学生的讲课稿。

为了能更好地统观亚历山大里亚学派的理论体系，我们下面(暂且颠倒一下次序)首先列出学派研究亚里士多德的流程，因为本书主题与亚氏的哲学和逻辑学有关。我们可以通过整个教学来对比本书的阐释理路，同时还能看到《分注》在亚里士多德整体研究中的位置。然后再以大卫的《哲学序言》结构为例，展示该学派对“哲学”本身的分析和阐释。①

亚里士多德的研究程序分为十节：

1. 各个哲学学派名称的来由，可能来自(a)创立者的名字；(b)出生地；(c)教学所在地；(d)特殊的生活方式(比如犬儒派)；(e)宗旨(如怀疑派)；(f)偶然的情况(比如逍遥学派)；(g)哲学目的。

2. 亚里士多德著作的分类：

(1) 特定作品(μερικά)：《书信集》；

(2) 介于中间的作品；

(3) 通论作品(καθόλου)，就是探讨普遍事务的作品：

(a) 备忘作品(ὑπομνηματικά)，个人记录，不是公开使用；

(b) 有体系的作品(συνταγματικά)：

(i) 对话性作品(ἐξωτερικά)；

(ii) 非对话性作品(ἀκροαματικά)：

理论哲学：神学、数学和物理学；

实践哲学：伦理学、经济学、政治学；

工具：它的元素(《范畴篇》、《解释篇》和《前分析篇》)；

它的方法(《后分析篇》)；

其他(《论题篇》和《论智术式反驳》即《辩谬篇》)。②

---

① 参考了Westerink(2011:XXV—XXXII)对各家评注的细致总结。大卫古希腊文的《哲学序言》见Busse(1904)。

② 比较来看，大卫的《分注》还包括了《修辞术》和《诗术》。

3. 课程起点：以逻辑学开始，道德意义上的伦理学优先。

4. 最终目标：对神的知识，第一原则。

5. 通往目标的途径：伦理学、物理学、数学、神学。

6. 学生要具备的条件。

7. 解释者要具备的条件，批判态度，必需掌握柏拉图哲学，熟悉亚里士多德全部作品，以便能揭示两者的一致。

8. 亚里士多德的写作方式，不同作品各有不同。

9. 作品含混不明的地方，去掉没有价值的部分。

10. 每部著作的预备问题：主题、用途、次序、题目、真伪和篇章安排。大卫的《分注》就是针对这些问题进行的。

在这些讲授之后，才开始按照次序对作品进行讲解，那么首先是逻辑学，逻辑学中，以《范畴篇》为起点，然后是波菲里《导论》（对《范畴篇》和整个亚里士多德逻辑学的概述），接下来是《解释篇》、《前分析篇》、《后分析篇》等，最终通向神学和第一原则问题。显然，《分注》就是其中将逻辑学元素和方法结合在一起的作品，至关重要。大卫的《分注》完全按照了学派规定的问题域和阐释理路进行，这在本书第二部分中，有详细说明。

那么对于"哲学"本身，大卫在《哲学序言》中做了系统阐述，这是亚历山大里亚学派中对"哲学"自身问题阐释得最为清晰和全面的作品之一，其结构如下：

首先概述哲学的四个问题：

哲学存在吗？（εἰ ἔστι）

哲学是什么？（τί ἐστι，哲学本质）[①]

哲学是如何的？（ὁποῖόν τί ἐστι，哲学存在方式，以何种方式存在）

---

① 学派认为存在先于本质，即事物先有"存在"这个绝对谓词，然后才有"是什么"的谓述。本书第二部分第四章第九节涉及了这个问题，大卫用它来分析推论的存在和本质。

哲学为了什么？(διὰ τί ἐστι, 哲学的目的)

下面分别阐述：

1. 哲学存在吗？

(1)“是/存在”的多种含义；(2)万物流变；

(3)所有知识源自感觉；(4)哲学是一般知识。

2. 哲学是什么？

(1) 哲学的定义，九个基本问题：

(a) 什么是定义；

(b) 定义以多少种方式区别于描述、描述性定义；[①]

(c) 这个词的起源；

(d) 哲学定义从哪里产生；

(e) 完善和不完善的定义；

(f) 哲学的六个定义；

(g) 为什么只有这六个定义(最完美的数)，以划分法和算术为方式的证明；

(h) 六个定义的次序；

(i) 六个定义的来源，分别来自毕达哥拉斯、柏拉图和亚里士多德：

第一个定义：对现实或实在本身的知识；

第二个定义：对人事和神事的知识；

第三个定义：对死亡的训练，针对自然和自愿的死亡的知识；

第四个定义：向神而生，与神合一；

第五个定义：技艺的技艺，科学的科学；

第六个定义：对智慧的爱。

(2) 哲学的划分：

---

① 见本书第二部分第三章第七节。

(a)理论哲学；(b)实践哲学。

3. 哲学是如何的？哲学的本性是什么：

思辨理论的(θεωρητική)；始基性的(ἀρχική)；

净化的(καθαρτική)；政治的(πολιτική)。

4. 哲学的目的是什么，引导灵魂的认识力和生命力。

这四个问题虽然是古代哲学研究者的研究对象，但对于当代人来说，它们仍然包含了哲学本身的所有问题。六个基本定义以及四个哲学本性广涉了自然、神、人、灵魂、道德、政治、科学、形而上学等等，特别是发扬了柏拉图对于死亡的关注。①

通过上面的描述，我们能宏观地看到古代丰富和成熟的哲学教学及其思想体系。对于我们现代哲学研究者来说，古代哲学遗留的资源仍然值得利用和开掘(在有些方面我们做得还不太够)。真正的哲学并无过时一说。

---

① 来自《斐多》64a，κινδυνεύουσι γὰρ ὅσοι τυγχάνουσιν ὀρθῶς ἁπτόμενοι φιλοσοφίας λεληθέναι τοὺς ἄλλους ὅτι οὐδὲν ἄλλο αὐτοὶ ἐπιτηδεύουσιν ἢ ἀποθνῄσκειν τε καὶ τεθνάναι(那些恰好正确掌握哲学的人很可能不会让其他人意识到，他们只是关心死去和死亡)。

三、古亚美尼亚文《〈前分析篇〉评注》的哲学思想与结构

一

从本节开始会逐章论述大卫《〈前分析篇〉评注》(本节简称《分注》)[①]中的哲学思想及其意义，择要而谈，具体的分析、阐释和研究文献的引用均见第二部分的《分注》研究。[②]

大卫《分注》评注了《前分析篇》第一卷第一章到第二章开头，[③]但研究问题的具体范围一直到第三章；对于之后的内容也有一些涉及，基本上把《前分析篇》最重要的问题都涉及到了。从文本来看，本书并未结束，既有可能是译者所见的古希腊文《分注》

---

① 本节简称《分注》，出于不同人之手的《〈前分析篇〉评注》会在之前标明作者。

② 本节凡引用大卫《分注》，以罗马数字标明节数，阿拉伯数字标明小节数，比如I.1，即第一节，第一小节。所引古代希腊文评注文献，基本上来自*Commentaria in Aristotelem Graeca*(CAG), Berlin, 1881—1909。每次引用，先列作者和文献名，之后标出所在页数和行数。大卫在CAG中的文献，为了突出，则以脚注列出。所有不在这一丛书范围内的文献，分别以相应文献的格式标出。Topchyan(2010:133—175)还附有他搜集的互文文献，其中还包含了古亚美尼亚文献的内容，我均有所参考。

③ 大卫按照古代的看法，认为《前分析篇》24a10—24b18是一部独立的“著作”，名为《序言》，即《分析篇》的导论，见I.1和IX.1的研究部分。大卫的评注主要是对这部序言的阐释。

不全或未写完，故而没有译完，也可能是本书散佚了一部分。[①]

从现代研究角度，我们把大卫《分注》的十四讲定为十四节，划为五章：

第一章，共两节，讨论了评注关注的六个问题：①目标；②用途；③次序；④《分析篇》书名的成因；⑤章节的划分；⑥书的真伪。

第二章，共两节，讨论了逻辑学与哲学的关系问题，涉及了逻辑学在哲学中的定位。

第三章，共四节，讨论了前提与词项理论，第五节是概述，中间两节讨论前提，最后一节分析词项，以"是/存在"为中心。

第四章，共三节，讨论了推论问题，以直言、假言推论、完善和不完善推论为中心。

第五章，共三节，讨论了换位的八个问题。

二

第一章的第一节直接讨论了《前分析篇》六个问题的前两个问题，这些都是古代阐释者传承下来的评注焦点。[②]其中，"目标"问题非常关键，因为它关涉了《前分析篇》的意义以及一般推论(պարզ հաւաքումն, συλλογισμός ἅπλῶς)的本质。这一点明确之后，《前分析篇》与《后分析篇》才会衔接上。这也证明了大卫评注的不仅仅是《前分析篇》，而是着眼整部《分析篇》。[③]一般推论和证明(ապացոյց, ἀπόδειξις)的关系问题被提了出来。前者

① 结尾并无通常那句"到此，凭上帝之助，而有这一讲"。很多学者认为这部《分注》未完成，见Calzorali(2007:261)。

② 如阿芙洛狄西阿斯的亚历山大、阿姆莫尼尤斯、辛普里丘、斐洛珀诺斯和大卫(在其他作品)，见I.1的研究部分。

③ 见I.1研究部分的问题二"两部分《分析篇》"以及I.2的原文。

是后面会说的“工具式”的逻辑学，而后者通向了各种科学以及最高最普遍的存在科学；前者是后者的手段，后者是前者的目的。因此《前分析篇》的目的不仅是一般推论，而最终是证明理论（也见V.2）。正如大卫的比喻，“砍树是造船的一部分，[之所以如此]，因为[砍树]是为了造船。同样的，人们也会说，放血术的目的是健康，因为它为了健康”。这两者不仅是手段和目的的关系，而且还是属与种的关系，但证明虽然是一“种”推论，却又是推论中真的程度最高的。

在I.3，大卫总结了古代对于推论种类的划分。值得注意的是，不仅与今日逻辑学以及《工具论》有关的推论，如证明、论辩术放入一般推论中，就连完全假的诗术、智术，以及看起来与文学有关的修辞术也都归入其中。[①]而且这些全属于古代的“逻辑学”（λογική）或“推论之事”（τὰ συλλογιστικά）（确切来说，推论需要与归纳合在一起才是完整的“逻辑学”）。[②]这种说法一部分符合亚里士多德的看法（见《前分析篇》68b10—11划分了三种推论），至少在他看来，修辞术和智术（作为论辩术反面，在《论智术式反驳》，也就是《辩谬篇》中有所讨论）属于逻辑学的研究范围，但逍遥学派后来编订《工具论》时没有收入《修辞术》。在大卫同时期古叙利亚文和后来的阿拉伯文世界的学者中，《修辞术》甚至《诗学》都被放入了《工具论》。

大卫分出了五种推论，在古代阐释中，这种划分是比较全面的。五种推论大致对应了人的五种认识能力。[③]所有推论都是由思

① 见I.3研究部分的总表以及问题十“各种特殊推论的定义、功能与历史”。

② 后一个词更代表了亚里士多德的逻辑学，见III.1研究部分的问题一“古代逻辑学的发展和λογικός的概念源流”。推论名字的来由见XI.10研究部分的问题十一“推论的得名”。

③ 见I.4研究部分的问题十二“五种认识能力与各种特殊推论的关系”，认识能力的划分本自柏拉图《理想国》511d—e。

想完成，感觉和努斯不会推论；而推论材料的来源有感觉、想象、意见、思想，按照不同材料来源，推论的真理性就出现了等级差异。最高的推论就是证明，它是思想活动的最高表现，其材料来自思想得出的普遍内容，这些内容构成了因果命题。与感觉仅仅知道具体、与意见知道普遍一般但不追查原因不同，思想会追究原因，探明最终的本质，这就是科学，也就属于《形而上学》982a1—6说的智慧。

所有推论在逻辑上不一定都健全，如果除去虚假的逻辑论证（智术、修辞术中都有），那么《前分析篇》的一般推论就是标准的逻辑形式，为各种推论共有。证明和证明性科学（以证明为论证形式的科学）就是以一般推论的方式进行逻辑推导，构建一个“演绎系统”，类似几何学[①]一样进行证明，它可以探求到最普遍和永恒的形式，这也就是形而上学追求的目标。由此，证明和证明性推论超越了工具式的一般推论，为科学做了奠基。

在I.5，大卫提到了一段经典的论述，有关两种直观：

感觉和想象都不能推论，因为它们都接受自感觉，努斯也同样不能，[因为]它自行直观万事万物。意见也不能推论，因为它只是知道结论。所以只有思想能推论。它给心灵一个命题——它本身就是前提，它要么从原因和前件中得出证明性的推论，要么思想由意见展开，得出论辩术式的推论，要么由感觉展开，得出智术式推论。

ոչ զգայութիւնք և ոչ երևակայութիւնք, քանզի և նա ի զգայութեանց առնու, և ոչ միտք հաւաքեն, որպէս ինքնատեսողք ամենայն իրաց: Այլ և՝ ոչ կարծիք, քանզի կարծիք զեզրակացութիւն միայն գիտէ: Բայց միայն տրամախոհութիւն է, որ հաւաքէ: Եւ սա կամ ի միտ առնու

① 见I.1中的问题四“证明以及证明性推论”，证明与古希腊几何学紧密相关。

զնախադասութիւն, այս ինքն է՝ զառաջարկութիւն, և առնէ զապացուցական, որ ի պատճառաց և յառաջնոց, և կամ՝ ի կարծեաց, և առնէ զտրամաբանականն, և կամ՝ ի զգայութենէ, նառնէ զիմաստականն

其中，自行直观(αὐτοψία，动词αὐτοπτέω，名词αὐτόπτης，ինքնատեսող)一词，[①]在斐洛珀诺斯那里首先联系了感觉和努斯，也就引出了感性直观和理智(努斯)直观两分，这源自柏拉图的"日喻"和"灵魂之眼"(《理想国》507c)。见斐洛珀诺斯《〈论灵魂〉评注》574.15—17，

感觉按照维度以有型和成型地方式自行认识；它不听从逻各斯就判断太阳也就一步之长；由此，它属于无逻各斯；也因此，它和努斯一样都自行直观事物。

ἡ αἴσθησις καὶ κατὰ διάστασιν αὐτὸ οἶδε καὶ μορφωτικως καὶ τυπωτικῶς καὶ οὐκ ἐυακούει τῷ λόγῳ ἐν τῷ νομίζειν ποδιαῖον τὸν ἥλιον, κατὰ τοῦτο ἀλόγου ἐστί· καθὸ δὲ αὐτοπτεῖ τὰ πράγματα ὡς νοῦς.

在大卫同时期艾利阿斯《〈前分析篇〉评注》72(139).24—27中也说，

两极的部分不能推论，即努斯和感觉，因为它们自行直观；想象也不做推论，因为，既然感觉不能推论，它又从哪里或如何获得[推论]呢？意见也不做推论，因为它只是知道结论。

① 见I.5中的问题十八"努斯直观"，其中考证了这个词在古代的用法，它也和神性的显现有关。

καὶ οὔτε τὰ ἄκρα συλλογίζεται, νοῦς καὶ αἴσθησις, ὡς αὐτοπτοῦντα, οὔτε ἡ φαντασία συλλογίζεται· πόθεν γὰρ ἤ πῶς λαβοῦσα, τῆς αἰσθήσεως μὴ συλλογιζομένης; οὔτε μὲν ἡ δόξα συλλογίζεται ὡς μόνα τὰ συμπεράσματα εἰδυῖα

大卫《哲学序言》[①]说,

应该知道,经验有时产生于感觉和想象,此时它们被叫作自行直观,因为能够经验自然来源的人成为了自行直观者;他通过感觉和想象来检查每种来源,然后就知道了这些来源的自然本性。

ἴστεον ὅτι ἡνίκα μὲν ἐκ τῆς αἰσθήσεως καὶ τῆς φαντασίας ἐγείγεται ἡ ἐμπειρία, τότε αὐτοψία λέγεται καὶ γὰρ αὐτόπτης ἐγένετο ὁ ἐμπειρικὸς τῆς φύσεως τῶν βοηθημάτων καὶ αὐτὸς διὰ τῆς αἰσθησεως καὶ τῆς φαντασίας βασανίσας ἕκαστον τῶν βοηθημάτων ἔγνω τὴν φύσιν αὐτῶν.

古代评注中,这三人的论述构建了自行直观的学说,这也是后世两种直观理论的先导。当然,后世如康德两种直观的学说与古代阐释者是否有接受关系,还待考证,至少在理论上是有相似之处。在直观的过程中,推论是毫无用处的,感觉通过形式接受外部材料,努斯通过形式接受第一原则,这些都不是推论能够做到的。思想虽然可以认识外物,获取知识,但无法脱离这两种直观。两种直观的形式不同,一个在感觉和想象之内,一个在努斯之中。相应的,感性直观层次较低,努斯直观层次最高。努斯的直观来自神与上帝的赐予,因为上帝和神是“自行直观”(I.8)。这也为斐洛珀诺斯和大卫把柏拉图与基督教相联系提供了基础。进而表明了逻辑学的起

① 见Busse(1904:47)。

源不是人的思维本身，而是超越思维的某种东西。

I.6—I.8，大卫转入了第二个问题，即一般推论和证明性推论的用途，以及这两者与理论、实践哲学的关系。按照现代某些人的观点，似乎逻辑学与实践哲学毫无关系，毕竟逻辑的演绎系统很难指导人的实践，它仅仅是为思维提供一般模式。但是按照大卫的看法，“证明性推论在所有[种类的]哲学——理论的和实践的(ի տեսականն և ի գործականն)——中都是有用的，这样，我们就可以把理论哲学中显明为真的东西认之为真；我们就不会接受虚假的知识，而且不会做坏事”。(I.6)联系大卫《哲学序言》①中的一段话，

> 既然它们是这样的，由此，哲学因为[它能]装点人类的灵魂，故而被构想出来：一方面通过理论性的部分来装点[灵魂]认知的能力，另一方面，通过实践的部分来装点[灵魂]生存的能力——也就是使我们控制怒气和欲望，勿使我们不当地发怒和滋生欲望。
>
> τούτων οὖν οὕτως ἐχόντων διά τοῦτο ἐπενοήθη ἡ φιλοσοφία διὰ τὸ τὰς τῶν ἀνθρώπων ψυχὰς κοσμεῖν. καὶ μὲν γνωστικὰς δυνάμεις κοσμεῖν διὰ τοῦ θεωρητικοῦ τὰς δὲ ζωτικὰς διὰ τοῦ πρακτικοῦ. ἤγουν διὰ τοῦ ποιεῖν ἡμᾶς κρατεῖν θυμοῦ καὶ ἐπιθυμίας καὶ μὴ ἐᾶν ἡμᾶς παρὰ τὸ δέον μήτε θυμοῦσθαι μήτε ἐπιθυμεῖν.

哲学的本质就是逻辑，逻辑的最高形式就是证明和证明性推论，对于理论来说，逻辑是认识事物的形式，对于实践来说，逻辑可以控

---

① 见Busse(1904:79)。

制情感和欲望。[①]后一种是生存论意义上的逻辑，也就是实践“逻辑”，它往往被逻辑学家所忽视。这两种逻辑的本质功能，大卫有一段非常经典的论述(I.7, 问题第二十三“逻辑学的本质功能”)，[②]

它[推论]可以借助一件事发现另一件事。因为自然从不让万物全都隐藏——否则的话，人们就不能发现什么存在了；但是再有，自然又并未让万物全都成为显明的——否则的话，就不存在人们[主动]探问的东西了。因此，它隐藏了一些事情，又显现了一些事情，故而人们要探寻、搜求和发现。这样，推论就来到[人们]之中，以至于，它通过自然显现的东西来发现自然所隐藏的东西，比如说躁动的猎犬——它通过踪迹和气味来知晓并发现野兽的巢穴。

զայլ ինչ ի ձեռն այլոյ գտանել: Քանզի ոչ զամենայն ինչ թագոյց բնութիւնս, զի ոչ կարող գոյր գտանել ինչ ոք, և ոչ դարձեալ զամենայն ինչ յայտնի արար, զի ոչ ոք էր ապա որ ի խնդիր անկանէր: Այլ է ինչ, զոր թաքոյց, և է ինչ, զոր յայտնեաց. վասն որոյ խնդրելն է, յուզելն և գտանելն: Արդ, եկն էանց ի մէջ հաւաքումն, որպէս զի յորոց եցոյց բնութիւնս՝ գտցէ զայն, զոր թաքոյցն. զօրէն յուզականացն ասացեալ շանց, որք գիտեն, այս ինքն՝ ի շաւղացն և ի հոտոցն գտանեն զորջս գազանաց

这是古典时期对于“逻辑学”的理解。它没有认为逻辑是一种思维的演绎系统，相反，它认为逻辑是探究外部事实(获得知识和指

① 见III.3，“只有哲学使用推论：在理论哲学中，[用于]对真假的分辨，在实践哲学中，[用于]对善恶的分辨。”“理论哲学的事务是所有存在者，为了认识[它们]，而目的是真；实践哲学的事务是属人的灵魂，目的是善：按照亚里士多德的说法，[目的]本身就是节制情感，按照柏拉图的说法，就是不动情。”也见III.3研究部分中的问题五“情感与实践哲学”。

② 也见IX.5和奥林匹奥多罗斯《哲学序言》16.35—17.3。

导行为)的形式。自然本身的可见与不可见的性质让逻辑成为了必然:

⑴ 自然必须隐藏一些事情;在万物都显明的自然中,人类就没有必要运用思想或理性了,因为它们全部可以感性直观到。

⑵ 自然必须显明一些事情;在万物都隐藏的自然中,人类得不到任何外部材料,空有思想和理性,只能一无所得。在这种情况中,有的哲学家可能主张人类依然可以构建逻辑形式,这凭借着努斯的直观;但有的哲学家会认为逻辑是先天综合的,因此如果没有感性直观和外部材料,逻辑形式仅仅是或然的。

⑶ 自然隐藏的事情与显明的事情之间要有一种“关系”,这两者如果没有关系,之间存在鸿沟,那么理性和感性就会分裂。可见的事情就是踪迹和气味,不可见的事情就是留下踪迹和气味的野兽,人就是猎犬。

⑷ 推论就是自然的本质,自然的存在分为不可见和可见两个部分,这样,逻辑就带有了本体论的性质。努斯直观把握到了公理,思想进行推论,材料来自感性直观,这三者构成了逻辑的本质。

⑸ 联系I.8,可以看出感觉/动物(无理性者)——思想/人(理性者)——努斯/神和上帝(超理性者)构成了三个等级,只有人需要推论,对于动物来说,自然全都是感觉层次的“显明”;对于上帝,自然则是努斯层次的“显明”,而人居于两者之间。

如果我们考察了推论的产生,并且具有了发现[前提]的能力,那么接下来,我们要把已经产生的推论“分析”为已经说过的格,这样[我们]一开始确立的任务就完成了。

εἰ γὰρ τήν τε γένεσιν τῶν συλλογισμῶν θεωροῖμεν καὶ τοῦ εὑρίσκειν ἔχοιμεν δύναμιν, ἔτι δὲ τοὺς γεγενημένους ἀναλύοιμεν εἰς τὰ προειρημένα σχήματα, τέλος ἂν ἔχοι ἡ ἐξ ἀρχῆς πρόθεσις.

这个分析是《前分析篇》的"分析"，指将各种有效的推论化约为各种格，也就是《分析篇》首要处理的"分析"。但是《后分析篇》的"分析"处理的是外部事实，即"论述推论所针对的事务"(II.4)，一般推论成为证明推论，就不仅是处理逻辑形式，而是要去分析事实，让所有事实都具备证明推论所分析出的"关系"。这种关系就是本体论意义上的世界逻辑和秩序。接下来，《前分析篇》的第一卷又分为三个部分①：1)推论的产生，对应今本的1—26章，其中，1—3为序论；4—7论格式；8—22论模态推论；23—26总结三个格的特征。2)前提的来源，发现各种能够获得结论的前提，对应今本27—31章。3)对推论的分析，把所有推论分析为前面讲过的格式，对应今本32—46章。这三个部分遵循了II.6说的推论的目的，即，利用已有词项的关系发现词项之间的新关系("把握那些能被综合为相互关联的前提，可以编织它们，可以发现从其中推出的事情，也就是它们的蕴涵项")。已有的关系就在两个前提之中，这要学会发现前提，而且前提能够按照有效格式进行安排(或编织)；新的关系就是蕴涵命题，这要学会建立新的关系，当然前提如果安排正确，结论就会必然得出。②

大卫说，"分析的固有之处则是，从一组推论(无论它们是什么)中获得一个推论；将一个推论分析为那些综合成它的东西。也就是[相关这样的问题]：它属于哪一格？它是完善的还是不完善的？如何能将第二格的推论分析为第一格？如何能让不完善的推论变成完善的？"(II.6)这实际上就是培养一种哲学家的目光，能够在纷乱的事情中看到第一格的四个式，从而快速得出结论。反过来说，

① 也见斐洛珀诺斯《〈前分析篇〉评注》5.25—28。

② 也见IV.1研究部分中的问题二"科学或技艺运用逻辑学的三个步骤"。

纷乱的事情也必然能够分析为这几个有限的元素。

如果是这样，那么亚里士多德为什么不命名为《综合篇》呢？为什么哲学家更喜欢分析呢？亚历山大《〈前分析篇〉评注》7.11(1.2.1)的话更有代表性，

> 所有被综合的事物成为那些它们得以综合的成分的化约过程，谓之分析。
>
> ἡ παντὸς συνθέτου εἰς τά, ἐξ ὧν ἡ σύνθεσις αὐτῶν, ἀναγωγὴ ἀνάλυσις.

> 分析和综合相反相对；因为综合是一条从开端(原则)出发到达来自开端之成分的道路，分析则是从终点到开端的归途。
>
> ἀντεστραμμένως γὰρ ἡ ἀνάλυσις ἔχει τῇ συνθέσει· ἡ μὲν γὰρ σύνθεσις ἀπὸ τῶν ἀρχῶν ὁδός ἐστιν ἐπὶ τὰ ἐκ τῶν ἀρχῶν, ἡ δὲ ἀνάλυσις ἐπάνοδός ἐστιν ἀπὸ τοῦ τέλους ἐπὶ τὰς ἀρχάς.

哲学家自古探求的就是“开端”，也就是始初的元素，这些元素是“最普遍的”，哲学家要把握的就是最普遍的形式。[①]最低的灵魂能力“感觉和想象”所接受的材料都是杂多和具体特殊之事，当向更高的灵魂能力提升时，多逐渐归约为统一，特殊中最普遍的部分就被揭示出来。[②]理智能力较低的人，只能动用感官接受杂多，但无法将之归类统一。

---

① 见II.8研究部分中的问题十一“普遍与特殊”，由特殊具体通向一般普遍是哲学活动的基本特征。

② II.7举了一个几何学的例子，可以看到哲学分析的几何学起源。

四

在六个问题处理之后，大卫并未直接对《前分析篇》进行评注。相反，他插入了两节内容讨论逻辑学的定位问题。自亚里士多德创建逻辑学、逍遥学派后人编订《工具论》之后，围绕逻辑学与哲学的主次地位，古代阐释者就展开了长久的争论。如大卫所言(III.1)，“逻辑学是哲学的一部分还是子部分。欧多吉尤斯(Εὐτόκιος)在波菲里《导论》评注的开头探究了它。而亚历山大……探究了逻辑学是哲学的一部分还是工具。这或者仅仅和推论有关，或者与[逻辑学]整体有关。针对这个[问题]，有三种意见被表达出来，因为斯多亚派曾说：推论是哲学的一部分，而亚里士多德一派的人[曾说推论是]工具，柏拉图派[曾说推论]既是工具，也是一部分。”三派的观点看起来不复杂，但却是争论不休，而且直到近现代，西方哲学依然没有处理清这个问题。

斯多亚派之所以认为逻辑学是哲学的一部分，有两个主张。第一个主张说，因为逻辑学处理的问题和对象与哲学一致，而且它是哲学专有的东西，属于哲学三分之一(逻辑、自然、伦理)。“一门技艺或科学使用的所有东西，如果它不是另一门技艺的一部分或子部分，那么它就是那门使用它的[技艺]的一部分或子部分。既然医术使用并非另一门技艺一部分或子部分的膳食学，那么后者必定是医术的一部分或子部分。而‘如果它不是另一门技艺的一部分或子部分’这句话也适合于掌舵术和天文学。因为天文学不是掌舵术的一部分，因为它是数学的一部分，是整个哲学的子部分。”(III.2)进一步，如果逻辑学不是哲学的子部分——因为它与子部分没有相同的事务和目的，那就只能是一部分了，与理论哲学(认识自然)和实践哲学(分辨善恶)并列。(III.3)对于这种理解，它的缺陷是忽略了逻辑学的工具性。III.4中，大卫展开了反驳，指出比如放血刀也是医术使用的东西，但它并非这门技艺的一部分，而是工具。如果逻辑学仅仅是工具的话，它仍然可以为这门技艺所使用。斯多亚没有证明逻辑学不是工具。第二个主张认为，哲学制造出了逻辑学，所以它是哲学一部分。这个看法的前提正确，因为逻辑学生于哲学。但是如大卫所言(III.5)，很多技艺产生的东西，未必是其一部分，而是其他技艺的工具，比如木匠做的尺。逻辑学恰恰是哲学制作的东西，而且能用于其他技艺，因此它的工具性并未被反驳掉。[①]

与之相对，亚里士多德派(逍遥学派)的看法[②]完全相反，认为逻辑学仅仅是哲学和其他技艺和科学的工具。(IV.1)首先的看法就是大卫上面说的，其他技艺也使用逻辑学，比如建筑师也用推论，所以逻辑学仅仅工具，因为它不可能是建筑术的一部分。这种看法的后果就是，哲学的地位——至少是逻辑学的地位——降格，因为它仅仅为其他技艺和科学提供工具而已。这也是现代一些人的看法，哲学仅仅是锻炼思维，提供一套思考技艺。由此，形而上学和本体论就失去了第一科学的地位，毫无意义了。大卫显然不能接受这种理论，在IV.2，他提出了反驳看法，比如上帝的灵魂产生了人的身体，按自己的样子做出了人，但是上帝依然高于人(而且人也不是工具)。[③]也就是说，逻辑学不仅仅是外部的工具，它的内在还具有更高的本性。大卫用上帝来比喻，暗示了逻辑学的“神性”。

第二个看法是，逍遥学派认为逻辑学没出现之前，证明已经存在于哲学之中，所以后出现的逻辑学仅仅是反思后的工具。去掉逻辑学，哲学依然存在，因为在逻辑学之前，哲学早就建立了，似乎

---

① 也见斐洛珀诺斯《〈前分析篇〉评注》13,2.7.23—28。

② “亚里士多德派”的看法与亚里士多德本人的看法不同，见IV.1研究部分的问题一“亚里士多德派的第一个论证以及亚里士多德对于逻辑学的定位问题”。

③ 这个例子带有基督教神话的色彩，我们可以换个例子，比如母亲生儿子，显然母亲比儿子还是要“高级”，至少不会低于儿子，儿子也不是母亲和其他人的工具。

有无逻辑学，无损于哲学。进而可以推测，逻辑学仅仅是对哲学某种特征的表现或外化。如果再联系柏拉图主义的看法，似乎没有建立“逻辑学”的柏拉图哲学要比建立逻辑学的亚里士多德哲学更高级。这更证明了逻辑学的工具性。对于这个看法，大卫其实有点赞同，只不过他不同意逻辑学仅仅是工具。

柏拉图派的看法——也就是大卫的看法——兼有上述两者，“推论是哲学的一部分，因为推论是关涉所有存在者的知识，关涉所有存在者的知识是哲学的一部分”(IV.4)。这指出了推论属于理论哲学(另一部分是实践哲学)。[①]但是柏拉图主义者又没有否认逻辑的工具性，他们说逻辑学是双重的(IV.4)，“一[种]在自然事物本身中(ի նոյնս իսկ յիրողութիւնսն բնութեան)……而另一[种]在标准中，也就是只在理论和规则中(յորոշմունս, այս ինքն՝ ի նկատմունս միայնն ի կիտմունս)”。[②]这就是“本体论式”的逻辑学和“工具式”的逻辑学两分。柏拉图《政治家》287d说的那种逻辑，就是前一种，“更有辩证能力、更能发现那种依靠逻各斯对存在者所做的揭示”(διαλεκτικωτέρους καὶ τῆς τῶν ὄντων λόγῳ δηλώσεως εὑρετικωτέρους)。逻辑“在自然事物本身中”也就是“逻辑针对自然事物”或“自然事物本身具有的逻辑关系”，在一些人看起来这种说法有点奇怪，因为逻辑仅仅是思维的事情。但在古代人看来，外部存在具有必然的关系，这种关系不仅存在于语词或观念之中(当然，诸如高尔吉亚这样的怀疑论者早已质疑了这种巴门尼德式的理想)。后一种是可以操作的逻辑，属于规则和准则，它是思维中的。这方面，柏拉图并未总结和反思，他仅仅以未加理论化的方式运用，后来依靠亚里士多德的努力，作为规

① 见IV.4研究部分的问题六“柏拉图的辩证法及其逻辑学”。

② 见IV.4研究部分的问题七“柏拉图的双重逻辑学：‘本体论化的逻辑学’和‘工具性逻辑学’”。

则的逻辑学才被构建起来，它为前一种奠基。在《理想国》、《斐德若》、《智者》、《斐勒布》、《泰阿泰德》中，柏拉图都提出了辩证法的逻辑，这其实就是亚氏逻辑学之前的“逻辑学”或“前逻辑学”，它既是一种工具(引导对话者，或者说服对话者)，也是一种揭示世界逻辑、与存在对应的思维形式(巴门尼德的思维和存在的统一)。“逻辑学既是哲学的工具，也是一部分，因为，当它在事物本性这方面是证明之时，它是哲学的一部分，而在规则中，它[作为证明]是工具。”(IV.5)

在大卫看来，柏拉图“努力实现着超越[规则]”，它的哲学最终要超越工具式的逻辑。与之相比，亚里士多德就低于了柏拉图，如大卫引的一段柏拉图对亚氏的评价所言，[柏拉图说]“亚里士多德让哲学成为了雕虫小技” (Արիեստիկ արարեր զիմաստասիրութիւն)。(IV.4)IV.5中，大卫甚至很尖锐地认为亚里士多德虽然建立了逻辑学，但远不如未建立逻辑学的柏拉图，因为前者仅把握了规则，后者却能运用并且超越它。

五

从第三章开始，大卫开始评注《前分析篇》，其方法就是先列原文，再加以疏解。首先在V.1，他列出五点与推论有关的问题：1)前提(命题)的定义；2)词项的定义；3)推论的定义；4)推论的类型：完善推论和不完善推论；5)前提的类型：依照主词和谓词的谓述关系划分。它们均见《前分析篇》24a11—15。第三和第四章就讨论这五个问题，它们基本上涵盖了亚里士多德逻辑学的重点。

在第五节，首先，大卫处理了几个问题，比如之前提过的，为什么开篇就提证明，因为这是《分析篇》最终的目的。另外一个问题，就是为什么亚里士多德先说前提，再说词项。因为词项才是最小的元素，按理应该先讨论词项。这个问题的解答在V.4—6，第一个原因表明了亚里士多德首次规定了词项，在他之前，命题或前提是前人（比如柏拉图）规定过的，所以把词项放到前面。第二个原因是词项的定义需要前提。词项是前提分析后的产物。这证明了前提其实才是推论理论的元素，而词项向前提综合的过程还仅仅只是语法方面的问题。而前提向词项的分析则是逻辑学的问题。这个原因进一步联系了第三个原因，大卫从《解释篇》入手分析了前提的优先性，在《解释篇》中语法的陈述句子转向了逻辑的陈述、断言和命题。[①]第四个原因从推论内部结构入手，词项——以中项——介于前提和推论之间，是两个前提的中点，因此，前提在先，组织好了已知的词项关系，而词项作为中介，最终得出新的词项关系，也就是结论命题。已知词项的关系及其位置构成了推论的几个格和式。[②]

其次，V.9，大卫再次论述了证明与证明性科学的关系，前者是一“种”推论，后者是这种推论所形成的科学，它们的关系是实现活动（ἐνέϱγεια, ներգործութիւն）和常性（ἕξις, ունակութիւն）的关系，[③]

应该知道，证明是一回事，证明性科学是另一回事，因为证明本身是一种实现活动，而证明性科学本身是一种常性。如果它们在同一个主题中出现，那么常性能够产生实现活动；如果它们在若干不同主题中出现，实现活动能够产生常性；因为一个教师的实现活动也就是教学——它具有常性——是能产的。

Եւ պարտ է գիտել, եթէ այլ է ապացոյց, և այլ է մակացութիւն ապացուցական. քանզի ապացոյցն ինքն իսկ ներգործութիւն է, իսկ մակացութիւն ապացուցական՝

① 见V.6研究部分的问题四“词项与前提先后顺序的第三个解释以及陈述、断言和命题”。

② 见V.7研究部分的问题六“三段论的三个格”。

③ 见V.9研究部分的问题七“证明和证明性科学的关系:实现活动与常性”。

նոյն ինքն ունակութիւն: Եթէ ի նոյնում գոն ենթակայում, արարողական է ունակութիւն ներգործութեան, իսկ եթէ յայլում և յայլում՝ արարողական է ներգործութիւն ունակութեան: Քանզի արարողական է ուսուցանողին ներգործութիւն, այս ինքն՝ վարդապետութիւն՝ ունակութիւն ունողին.

大卫的意思似乎是：第一，如果某种实现活动和常性(这里指科学活动和科学常性)是相关一个主题，比如针对物理事实，那么常性就会产生实现活动，它先于活动。第二，如果某种实现活动关涉一个主题，而常性却关涉另一个主题，则实现活动会有助于常性的产生，在这个方面，活动先于常性。而证明之所以能够展开活动，是由于自己主题内证明性科学的存在。我们可以建立一个过程：证明性科学(常性)——证明(实现活动)——特殊科学(常性)——特殊科学活动(实现活动)。证明性科学最高，它统摄所有主题；但不为它们提供一劳永逸的原则，而是结合该领域的主题进行特殊的科学研究。

第六节，大卫按照上面的规划开始分析前提，这部分相对更重要。其中值得关注的是对直言(ստորոգական, κατηγορικός)前提和假言(ստորադրական, ὑποθετικός)前提的讨论。[①]假言前提是一种复合的前提，由直言前提组成，它可以用于假言推论。假言前提以及假言推论开始于斯多亚学派，是古代逻辑学发展的重要环节。在古代阐释者中，柏拉图主义者普洛克罗和逍遥学派的亚历山大分别提出了两种意见，前者明确主张了假言前提和假言推论，后者并未否认这种推论，但他认为亚里士多德否认了假言前提。大卫认为亚氏规定推论的那个著名定义“前提或命题就是一个肯定某事谓述某事，或否定某事谓述某事的陈述”(Πρότασις

① 见VI.1研究部分的问题二“直言前提和假言前提”。

μὲν οὖν ἐστι λόγος καταφατικὸς ἢ ἀποφατικὸς τινὸς κατά τινος)涉及了假言前提。他译为了“命题就是一个陈述，它断明某事谓述某事”（Է նախադասութիւն բան յայտնող ինչ ըստ ումեքում）。[①]这种译法改变了原文，原文似乎仅仅在谈直言前提，但改动后，假言前提也被包含在内，因为假言前提是由直言前提组成，通过一个谓述，得出另一个谓述。[②]另外，VI.3中值得注意的一个地方就是大卫认为单称命题属于不定命题，既然不定通常也和特称命题相关，那么单称命题似乎还是一种特殊的特称命题，或者是带有存在量词的命题。

第七节比较重要的是对论辩术推论和证明推论的比较(VII.2)。它们有两点不同，一为用途，二为主题事实。在用途方面，“论辩术前提询问矛盾，而[证明]前提不取[矛盾的]整体，而是取一部分”。在主题事实方面，“进行证明的人不会去询问，而是把握在他看来为真的事情，虽然在[论辩术的]论辩者看来未必如此”，“每件为真的事情，即便违背常理，但也会成为证明的主题”，“每件作为意见的事情，即使是假的，也会成为论辩术的主题”。(VII.3)这指明了证明和证明性推论的真理性，在这个意义上，亚里士多德的证明是不可能容纳正反命题的，只能选取其中之一，这与所谓的容纳矛盾的辩证法是不同的。证明探求的是无时间的必然形式和关系，都是范畴或第一性质，即使经验事实出现变化，证明也是不变的，当越出了经验，证明自身的形式就会得出矛盾的命题，如康德的四个二律背反(分别针对了不同的范畴)，它们通过辩证法可以彼此转换。但需要注意的是，大卫此处特别强调了“事实”，因为如前所述，他所研究的证明“在事物自身中(针对事物本

---

① 这个译文也见亚历山大《〈前分析篇〉评注》11.11的希腊语译文，λόγος ἀποφαντικός τινος περί τινος。在VI.2，大卫继续讨论了前提的定义，联系了《解释篇》16b33—17a4以及一段在《解释篇》并未出现的古亚美尼亚文译文。

② 也见IX.2研究部分的问题一“直言推论与假言推论以及亚历山大的两个理由”。

身)”，证明仅仅形式为真还不够，必须内容为真。

在VII.4，大卫还论述了哲学定义(սահման，ὅρος或ὁρισμός)和哲学描述(ստորագրութիւն，ὑπογραφή)的区别。定义只能以S是P的形式说出，描述可以容许否定。这部分主要见他的《波菲里〈导论〉评注》和《哲学序言》。对这两者的区分承继了亚里士多德对于本质属性、种属、固有属性、偶性的划分以及斯多亚派对定义和描述的划分。对个体采取不同的述说形式形成了定义和描述。

在讨论完前提之后，大卫进入了对词项的分析。一个逻辑命题的词项包括了主词、谓词和连接词“是/存在”。在前面论述前提时，主词和谓词的关系是重点。但是在词项问题中，连接词“是/存在”——附加谓词——成为了中心。因为，模态、量词、质(肯定与否定)(见VIII.4)都是由它承载或衡量(չափել)。但是，没有它，命题依然是完整的。(VIII.2)大卫总结了：“是”的附加——“不是”的附加；“是”的消去——“不是”的消去；“是”的分离——“不是”的分离；“是”的综合——“不是”的综合，共八种形式，但不论是附加还是消去，大卫认为(VIII.3)，

正如我们已经说过和指明的，“是”是动词，因为所有前提，无论是什么类型，都有“是”在谓词旁边，或潜在地，或现实地。“潜在地”即，“每个人躺下”，它作为谓词被说出。[之所以这样说]，因为，虽然有些词“现实地”有“是”，如，“上帝是”，“苏格拉底是”，但是他们都有“是着”“潜在地”在谓词旁边，因为每个动词也许都可以被分析为它的分词，例如，“苏格拉底是”——“苏格拉底是‘是着’”；“上帝是”——“上帝是‘是着’”。

Որպէս ասացաք և ցուցաք, այս բայ՝ է. քանզի ընդհանուր առաջարկութիւնք, որպիսի ինչ և է, կամ զօրութեամբ ունին զէն առ ստորոգելով կամ ներգործութեամբ: Զօրութեամբ՝

որպէս Ամենայն մարդ ենթակայցէ և ասի՝ ստորոգիլոյ: Քանզիթէպէտև ոմանք ի դոցանէ ներգործութեամբ ունին զէն, որպէս՝ Աստուած է, Սոկրատէս է, այլ գոյն առ ստորոգելով զօրութեամբ ունին, վասն զի ամենայն բայ յիւր ընդունելութիւն վերլուծանելով. որգոն՝ Սոկրատէս է, Սոկրատէս գոլով է, Աստուած է, Աստուած գոլով է.

大卫指出，所有前提的谓词都有一个“是”在旁边，或潜在，或现实。潜在就是隐藏着，通过句式转换使之出现；现实就是已经显现出来，作为语法成分发挥作用[①]：(1)潜在地：比如，Σωκράτης ἔστι(Սոկրատէս է)，中文译为，苏格拉底存在、苏格拉底是、有苏格拉底。这句其实隐藏了一个“第三词项”或“附加谓词”的“是/存在”，因此改写为Σωκράτης ἔστι ὢν(或ὄν)(Սոկրատէս գոլով է)。(2)现实地：比如，ἄνθρωπος ἐστι λευκὸν之类的句子。这样来看，“是/存在”成为了一个普遍的词项，只要是前提或主谓句，那么“是/存在”就先行成为了句子中最关键的部分，没有它，范畴、种属、偶性、固有属性都无法谓述个体，甚至说个体本身都不可能存在。

六

当前提和词项已经论述之后，大卫自然就要讨论推论，这是第四章的内容，“在[论述完]推论的部分之后——一个是[与之]相近的部分，我指的是诸前提；一个是[与之]较远的部分，即诸词项——亚里士多德开始讨论由这些部分组成的推论。”(IX.1)

---

① 这样理解有助于正确区分主词和谓词，尤其是及物动词作为谓词的时候，反例见XIV.2。

IX.4开始，大卫首先与悬疑派(եփեկտիոսացն, ἐφεκτικός)进行了争论，后者质疑推论的存在。在这里，大卫提到了“存在”(եթէէն, 古代常用阴性名词ὕπαρξις)先于本质(զի՞նչ է, 是什么)的思想。大卫在《哲学序言》[①]中讨论“哲学”这个问题，它就涉及了四个普遍问题：它是不是存在(εἰ ἔστι)；它是什么(τί ἐστι)；它是什么样子(ὁποῖόν τί ἐστι)；它因为什么(διὰ τί ἐστι)(或为了什么目的)而存在。其中，某事物的存在问题先于它是什么的问题。[②]所以，想要证明推论是什么，就要证明它的存在。悬疑派就是质疑这一点，他们提出了一个看法，既然想要“证明”推论存在，就要使用“证明或推论”，那么等于是把要证明的东西当作了前提；如果不使用证明或推论，那等于就是没有“证明”推论的存在。

大卫的回答是，“你们是通过证明来指出推论不存在呢？还是不靠证明呢？如果照你们说来，不存在推论，那么如何有可能使用推论[来证明推论不存在]呢？再有，我们并未陷入无穷后退之中，因为证明推论存在的那个推论也可以证明自身，虽然它不是作为推论，而是作为可推论者。同理，定义自身，虽然它不是作为定义，而是作为可定义者”。(IX.5)这实际上形成了悖论。解决方法就是区分两种证明，第一种证明是自足的，无需它证的体系，是“元证明”；第二种证明总是要以另一个证明为前提，它是第一种证明的运用。这两者类似柏拉图的理念和具体事物、皮尔斯的类型(type)和标记(token)、塔斯基的两个不同等级的真理系统。前一个证明就是本体论的逻辑，它来自于努斯直观，对它的证明都是无效的；后一个就是工具式的逻辑，以前一个证明为第一原则。只有这样，才能解决悬疑派提出的“推论悖论”。

IX.6开始分析亚里士多德对推论的定义，“推论是一个语

---

① 见Busse(1904:1)。

② 见IX.4研究部分的问题四“‘存在’先于‘本质’”。

言形式，在其中，当某些事情被设定了，那么其他某个不同于所设定之事的内容必然地会通过这些[被设定的]事情本身而得出”（Հաւաքաբանութիւն է բան, յորում դրիցելոց ոմանց՝ այլ ինչ առկացելեօքն ի հարկէ հանդիպի զնոյնս գոլ）。[①]他认为，“这个定义包含了‘属’——因为语言形式是证明性、论辩术、修辞术、智术和诗术[推论]的‘属’——以及‘构成性差异’”。构成性差异（բաղկացուցիչ զանազանութիւնս）是大卫哲学定义中重要的概念，这见他的《波菲里〈导论〉评注》[②]和《哲学序言》[③]。与之相对的是“划分性差异”。推论自身的构成性差异体现在形式和质料两个方面。对推论来说，质料就是“某些事情被设定了”，它对应了推论的“属”，即“语言形式”，这些提供了既定可用的语言材料；形式就是“某个不同于所设定之事的内容必然地……”，它对应了推论的“种差”，即，“从某事必然得出某事”，除了推论之外，其他“语言形式”都不能“从某事必然得出某事”（诗术推论虽然为假，但逻辑形式是必然的）。

当亚里士多德说“某些事情被设定了”，他为什么使用复数呢？是不是推论的前提数量上有差别呢？在大卫看来，按照前提的数量，推论本身分标准和不标准两种。后者是“不完善的”推论（不同于第二格和第三格的“不完善”），如，条件式、选言式、换位、修辞演绎，它们都是从一件事情推出另一件事情，也就是只有一个前提。(IX.8)而标准的推论需要两个或多个前提（见IX.10，后一种情况就是多个标准推论的组合）。不标准的推论大部分可以转化为标准推论。IX.9，大卫还重点讨论了修辞术的推论，就是修辞演绎（եզառած, ἐνθύμημα），这不是标准推论，但是具备了逻辑必

① 比较IX.1的定义，古亚美尼亚文的译法略有不同。这里把բան译为了语言形式，没有译为论证或话语。

② 见Busse(1904:181)。

③ 见Busse(1904:11)。

然性。

X.1继续分析亚里士多德的推论定义，大卫的重心转到了“某个不同于所设定之事的内容”。前面已经指出了，结论必须不同于前提，否则就是同义反复。这实际上讨论的是推论的“形式方面的特征”。古代斯多亚派曾提出过重言的推论，如“如果是白天，则是白天；既然现在是白天，因此是白天”。[1]按照大卫一派的看法，这种推论是毫无意义的，但是它在语义学方面仍然是值得注意的例子。

X.2则针对“某个……内容”一句，引出了可推论和不可推论的区别，

有些连接，当以相同结构建立时，某个事情在内容上会发生改变，但结论是一件事情，而不是多件事情，这样的连接就被叫作“可推论的”。而另一些连接，当相同结构建立时，词项发生改变，那么有时会得出一件事情，有时会得出另一件事情，有时是某些事情，有时什么都没有，这就叫作“不可推论性的”。

որքանիք լծակցութիւնք նոյն հիւսմանց պահեցելոյ, իսկ նիւթոյն փոխեցելոյ ինչ՝ժողովեն մի և ոչ բազում, այնոքիկ բաղհաւաքականք ասին: Իսկ որքանիք լծակցութիւնք նոյն հիւսմանց պահեցելոյ, նմիոյ սահմանի փոխեցելոյ՝ այլ ինչ և այլ ժողովեն, երբեմն ումեքումն և երբեմն ոչ ամենայնի, այնոքիկ անբաղահաւաքականք ասին.

相同的推论形式必定只能得出相同的命题，首先是形式一致，比如Babara式只能得出a命题；其次是内容一致，前提的内容如果确

① 见X.1研究部分的问题一“斯多亚派的重言推论”。

定，结论的内容也只能唯一；第三，不同推论格式都有专属自己的结论形式。只有这样，才是有效的推论；第四，这还可以联系X.5，同一个逻辑形式，前提是自足的，得出相同的结论无需其他条件，"通过被设定的前提，结论是必然的，而且在它们之外，不用再另外构想[①]什么词项了，而且也没有失去什么词项"。[②]

与这个方面相关，X.3讨论了"必然性"问题，在研究部分，我们按照大卫的思路区分了三种必然性：逻辑形式、事实内容、形而上学。[③]这里，大卫还讨论了三种论证形式，它们是，"用某个同等的事情证成某个同等的事情，叫例证(յարացոյց, παράδειγμα)……用某个更小的事情证成某个更大的事情，叫归纳(մակածութիւն, ἐπαγωγή)……用某个更大的事情证成某个更小的事情，就是推论，它们必然地得出某个结论"，这些也见大卫《波菲里〈导论〉评注》。[④]按照他的意思，归纳不能必然得出结论。但虽然在古代逻辑学中，推论似乎就等同于逻辑学，不过在亚里士多德的逻辑体系中，归纳还是不可少的。

如果按照推论的内容来划分，则有证明、论辩术、修辞术等五种推论，但如果从逻辑形式来说，则有完善和不完善两种推论，这是第十一节的讨论重点。大卫引出了古代马克西穆斯和特密斯提欧斯对于推论完善性的争论。前者提出了广义完善，即所有三个格推论都是完善的，而不完善的，显然就是前面说的单前提推论、重言推论、不合方法的推论等。后者认为，只有第一格四个推论是完善的，其余两格都是不完善的，这接近亚里士多德的看法。(XI.2)但是亚氏的文本为前一种方法也留下了可阐释的余地。

---

① 来自前缀մակ(附加或额外)和动词իմանալ(知道和思考)。
② 反例都见X.6研究部分的问题六"斯多亚派不合方法的推论"。
③ 也见X.4研究部分的问题五"推论形式与结论的必然性"。
④ 见Busse(1904:88)。

七

最后三节，大卫阐释了换位法（հակադարձութիւն, ἀντιστροφή，由于这个词的含义很多，而且不是所有转换都要交换主词和谓词的位置，故而我们先使用转换法这个中译），这个方法在亚里士多德逻辑学和哲学中常见，但是含义很多。大卫对此提出了八个问题：

第一，换位以多少种方式被述说呢？当前所说的是哪一种呢？

第二，当前所说的这种以多少种方式被述说呢？为了什么目的呢？

第三，定义当前这种换位。

第四，它以多少种方式实然存在、必然存在或或然存在呢？他并没有提到其他的情况，比如可能还是不可能。换位在每种情况中如何被使用呢？

第五，他为什么遗漏了可能和不可能[的换位]呢？

第六，换位揭示出了什么东西呢？

第七，各种换位的次序是什么？

第八，换位产生的疑点有哪些呢？

对于第一个问题，大卫总结了几种转换：词项转换（用来检验谓词）、关系转换（A是B的A，B是A的B）、推论转换、推论所需的命题换位（SeP换位为PeS；SaP换位为PiS；SiP换位为PiS，这三种换位的次序见XIV.1）。而XII.3说的归谬法（զանկարելին բացածութիւն, εἰς τὸ ἀδύνατον ἀπαγωγή），正是第三种转换。[1]这个含义上的转换不是后面要说的“换位”。它是假设一个

① 见XII.3结尾。

相反的命题然后归谬，这是“转换质”。推论的换位，其要点在于，主词和谓词必须交换位置(除去可能的换位，见下)，且转换后的命题必须与之前的命题等值，即真假同步。[①]

第二个问题是讨论命题换位的几种类型：简单的、可能的或有对立的。其中“可能的换位”是，“如果换位被改变了质，而它让词项的顺序保持相同，那这种换位就是可能的”(XII.7)，并不(而且也无法)交换主词和谓词的位置。这种换位虽然也属于“转换”，但却是命题转换的一种，因此与实然和必然命题的换位放在了一起。简单的换位就是改变两个词项的顺序，而“质不变”(量词也没有变)，也就是系动词不动。(XII.6)“如果换位的质和词项顺序都改变了，这就是有对立的换位。”(XII.8)在上面几种换位中，简单的换位是对推论换位有用的，定义为“简单的换位是两个命题——也就是前提——在词项上的共通(հաղորդութիւն)，而质不变，词项顺序改变，[两个前提]同时为真”。(XII.9)

第四个问题中，涉及了模态命题，其中实然命题属于无模态的命题，必然和或然命题为模态命题。前者揭示了赤裸的存在(սոսկ էութիւն, ψιλή ὕπαρξις)，是无时性的命题；后两者都与时间有关。[②]其中必然命题是那种永恒为真的命题，它的必然不是有条件的相对必然(XIII.2)；或然命题是可能命题，它指的是在一定条件下会出现，但不以唯一方式出现的情况，见XIII.4。[③]它不是指偶然性(见《前分析篇》32b6—8, 32b18—20)，因为科学、证明、技艺都不处理偶然情况(XIII.3)。这几个命题的换位都在《前分析篇》中有所讨论。

---

① 所有的换位见XII.9研究部分的总表。

② 见XIII.1研究部分的问题一“换位法的第四个要点：实然、必然和或然的换位”。

③ 需要注意的是，亚里士多德的或然包含了可能与偶然两种情况，在一开始讨论换位时并未区分两者，而且对于偶然命题的换位有着重论述。

在第八个问题中,古代学者提出了一些经典的换位的“反例”,这些换位都是逻辑错误,其中有些忽视了“是/存在”,导致了把语法宾词理解为逻辑谓词。XIV.4的例子涉及了过去时的命题,这不属于模态,其实可以转换为实然命题。

四、古代亚里士多德逻辑学的阐释著作及其阐释者

为了宏观了解大卫著作在古代亚里士多德逻辑学阐释史中的地位，本节列出了古典世界对《前分析篇》及其相关作品的阐释著作及其阐释者。[①]我们可以从纵向和横向分别看到大卫的论著处于什么样的位置，产生了什么样的影响，也能清楚古代阐释在不同文字和文化中的具体脉络和传承。当然，研究大卫并不仅是以他一人为焦点，重心更在于历史源流中的、不同文化圈和语言文字传统

---

① 下面内容参考了Rescher(1963:24—35)、Sorabji(1990:485—524)和Sorabji(2005)、Sellars(2004)、Ebert & Nortmann(2007:I,116—132)以及Westerink(2011:X—XXV)。Sellars(2004)是对Sorabji(1990)的增补，后者包含了详尽的现代研究书目。古叙利亚文部分也参考了Baumstark(1900)，尤其是King(2010)，以及Hugonnard—Roche(2007)和Hugonnard—Roche，载于Calzolari & Barnes(2009:153—173)。阿拉伯文部分参考了Peeters(1968:253—293)。古亚美尼亚文部分参考了Dwight(1853)、Jeu(1973)和Arevšatyan，载于Calzolari & Barnes(2009:175—180)。Duckworthe、Cornell University Press和Brill已经有计划地出版了其中一部分文献的英译本和勘本。这里所选文献自加伦和赫尔米诺斯开始(因为最早保存下来的系统论述亚里士多德逻辑学的文献来自这两人，之前学者的逻辑学学说均见于后人引述)，截止到大卫时期，即公元5世纪到6世纪；但有一部分学者和文献在这个范围之外，最晚到18世纪。所选的某些学者，并不确定是否评注或研究过《前分析篇》，但由于评注过其他亚氏的逻辑学著作，故择要选入，以供参考。文献语种以古希腊文、古叙利亚文、阿拉伯文、古亚美尼亚文为主，有少量拉丁文文献。有的学者，其作品跨多个语种，这里以其主要作品的语言为准。

中的亚里士多德。

首先是最为丰富的古希腊文评注及其阐释者[①]：

(1) 加伦(Aelius Galenus，公元129—约199/216年)，加伦是古罗马著名医师，用古希腊文写作。评注过希波克拉底的作品。哲学方面，阐释过《前分析篇》中的一些逻辑学环节和科学证明，保存下来的作品有《辩证法导论》(*Εἰσαγωγή διαλεκτική*)[②]。

(2) 赫尔米诺斯(Ἑρμῖνος，公元约130—约190年)，阿芙洛狄西阿斯的亚历山大的老师，写过《前分析篇》评注，据说在很多地方不同于亚里士多德，但是散佚。这是文献记载中古典世界第一部《〈前分析篇〉评注》。

(3) 阿芙洛狄西阿斯的亚历山大(Ἀλέξανδρος ὁ Ἀφροδισιεύς，公元约160—约220年)，属于逍遥学派。他评注了《前分析篇》第一卷。文艺复兴时期多次出版，16世纪，斐力恰诺(Feliciano)译为拉丁文。希腊文收在CAG, vol.2, pt.1。[③]英文有Barnes et al(1991)和Mueller(1998)的译注本。

(4) 波菲里(Πορφύριος，公元232—约300年)，普罗提诺的学生，据学者推测写过《前分析篇》评注，因为他对于亚里士多德逻辑学有深刻的研究。他也评注过《范畴篇》，写过概述亚氏逻辑学体系的《导论》，收入CAG, vol.4, pt.1。对柏拉图的作品也有评注。

(5) 戴克西珀斯(Δέξιππος，盛年公元约350年)，杨布利柯的学生，评注过亚里士多德的《范畴篇》，收入CAG, vol.4, pt.2。1549年由Félicien译为拉丁语，目前有Dillon的英译本。不确定他评注过《前分析篇》。

---

① 这里面波埃修用拉丁文写作，但为了让学术线索完整，也列入其中。

② 古典世界，往往用论辩术/辩证法一词指代逻辑学，这本自柏拉图。这部著作的拉丁文名字为*Institutio logica*。

③ CAG即*Commentaria in Aristotelem Graeca*。

(6) 以弗所的马克西穆斯(公元310—370/372年),杨布利柯的再传弟子,曾评注过《范畴篇》和《前分析篇》,后一部评注,特密斯提欧斯曾与之进行过争论,主要围绕着推论的完善性问题。[①]

(7) 特密斯提欧斯(Θεμίστιος,公元317—约390年),对《前分析篇》第一卷做过阐释,篇幅不长,收在CAG, vol.23, pt.3。也评注过《后分析篇》,收入CAG, vol.5。

(8) 叙利阿诺斯(Συριανός,盛年在公元4—5世纪),新柏拉图主义者,执掌过柏拉图学园。评注过亚里士多德的《解释篇》,已经散佚。

(9) 阿姆莫尼尤斯(Ἀμμώνιος ὁ Ἑρμείου,公元约435/445—约517/526年)[②],赫尔米阿斯[③]之子,亚历山大里亚学派学者,斐洛珀诺斯、辛普里丘、奥林匹奥多罗斯都是他的学生。对《前分析篇》第一卷做过评注,文艺复兴时期出版,现收入CAG, vol.4, pt.6。

(10) 约翰·斐洛珀诺斯(Ἰωάννης ὁ Φιλόπονος,公元约480—约540/570年),基督教徒,新柏拉图主义者,亚历山大里亚学派人士,据说(有学者表示否认)接替了阿姆莫尼尤斯成为了该学派哲学教师。对两卷《前分析篇》都有评注,收入CAG, vol.13, pt.2。也评注了《范畴篇》和《后分析篇》,均收入CAG, vol.13—17。

(11) 波埃修(Anicius Manlius Severinus Boëthius,公元480—约524/525年),古罗马哲学家,写过著名的《哲学的慰藉》,有可能在雅典和亚历山大里亚学派求学过,用拉丁文写作,但精通古希

---

① 见大卫《〈前分析篇〉评注》XI.1,论述了马克西穆斯和特密斯提欧斯的争论。

② 区别于萨卡斯的阿姆莫尼尤斯(Ἀμμώνιος Σακκᾶς,公元3世纪),他是普罗提诺的老师。

③ 即Ἑρμείας ἐκ Φοινίκης,公元5世纪初人,曾在雅典求学于叙利阿诺斯,是亚历山大里亚学派的第一代教师,引入了雅典关于柏拉图的学说。有一部《〈斐德若〉评注》归于他的名下。

腊文。评注过波菲里《导论》，翻译过亚里士多德逻辑学作品，其中还加入了自己的评注，但一部分已经散佚，不确定他是否评注过《前分析篇》。他还写过《论不同论题》(*De topicis differentiis*)，讨论了论辩术和修辞术论题。[①]以及比较重要的《论假言推论》[②]。

(12) 欧多吉尤斯(Εὐτόκιος，约公元480—540年)，数学家和几何学家，评注过阿基米德以及佩尔格的阿波罗尼尤斯的作品。他曾评注过波菲里的《导论》，已经散佚。大卫在《〈前分析篇〉评注》中提到了欧氏的这部评注，其中涉及了逻辑学与哲学的关系问题。

(13) 辛普里丘(Σιμπλίκιος，公元约490—约550/560年)，阿姆莫尼尤斯的学生，雅典学派学者。学者推测他写过相关评注，但并无文本保存。目前留存了他对《范畴篇》的评注，收入CAG，vol.8。

(14) 奥林匹奥多罗斯(Ὀλύμπιόδωρος ὁ Νεώτερος，公元约490—约560年)，这个是小奥林匹奥多罗斯，亚历山大里亚学派学者，也接替了阿姆莫尼尤斯教授哲学，评注过《前分析篇》，但散佚；他甚至评注了全部《工具论》，目前保留了他对《范畴篇》的评注，收入CAG，vol.12。有一部匿名的《解释篇》评注也归于他名下。[③]他对柏拉图作品的评注最为重要。

(15) 艾利阿斯(Ἠλίας，公元约520—约580年)，亚历山大里亚学派人士，评注过《前分析篇》第一卷，见Westerink(1961)。也评注过《范畴篇》和波菲里的《导论》，与大卫的作品有密切联系。

(16) 斯蒂法努斯(Στέφανος，盛年公元7世纪)，即亚历山大里亚的斯蒂法努斯，拜占庭哲学家，评注过《解释篇》，收入CAG，vol.13，pt.2；也评注过波菲里的《导论》以及亚氏《修辞术》，后者

① 波埃修对推论的研究见Correia (2001)。
② 见Speca(2001:67)。
③ 见Tarán(1978)。

收入CAG, vol.21, pt.2。

(17) 大马士革的约翰(Ἰωάννης ὁ Δαμασκηνός, 阿拉伯语名字为Yuhanna ibn Mansur ibn Sarjun, 拉丁语名字为Iohannes Damascenus, 也称为Χρυσορρόας[①], 公元675/676—749年), 拜占庭帝国的叙利亚学者, 东方基督教神学家和哲学家, 在东西方都享有盛名, 百科全书式的学者。用希腊文写作, 后来被阿拉伯学者翻译。逻辑学和哲学代表作为《辩证法或哲学之要义》(*Κεφάλαια Φιλοσοφικά*, *Dialectica sive Capita philosophica*), 是其大作《智慧之泉》的第一部分。这部逻辑学著作承自柏拉图和亚里士多德, 而且与大卫的作品也有交集。

(18) 此外, 还有一些匿名评注[②], 如: A)《匿名的对亚里士多德〈范畴篇〉的阐释》(*Anonymi in Aristotelis Categorias Paraphrasis*), 收入CAG, vol.23, pt.2。B)《匿名的对亚里士多德〈论智术式反驳〉的阐释》(*Anonymi in Aristotelis Sophisticos Elenchos Paraphrasis*), 收入CAG, vol.23, pt.4。C)《亚里士多德古注》(*Scholia in Aristotelem*)[③], 其中收录了一些和逻辑学有关的评注。

(19) 尼基亚的尤斯特拉斯提欧斯(Εὐστράτιος, 公元约1050/1060—1120年), 尼基亚主教, 评注过《后分析篇》第二卷, 收入CAG, vol.21.1。也评注过《尼各马可伦理学》。

(20) 尼基佛罗斯·布来米德斯(Νικηφόρος Βλεμμύδης, 盛年公元13世纪, 卒于1272年), 拜占庭学者, 逻辑学代表作为《逻辑学概要》(*Ἐπιτομὴ λογικῆς*), 是大卫思想的传播者。

(21) 以弗所的米海尔(Michael of Ephesus, 盛年公元12世纪), 注解过大量亚里士多德的作品, 如《尼各马可伦理学》、《形而上学》

---

① 即, 流金的。

② Sellars(2004:255)把这些评注列在拜占庭时期之前。

③ C. A. Brandis编订, 出版于Reimer, 1836年, 新版于de Gruyter, 1961年。也即I. Bekker编订的*Aristotelis Opera*的第四卷。

和《论灵魂》等。与逻辑学有关的是对《论智术式反驳》的评注，收入CAG, vol.2.3。

其次是古叙利亚文译文和评注，其作者多为基督徒(分西叙利亚文聂斯托利派和东叙利亚文一性论雅各派)：

(1) Probha或Proba(盛年公元约480年)，聂斯托利派学者，有《前分析篇》简注，1900年由Hoonacker译为法文，他也有可能翻译了《前分析篇》I.1—7。

(2) Reshaina的Sergeius(盛年公元约530年)，一性论派医师，在亚历山大里亚研究哲学，论述过《前分析篇》和亚里士多德其他逻辑学作品的关系，写过论《前分析篇》“σχῆμα”(三段论的格)概念的著作。其中最著名的是《致Theodore，论亚里士多德逻辑学之目的》，凡七卷，现代学者Hugonnard—Roche曾有选译；以及《致Philotheos论亚里士多德〈范畴篇〉》，共一卷，这些作品均保存至今。曾有一部《范畴篇》译本归于他名下，但其实出于匿名人士之手，这是古叙利亚文中最早的一个译本，King(2010)进行了勘定、翻译和研究。

(3) Paulus Persa(Paul the Persian，波斯人保罗，盛年公元约570年)，聂斯托利派人士，写过论亚氏整个逻辑学的作品，献给波斯王Chosroes Anushirwan，其中包括了《前分析篇》，目前有拉丁语译文。现代学者Land和Teixidor有编译和研究。

(4) Kashkar的Abā(盛年公元约600年)，聂斯托利派人士，在Kashkar殉道而死，写有《亚里士多德逻辑学大全之评注》。

(5) Severus Sbhokht(盛年公元约630年，卒于666/667年)，一性论派人士，写过论《前分析篇》的作品，但是没有涉及模态逻辑，评注保存至今。

(6) Qardu的Silvanus(盛年公元约640年)，聂斯托利派学者，写过《前分析篇》简注，是论亚氏《逻辑学》四书[①]的一部分，作品散佚。

(7) Baladh的Athanasius（盛年公元约660年，卒于公元686/687/688年），Severus Sbhokht的学生，一性论派人士，写过《前分析篇》概要，是论亚氏《逻辑学》四书的一部分；里面也包括了对《范畴篇》和《解释篇》的研究。1916年Furlani编校出版，1925年修订译出。

(8) Henanishu I（盛年公元约680年，卒于699/700年），聂斯托利派，评注已经散佚。

(9) 埃德萨(Edessa)的雅各(Jacob)（公元约640—约708年），一性论派著名学者，Severus Sbhokht的学生，在亚历山大里亚学派学习过，用叙利亚文翻译了《前分析篇》I.1—7部分，但译文已经散佚。翻译的《范畴篇》已经传世，1948年由Khalil Georr编订并刊行。他曾用叙利亚文写过一本《手册》(ἐγχειρίδιον)，简明地论述过七个关键概念，一部分以《范畴篇》为准，现代学者Furlani翻译了这部作品。

(10) 阿拉伯的George主教（盛年约公元690年，卒于724年），一性论、雅各派学者，Henanishu I的学生，用叙利亚文译过整部《前分析篇》，还对全书进行了评注。他的译文是叙利亚文译本中最为出色的，连同评注都由Furlani于1935和1937年编校出版。他译的《范畴篇》也由Furlani于1933年编校出版。

(11) Theodore bar Kōnī（公元8世纪晚期），聂斯托利派人士，写过对《旧约》和《新约》的《评注》(*Ketba Deskolion*, *Book of Scholia*)，其中有很多对《范畴篇》的散论，在第六卷，还从亚里士多德的角度论述了基督学方面的术语。

---

① 这四书指波菲里《导论》、《范畴篇》、《解释篇》和《分析篇》（即《前分析篇》），叙利亚文世界中，这四书是主要部分。

(12) Rēv Ardašīr的Īshō'bōkt(公元8世纪晚期), 聂斯托利派人士, 评注过《范畴篇》, 未刊行。

(13) David bar Paul(盛年公元785年), 一性论派人士, 曾评注过《范畴篇》。

(14) Dionysius bar Ṣalībī(卒于公元1171年), 一性论派人士, 东方叙利亚教会的著名学者, 评注了整个《工具论》。

(15) Bar Hebraeus(卒于公元1286年), 一性论派人士, 东方叙利亚教会的大主教(catholicos), 最为博学, 是阿维森纳的信徒。他最负盛名的作品就是《科学之精华(奶油)》(*Hewath Hekhmetha*, 英译为*Cream of Science*), 它论述了科学知识的各个方面, 其中前九卷讨论了亚里士多德的逻辑学, 很可惜这部庞大的作品尚未全部刊行、整理和研究。[①]另一部作品是《眼之瞳》(*Kethabha dhe—Bhabhatha*, 英译为*Book of the Pupils of the Eye*)对《工具论》做了概述。

第三是阿拉伯[②]学者及其译本和评注[③]:

(1) Yaḥya(Yuḥannā)ibn al—Biṭrīq(公元约770—约830年), 基督教学者, 他用阿拉伯文翻译了很多希腊文著作, 比如柏拉图的《蒂迈欧》和《前分析篇》, 后者已经散佚。

(2) 阿尔—铿迪(Abu Yūsuf Ya'qūb ibn 'Isḥāq aṣ—Ṣabbāḥ Al—Kindī, 拉丁文名字为Alkindus, 公元约805—873年), 著名哲学家, 阿拉伯哲学和伊斯兰哲学的奠基者, 第一个用阿拉伯文写作哲学著作的学者, 也是数学家, 医学家和音乐家, 在天文学和化学方面也有建树。他受亚里士多德的影响, 建立了东方逍遥学派,

---

① 伦理学、经济学、政治学部份由N.P. Joosse整理、译注, 2004年由Brill出版。

② 这主要是从语言的角度来归类的, 按现代民族来说, 很多学者并非阿拉伯人, 比如阿维森纳其实是塔吉克波斯人。

③ 阿拉伯语评注分三种, 短注、中注和长注, 功能不同, 短注以概述为主, 中注是一般阐释, 长注就是随文评注。

概述过《前分析篇》，但散佚。对于希腊哲学，他进行了阿拉伯式的转化，确立了既源自希腊哲学、又适合于伊斯兰世界接受的哲学概念。

(3) Ḥunain ibn Isḥāq('Abū Zayd Ḥunayn ibn 'Isḥāq al—'Ibādī, 拉丁文名字Johannitius, 公元约845—910/911年)，著名的翻译家、医师和学者，聂斯托利派人士，用古叙利亚文译过《前分析篇》，散佚。也用阿拉伯文译过，是对Theodore译本的修订；al—Ḥasan ibn Suwār编校和注释，后由A.Badawī和Manṭiq Arisṭū于1948年出版。他还用古叙利亚文译过加伦《论推论的数量》一书，他的儿子Isḥāq用阿拉伯文转译，这两个译本都散佚了。

(4) Quwairī(Abū Isḥāq Ibrāhīm, 公元约855—约915年)，阿尔法拉比的老师，对《前分析篇》进行了评注，已经散佚。

(5) Al—Dimashqī(Abū 'Uthmān, 公元约860—约920年)，医师和翻译家，用阿拉伯文翻译过波菲里的《直言三段论导论》，作品散佚。

(6) Al—Rāzī(Rhazes, 公元865—925年)，著名医师，概述过《前分析篇》I.1—7, 作品散佚。

(7) Abū Bishr Mattā ibn Yūnus(公元约870—约940年)，阿尔法拉比的老师，评注过《前分析篇》，论述过条件三段论，但作品都散佚。

(8) 阿尔法拉比(Abū Naṣr Muḥammad ibn Muḥammad Fārābī, 公元约872—约950年)，英译本见Rescher(1963)。阿尔法拉比对《工具论》都评述过，包括《修辞术》[①]和《诗学》，评述篇幅不一。思路与亚历山大里亚学派相似。[②]

---

① 古叙利亚文和阿拉伯文古典世界中，这两部书都放入了《工具论》。阿尔法拉比对《修辞术》的评注见Ezzaher将出的*Three Arabic Treatises in Rhetoric: The Commentaries of Alfarabi, Avicenna, and Averroes on Aristotle's Rhetoric*。

② 各种评注的勘本文献见Rescher(1963:13—17)。

(9) 伊本·阿尔—纳迪姆(Abū al—Faraj Muḥammad ibn abī Ya'qūb (ibn) al—Nadīm al—Warrāq, 公元约936—995/998年), 巴格达书商, 著名学者, 他的代表作《书目指要》(*Kitāb al—Fihrist, Catalogue*)对阿拉伯哲学进行了梳理, 还记录了阿拉伯学者翻译希腊哲学的运动史。这部作品对非伊斯兰教哲学尤其是希腊哲学做了概述, 其中讨论了亚里士多德的著作,《分析篇》等逻辑学作品都在其列。

(10) 阿维森纳或伊本·西纳(Abū Alī al—Ḥusayn ibn Abd Allāh ibn Al—Hasan ibn Ali ibn Sīnā, 公元980—1037年), 其代表作《治疗论》(*Kitāb al—Šifā*)包含了对柏拉图和亚里士多德形而上学、逻辑学的阐释, 其中的《论证明》(*Al—Burhan*)是论逻辑学的经典文本, 对《后分析篇》多有诠释和发挥。

(11) 阿尔安萨里(Abū Ḥāmid Muḥammad ibn Muḥammad al—Ghazālī, 公元1058—1111年), 阿拉伯著名哲学家和神学家, 著作有阿拉伯文, 也有波斯文, 卷帙浩繁。早期哲学思想受阿维森纳的影响, 但后来激烈地反对柏拉图和亚里士多德(后来的阿威罗伊曾写过反驳他的作品), 这标志着伊斯兰哲学的转向。尽管如此, 在逻辑学方面, 他仍然以亚里士多德和希腊传统为基准, 代表作有《逻辑学之知识标准》(*Miyar al—Ilm fi fan al—Mantiq*)和《逻辑学之推理规则》(*Mihak al—Nazar fi al—mantiq*)。

(12) 阿威罗伊或伊本·鲁世德(Abū l—Walīd Muḥammad bin Aḥmad bin Rušd, 公元1126—1198年), 评注过《修辞术》[1], 他更认为修辞术逻辑学比证明的科学逻辑学更能影响大众, 这是阿拉伯世界的颇有代表性的看法。

---

① 阿威罗伊评注的英译见Butterworth的译本。法文方面研究更为深入, 见Maroun Aouad的*Averroès Commentaire moyen à la Rhétorique d'Aristote. Édition critique du texte arabe et traduction française. Volume I. Introduction générale ; Volume II. Édition et traduction ; Volume III. Commentaire du Commentaire*, 2002。

第四是古亚美尼亚学者及其著作(大卫的著作见前文):

(1) 帕罗耶尔(Պարույր, Prohaeresius, 公元276—368年), 古亚美尼亚基督教教师, 求学并任教于雅典学派, 属于智者派, 擅长修辞术。纳齐安的格里高利和凯撒利亚的巴西尔(Βασίλειος, 公元329/330—379年)是他的学生。

(2) 赫罗纳的摩西(Մովսէս Խորենացի, Movses Khorenatsi, 公元410—490年, 一说为公元7—8世纪), 古亚美尼亚史学之父, 学识渊博, 写作有三卷《古亚美尼亚史》。在"逻辑学"[①]方面写有十卷《修辞术》, 1796年在威尼斯刊行。

(3) 施拉克的阿纳尼亚(Անանիա Շիրակացի, Anaia Shirakatsi, 公元610—685年), 古亚美尼亚著名数学家、天文历法学家和地理学家, 继承了大卫对哲学和科学的划分, 奠定了古亚美尼亚自然科学的基础。[②]在他的百科全书式的作品*K'nnikon*[③]中, 他广涉了语法、修辞术、逻辑学、论辩术、算术、几何、音乐、天文历法等学科。逻辑学的部分自然以亚里士多德为本, 受到了大卫的影响。但这部作品目前只有残篇。

(4) 帕拉武家族的导师格里高尔(Գրիգոր Մագիստրոս, Grigor Magistros[④] Pahlawuni, 公元990—1059年), 古亚美尼亚著名学者, 精通希腊文、古叙利亚文, 整理并继承了大卫和阿纳尼亚的作品, 也翻译了柏拉图的《法篇》、《蒂迈欧》、《游叙弗伦》和《斐多》, 另有重要的书信集, 涉及了宗教问题。他还建立了萨那新(Sanahin)学派。他对大卫的作品起到了重要的传承作用。

---

① 从亚里士多德开始, 修辞术就与逻辑学相关, 在大卫时代, 修辞术推论属于逻辑学的一部分。

② 见Jeu(1973:252), 以及Greenwood(2011)和Broutian(2009)。

③ 一说来自希腊文κανονικόν, 即规范的, 规则的; 一说来自χρονικόν, 即时历的, 前一种说法更佳。

④ 来自于希腊文μάγιστρος, 在罗马帝国晚期和拜占庭帝国早期, 它指政治上的行政长官, 后来慢慢转为了一种荣誉称号。

(5) 瓦赫拉姆·拉布尼(Vahram Rabuni, 盛年公元13世纪), 评注了波菲里的《导论》, 对于大卫的思想多有传承。

(6) 塔特夫的格里高尔(Գրիգոր Տաթևացի, Grigor Tatewatsi, 公元1346—1409年), 哲学家, 基督教神学家, 评注了波菲里的《导论》。他的学生西温的阿拉克尔(Arak'el Siwnetsi)还评注了大卫的《哲学序言》。这两人深受大卫的影响。

(7) 奥洛特恩的约翰(Յովհաննէս Որոտնեցի, John Orotnetsi, 盛年公元14世纪), 评注过亚里士多德的《范畴篇》和《解释篇》, 塔特夫的格里高尔就是他的学生。

(8) 朱利法的西蒙(Simēon of Julfa, 卒于公元1657年), 哲学家和逻辑学家; 大主教埃里温的西蒙(公元1710—1780年)。两人都是亚美尼亚启蒙运动的代表人物, 精研了大卫的作品, 吸收了他的学说, 主要是逻辑学理论。

通过上面的列表, 我们可以把握如下几点来确立研究大卫的意义和价值:

第一, 在古代希腊语世界漫长的阐释传统中, 大卫的《〈前分析篇〉评注》(以下简称《分注》)相对晚出, 处于"评注柏拉图和亚里士多德"时代的末期; 古典时期最有分量的几部《分注》都在大卫之前。正由于这一点, 大卫的《分注》具有了总结的性质, 从书中, 我们也能看到, 它既吸收了前人评注中的精华, 又能出新意。比如, 对逻辑学和哲学关系的论述, 大卫的文本扼要地记录并且清楚地辨析了各派的观点, 几乎没有遗漏; 对柏拉图两种逻辑学的论述指明了逻辑学的工具性和哲学性的统一; 对推论意义和本质的阐释结合了基督教的思想, 同时还区分了两种直观; 在假言推论等内容上, 反驳了较早的亚历山大的观点, 体现出了他那个时代的推论理论的发展; 对命题换位(转换)的总结也比较系统和全面。总体上, 尽管大卫《分注》的篇幅少于亚历山大、阿姆莫尼尤斯、斐洛珀诺斯的评注，但是对于《前分析篇》中哲学观点的阐释很有概括性，能够代表柏拉图主义者的基本理论取向，这方面也可以联系大卫的《哲学序言》一书。立足于这部晚出的《分注》，有助于我们梳理古代希腊文世界里《分析篇》阐释的模式、传承、问题域和研究方式。

第二，在同时期古亚美尼亚文文献中，大卫对于希腊哲学的接受最为突出，这一点在前面章节已经指出。对于逻辑学来说，大卫的评注作品也让古亚美尼亚接触到了当时最为先进的思想体系，这直接影响了亚美尼亚科学和哲学的发展，改变了亚美尼亚一味依靠宗教信仰的哲学观念。[①]施拉克的阿纳尼亚的自然科学体系就以大卫的哲学理论为基础；导师格里高尔、瓦赫拉姆·拉布尼、奥洛特恩的约翰都尊大卫的逻辑学著作为经典。

第三，在公元6世纪西方世界对柏拉图和亚里士多德的阐释潮流渐渐衰退之时，希腊思想也同时开始了东传的过程。而大卫正是东传路径中最为重要的人物之一。

与大卫前后的古叙利亚文世界的作品相比，首先大卫对《前分析篇》的阐释与著名学者Probha的论述多有交集，两人采取了相同的阐释思路，对于哲学问题的看法也相似。[②]两人各自开创了一条深深影响自己文化的哲学路径，它们都源自亚历山大里亚和新柏拉图主义传统而且并行不悖。此外，大卫的评注完全能与Paulus Persa的相媲美，与Severus Sbhokht、Baladh的Athanasius、阿拉伯的George相比，又都各有特色。在这些东方学者的阐释作品中，往往能看到他们与大卫思想的交汇。[③]

---

① 见Arevšatyan，载于Calzolari & Barnes(2009:175)，以及Calzolari，载于Calzolari & Barnes(2009:34—36)。

② 见Hugonnard—Roche，载于Calzolari & Barnes(2009:158—162)，比较了一段两人讨论词项、命题和推论先后次序的文字（见本书第二部分第三章的第五节）。

③ 关于古希腊文、古叙利亚文和古亚美尼亚文亚里士多德阐释传统的交互关系，见Hugonnard—Roche，载于Calzolari & Barnes(2009:153—173)。

对于后来其他的东方学者——如拜占庭学者、中世纪伊朗学者和阿拉伯学者——阐释希腊哲学，大卫的评注也产生了不小的影响。没有大卫，希腊思想就不可能传播如此之广，就不可能影响到东方基督教、伊斯兰教等学者。

首先在前穆斯林时期的波斯，亚里士多德以及新柏拉图主义的思想都依靠大卫的著作得以传播，尤其是逻辑学的思想。[①]

其次，拜占庭的学者，比如大马士革约翰的《辩证法或哲学之要义》（见前面列表）也受到了大卫《哲学序言》的影响，对哲学的分类、对哲学定义的安排都与大卫相同。大卫古亚美尼亚文《波菲里〈导论〉评注》中很多内容都被约翰吸收。[②]约翰也是大卫思想在东方的传播者，通过前者，后者的理论进入了斯拉夫、中古格鲁吉亚等东方基督教世界。[③]另一方面，尼基佛罗斯·布来米德斯（见前面列表）也是大卫思想在中世纪的传播者，通过他，大卫的哲学和逻辑学重新被当时的西方学者认识。

另外，在伊斯兰阿拉伯学者中，大卫的《哲学序言》正是阿拉伯哲学奠基人阿尔—铿迪的《论第一哲学》及其逻辑学的思想来源。[④]著名学者阿维森纳的《科学知识之书》（*Daniš—Namē*）也沿用了大卫《哲学序言》提出的四个问题，这其实源自希腊亚历山大里亚学派，经由大卫传到了东方。阿尔法拉比对推论的分类和阐释有很多也与大卫相似。[⑤]

一直到18世纪，大卫的经典作品《哲学序言》和《波菲里〈导论〉评注》仍然影响了其他国家的文化。这两部著作被著名学者苏

---

① 见Arevšatyan，载于Calzolari & Barnes（2009:178），作者引了Makovelsky的看法。

② 见Muradyan，载于Calzolari & Barnes（2009:77）。

③ 见Arevšatyan，载于Calzolari & Barnes（2009:179—180）。

④ 见Arevšatyan，载于Calzolari & Barnes（2009:178），作者引了Sagadeev的看法。铿迪这部书的开篇几乎逐字援用了大卫《哲学序言》的开篇。而这个开篇是大卫从希腊传统中总结和继承来的。

⑤ 见Arevšatyan，载于Calzolari & Barnes（2009:179）。

尔坎·萨巴·奥尔贝利亚尼(Sulkhan Saba Orbeliani)和安东·巴格拉提奥尼(Anton(T'eymuraz)Bagrationi)译为格鲁吉亚语，这直接影响了现代格鲁吉亚思想界。[①]

① 见Arevšatyan，载于Calzolari & Barnes(2009:180)。

第二部分　古亚美尼亚文《〈前分析篇〉评注》研究

（附古亚美尼亚原文和中译文）

研究说明

本研究试图保持文本的完整，通过互文性来将文本隐含的意义揭示出来。大卫的这部著作本身就是对亚里士多德文本的评注和研究，因此本研究继续采取这种方式则显得自然而然。当然评注不是将其他文本杂凑在一起，而是以“问题”窥探意义。这正如大卫的评注不是单纯的讲解字面意思，不是导读，尽管他的评注着眼入门而并不深涩。本研究试图能在大卫的基础上更深入地揭示他的评注和亚里士多德作品的关系，更透彻地显明他的评注如何像光一样照进亚氏的文字。

在第一部分的研究中已经阐述了这部著作的结构和思想脉络，第二部分的研究将着眼于更深刻的细节问题；本研究分为如下几个任务：

1）对词句进行阐释，分析重要术语的词源(包括与古希腊语、古伊朗语等原始印欧语语种的关系)。这些分析都有助于展现古亚美尼亚学者对希腊思想的译介和再创造以及亚美尼亚在东西文化交流中的重要意义。一些字句的校勘、异文以及翻译的讨论会放入脚注。

2）解释概念，联系问题，每个待解释的概念都是一个问题点。比如对“证明”的解释，就是要梳理出这个概念的源流，为大卫的解释提供一个重要的语境和问题线索。每个问题，本文都以楷体字标出。

3）以原著的自然划分为单元诠释大卫的评注理路。每一节(讲)既是大卫的问题，也是本研究的问题，因此本文的章节划分是水到渠成，无需再用生造的思想模式支解大卫的古老文本。这种“自然而成”恰恰是古人代代相传的模式，本研究也仿佛一个大卫的学生在听取他的讲座，然后进行继承。当然，在继承之后，更深度的现代阐释会以此为基础注入这个文本之中，从而将古代和现代贯通。

综上，本研究试图用古代传承的结构与现代问题意识结合，既保全古典文本的完整，也能将其现代意义激发出来。

4）研究会涉及一些古典语文学的问题和古典文化知识，这部分都与哲学有关，不会冲淡研究的哲学意义。

5）本研究涉及的所有古代文献的中译，均出自笔者之手。其中一些文献并没有其他语种的译文可供参考。若有舛错帝虎，皆由作者负责。

第一章 《分析篇》的基本问题

第一节 《分析篇》的目的与用途①

1. Դիտաւորութիւն Արիստոտէլի ի Վերլուծականն է՝ բուռն հարկանել զպարզ հաւաքմանէ: Այլ եթէ է դիտաւորութիւն Առաջնոյ վերլուծականաց պարզ հաւաքման, զիա՞րդ վաղվաղակի ի սկզբանս ասէ. Նախ ասել արժան է՝յաղագս զի՞նչ և որո՞յ խոհմունս. և եթէ՝ սակս ապացուցի և մակացութեան ապացուցականի: Եւ ահա վաղվաղակի ի նախերգանէս ապացուցի յիշումն առնէ:

---

① 每一“节”原文为“讲”，即պրակ(prak)，比较希腊文的πρᾶξις，意为行动。由于这部作品是讲稿，因此每一讲就是一次“行动”。晚期希腊语的πρᾶξις就有这个含义，古代阐释者都使用这个词。大卫正文中提到时，译为“讲”。
每节的小标题为中译者根据内容所加。小节号参照了Topchyan(2010)的校勘本，每小节的中译文分段根据文意由中译者划分。本研究引用时以罗马数字和阿拉伯数字列出，如I.1，即第一节，第一小节。[ ]为中译者为句意连贯所做的补文。三段论采用了传统的拉丁字母标记法。
所引古代希腊文评注文献，基本上来自*Commentaria in Aristotelem Graeca*(CAG)，Berlin, 1881—1909。每次引用，先列作者和文献名，之后标出所在页数和行数。大卫在CAG中的文献，为了突出，则以脚注列出。所有不在这一丛书范围内的文献，分别以相应文献的格式标出。Topchyan(2010:133—175)还附有他搜集的互文文献，其中也包含了古亚美尼亚文献的内容，本书均有所参考。

1. 在《分析篇》中，亚里士多德的目标是要从一般的推论入手；但是，如果《前分析篇》的目标是一般的推论，那为何他很快在一开始却说："首先，应该谈论探究相关于什么、针对什么，即，探究相关于证明、针对证明性科学"呢？这样，从《序言》开始，他直接就提到了证明。

（一）讲座的六个问题

大卫在前四讲要论述六个问题，它们都关涉了《分析篇》，而对《前分析篇》的研究以整部《分析篇》为背景：

(1) 目标(դիտաւորութիւն, σκοπός)，《分析篇》的写作目的和主题；[①]

(2) 用途(պիտանացու, τὸ χρήσιμον)，《分析篇》论述的逻辑学能发挥什么功能；

(3) 次序(կարգ, τάξις)，亚里士多德作品的先后排序，按主题排列；

(4)《分析篇》书名的成因(պատճառ, ἐπιγραφῆς αἰτία)，也相当于解释主题；

(5) 章节的划分(բաժանումս, διαίρεσις)，论述作品结构；

(6) 书的真伪(հարազատութիւն, γνήσιον)，由于年代久远，文献方面有些问题需要处理。

这是古代亚里士多德评注者以及亚历山大里亚学派的传统问题意识。阿芙洛狄西阿斯的亚历山大[②]、阿姆莫尼尤斯、辛普里丘、斐洛珀诺斯和大卫本人都提过其他问题，数量和顺序略有不同，但大同小异：

---

① "目标"，原文即դիտաւորութիւն，比较դիտողութիւն(观察)，թիւն即看见，这个词意即眼看或注目的对象。对应了希腊文σκοπός，动词为σκέπτομαι(注视)；艾利阿斯(Elias)在同样的句式中也使用了这个希腊文，见下。这是大卫讨论的的第一个论题。亚历山大里亚学派有时也会用τέλος一词。

② 参考了Barnes et al(1991)的内容结构划分。

亚历山大《〈前分析篇〉评注》	阿姆莫尼尤斯《波菲里〈导论〉评注》21.6—11	辛普里丘《〈范畴篇〉评注》8.9—13	斐洛珀诺斯《〈前分析篇〉评注》1.5—10	大卫《波菲里〈导论〉评注》①
(1)逻辑学与作品属于哲学哪个部分	(1)目标	(1)目标	(1)目标	(1)目标
(2)用途和价值	(2)用途	(2)用途	(2)用途	(2)用途
(3)内容与书名	(3)真伪	(3)书名成因	(3)阅读次序	(3)书名成因
(4)《全书》安排	(4)阅读次序	(4)阅读次序	(4)书名成因	(4)真伪
(5)目的	(5)导论写作的原因	(5)真伪	(5)真伪	(5)章节划分
	(6)章节划分(ἡ εἰς τὰ κεφάλαια διαίρεσις)	(6)章节划分	(6)章节划分	(6)次序
	(7)作品来自(ἀνάγεται)哲学的那个部分: 即思辨还是实践	(7)作品来自哲学的哪个部分	(7)作品来自哲学哪个部分(这个是后加的)	(7)教育方式(διδασκαλικός τρόπος, վարդապետական յեղանակն)
				(8)作品来自哪个部分(առ ինչ մասն վերաբերումն)

阿姆莫尼尤斯认为这些问题是全书的τὰ πρὸς φιλοσόφων οὕτω προσαγορευόμενα προλεγόμενα ἤτοι προτεχνολογούμενα(哲学家所掌握的，要讲授的序论或在讲解技艺之前的内容)。哲学家指亚历山大里亚学派的这些哲人。他们在讲授正式内容之前，必须讲明这些问题。也就是说大卫实际讲解这部评注之前，已经向学生交代了问题，然后从第一节开始阐释。这些问题是技艺的门径。在辛普里丘和斐洛珀诺斯那里，这些

① 见Busse(1904:80)。谈论这几个问题的古亚美尼亚文段落为：դիտաւորութիւն, պիտանացուն, պատճառք մակագրութեան, հարազատութիւն, բաժանումն գլխոցն, կարգն, վարդապետական յեղանակն, առ ինչ մասն վերաբերումն。

内容被称为κεφάλαια(要点)。[①]

大卫在《〈前分析篇〉评注》中没有涉及教育方式和作品来自哪个部分，后者不用讨论，当然不言而喻，因为它显然来自思辨部分。各家问题的排序，前两点一样，后面略不同。如斐洛珀诺斯和大卫似乎就重视阅读次序，阿姆莫尼尤斯更重视著作权问题。不论如何，这些问题基本上包含了如下方面：①作品主题、功能和结构等内部问题；②作品在所有著作中的定位；③著作权和文献等外部问题；④最终要归结到作品的哲学价值和意义。

（二）两部分《分析篇》

"《分析篇》"，原文即Վերլուծական，形容词作为名词。它由两部分组成：前缀Վեր为副词，即在上面，在上方；词干来自լուծակ(lucak)即，溶解，解开，如լուծական，为形容词，即解开的。名词也有վերլուծութիւն。词干同于希腊语的ἀναλύω、ἀνάλυσις和ἀναλυτικός的词干λύ—，比较英语的analytic。下面还提到了"《前分析篇》"，原文即Առաջնոյ վերլուծականաց。

亚里士多德本人并没有将《前分析篇》和《后分析篇》分为两部作品，他一直都谓之τὰ αναλυτικά。下面I.2也明确指出《分析篇》是完整作品。不过亚氏有时会说τὰ περὶ συλλογισμοῦ来指《分析篇》论推论的部分，因此后人(也许是安德罗尼科斯)才有前后之分。拉尔修亚氏著作书目中区分了两者(编号49和50，但卷数有误)。从阿芙洛狄西阿斯的亚历山大的评注开始，这两部分的功能和任务被进一步明确，《前分析篇》讨论一般推论，《后分析篇》讨论证明和科学推论。[②]后来的学者有的也称第一和第二《分析篇》。

① 希腊直译就是头，修辞术中表示论题，当然也表示章节。
② 见Ross(1957)，导论的第一部分。

亚历山大《〈前分析篇〉评注》8.1认为《前分析篇》研究推论的分析方法，《后分析篇》是研究证明的分析方法，名为分析，却目标不同。大卫的思路秉承了这种看法。古代阐释者有时会称《后分析篇》为Ἀποδεικτική，如匿名的《柏拉图序言》(*Προλέγομενα τῆς Πλατωνος Φιλοσοφία*)，见Westerink(2011:11)；以及古代叙利亚语世界把《前分析篇》称为《分析篇》，《后分析篇》称为《证明篇》，见Rescher(1963:21)。

（三）一般推论

"一般的推论"，原文即，պարզ հաւաքման։ պարզ是形容词，意为：简单的、明晰的、清楚的、纯粹的、单纯的。这个词对应了希腊文的副词ἅπλῶς，亚里士多德使用这个词往往有三个用法：1)简单地；2)普遍一般地；3)绝对地，即无限定、无条件地。在《前分析篇》41a5，亚里士多德用了συλλογισμός ἅπλῶς；古希腊语语法里，当副词表示名词属性的时候，可以作为形容词使用，见Smith(1956)1096项。显然，不能译为"简单的推论"，因为简单的推论属于修辞术领域的修辞演绎(ἐνθύμημα)，这涉及了命题或推理步骤的繁简。也不是指"纯粹的推论"或"绝对而无条件的推论"，而是指"一般、普遍，能够用于各种意见的推论"，比较《修辞术》中，亚里士多德认为逻辑形式是普遍于修辞术三个领域的(诉讼、议政、展现式演说)，因为逻辑推理是超越于具体题材的普遍形式。Topchyan译为in general，把这个形容词作为副词处理了；Papazian译为simple。实际上，简单的也就是一般的或纯粹的，这种推论会出现在所有特殊推论中，如同所有存在者都有"存在"一样，这种推论是纯形式的。

在有些地方，大卫也使用համուր，这个形容词的意思是普遍的、全部的。比较艾利阿斯《〈前分析篇〉评注》71(138).15，也指出了《前分析篇》的目标(σκοπός)是“推论”。他没有强调“一般”。斐洛珀诺斯《〈前分析篇〉评注》3.22—24，认为目标是“一般推论”。

Topchyan(2010:31)提到了阿芙洛狄西阿斯的亚历山大《〈前分析篇〉评注》13.23—25，说，Προτάσει πρὸς τὸν κοινῶς καὶ ἁπλῶς συλλογισμὸν χρώμεθα(我们把前提用于普遍的和一般的推论)。阿姆莫尼尤斯《〈前分析篇〉评注》4.3和斐洛波诺斯《〈前分析篇〉评注》5.5，都出现了“συλλογισμός ἅπλῶς”这个说法。大卫在其他地方也译为“պարզաբար հաւաքումն; պարզաբար”，其中պարզաբար是պարզ的副词形式，恰恰对应了ἅπλῶς。

“推论”，来自名词հաւաքումն，此处用了单数离格。比较名词հաւաք，集合，混集。这两个词对应的动词为հաւաքուիլ，即，收集，聚集；而希腊文推论συλλογισμός，来自动词συλλογίζομαι；词干来于λέγω，它的一个含义就是收集和选择，συλ—这个前缀加强了这个含义，表示聚集在一起进行计算。亚美尼亚文完全对应了希腊文，也比较拉丁语的colligere。大卫还常用：հաւաքաբանութ իւն£¬հաւաքաբանումն£¬բաղհաւաքումն。中译没有采取“三段论”这个译法，因为很多推论都不一定是“三段”，而且推论这个译法更能体现它的本质：从一件或多件事情必然推出另一件事情。

“入手”，原文即բուռն հարկանել，բուռն为名词，即，拳头或手掌；հարկանել为动词，即，挥动和击打。这个词组对应了古希腊文的动词ἐπιχειρέω，χείρ，即，手；词义有攻击和着手解决的意思。这是亚氏的常用词，一般用于描述科学研究的开始。

大卫提到的《前分析篇》希腊文原文见于24a10—11，Πρῶτον εἰπεῖν περὶ τί καὶ τίνος ἐστὶν ἡ σκέψις, ὅτι περὶ ἀπόδειξιν καὶ ἐπιστήμης ἀποδεικτικῆς。

古亚美尼亚文为Նախ ասել արժան է՝ յաղագս զի՞նչ և

որո՞յ խոհմունս. և եթէ՝ սակս ապացուցի և մակացութեան ապացուցականի。这个译文大体符合原文，但多了“应该(արժան)”一词，希腊文未见，见下面V.8。

(1) 这句提到了“περὶ τί καὶ τίνος(յաղագս զի՞նչ և որո՞յ)”，直译就是“关于什么，属于什么”，如Striker(2009)。有的学者合译为“关于什么主题”或“属于什么范围”。Ebert & Nortmann(2007: I,209)译为“worüber und wovon”，对于τίνος，他们指出传统看法理解为客体属格，即，研究要处理的内容，也就是能使用证明的那种科学(知识)形式。而περὶ τί指研究要澄清的概念，即和证明有关的概念。

(2)“探究”，亚美尼亚文为խոհմունք，词干为名词խոհ，思想，食粮；形容词有խոհուն，思想的，沉思的；խոհական，明智审慎的。但是希腊文σκέψις，动词σκέπτομαι，原有看和审视的含义。在亚里士多德这里，表示研究，含义更正式，不是一般的考虑，如《政治学》1254a34的ταῦτα ἐξωτερικωτέρας ἐστὶ σκέψεως。

大卫引用这句使用了问句，这是在问学生，因为明明是处理一般推论，但为何要引向证明呢？这就牵涉了《分析篇》的目标。艾利阿斯(71(138).20)和斐洛珀诺斯(10.9—11)《〈前分析篇〉评注》一方面认为《分析篇》目标是一般推论，但真正的也许是最终的目标是证明性推论。[①]大卫的看法秉承了传统，但是他更为明确，而且将一般推论和证明性推论的关系进行了处理，见下。

(四)证明以及证明性推论

“证明”和“证明性”，分别为，ապացոյց(ἀπόδειξις)

① 艾利阿斯认为“我们通过证明来教授推论”。

和ապացուցական(ἀποδεικτικός，有时也写为բացացուցական)。动词都来自ապացուցեմ(有时也写为ապացուցանեմբացացուցանեմ)，希腊文为ἀποδείκνυμι，前缀ապա(apa)等同于ἀπό，意为，向下，向后；词干动词为ցուցանել，也对应了δείκνῦμι，[①]意为，指出，揭示。

(1) 证明的界定及其含义：ἀπόδειξις在日常用法中表示揭示，指明；在逻辑学上指一般证明或科学和公理性证明，英语即demonstration，来自拉丁语demonstratio，形容词即demonstrativus，英语和德语有时会转写为apodeictic、apodiktisch和apodiktik。康德十二范畴的模态一类的第三个范畴就是必然的，即apodiktisch，这联系了证明。

在阿提卡演说和柏拉图对话中，它仅仅表示一般的证明和论证(英语多译为proof)。亚里士多德也会这样用，如在《修辞术》1355a6，亚氏称修辞演绎(ἐνθύμημα)为ἀπόδειξις，它在形式上不是标准的科学推论，指演说需要的论证，在内容上，它指向的是意见，处理的是可能性或概率性(probability)[②]，在形式上也包含了一些不科学的逻辑形式。在论辩术中，论辩术推论也是一种证明，但内容是概率性的。

在《后分析篇》81a39—40，亚氏将它与归纳(ἐπαγωγή)相对，这是仅有的两种获得知识的手段；也就是后来的演绎(deduction)和归纳(induction)。[③]这里的证明显然是狭义的，它指的就是科学证明，它通向了知识。

---

① 这个动词连同名词δεῖξις的含义见Patzig(1968:185)，它在亚里士多德逻辑学中一般表示为将各种推论还原为公理推论；另外也包括了证明和归纳法。

② 不排除亚里士多德想让修辞术具有必然的逻辑证明性，但这是不可能的，而且亚氏在《修辞术》中也没有彻底这样做。因此，修辞演绎的“证明”是不完全的。

③ 也见《尼各马可伦理学》1139b26—31，归纳和推论是两种教导(διδασκαλία)方式。

在证明中，亚氏一共讨论三个格、凡十四种三段论，[①]其中第一格的四种被称为“完善的(或完成的)”，不证自明，是明证的。而其余的三段论虽然有效，但是不明证。完善的推论，其前提或命题(1)为真，(2)更基本而不派生，(3)比起从它演绎而来的那些命题更清晰、更基本，(4)为其他被演绎出的命题提供了基础。这些推论就是今天说的“公理[②]命题”。只有这些公理与科学相关。[③]亚氏遂也用ἀπόδειξις专指(1)这一类推论，不完善推论都可以化约为这种推论，或指(2)以完善推论为前提证明不完善推论的过程，或有时指(3)证明不完善推论之有效性的种种方法。在后两个情况中，不完善推论也叫“潜在的论证”，[④]即潜在的完善推论。后两格的推论都可以转变为或化约为第一格。[⑤]这种转变的方法在《前分析篇》中有所考察，它也被称作ἀπόδειξις。[⑥]这仍然与证明有关，实际上就是构造证明的过程，但不再限于谓词逻辑。

关于证明的实质，在《后分析篇》71b17—22，亚氏有定义：ἀπόδειξιν δὲ λέγω συλλογισμὸν ἐπιστημονικόν· ἐπιστημονικὸν δὲ λέγω καθ' ὃν τῷ ἔχειν αὐτὸν ἐπιστάμεθα(我称证明是能产生科学的推论；我谓“能产生科学”，即按照它，我们由于具有了它[证明]故而获得科学)；εἰ τοίνυν ἐστὶ

① 见《前分析篇》41b1，指出了这三个格涵盖了所有证明性推论。

② 公理即ἀξίωμα，见《形而上学》997a7,1005a20、《后分析篇》72a17指证明过程不证自明的第一原则，它是证明的绝对基础。在数学中就是公理，英文axiom源于此词。

③ 见Patzig(1968:132—133)，第5章处理了化约和演绎，第27节涉及了亚里士多德的公理系统。也见Corcoran(2009)。

④ 见《前分析篇》27a2和41b33。

⑤ Patzig(1968:136)分析了这种理论的缺陷。亚里士多德没有讨论这种转变的规则。而且这种转变已经不再是三段论的词项或谓词逻辑，而是命题逻辑。亚氏并没有发现这一点。

⑥ 见《前分析篇》A4—6，列举了三种方法。

τὸ ἐπίστασθαι οἷον ἔθεμεν, ἀνάγκη καὶ τὴν ἀποδεικτικὴν ἐπιστήμην ἐξ ἀληθῶν τ' εἶναι καὶ πρώτων καὶ ἀμέσων καὶ γνωριμωτέρων καὶ προτέρων καὶ αἰτίων τοῦ συμπεράσματος (如果获得科学就是我们刚才设置的那样，那么，证明性科学必然要来自真的、原初的、直接的、比结论更熟悉和更在先而且是结论之原因的事情)。84a11, ἡ μὲν γὰρ ἀπόδειξίς ἐστι τῶν ὅσα ὑπάρχει καθ' αὑτὰ τοῖς πράγμασιν(证明就相关于那些自在属于(谓述)事物的东西)。这是一种明显的本质主义。

证明联系了科学(知识)，它就是科学的本质结构，较之论辩术和修辞术等推论，证明是最必然和客观的知识形式，这也是亚里士多德知识论和科学的核心。这个看法被休谟继承了，[①]他也认为只有证明能带来知识(即，科学)；一般的证明(proof)都关涉信念(belief)。前者如数学、代数学和几何学；后者如物理学、伦理学等。前者涉及了观念的关系；后者是事实(matters of fact)，处理外部世界。只有前者被叫作知识，知识是三种推理之一，其余两种是证明和可能性。后两者只是处理信念(也就是希腊文的意见)。但是亚里士多德试图让逻辑学和哲学也成为科学，这在休谟看来是不可能的，因为后者认为哲学仅仅处理信念。[②]

(2) 证明的起源：McKirahan(1992:7—20)[③]梳理了前苏格拉底

① 见《人性论》第一卷，第三部分，论知识与可能性。比较明显，休谟对于知识和信念的观点类似于亚里士多德的知识和意见。亚里士多德的论辩术和修辞术就处理信念，这样的论证等同于可能性。而物理学等相关世界的科学论证都是一般证明(proof)，它们源自因果性关系，因此既有必然性，也有可能性，弱于证明。

② 现代reason的三个含义：①数学关系，比例；②理由，原因；③推理全都在证明理论中被论及。证明就是使用不证自明的第一原则——按照公理——链接原因——按推论步骤——得出结论。这是一个自足的演绎系统。

③ 也见McKirahan(1992:133—143,144—163)论亚里士多德证明和希腊数学以及欧几里得几何学的关系；Solmsen(1929:109)讨论证明和数学史问题，涉及了柏拉图理念论和亚里士多德证明理论的关系。

时期的科学发展，他认为证明的出现与科学“范式”(paradigm)的建立有关。自公元前6世纪爱奥尼亚产生了科学萌芽，经过公元前5世纪后期自然哲学家均以埃利亚学派(巴门尼德为代表)提出的问题为主进行科学研究。但是这个时期是一个“差异”的“前范式”时代：前苏时期，希腊科学和哲学虽然发展，但是科学并未完全自觉，并未精确划分门类；科学体系繁多，没有达成一致；一般都用少数的原则(都是一些自然原则)来解释自然现象，没有加以试验和验证，结论都不精确；而且对于现象的解释没有共识。总体上，没有使用科学术语和概念，没有共同的论证方式。其中原因或许在于：①科学家的身份并没有从其他身份中独立出来。这些科学家都有城邦公务，不是专业科学人士；②因此科学专业化也没有发展，学科划分也就不清；③宣传科学观点的方法以通俗和面向公众为主，往往采用了诗歌和韵文，表达场所一般是公民演说大会或节日庆典。唯一例外就是赫拉克利特，采取了晦涩难懂的方式，因此其科学观点也就并不流行。

促使“范式”形成的动力来自几何学和数学。公元前5世纪晚期，几何学思想开始兴盛，到公元前4世纪中期达到顶峰。希波克拉底、阿尔吉塔斯(Ἀρχύτας ο Ταραντίνος，公元前430—365年)、泰阿泰德等十几位人物都是这时期重要的数学家。数学具有自足的系统和组织化原则、精确的定义和技术概念以及元素[①]，而且由于高度的抽象性和清晰性，能够被人们达成共识，进而人们具有了共同的知识基础和教材，同时促进了数学教育的发展，最终数学的专业化和科学制度(有内有外)开始形成。到了欧几里得那里正式定型。数学最为重视“证明”，这一部分来自埃利亚学派哲学家

---

① 即στοιχεῖα，英文为elements，欧几里得的《几何原本》就是讨论几何学元素。这是物质不可分的最基本成分。亚里士多德在《修辞术》中也讨论了“元素”，显然本自几何学。

的“论辩术”方法，也来自几何学的证明本身[①]，它先天就具有高度概括力和严格的体系性，所以自然就成为了自然科学研究的手段，如毕达哥拉斯用数学总结乐理，欧多克索斯(Εὔδοξος ὁ Κνίδιος，公元前408—355年)、柏拉图、亚里士多德按照数学推演天体运动。

但是数学并不一定顺利地应用于各种自然科学[②]，所以还需要建立一门形式科学让它既能应用于抽象数学，也能用于具体科学。这门科学显然需要借鉴数学和几何学的组织化。《后分析篇》就是要定义一门按照数学方式组织起来的科学。[③]

Solmsen(1929:79—92,101—103)指出了这种证明来自柏拉图哲学和数学。如《后分析篇》10讨论了ἀρχή(始基、第一原则)理论，就来自数学。[④]这个第一原则与《形而上学》1005a20所说

---

① 但不应排除科学论证与希腊智者和演说家的修辞术也有关系，因为语言的兴起还是先以最切身的日常使用为主，在这个过程中人们开始意识到素朴的逻辑论证，不断抽象和同一，最终达到纯粹科学的证明。比较高尔吉亚《海伦颂辞》13提到了三种话语，评注见何博超(2012)：πρῶτον μὲν τοὺς τῶν μετεωρολό γων λόγους, οἵτινες δόξαν ἀντὶ δόξης τὴν μὲν ἀφελόμενοι τὴν δ' ἐνερ γασάμενοι τὰ ἄπιστα καὶ ἄδηλα φαίνεσθαι τοῖς τῆς δόξης ὄμμασιν ἐποίησαν· δεύτερον δὲ τοὺς ἀναγκαίους διὰ λόγων ἀγῶνας, ἐν οἷς εἷς λόγος πολὺν ὄχλον ἔτερψε καὶ ἔπεισε τέχνηι γραφείς, οὐκ ἀληθείαι λεχθείς· τρίτον δὲ φιλοσόφων λόγων ἁμίλλας, ἐν αἷς δεί κνυται καὶ γνώμης τάχος ὡς εὐμετάβολον ποιοῦν τὴν τῆς δόξης πίστιν(首先是那些天象学家的话语，它们用意见取代意见，一方面消除某意见，一方面产生某意见，使不可信和不可见的事物呈现于意见的双眼前；第二是借助话语的强迫性竞争，其中，一篇文辞愉悦大众，凭技艺写就而说服人们，但并非按真理来说；第三，哲学话语的争执，其中，思想的迅捷被展现，[展现出]它使意见的可信性产生何等的变动)。当时的哲学和科学还带有修辞术和诗术的成分，很多哲学家都以韵文和散文写作，因此不得不借鉴语言的说服功能以及修辞术的论证技巧，这也降低科学性，但促使科学广泛普及。同时这反过来也促使人们对修辞术进行科学化，比如亚里士多德所做的。

② 甚至是人文科学，比如伦理学和政治学。反过来，逻辑学的规律如矛盾律、排中律也并非来自数学，它们是逻辑学自己的规律。

③ 见Smith(1978)，McKirahan(1992:19)，也见Detel(1993:I,140,147,158)的相关论述。

④ 《形而上学》1025b5，指出了第一原则、元素和原因都属于数学；思辨知识都要考察这些。实际上哲学、逻辑学也都秉承了数学的思路。

的τὰ ἐν τοῖς μαθήμασι καλούμενα ἀξιώματα(数学中所谓的公理)一样。对于亚氏，数学就是“科学精密的理想”(das Ideal wissenschaftlicher Akribie)。另外也来自柏拉图的理念论，尤其是自在的同一(αὐτό καθ᾽αὑτό)思想。谓词与主词同一，逻辑学所有命脉就在这个同一律当中。因此理念的自足等同于证明的自足，由此又通向了亚里士多德的分析方法。①

(3) 上述的各种说法在亚氏的著作中都可以找到线索。《形而上学》995a6—17，亚氏提到了三种方法，οἱ μὲν οὖν ἐὰν μὴ μαθηματικῶς λέγῃ τις οὐκ ἀποδέχονται τῶν λεγόντων, οἱ δ᾽ ἂν μὴ παραδειγματικῶς, οἱ δὲ μάρτυρα ἀξιοῦσιν ἐπάγεσθαι ποιητήν(有些人，如果某人不用数学的方法，他们不会同意说话者；如果不用例证的方式，他们不会接受；有些人会看重引入一个诗人当证人)。这三种方法，涉及了科学、论辩术/修辞术和诗术。例证或归纳(ἐπαγωγή)并未属于数学，因为数学是纯粹演绎的，所以前者属于论辩术/修辞术等经验知识，诗术是完全经验性的，演绎程度最低。

所以能够获得精确性(τὸ ἀκριβὲς)的手段，只能是证明，也就是数学层次的演绎，δεῖ πεπαιδεῦσθαι πῶς ἕκαστα ἀποδεκτέον(应该教育如何证明每件事情)。但是，τὴν δ᾽ ἀκριβολογίαν τὴν μαθηματικὴν οὐκ ἐν ἅπασιν ἀπαιτητέον(不应该要求所有事情上都有数学的精确话语)，ἀλλ᾽ ἐν τοῖς μὴ ἔχουσιν ὕλην(而是要在那些没有质料的事情上，要求数学的精确话语)。显然，按精确性来说，数学大于自然科学，后者需要经验和质料。同理，逻辑的证明也不能精确用于所有事情，但它本身是精

① 均见Solmsen(1929:81—143)，讨论柏拉图理念论对亚里士多德证明的影响，柏拉图论述过第一原则、假设等证明的要素；也涉及了阿基米德、欧几里得以及一些智者同柏氏亚氏证明理论的关系。也见后面II.4的评注。

确的。这是亚里士多德逻辑学追求的目标。

在《后分析篇》76a22，亚氏又说，ἡ δ᾽ ἀπόδειξις οὐκ ἐφαρμόττει ἐπ᾽ ἄλλο γένος, ἀλλ᾽ ἢ ὡς εἴρηται αἱ γεωμετρικαὶ ἐπὶ τὰς μηχανικὰς ἢ ὀπτικὰς καὶ αἱ ἀριθμητικαὶ ἐπὶ τὰς ἁρμονικάς(除了我们已经说过的那些如几何学的证明[适用于]机械学或光学，算术的证明[适用于]和声学，证明不会再适用于其他属了)。显然，证明的本来源头就在数学，而数学就是科学中最高的必然知识。最高、最普遍的第一原则就是数学中不证自明的公理。

在76a31，亚氏为第一原则下了定义，Λέγω δ᾽ ἀρχὰς ἐν ἑκάστῳ γένει ταύτας ἃς ὅτι ἔστι μὴ ἐνδέχεται δεῖξαι(我谓每个属中的诸第一原则就是那些不可能证明它们是什么的东西)。第一原则就是最高的公设，无需证明，因此也就成为了证明的最基本前提。76a14—15，他进一步指出，οὐκ ἔστιν ἀποδεῖξαι ἕκαστον ἁπλῶς ἀλλ᾽ ἢ ἐκ τῶν ἑκάστου ἀρχῶν. ἀλλὰ τούτων αἱ ἀρχαὶ ἔχουσι τὸ κοινόν(只能从特殊的原则来一般地证明每件事。但是这些事情的原则都有共同性)。

76a37—41，他讨论了“证明”自身的普遍和特殊性，Ἔστι δ᾽ ὧν χρῶνται ἐν ταῖς ἀποδεικτικαῖς ἐπιστήμαις τὰ μὲν ἴδια ἑκάστης ἐπιστήμης τὰ δὲ κοινά, κοινὰ δὲ κατ᾽ ἀναλογίαν, ἐπεὶ χρήσιμόν γε ὅσον ἐν τῷ ὑπὸ τὴν ἐπιστήμην γένει· ἴδια μὲν οἷον γραμμὴν εἶναι τοιανδὶ καὶ τὸ εὐθύ, κοινὰ δὲ οἷον τὸ ἴσα ἀπὸ ἴσων ἂν ἀφέλῃ, ὅτι ἴσα τὰ λοιπά(在证明性科学中所使用的东西，一部分是每种科学的个别成分，一部分是普遍成分，普遍成分按照类比，因为在科学的属中有其用途；个别成分如线和直这样；普遍成分如，从等量中拿走等量，余下仍然相等)。证明是一种科学或知识，[①]因此既普遍于所有属层次上的科学，也会按照该

① 也见亚里士多德《尼各马可伦理学》1140b—1141a。

科学的要素来进行证明。[①]

从88a18开始，亚氏也谈及了特殊第一原则，就这些原则来说，所有推论都不可能具有完全相同的原则。[②]这都说明了第一原则的普遍和特殊关系，亚氏反对用一种公理原则通用于所有科学推论或一般推论。[③]

(4) 后来的斯多亚派对证明也有一些论述。比如有个经典的定义，ἀπόδειξίς ἐστι λόγος δι' ὁμολογουμένων λημμάτων κατὰ συναγωγὴν ἐπιφορὰν ἐκκαλύπτων ἄδηλον(证明就是一个借助被认可的前提[④]、按照推导、揭示隐藏结论[⑤]的论证)。而且斯多亚派强调证明不仅通过假设来建立哲学理论，而且它几乎就是哲学本身。[⑥]斯多亚派在证明的思想上秉承了亚里士多德，尽管术语不同。而且他们更强调证明专属于哲学，后文讨论逻辑学和哲学关系的部分也会涉及这一点。

（五）科学问题

"科学"，原文为մակացութեան，来自名词մակացութիւն。对应了希腊文ἐπιστήμη。这个词前缀为介词մակ—，即在上面、在

① 比较亚里士多德对修辞术的规定，他认为修辞术也可以既普遍于它涉及的知识，也按照这些知识的成分进行说服。但是修辞术涉及的知识不是所有知识，比如数学，很难使用修辞术进行说服(但这不是说数学绝对抵挡住了修辞术的入侵)。不过，仍然能看出修辞术(也许还要论辩术)是一种微缩版的"证明"(至少按照亚氏改造修辞术的理想来看)，但由于内容和材料的原因，它们的必然性都是相对的，甚至非逻辑的，如它对情感的利用。而证明可以排除这些或然的材料，追求形式的必然性。

② 逻辑学(包括论辩术和修辞术等)内部所做的各种推论也都有不同的特殊第一原则，就是词项和命题，它们的内容和题材都是不同的。

③ 见Detel(1993:II,502)，这种看法是柏拉图和学院派的观点，他们试图寻找最普遍的公理理论。

④ 斯多亚派把前提叫做λῆμμα，而且有时专指证明的前提。

⑤ 斯多亚派把结论叫做ἐπιφορά。

⑥ 见Arnim(1903:88)，也见Hüsler(1987: 1370—1372)。

前面、越过，它对应了ἐπι—。本文使用的“科学”都是这个词。由于古希腊文和古亚美尼亚文中还常用γνώσις、μαθήμα、գիտութիւն和հմտութիւն指一般意义上的知识(包括科学、可能性知识、经验知识等等认识形式和内容)，因此，中译没有采取“知识”这个含义过宽的译法。“科学”一词虽然有点现代味道，但更能突出这种知识的高级、标准和严格性，而且希腊科学范式的发展已经初具规模，不再是一种前科学的知识。当然，科学既有外部的思想体系和工具，同时它也是“灵魂”的高级状态，更是理智德性的一种。

关于科学或知识，亚里士多德在《后分析篇》71b9描述了科学和认知，在87b28，88b31分别将之与感觉、意见进行比较，在《尼各马可伦理学》1139b15也专论科学。总体上，他认为1)科学是对原因和不可能以其他方式存在的事实的认识；2)科学是普遍(καθόλου)，这个普遍是感官无法知觉的，但各种科学皆有自己的特殊经验，不同科学的第一原则都是特殊和不同的，但又有普遍原则；3)科学是必然的(ἀναγκαῖον)，这个必然是不变的、不可能以其他方式出现的，也就不是概率或可能性的事情，能得出必然结果的事情，这个结果就不会又是可能的；4)科学必须要借助证明，以真、直接、更易知、在先、第一位的原因为前提，以努斯作为起点，以不能证明的意见(科学中的意见)作为中介，从而形成一个推论(演绎)和归纳构成的公理系统(或近似)；5)科学可以教授和学得。

证明性的科学与三个环节相关，见《后分析篇》76b11—16，πᾶσα γὰρ ἀποδεικτικὴ ἐπιστήμη περὶ τρία ἐστίν, ὅσα τε εἶναι τίθεται (ταῦτα δ' ἐστὶ τὸ γένος, οὗ τῶν καθ' αὑτὰ παθημάτων ἐστὶ θεωρητική), καὶ τὰ κοινὰ λεγόμενα ἀξιώματα, ἐξ ὧν πρώτων ἀποδείκνυσι, καὶ τρίτον τὰ πάθη, ὧν τί σημαίνει ἕκαστον λαμβάνει(所有证明性科学与三件事相关，第一，它设定存在的那个类属——科学所审视[或理论化]的自在属性就属于

它；第二，所谓的普遍公理——它通过这些第一位的东西进行证明；第三，每个其意指的内容被科学所把握的属性）。这三个部分，第一个就是属性集合体，也就是谓述的主词；第二就是必然的谓述和推论，如三段论Babara式；第三就是科学所关涉的谓词。建立在证明基础上的、本质主义的科学就是对一切待考察的主词、谓词和公理关系进行处理，发现世界的必然实在性。

"《序言》"，原文为նախերգանք，希腊文对应了προοίμια，նախ即在先，在前；见斐洛珀诺斯《〈前分析篇〉评注》10.3。大卫秉承亚历山大里亚传统，称呼《前分析篇》24a10—24b18为"《序言》"，如IX.1。这个《序言》先于《前分析篇》，是亚里士多德逻辑学总纲。甚至大卫他们将之处理为独立的"作品"。它直接表明了《分析篇》的目标，这也就是大卫他们要研究的目标。

2. Առ որս ասեմք, եթէ ոչ ինչ անտեղի է և յաղագս պարզ հաւաքման ելոյ դիտաւորութեան՝ ճառել և յաղագս ապացուցի, և զնոյն դիտաւորութիւն գոլ և յաղագս ապացուցի: Որպէս յորժամ ոք զանտառահարութիւն մասն ասիցէ նաւակառութեան. զի յաղագս նորա լինի: Եւ դարձեալ երակահատութեան ասիցէ զառողջութիւն գոլ կատարումն, զի սակս նորա եղանի: Բայց ուսոյց և այլ պատճառ՝ եթէ որպէս Վերլուծականացն պարզաբար կատարումն ապացոյցն է, իսկ որպէս Առաջնոց վերլուծականացն դիտաւորութիւն՝ բուռն հարկանել զպարզ հաւաքմանէ: Տայ և զմիւս ևս պատճառ. Եթէ որպէս ևս ըղձալի կամելով առնել զառաջիկայ շարագրածս՝ զպիտանացուն, որ ի նմայն, յառաջագոյն քարոզէր, զի պիտանացու է պարզաբար հաւաքումն: Այս է քննութիւն պարզաբար հաւաքման

յապացուցական հաւաքմանէ: Քանզի պարտ է գիտել, եթէ մի իրողութիւն ձօնեաց Արիստոտէլ պարզաբար հաւաքմանն և ապացուցականումն՝ զչորս ճառս Վերլուծականացնխպատուեալ և զպարզաբար հաւաքումն շարամերձելով զնա լաւագունումն տեսակումն, այս ինքն՝ ապացուցականում պատմելոյ, զապացուցականն շարամերձելով ընդհանուր սեռումն:

2. 对此，我们说，一方面说主题的目标为了一般推论，且又谈论[①]证明并且说同一个目标也与证明有关，这都并不是蹊跷之事。正如，当人们说，砍树是造船的一部分，[之所以如此]，因为[砍树]是为了造船。同样的，人们也会说，放血术的目的是健康，因为它为了健康。但是他也曾教授[②]了另外一个原因[来说明]《分析篇》的目的如何一般地是证明，《前分析篇》知识的[目的]如何是从一般推论入手。他也提供了另一个原因：仿佛愿意让这部作品更值得追求，他早先曾宣明了它所包含的用途：一般推论是有用的。这就是对来自证明性推论的一般推论的考察。因为人们应该知道，亚里士多德曾只用了一部论著讨论[③]一般推论和证明性推论，他重视[④]《分析篇》四卷[⑤]，将一般推论衔接了它的最佳

① 原文为ճառել，名词ճառ，即话语。这里面的含义比较正式，属于研究性的谈论或处理。

② “教授”，原文用了不定过去时，来自动词ուսուցանել，同源名词ուսումն(研究，教导，教育)。“原因”，原文为պատճառ，对应了希腊文的αἰτία，同源动词的պատճառաբանել，即推理，从原因来推导。

③ “讨论”，按照Topchyan(2010:33)的介绍，大多数抄本为动词ձօնեաց，来自ձօնել，即，致力于，贡献于，意译为论述；有一部分抄本为ձայնեաց，来自ձայնել(叫，称作)。

④ “重视”，原文为分词պատուեալ，动词为պատուել，即看重。Topchyan引申为了“dedicating to”，即用四卷论述这两种推论。

⑤ “四卷”，原文为չորս ճառս，ճառ意思指话语、言语、叙述、表达。这指出了《分析篇》四卷，这也与现有的卷数一致。当然，这里面应该不包括上面说的“《序言》”。

种——即那种被描述为证明性的[推论]；将证明性的[推论]衔接了整个属。

（六）《前分析篇》的目的

“如果谈论证明并且说同一个目标也与证明有关，这都并不是蹊跷之事，虽然目标为了一般推论。”大卫的意思就是当目标指向一般推论，同时又说与证明相关，这并不意味着目标矛盾或出现了两重目标。

“为了”，原文为介词յաղագս，对应了希腊文的ἕνεκα(加属格)，介词ի加名词աղագ(道路)。它表示因果关系，如对于在前的A和在后B，1)B是A产生的结果，A是原因，B ἕνεκα A；2)B是A的目的，B是原因，A ἕνεκα B，故可以说，因为B，所以A。此处为后者。亚里士多德规定了四因，目的是其中之一。《形而上学》983a31，τετάρτην δὲ τὴν ἀντικειμένην αἰτίαν ταύτῃ, <u>τὸ οὗ ἕνεκα</u> καὶ τἀγαθόν (τέλος γὰρ γενέσεως καὶ κινήσεως πάσης τοῦτ᾽ ἐστίν)，(第四种原因与[第三种原因] ①对立，<u>所为之事</u>和善(因为它就是所有生成和运动的目的)(下划线是我所强调的)。显然，一般推论和证明都是这门科学研究的目的因，后面也会出现同义的սակս。

（七）部分与种属

(1)“砍树是造船的一部分”，原文为զանտառահարու, իւն մասն ասիցէ նաւակառութեան。“部分”原文为մասն，它对应了希腊文μέρος，这里的含义不是普通的部分/整体关系。按照LSJ.A.IV.5的解释，在新柏拉图主义者这里指“以种或元素的方

① 即动力因，它是目的因的对立，因此动力因就是指向目的，无目的，无运动。

式”。如达玛斯吉欧斯(Damascius)《论第一原则》193，ἐν μέρει καὶ ὡς στοιχεῖον(部分地和以元素的方式)；176，οὕτω ὁ μέγας Ἰάμβλιχος ἐνόησεν τὸ ἓν ὂν ἐν μέρει ἑκάτερον(伟大的杨布利柯认为“一”在部分上是一个个单独的(也就是一不可再分)。这种用法，亚里士多德《形而上学》1023b17也总结过，ἔτι εἰς ἃ τὸ εἶδος διαιρεθείη ἂν ἄνευ τοῦ ποσοῦ, καὶ ταῦτα μόρια λέγεται τούτου: διὸ τὰ εἴδη τοῦ γένους φασὶν εἶναι μόρια([部分就是]没有量的形式[种]所被分成的东西，这些被称作形式的部分[①]：由此，人们说种是属的部分)。大卫这里是举例，但部分这个词严格表示了属/种关系和整体/元素关系，元素不再可分。砍树是造船的种和元素。但是这个属种关系并不严格。而且当大卫后面再类比到证明性推论和一般推论的种属关系时，情况就相反了，见后。

“[砍树]是为了造船”，联系“砍树是造船的一部分”，这里能看出一种关系：A包含B，则1)A是B的目的，B为了A，2)A是B的原因，3)A是属，B是种(不严格)。因果—目的—种属三层关系都在其中。

Topchyan(2010:33)指出了M 8132抄本中，“砍树”和“造船”的格位与其他本子不同。砍树为宾格，原文为属格；造船为属格，原文为宾格。因此句子成了：造船是砍树的一部分。

(2)“放血术的目的是健康，因为它为了健康”，“放血术”原文为երակահատութիւն，երակ即血管，希腊文为φλεβοτομία，φλέψ为血管，两语言构词相同。放血术是古代医疗的手段之一，亚里士多德曾举过，因为他家里行医。见《动物志》512b17—18，τὰς φλεβοτομίας ποιοῦνται τῶν περὶ τὸν νῶτον ἀλγημάτων(他们针对背部的疼痛而放血)。“健康”，原文为առողջութիւն。“目的”，原文为կատարումն，对应了希腊文的τέλος，这里没有

① Μόρια也是子部分，即部分的部分，后面会涉及。

用դիտաւորութիւն。“为了”，用的是սակս，与յաղագս同义。这里似乎也可以说，健康就是放血术的一部分。但比起上一个例子，这种部分和整体的关系并不明显，因此也不能说健康就是放血术的种。

上面两个例子，前人在同样的论述也举过相似的例子。斐洛珀诺斯《〈前分析篇〉评注》10.15—17, ὥσπερ ἂν εἰ καὶ γεωργὸς λέγοι σκοπὸν εἶναι αὐτῷ τῆς γεωργίας τὴν ἀρτοποιίαν καὶ δρυοτόμος τὴν ναυπηγίαν(恰如耕种者说他的目标是做面包，伐木者说目标是造船)。艾利阿斯《〈前分析篇〉评注》71(138).20—21, ὡς εἴ τις καὶ τῆς δρυστομικῆς τέλος λὲγοι τὴν ναυπηγίαν καὶ τῆς φλεβοτομίας τὴν ὑγείαν(恰如有人说伐木的目的就是造船，放血的目的是健康)。

“《分析篇》的目的如何一般地是证明，《前分析篇》知识的[目的]如何是从一般推论入手”，“一般地”为պարզաբար，此处没有用պարզ，这里似乎也强调了仅仅、显然的意思，因为《分析篇》的目标只能有一个。这句也见艾利阿斯《〈前分析篇〉评注》71(138).23—24，意思和大卫相同，但是仍然只说“推论”，没有提“一般推论”。

后半句，有的抄本和勘本为“《前分析篇》知识的[目的][1]”，加了գիտութիւն一词。Topchyan(2010:33)认为应该是“目标”(դիտաւորութիւն)一词，由于抄本破损，后来人误认为是知识一词。但大卫似乎没有必要在连续的地方使用两个同义的不同表达(可能是重复开头那句话)。因此读为知识也并非不合理。Գիտութիւն一词，对应了希腊文的γνῶσις，这个词也在I.6, IV.4和XIII.3出现过，也是常用词；本小节也出现了相应的动词。

“让这部作品更值得追求”。“这部作品”指《前分析篇》。

---

① “知识”也用了属格，因此这里省略了上文“目标”一词。

"值得追求"，原文为ըղձալի，即值得欲求的，可亲可爱的。动词为ըղձալ(欲求)，这里使用了动形词。欲求联系了目的，因此大卫暗示了亚里士多德的第二个原因让《前分析篇》更能满足读者的欲求，也就是更能解释证明性推论和一般推论的关系，从而让《前分析篇》具有不小的意义。

"但是他也曾教授了另外一个原因……他也提供了另一个原因……一般推论是有用的。"这句话逻辑并不连贯，但是意思很清楚，大卫认为亚氏提供了两个原因说明《分析篇》的"两个"目的实际上通过一定的关系合成为一个目的，1)目的关系；2)用途关系。用途实际上属于了六问题中的第二个问题。前两个问题实际上涉及《前分析篇》与整个《分析篇》的关系问题。当然，亚氏似乎没直接说过这两个原因。

"曾宣明了它所包含的用途"。"宣明"，原文քարոզէր来自动词քարոզել，这里是未完成时，名词有քարոզ，词源上近于古叙利亚语；这一族词的意思有教导、训导的含义，因此比较正式。

"用途"，原文为形容词պիտանացու，作为名词使用；词根来自动词պիտալ(需要)，后缀1为—անի，用来构造表示性质的抽象名词，后缀2为—ացու，表示倾向，可被如何如何，类似英语被动态后缀—ed和形容词后缀—able 。动词պիտանացնել(使之有用)，对应了希腊文χρήσιμον(形容词中性表示名词)。亚历山大里亚学派的问题意识中，用途都是必不可缺的，而且排在第二位。他们比较重视著作的意义和价值，而且这种价值是在科学内部体现出来的。在他们的思想中，亚氏所有著作是一个体系，因此每个部分都不可能没有用途。这也是学生必须明白的一点。

"对来自证明性推论的一般推论的考察"，"来自"原文为յապացուցական հաւաքմանէ。ապացուցական前面加了介词ի，即向后，向下，从……那里，来自；因此，句意就是对一般推论的考察"来自"证明性推论，也即，前者以后者为中心和出发点。"考察”，原文为քննութիւն，同源名词为քնին和քննումն，比较前面的խոհմունք，都是用来指科学研究。

“应该知道”，原文为պարտ է գիտել，这句用了希腊文的δέον(应该，必须)加ἐστί和不定式的结构，不定式作为主语。古亚美尼亚文多用希腊文语法。“知道”，原文为动词գիտել，对应了希腊文γιγνώσκω。

“曾只用了一部论著讨论”，“一部论著”指《分析篇》，因此从古代的观点看，“前后”《分析篇》只是一种叫法，不是正式的名字。“论著”，原文为իրողութիւն，意为，事实，事件，事务，词根是իր，即，事物，事情；这个词对应了希腊文πραγματεία；在亚氏的语境中，这个词指一整套的科学研究或哲学论著，如《论题篇》100a18，《尼各马可伦理学》1103b26等。上面出现的作品为շարագրած，对应了希腊文σύγγραμμα，这只有普通的含义，即用文字写成的作品。

（八）一般推论和证明性推论的种属关系

（1）“将一般推论衔接了它的最佳种”。“衔接了”，原文为շարամերձելով，来自动词շարամերձիլ，名词为շարամերձութիւն，意思就是附着，连接。“种”为տեսակ，词源上近于阿维斯塔语的darəca(看)和希腊语的δέρκομαι(看)；它翻译的是希腊文εἰδός。它也可以表示本性、特征和形式，因此它在其他含义仍然等同于εἰδός。它的词根同样与“看”有关，即տես(视见)。如名词տեսաբան(理论家，因为theory也与看有关)，副词տեսաբար(显然地)。古亚美尼亚文其他著作，比如对柏拉图作品的翻译，也会用它来翻译著名的“理念或相”。

证明和一般推论的关系见《前分析篇》25b28—31，说πρότερον δὲ περὶ συλλογισμοῦ λεκτέον ἢ περὶ ἀποδείξεως διὰ τὸ καθόλου μᾶλλον εἶναι τὸν συλλογισμόν· ἡ μὲν γὰρ ἀπόδειξις συλλογισμός τις, ὁ συλλογισμὸς δὲ οὐ πᾶς ἀπόδειξις(在说证明之前，先应该说推论，因为推论更普遍；证明是某种①推论；但并非所有推论都是证明)。这里的证明就是狭义的，指公理性推论。亚历山大《〈前分析篇〉评注》7.1(1.2.1)也论述了两者属种的关系，同时指明了《分析篇》分前后的原因。

这里表明了证明性推论的两重属性：①属于种，在分类上不是最高的；②最佳，这种最佳后面会解释，是就阐释真理的完全度而言的。侧面暗示了，一般推论还有其他的种类，见下。大卫使用了“衔接”，表明了两者的密切关系，这种关系是相互的，因为下面会换位再陈述一遍这个关系。

(2)“将证明性的[推论]衔接了整个属”。“整个属”，指一般推论，原文为ընդհանուր սեռումն，ընդհանուր意思就是一般和普遍，这里表明了“一般推论”的普遍性，它是最高的形式，所有推论都具备。“属”为սեռ(变音为սեր)，希腊文为γένος，这个词仍然与希腊文平行，如名词սեռական(属格，genitive)，副词սեռաբար(generally)，变音后也有形容词սերած(出生的)，սերանալ(出生)。词源上有可能来自սեր(爱和感情，սիրել为爱)据说来自安居、安家，希腊文的κεῖμαι、拉丁文civis和英语的home都同源。因此属就是所处的原位。

一般推论(a)和证明性推论(A)的关系如果按照砍树(b)和造船(B)的情况来看，既然b是B的部分，则b属于B，B是b的目的，B是b的属，那么A是a的目的，a也就属于A，A是a的属才对。但a恰恰是A的属，A属于a而非a是A的一部分。原因可能在于：①虽然都是集合，但Bb的关系是普通集合，Aa的关系是一般抽象和特殊具体的属种集合，因此部分的情况只适用于Bb，而且也不适用于放血和健康，当然这个例子也不同于Aa。②虽然A属于a，但这个“属于”

① 用的是τις，但词义上等同于表示种类。

是观念中的属种关系，而B和b的关系不是严格属种，所以“部分”的属于和“属种”的属于不同。③大卫前面的例子并不严格，他可能仅仅着眼于目的这层关系。但如果A和a有目的关系，那么a与其他推论有没有目的关系呢？下面会讨论各种推论，只有证明是最真的，因此大卫是从推论的真值程度出发，将A作为最高目标，所以a就是手段。我们可以举一个例子，比如人有多种，抽象出普遍的人之后，就明确了好人是人的最终目的。因此正常的顺序是，存在各种不完全为真的推论，人们感觉到了它们的差异，抽象出一般结构，然后用它重新规范推论，构想出了完全为真的理想推论。那么一般性和特殊性就结合在一起，这个特殊性是最佳的种，它也具有了一般推论形式。

因此，这就如亚里士多德《形而上学》对存在科学的构想。首先，存在多种研究各特殊存在者领域的科学，然后在它们之上存在一种研究普遍“存在之为存在”(τὸ ὂν ᾗ ὂν)的第一科学。这门科学的最高层次就是神学，探究神性实体，也就是最高实体或第一实体。第一科学之于其他科学，犹如一般推论之于特殊推论，而证明性推论之于一般推论，就如神学之于第一科学。神学虽然是第一科学的种，但它高于其他各种科学，是第一科学的最高层次或第一科学研究的所有存在的根本因。[①]与之更相近的就是伦理学，其对象是各种善，而研究善本身的科学则致力于一般善，一般善中有最高的幸福，是至善，即终极目的。

另外，Patzig(1968:133)指出推论是证明的唯一媒介，归纳为证

---

① Shields(2012:364)收入Shields(2012)，引了托马斯·阿奎那的观点，指出了，形而上学只是研究普遍的存在之为存在，神性实体是其中一种实体，形而上学不是专门研究它，而是研究存在这个属；但又会将神性实体作为普遍存在这个属的原因和第一原则；同时，神性实体又是普遍存在的特殊实体。神学高于形而上学，但恰恰又是后者的“分殊”，后者为前者提供了普遍模式，前者是后者的顶峰和终极因。这完全类似一般推论和证明。

明提供了经验性前提。因此，单纯说证明是一种推论，这是从形式化的角度来谈的。真正的证明还需要归纳和经验。

3. Եւ պարտ է գիտել, եթէ հինգ են տեսակք հաւաքմանց՝ ապացուցական, տրամաբանական, ճարտասանական, իմաստական, քերթողական, որ և առասպելուտն: Բայց հինգ են վասն այսր պատճառի. կամ ամեննին ճշմարտեն, և լինի ապացուցականն, կամ ամեննին ստեն, և լինի քերթողականն. և կամ է ինչ որ ճշմարիտ, և է ինչ որ սուտ: Եւ թէ հաւասարք են միմեանցճշմարիտն և սուտն, լինի ճարտասանականն. և ճարտասանականումն միայնում աւին զոլ կացմունք և վէճք և անվէճք՝ առ ի նոցանէ միայն եղանակելիք: Իսկ եթէ առաւել է ճշմարիտն քան զսուտն՝ լինի տրամաբանականն, իսկ եթէ առաւել է սուտն քան զճշմարիտն՝ լինի իմաստականն:

3. 再有，应该知道，有五种推论：证明性的、论辩术的、修辞术的、智术的和诗术的——也就是神话性的。由于下面原因，它们是[这样的]五种：[①]或是[前提]完全为真，是为证明性的，或是它们完全为假，此为诗术的；其余的，有些真，有些假。如果真假彼此持平，是为修辞术的，而且只在修辞术中，才有所谓的可争论和不可争论论题——通过它们，诸修辞术推论形成；但是凡真比假多，是为论辩术推论；凡假比真多，是为智术的。

（九）五种推论

“应该知道，有五种推论”，“应该知道”，采用了希腊语的句

① “由于下面原因，它们是[这样的]五种”，抄本后面有որոյ（զի յորոց或զի յոր或յորոյ）անուն（յանուն）և դիմեն(它们所指向的名字)一句，但是逻辑不太通顺。

式，պարտ即应该，对应了δέον，后面接作为主语的不定式գիտել，"是"作为系动词，即知道是应该的。"种"，依然为տեսակ。本小节对推论的分类非常经典，这里提出的观点，试总结为下表，其中有些内容，后面会涉及：

推论所属技艺	领域	前提真假	所处理的对象的性质	前提的来源	等级
证明性	科学	完全真	普遍一般，高于原因	思想	最高
论辩术	对谈	真多于假	普遍一般，针对原因	意见	次高
修辞术	演说	真假对等	普遍一般，对原因无知	意见	中
智术	诡辩	真少于假	特殊具体	感觉和想象	低
诗术	戏剧	完全假	特殊具体	感觉和想象	最低

这五种技艺和五种推论，严格来说都属于"工具"，而且都需要思想，都有理性，新柏拉图主义者、叙利亚语和阿拉伯语古典世界的哲学家，如阿尔法拉比、阿威罗伊都把它们列入了《工具论》，[①]尤其是修辞术。但随着逻辑学的发展，修辞术以下不再属于其中。

亚里士多德《前分析篇》68b10—11，也提到了有三种推论，不仅有论辩术的(διαλεκτικοί)和证明性的(ἀποδεικτικοί)，也有修辞术的(ῥητορικοί)。大卫承认了智术的真理性，也将最假的诗术列入。

阿芙洛狄西阿斯的亚历山大《〈前分析篇〉评注》1.3—5(1.1.1)说，Ἡ λογική τε καὶ συλλογιστικὴ πραγματεία ἡ νῦν ἡμῖν προκειμένη, ὑφ' ἣν ἥ τε ἀποδεικτικὴ καὶ ἡ διαλεκτική τε καὶ πειραστικὴ ἔτι τε καὶ ἡ σοφιστικὴ μέθοδος(在我们之前就出现

---

① 见Rescher(1963:21—22)。叙利亚语世界中，亚氏逻辑学体系包括了波菲里的《导论》、《范畴篇》、《解释篇》、《分析篇》(即《前分析篇》)、《证明篇》(即《后分析篇》)、《论题篇》、《论智术式反驳》、《修辞术》和《诗学》，这九部作品统称为逻辑学"九卷书"，有时去掉第一和最后一部，称为"八卷书"，前四卷为"四卷书"都被译为了叙利亚语。

了逻辑的和推论的研究，[①]其中有证明式的、论辩术式的、验证式的[②]和智术式方法）。

在艾利阿斯《〈前分析篇〉评注》72(139).5—12中也提到了五种推论，与大卫一致，他说：

(1) 前提完全为真(πάντη ἀληθεῖ εἰσιν αἱ προτάσεις)，则产生证明性推论；

(2) 前提是神话的(μυθώδεις)，完全为假的，则产生诗术式推论；

有真有假的有三种：

(3) 真多，就是论辩术式的，与意见有关；

(4) 假多，就是智术式的；

(5) 真假持平，就是修辞术式的。但他还说，ὁ διὰ τοῦτο μόνος στασιαζόμενος ἐν τοῖς συλλογισμοῖς καὶ ἀσύστατος ἐπὰν μὴ στασιάζηται(修辞术由于这一点，只有它在推论中处于被争论的状态；只要它没有处于被争论的状态，它就是不可争论的)。这指出了修辞术式推论具有两可性，立场可以摇摆，人们能通过它围绕στάσις(修辞术双方所持的观点或立场)[③]展开争论。如果它不是这种“或然两可”的状态，修辞术推论就并不存在。比如当真大于假时，真几乎可以确定，那么人们几乎无法展开争论，则这种推论就不是修辞术推论了。

---

① 这指亚里士多德及逍遥学派、斯多亚学派等的研究。

② 《形而上学》1004b25说，ἔστι δ᾽ ἡ διαλεκτικὴ πειραστικὴ περὶ ὧν ἡ φιλοσοφία γνωριστική(论辩术能够验证哲学可以领会的东西)。因此，验证式的方法是论辩术的一部分，如《论智术式反驳》169b25，它可以配合哲学和科学。亚历山大对这些内容的研究见《〈论题篇〉评注》2.20—3,2.23—5等。

③ 这是修辞术专用概念，当然论辩术双方的立场也可以这样叫。双方必定是对立的。如定性来看，A说甲杀人了；B说甲没杀人，定量来看，A说甲严重伤害对方；B说甲只是带来较轻程度的伤害，这些都是στάσις。它联系了这里的动词στασιάζω(不安稳，暴动)，直译就是，展开争论，摇摆立场。

大卫在《〈范畴篇〉评注》116.35—117.11中也谈到了五种推论，前四种与艾利阿斯的描述相同，仅个别用词有别。对于修辞术推论，他认为，ἐπίσης ἔχει τὸ ἀληθὲς τῷ ψεύδει καὶ ποιεῖ τὸν ῥητορικόν. ὅθεν καὶ στάσεις παρὰ μόνοις τοῖς ῥήτορσι διὰ τὸ ἐξισάζειν τὸ ἀληθὲς καὶ τὸ ψεῦδος(它具有与假同等程度的真，这就做出了修辞术推论。因此，由于真假持平，故στάσεις只存在于修辞术推论中)。

大卫在古亚美尼亚文的《〈范畴篇〉评注》207也有说明，基本和上述两处的看法相同，原文如下，也可以与本文相对照：հինգ են տեսակք շարաբանութեան՝ այսինքն ապացուցի՝ ապացուցականն, տրամաբանականն, ճարտասանականն, իմաստականն, քերդողականն […] քանզի ամենևիմբ ճշմարիտ են առաջարկութիւնքն[①] և առնեն[②] զապացուցականն, և կամ ամենևիմբ սուտ են և առնեն զքերդողական առասպելուտն, կամ է ինչ որ ճշմարիտ և է որ սուտ. և այս եռակի՝ կամ առաւել ունի ճշմարիտն և առնէ զառաջնոցն տրամաբանականն, և կամ առաւել ունի զսուտն քան զճշմարիտն և առնէ զիմաստական ապացոյցն, և կամ հանգէտս միմեանց զսուտն և զճշմարիտն և առնէ զճարտասանականն: Ուստի կացմունք ճարտասանինմիայն տեսանին վասն հանգիտանալմիմեանց ճշմարտին և ստին。

斐洛珀诺斯《〈前分析篇〉评注》4.11—14，永远为假的是，智术推论；有时为真，有时为假的是论辩术推论。他并没有说论辩术推论真更多。由于论辩术更接近哲学，因此较之其他推论，显然仅次于证明，而且必须大于修辞术(因为这是哲学和论辩术一心要压

① ամենևիմբ ճշմարիտ են առաջարկութիւնքն，即诸命题完全为真。
② առնեն即ποιέω。

制的，符合柏拉图的看法)，所以真会大于假。

（十）各种特殊推论的定义、功能与历史

“证明性的、论辩术的、修辞术的、智术的和诗术的——也就是交织着神话的。”

(1)“证明性的”，原文ապացուցական，后缀—ικος对应了—ական，这个后缀表示相关于，也表示具有词干动词的能力，即能证明的，这个推论可以起到证明的作用。此处这两个含义兼有。这是最高级的推论。

(2)“论辩术的”，原文տրամաբանական，词干来自动词տրամաբանել，即论证；名词有տրամաբանութիւն和տրամաբանականն[①]即逻辑、论辩术(辩证法)。它与希腊语的διαλεκτικός和διαλέγω起源完全一样。希腊语词干来自λέγω，即交谈和对谈。古亚美尼亚文前面的տրամ，对应了前缀δια，作为形容词也表示坚实和牢固，词根为բան，即言辞、言语、比例，完全等于λόγος。

此处没有采取“辩证法”这个译法，它本来是一种哲学家常用的技艺，经由苏格拉底和柏拉图，它成为了哲学的核心。在《理想国》454a，与论辩术方法相对立的就是ἡ δύναμις τῆς ἀντιλογικῆς τέχνης(矛盾[反论]之言的技艺能力)，矛盾之言的技艺就是诡辩术(见《欧绪德谟》278 a和301b，《泰阿泰德》164 c，《斐德若》265 e)，诡辩者τὸ μὴ δύνασθαι κατ᾽ εἴδη διαιρούμενοι τὸ λεγόμενον ἐπισκοπεῖν, κατ᾽ αὐτὸ τὸ ὄνομα διώκειν τοῦ λεχθέντος τὴν ἐναντίωσιν(不能按照类别来分析所说从而思考，而是随着词本身寻求所言的反面)；他们使用争辩口

---

① 加了一个指示词后缀ն，将形容词ապացուցական名词化，即ἡ διαλεκτική，古亚美尼亚文名词没有“性”，因此没有体现希腊文的阴性。

角(ἔριδι, 诡辩), οὐ διαλέκτῳ πρὸς ἀλλήλους χρώμενοι(不用彼此间的交谈); 而诡辩的正面就是论辩术, 它οὐκ ἐρίζειν ἀλλὰ διαλέγεσθαι(不是诡辩[争口舌], 而是论辩交谈)。这两者同源, 都是利用论证从相同的前提推出矛盾, 在一对一的谈话中与对方进行思想争辩, 但诡辩术在智者的掌控下导向了相对主义和怀疑论, 而论辩术在哲学家的引导下成为通向哲学的工具。一般的论辩家还不同于使用论辩术的哲学家, 按《克拉底鲁》390c, 他们是τὸν ἐρωτᾶν καὶ ἀποκρίνεσθαι ἐπιστάμενον(知道问与答的人), 就是διαλεκτικόν(擅长论辩者), 这仅仅是论辩术哲学家的基本能力。不过, 在伊索克拉底那里, 论辩术和智者的"矛盾之言"殊途同归, 都毫无意义, 这见伊氏的《海伦》1。亚氏对论辩术的规定相当系统, 这见《论题篇》一书。在101b3—4, 他给出了对论辩术一般功能的描述: "既然诸第一原则(πρῶται αἱ ἀρχαὶ)属于所有事物, 必然要通过特殊的意见(διὰ τῶν περὶ ἕκαστα ἐνδόξων)来考察它们。这专属或尤为适合于(ἴδιον ἢ μάλιστα οἰκεῖον)论辩术。"

关于论辩术的过程, 见Slomkowski(1997:14—42)。在论辩术争论, 一方为问方, 一方为答方。问方以问题(πρόβλημα)的形式提出一个一般疑问句, 即谓述式命题, 如, "A是B吗? "不能是"A有什么性质? "或"你今天想干什么? "这种特殊疑问句以及述行式(performative)问题。答方如果选是, 则问方占据否的立场。问方接下来反驳答方的立场, 同时证明自己的观点。反驳的过程仍然以提问展开, 仍然是谓述命题(πρότασις)[①], 答方要回答"是或否", 见《论题篇》158a16以下。问方的目的就是证明自己的观点, 得出一个一贯的结论, 同时这个结论相反于答方的立场。答方也有权给出辩驳(ἔνστασις, 针对问方的归纳结论)和反驳(λῦσις, 针对问方推论

① 作为推论中的命题时, 表示前提。古亚美尼亚文区别了这两种意思, 分别有不同词对应。其定义见《前分析篇》24a16。

或演绎获得的结论)。

苏格拉底和柏拉图发展了论辩术，提升为辩证法，亚里士多德仅仅在言语工具上使用它，因为亚氏的证明才是最高级的。论辩术是古希腊逻辑学发展的关键，在亚历山大里亚学派看来，它具有更多的真理，仅次于证明，这也符合亚里士多德的定义。当然，新柏拉图主义者未必完全认同这个观点，在他们看来，辩证法仍然是哲学的中心。

(3)“修辞术的”，原文为ճարտասանական，词干为ճարտար，即精明、擅长技艺；ճարտասանութիւն为修辞术。这与希腊文词源不合，希腊文与“说”有关，见下。古亚美尼亚文在词源上指运用技艺的灵巧，并不特指修辞术，因此如ճարտասանութեան մուսայ，指缪斯。也许修辞术作为口头技艺，体现出了技艺的灵活，所以该词族逐渐指称修辞术。

希腊语形容词ῥητορικός(擅长演说的或相关演说的，这是后起的含义)联系名词ῥητορική，均由εἴρω和后缀—ικός组成，省去了τέχνη；后缀—ικός或表示“相关于”，或表示“能和有技巧地”，故该词直译为“说的技艺或精于演说的技艺”；拉丁语转写为rhetorica或rethorica。εἴρω的被动式不定过去时为ἐρρήθην，其动形词为ῥητός，作为形容词为可说的、立约的、指定的等。ῥῆμα(词)和εἰρήνη(和平)都是同源词。εἴρω前面原有一个字母F，为Fεἴρω(F存在于古文献，后来转为u)拉丁文转写后为ver，拉丁语中verbum(词)来于此。在拉丁语中，oratoria(演说术，省去ars)和oratio(演说)，来于os(嘴)，也是以说为本。故从词源上看，古典修辞术同“演说和言语”密切相关，不像今日修辞术，多涉及文章写作的措辞表达。

据Schiappa(1990)附录部分考证，ῥητορική这个词在历史上，首先见于柏拉图《高尔吉亚》。在448d，苏格拉底先说出，波路斯搞的是τὴν καλουμένην ῥητορικὴν(所谓的修辞术)。由于《高尔吉亚》之前的证据匮乏，故有可能柏拉图自造ῥητορικός一词。但从苏格拉底的表达来看，ῥητορική显然已经是公众通行的叫法了，所以未必是柏氏自创。也见《斐德若》266d，266c指出它是ἡ λόγων τέχνη(言辞之艺)，也用了中性的τὸ ῥητορικὸν(修辞之业，修辞术)。在《政治家》304d中，青年苏格拉底提到了ῥητορικῇ；《泰阿泰德》177b，《墨讷克西诺斯》235e和236a，《欧绪德谟》307a以及《克拉底鲁》425a，苏格拉底都提到了ῥητορικὴ，均指修辞术。在《斐德若》260c,272d和《理想国》548e有ῥητορικὸς，指人，即精于或适合于演说的人。

另在伊索克拉底作品有两处出现该词。一在《论互换诉讼》(*Περὶ ἀντιδόσεως*)256，ῥητορικοὺς μὲν καλοῦμεν τοὺς ἐν τῷ πλήθει λέγειν δυναμένους(我们称那些在人群中有能力演说者为擅长演说的人)。又一处在《尼刻克勒斯》(*Νικόκλης ἢ Κύπριοι*)8，字句相同。

在爱思基讷斯(Aeschines)那里，也有两处：《反蒂马尔科斯(*Κατὰ Τιμάρχου*)》71,出现了副词ῥητορικῶς；《反克特西丰》(*Κατὰ Κτησιφῶντος*)163的ῥητορικὸς，指相关演说家的(文中指胆怯)。

汉语“辞”，《说文解字》：“辞(辭)，讼也，𤔔，犹理辜也，𤔔，理也，籀文辞从司”，又《尚书·吕刑》：“明清于单辞，民之乱，罔不中听狱之两辞，无或私家于狱之两辞。”甲骨文未见此字，金文以𤔔、司(司)、言(言)、辛(辛，像刑刀，《说文解字》：“大罪也”，段注言，辛痛泣出，罪人之象，辠、宰、辞皆从)所组成。可见辞字上古与官司争讼相关，而古希腊修辞术的主要用途就是庭审诉讼，中西相通。汉语“修辞”最早见于《周易·文言传》(《乾·九三》)的“修辞立其诚”，修辞对忠言，“辞”首指圣人对易经的解释之言，所谓系辞“以尽其言”、“理财正辞”从而治理城邦。而《周易》为卜筮之书，源于上古占卜政治，卜辞之辞即王政施行之道。而春秋邦国间的政治往来，也多要求辞令，故“辞达而已矣”，“不学诗，无以言”。后世以“修辞”之辞泛指口头和文字的表达，又将之专定于纯文学的立场，含义已狭。古希腊修辞术的另一分支，即提议或议政修辞术，民主以言语议政，圣人以言辞令政，政体形式虽然有别，但“辞”均发挥了政治功能。汉语“修辞”一词译得比较贴切，但需要在社会政治功能的意义上来理解，才能通达中西古典修辞术的本质。

修辞术重在演说，在亚里士多德《修辞术》中分为议政演说、诉讼演说和展现式演说（ἐπιδεικτικοί），涉及了议会（公民大会和高层议会）、法庭以及节庆集会（包括葬礼等城邦的公共集会）。修辞术旨在通过言辞达到说服。《斐德若》261a，苏格拉底有个定义：“修辞术也许是某种借助话语、作为灵魂之引导的技艺（ἡ ῥητορικὴ ἂν εἴη τέχνη ψυχαγωγία τις διὰ λόγων），不仅仅在诉讼庭审里，也在其他政治集会上，以及在私人范围中。”这个定义沿自提西阿斯（Tisias），非苏氏本人所认可，但是代表了主流看法，而高尔吉亚在柏拉图《高尔吉亚》中的定义更简单，就是说服。但是在亚里士多德那里，他在《修辞术》I.2.1的定义为：ἔστω δὴ ἡ ῥητορικὴ δύναμις περὶ ἕκαστον τοῦ θεωρῆσαι τὸ ἐνδεχόμενον πιθανόν（就将修辞术作为一种能力，能就每件事情，审视出①可能的有说服力之处）。这是哲学化的修辞术。

修辞术针对的是意见，与论辩术相似，但是前者针对具体问题，如“今年，雅典能否向斯巴达用兵，有何好处（善）”；但是后者针对一般问题，如“何为好或善”。后者往往用于哲学竞赛或生活

① 这里用的θεωρῆσαι 来于θεωρέω。英语的theory源于这个词，一般释为看、观察、静观、思虑、思辨、理论化、审视。亚氏对技艺的定义就包括“审视”，即察其所以然。见《形而上学》1003a21，“存在某种科学（ἐπιστήμη），它审视（思辨，θεωρεῖ）存在者之为存在者（τὸ ὂν ᾗ ὂν），以及它自在的（καθ᾽ αὑτό）属性（τὰ τούτῳ ὑπάρχοντα，即谓述它的部分，其自身之中的实存部分）。”科学和技艺相通，而且纵观《修辞术》，亚氏采用的就是这种思辨方法，因此，亚氏理解的修辞术就是以思辨哲学为指导的技艺（知识）。

中的论辩，如苏格拉底的对话大多如此。前者则有严肃的社会功能。由于两者处理的都是意见（或在休谟的意义上，是信念），因此两者都不能获得绝对的真，都有假的空间。亚里士多德《修辞术》1356a25认为两者同源，修辞术是论辩术支脉（παραφυής），而且《修辞术》开篇就说两者并行相关（ἀντίστροφος）。修辞术推论即修辞演绎（ἐνθύμημα），推论是论辩术和证明中对演绎的专称。修辞演绎通常来说更为简单、直接，有时也会存在逻辑之外的因素（比如使用情感说服对方）和错误推理。

在大卫的时代，演说早已不是主流话语方式，对于亚历山大里亚学派，对于古亚美尼亚，修辞术的形式也不同于阿提卡希腊人。很明显能看出，修辞术已经狭义化为一种一般语言形式，其特殊的外部活动以及历史语境作为差异被去除了。修辞术的真理程度要低于论辩术，这与亚里士多德的看法并不矛盾。

(4)"智术的"，原文为իմաստական，词干为իմաստ，即感觉、看法、意见、思想等，动词为իմանալ，即理解、领会，词源上暗含了拿走、接受的意思，如同源的拉丁文emo（买）。希腊文为σοφιστικός，词源与智慧有关。智术也就是论辩术的反面，是论辩术的误用，往往采用了诡辩、偷换概念、循环论证、人身攻击等不合逻辑、违反事实的方式。亚里士多德就有περὶ σοφιστικῶν ἐλέγχων（《论智术式反驳》）一书，论智术各种反驳花招，这些反驳都不是逻辑性的，都是谬论或虚假推论。从定义上，智术和论辩术是相似的，用途有正误之分。另外，智术与诡辩术（ἐριστική）相同，见《论题篇》100b23，诡辩术即谬误推论；当然这个词原义指争辩和争执，苏格拉底的哲学虽然意在逻辑说服，但也难逃争执压人。

但是上述看法，其实是柏拉图、亚里士多德（包括伊索克拉底）等哲学家对一部分智者的贬低。智术其实就是智者（高尔吉亚、普罗泰戈拉、安提丰等人）掌握的技艺，涉及了语言、知识、德性等，有其正面意义。柏拉图《智者》224c—d提到了智术，外邦人说，τεχνοπωλικὸν μὴν τό γε περὶ τἆλλα ἂν ἁρμόττοι: τὸ δὲ περὶ ταῦτα σὺ προθυμήθητι λέγειν ὄνομα(“在其他事情上做着技艺买卖”这个说法也许适合：对于[他们从事的]事情，你就是打算说出这个名字吧)；泰阿泰德接着说，καὶ τί τις ἂν ἄλλο ὄνομα εἰπὼν οὐκ ἂν πλημμελοίη πλὴν τὸ νῦν ζητούμενον αὐτὸ εἶναι τὸ σοφιστικὸν γένος;(谁还能说出什么其他的名字呢？除非他所言有误。目前所要考察的那个名字无非就是“智术之属”)。在后面，智术被理解为交换的技艺，ψυχεμπορικῆς περὶ λόγους καὶ μαθήματα ἀρετῆς πωλητικὸν ἀνεφάνη σοφιστική(看起来，智术围绕着辞令和知识来兜售灵魂，它能够出售德性)。智者致力于出售知识产品，类似现代的“智识工作者”，以知识换取收入和资本，如古代智者负责诉讼，就类似现代的律师，不注重如何提升灵魂，但是能够提供技术性服务。因此必定有一面是对社会有益的。因此大卫认为智术仍然有真，只不过少于假。这是可以理解的，智术虽然有花招违反逻辑，但并非通盘都是错谬，也有正确的推论。

(5)“诗术的”，原文为քերթողական，քերթողականութիւն为诗歌，քերթողաբանել(另一个词为բանաստեղծել)为作诗，词干来自动词քերթել，即剥皮，如քերթողական，既指诗人，也指剥皮者；希腊文ποιητικός，词干为动词ποιέω，即制作。古亚美尼亚文似乎起源与希腊文不同，但是前者也隐含了制作的意义，总之，作诗就是一个制作加工的过程，这与证明不同，证明是思辨的，它不构成生产性技艺，而论辩术、修辞术和智术，与诗术一样都生产话语产品和说服，但是这三者又具有思辨的部分。

“也就是神话性的”，“神话”原文为առասպելուտն，类似առասպելական(虚构的，神话的)一词，առասպել和

առասպելութիւն即神话或寓言，前缀առ为介词，接近或越出，等于希腊文的παρά；词干的spel，来自印欧语，比较古英语的bispell和现代英语的spell，即讲述。առասպելուտն翻译的是希腊文μυθώδης。诗术处理戏剧，因此题材首先来自神话。诗术是真实程度最低的，毫无真实。Topchyan(2010:35)指出，这句话在大卫的《〈前分析篇〉评注》其他两个勘本中为Քերթողական, որ և առասպելախառնումն(诗术的，也就是混合着神话的)。

亚里士多德在《诗学》1451a36—51b10对诗术有明确定义，诗术的功能(ἔργον)不是τὸ τὰ γενόμενα λέγειν(言说已经发生的事情)，这是历史叙事，而是言说οἷα ἂν γένοιτο καὶ τὰ δυνατὰ κατὰ τὸ εἰκὸς ἢ τὸ ἀναγκαῖον(那些按照可能性或必然性而有可能发生的事情)。接着亚氏说出了一段经典的判断，φιλοσοφώτερον καὶ σπουδαιότερον ποίησις ἱστορίας ἐστίν: ἡ μὲν γὰρ ποίησις μᾶλλον τὰ καθόλου, ἡ δ᾽ ἱστορία τὰ καθ᾽ ἕκαστον λέγει. ἔστιν δὲ καθόλου μέν, τῷ ποίῳ τὰ ποῖα ἄττα συμβαίνει λέγειν ἢ πράττειν κατὰ τὸ εἰκὸς ἢ τὸ ἀναγκαῖον, οὗ στοχάζεται ἡ ποίησις ὀνόματα ἐπιτιθεμένη: τὸ δὲ καθ᾽ ἕκαστον, τί Ἀλκιβιάδης ἔπραξεν ἢ τί ἔπαθεν(诗比史书更哲学和更严肃：因为诗更谈论普遍，史书则谈论具体。所谓一般，即，什么样的人恰好说或做了哪些什么样的事，或可能或必然而为之，诗针对的就是这一点从而[为不同种类的诗歌]命名)；所谓具体，即，阿尔喀比亚德做了什么事或承受了什么事情)。

由此可以总结几点：①诗歌谈论一般特性，会按照属种进行归类，不同诗歌体式(悲剧、喜剧等)谈论不同类别的人和事，但史书只要记录个别事实就行，不用进行抽象。②诗术必然使用推论，因为推论可以得出一般和属种的关系，这样才可以“更哲学”，越是趋近一般和普遍，就是在采用哲学的推论。史学完全不用。③

诗术针对可能性和必然性进行模态推论，这与修辞术有相同之处，但人们可以看出，它的方式不如修辞术更哲学。亚氏的说法是为了反驳柏拉图对诗的批判，他赋予了诗歌哲学意义。在大卫这里，诗术没有哲学意义，而且完全为假，但诗歌的推论性并没有被否认。

⑹ 关于辩证法（论辩术）的地位问题。在柏拉图的作品中，《理想国》511a—511d阐述了辩证法通达理念的过程。数学和科学处于了经验世界和理念世界之间，理念在这个领域对经验进行处理，但理念是以假设的方式出现的。证明就是这个领域中最体现理念及其关系的自足形式；在几何学和数学中，点线面和数字公式是假设，在逻辑学中，词项是假设，它们都是为了体现理念世界。亚里士多德和柏拉图的差异就在于，后者要继续运用辩证法达到理念，而亚氏仅仅停留于逻辑形式和分析方法（类似康德追求的先验形式）中，只要能用于经验世界，这就够了。这样，辩证法在亚氏这里就是论辩术，它低于证明。但是在柏拉图那里，如《理想国》534e所说，ὥσπερ θριγκὸς τοῖς μαθήμασιν① ἡ διαλεκτικὴ... ἐπάνω κεῖσθαι（论辩术，恰如压顶石，居于诸知识之上）。辩证法是柏拉图哲学的核心，证明仅仅处理数学和科学领域，对应了思维（διανοία），还不能继续上升到理念世界。

大卫以及亚历山大里亚学派在这里列出的层级还是遵循了亚里士多德，但是在本文的后面，他们批判了亚里士多德追求形式逻辑的取向，这证明辩证法仍然是他们的核心。

“或是[前提]完全为真，是为证明性的，或是它们完全为假，此为诗术的；其余的，有些真，有些假”。“完全为真”，原文为ամենևին ճշմարտեն，ճշմարտեն 为动词ճշմարտել，即证明为

① 复数往往表示数学，但这里指所有知识或研究。见IV.4，古亚美尼亚文对应词为ուսում，显然指知识或研究，而不是属于。

真、是真，对应希腊文ἀληθεύω。“是为”，原文为լինի，来自动词լինել，未完成时。“为假”，原文为ստեն，为动词ստել。

“持平”，原文为հաւասարք，指程度的平衡，希腊文为ἴσος。这种持平也是估计的，因为在很多修辞术推论中，假往往更多。

“只在修辞术中，才有所谓的可争论和不可争论论题——通过它们，诸修辞术推论形成”。“可争论”，原文为形容词վէճք，“不可争论”，原文为形容词անվէճ，比较形容词անվէր，即“不可受伤的”，希腊文即上面提过的ἀσύστατος。“论题”，原文为կացմունք，即στάσεις，词干կաց，即地位、位置、立场，来自动词կալ，意为放置、到达、站立、显现、存在，这来自印欧语，①意同于希腊文的ἵστημι。

（十一）大卫的真理观

大卫衡量这几种推论时所采取的真理观是“符合论”，即语言如果不符合现实，则不真，诗术皆为虚构，因此不真，证明完全对应外部现实，因此全真。所以大卫并不是致力于一个封闭的系统，他的逻辑学仍然指向了外部事物。论辩术推论，真较多，因为它从实际出发，智术推论违反现实。修辞术推论持平，因为它要考察的是或然的事情，真假各半，所以人们才要争论。如甲杀人，这是或然的，即便有目击者和证人，也永远不能百分之百确认他杀人了，即使是甲本人亲口承认。只有通过争论才能确证。往往确证的事情也仍然是真假各半。由此也可以推出，大卫相信存在着绝对为真的逻辑，而且绝对符合实在世界。

4. Բայց ոմանք ասեն, եթէ երեքփոյն են տեսակք հաւաքման՝

① 形似的կամ来自古伊朗语和波斯语，指欲望和意志。

ապացուցական, տրամաբանական, իմաստական. քանզի լծեն ընդ տրամաբանականումն զճարտասանականն, իսկ ընդ իմաստականումն՝ զքերթողականն: Եւ ստորանիւթեն այսպէս. երեք միայն են տեսակք, քանզի հինգ են ամենեքեան, որովք ճանաչեմք ինչ և գիտեմք. զգայութիւն, երևակայութիւն, կարծիք, տրամախոհութիւն, միտք: Քանզի գիտելին կամ արտաքոյ է, կամ ի ներքս, բայց է մասնական ամենայն իրօք: Վասն զի զգայութիւնք զմասնականացն բնաւորեցան բուռն հարկանել: Այլ և երևակայութիւն զմասնականացն բուռն հարկանէ. քանզի զոր ինչ առնու ի զգայութեանց՝ զայն պահէ. վասն որոյ և երևակայութիւն յորջորջի, այս ինքն՝ երևեցելոցն կացումն: Իսկ կարծիքն զընդհանուրսն գիտեն, նոյնպէս և՝ տրամախոհութիւն նմիտք: Այլ կարծիք՝ առանց գիտելոյ զպատճառսն, իսկմիտք ի վեր քան զպատճառսն, իսկ տրամախոհութիւն՝ ըստ պատճառաց:

4. 然而，有些人说，只有三种推论：证明性的、论辩术的和智术的。因为他们把修辞术的和论辩术的合在了一起，也确实把诗术的和智术的合在了一起。他们按照下面的方式来设定：只有三种，因为我们认识和知道某事所使用的[能力]有五个：感觉、想象、意见、思想和努斯。因为可知之事要么在外，要么在内，但的确全都是具体的事情，因为自然地，诸感觉要把握具体之事。想象也把握具体，因为它保留从感觉那里接受的事物。因此它才被叫作“想象”，意思就是“显像的安置”。意见知道普遍一般之事，思想和努斯亦然；但是意见并不知道原因，而努斯高于原因，思想基于原因。

“有些人说，只有三种推论：证明性的，论辩术的和智术的。”

前面举了亚里士多德的看法，他认为有证明性的、论辩术的和修辞术的。按照下文的逻辑，此处的三种推论类似亚里士多德的观点。但是亚氏并未承认智术推论的合法性。

前面引的阿芙洛狄西阿斯的亚历山大增加了验证式的推论研究，但它属于论辩术，所以他也认为是三种。斐洛珀诺斯《〈前分析篇〉评注》2.23—4.25、阿姆莫尼尤斯《〈前分析篇〉评注》2.10—13和艾利阿斯《〈前分析篇〉评注》72(139).14—16都提到了三种推论。艾利阿斯的措辞和大卫相似，也提到了“有些人说”，他们指的就是亚历山大、阿姆莫尼尤斯这样的前人。

“合在了一起”，原文为լծեն，来自动词լծակցել；名词有լծակցութիւն，即连接，后也指婚姻。这个动词除了表示一般的连接，也表示配对，因此这里暗示了修辞术的和论辩术的推论是相对关系(上一小节评注已经指出)。但诗术的和智术的推论相对，这似乎不是传统的看法。也许两者的假最多，都凭空捏造论证，不借助逻辑本身，但它们的使用语境却完全不一样。同时，智术的与论辩术的也相对，一正一反。因此可以得出一个比例：修辞术的：论辩术的=诗术的：智术的，换位后为智术的：论辩术的=诗术的：修辞术的，但诗术的和修辞术的相对并不明显。艾利阿斯《〈前分析篇〉评注》72(139).15—16的说法相同，他使用了συνωθοῦντες，这个词有强行压缩、合并的意思。

“设定”，原文为ստորանիւթեն，来自动词ստորանիւթել，即希腊文的κατασκευάζω，前缀ստոր—对应了κατα—，意为向下。这个词在逻辑学中表示立论或设定，在亚里士多德那里相反于ἀναιρέω和ἀνασκευάζω(这两个都是驳论，建立否定命题)如《修辞术》1401b3。几何学中也表示建构一个论证过程。

“因为我们认识和知道某事所使用的[能力]有五个。”“认识”，原文为ճանաչեմք，来自动词ճանաչել，最早为ծանաչել，词根նշան—即迹象、征兆，如նշանան(彩虹、月晕)。它来自印欧语，词源上同于希腊文γιγνώσκω，而且也用来翻译它。“知道”，原文为գիտեմք，来自动词գիտել，本自印欧语，如希腊文οἶδα和拉丁文vidi，因此这个词本意即看。它往往也用来译γιγνώσκω。

“[能力]”，这个词是补译，原文没有出现，Topchyan(2010:35)补为“能力”。在他的《哲学序言》①中，他明确用到了“δύναμις(能力或潜能)”一词，古亚美尼亚文为զօրութիւն②。如果按柏拉图的说法，下面列出的五个也是灵魂的五个πάθημα③或μοιρά④当然这五个状态都属于灵魂“知”的部分。《理想国》436a指出了灵魂的λογιστικόν、θυμοειδές和ἐπιθυμητικόν知情意三部分。《尼各马可伦理学》1139a18，指出灵魂有三个部分控制着实践和真，就是感觉、努斯和欲求(ὄρεξις)，这也是知情意。这五个状态都是灵魂在“认知”或借助逻各斯的过程中体现出的，当然情意也会与这五个部分相互作用。大卫从“能力”的角度来谈它们，这更强调了主体的能动性；当主体达到了某个阶段的πάθημα，他也就逐渐具有了稳定的能力。

（十二）五种认识能力与各种特殊推论的关系

“感觉、想象、意见、思想和努斯。”这五种即，努斯(միտք)、思想(տրամախոհութիւն)、意见(կարծիք)、想象(երևակայութիւն)、感觉(զգայութիւն)。这五种灵魂能力的划分本自柏拉图的四分，见《理想国》511d—e，... ἐπὶ τοῖς τέτταρσι

---

① 见Busse(1904:46)。

② 词根为զօր或զաւր，即强力，来自古伊朗语，在阿维斯塔语中有同源的zāvarə(力量)。

③ 如《理想国》511d所用，见下面。这个词指所遭受的被动状态，进一步感情或感受，也可以指偶然遭遇或偶性和性质。此处应该指灵魂表现出的状态。

④ 如《理想国》533e所用，这个部分显然指灵魂的构成。

τμήμασι τέτταρα ταῦτα παθήματα ἐν τῇ ψυχῇ γιγνόμενα...,νόησιν μὲν ἐπὶ τῷ ἀνωτάτω, διάνοιαν δὲ ἐπὶ τῷ δευτέρῳ, τῷ τρίτῳ δὲ πίστιν...καὶ τῷ τελευταίῳ εἰκασίαν(……对于这四个部分,有这些属性出现在灵魂中……,最上面是理性,思想在第二位,信念在第三……形象在最后)。

在533e—534a,柏拉图又总结了一次,分为:(1)科学或知识(ἐπιστήμη)(这是严格意义上的最高知识),(2)思想,(3)信念,(4)形象。(3)和(4)合称为意见,(1)和(2)合称为理性(νόησις)。显然,广义理性包含了思想(类似于知性)。

在《后分析篇》89b7,亚里士多德提到了思想、科学、努斯、技艺、实践智慧和智慧,在《尼各马可伦理学》1139b15再次指出技艺、科学、实践智慧、智慧和努斯这五种东西,ἔστω δὴ οἷς ἀληθεύει ἡ ψυχὴ τῷ καταφάναι ἢ ἀποφάναι(就定义它们是这样的东西:灵魂通过它们以肯定或否定来确定真),它们都是分有逻各斯的。亚氏有两种理解方式,它们均以努斯为起点,①思想分出科学、技艺和实践智慧(φρόνησις)三部分,智慧是对努斯和思想的总体概括;②思想、科学、技艺、实践智慧、智慧并列为五个部分,其中思想和科学属于理智,技艺和实践智慧属于实践,智慧是总体概括。这六种都是灵魂对真假的辨别能力,客观上形成了话语或逻辑结构和稳定的模式(如科学体系或技艺程序),主观上又是灵魂理智德性的体现(人们可以用它们来评价灵魂的水平)。本文和柏拉图的分类侧重了灵魂在认知方面的能力,因此(1)实践智慧和技艺不作考虑(因为针对了实践活动);(2)智慧是总体概括,也不涉及;(3)思想、科学、努斯对应了本文的分类。而科学又属于思想和努斯,因此总体的分类就是努斯与思想;(4)至于感觉、想象和意见,它们都会出现在思想、科学、技艺、实践智慧之中,以科学为准的话,这三种都是非科学层面的“认知”,层次并不高,它们受逻各斯的控制，①不是纯粹的思想，但也涉及了真和假。

柏拉图认为，按照几何学，可以得出一条直线(509d—501a)，每个线段对应一个领域和灵魂的一部分：

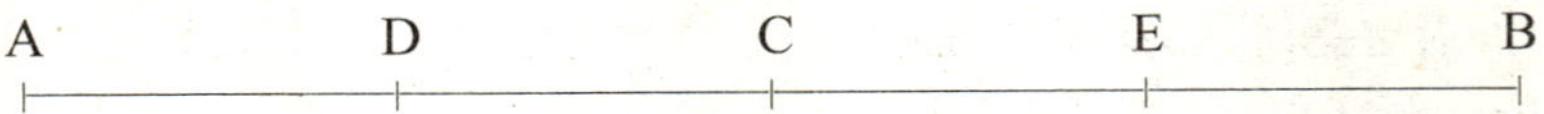

① AB被C分为两段，AC被D分为两段，BC被E分为两段，分割的比例相同。

② AC是可见或可想象世界，属于感性世界。AD是影像世界(想象)，DC是物质世界(感觉)。

③ CB是可思的世界，属于理性世界。CE是数学、几何学和科学世界，也就是思维世界(思想或知性)，EB是理念世界(努斯或理性)。

④ AD：DC=AC：BC；CE：EB=AC：BC；AD：DC= CE：EB。

⑤ AD(DC)：AC=AC(BC)：AB；CE(BE)：CB=AC(BC)：AB；AD(DC)：AC=CE(BE)：CB。

⑥ 就比例来看，形象世界之于感性世界，就如同思维世界之于理性世界，因此CE就是理性化的形象世界，由此，理念世界就是理智直观的世界，相当于物质世界在感性世界中的位置，这需要灵魂之眼达到最高的澄明才能看到。

试总结如下表：②

感觉	想象	意见	思想⑤	努斯
(αἴσθησις, perception③)	④(φαντασία, imagination)	(δόξα, opinion)	(διάνοια, thought)	(νοῦς, reason)

---

① 不受逻各斯控制的部分，就是无理性的冲动、感情、杂多的感觉等，这样的东西都无法认知。

② 由上到下，为本文的五种属性、柏拉图的四种属性、针对对象领域、真假程度、对应的科学和技艺(包括五种推论)、实在性及其标准、自身的必然性或可能性、因果性、普遍和特殊性。

③ 英文为Topchyan (2010:35) 所译。感觉，他没有采用sense，而是使用了　(转下页)

形象(εἰκασία)	形象(εἰκασία),属于意见	信念(πίστις),属于意见	思想(διάνοια),属于理性	努斯或理性(νόησις)
物世界和像世界个体存在	物世界和像世界个体存在	物世界个体和共相存在	思维领域词项和推论	理念世界第一原则(包含范畴)
有真有假	假,完全虚构	有真有假,真假相对	存真去假,非真即假	最真,真假辩证统一
诗术和修辞术(及其推论),其他艺术;为科学提供经验	诗术、修辞术和智术①(及其推论),其他艺术;为科学提供经验	论辩术②、修辞术和智术(及其推论),也会出现在所有技艺和科学知识中	数学和诸一般科学知识③及其使用的证明	辩证法哲学和最高知识,对立统一的最高科学,推论仅仅是其环节之一。
内感官和外感官的印象与感受,以经验或主观感觉为准	内在形象或外在影像,以主观感觉为准	语言中的表达,以经验和约定俗成的看法为准	利用文字和符号进行假设,用思维构想概念,以经验和理念为准	非物质世界,超感官,自己为准
偶然性	偶然性	不完全必然性④和可能性(概率性)	必然性和可能性(概率性)	必然性而且永恒

(接上页③④⑤)"知觉",这个译法并不错,但本文仍然沿用了通常的译法感觉,它既包含杂多的感受,也有成型的知觉。古亚美尼亚文的用词也往往指感觉。思想,他使用了thought,其实understanding也适用。理性,中译采取通行的音译,也可以译为理智。

在下面的描述中,想象和感觉分别对应了内感官和外感官,因此是柏拉图形象世界的两个方面。形象在柏拉图那里,指一切影子、倒影、图像、镜像、形象、心像等,附着在实物之上,它们都只能靠感官感知。

《理想国》477b,指出意见和知识都是一种能力,这是从主观角度来说的,因此思想就是知识能力,而意见低于知识。

① 修辞术属于散文艺术,智者高尔吉亚开始以诗入文,因此演说具有了很多艺术手法,也会利用想象,尤其是展现式演说。另外修辞术会诉诸情感,所以与感觉也有关。智术由于与诗术一样,都有捏造的成分,因此也与想象有关系。

② 这个层面的dialectic仅仅是论辩术技术,不是最高层次的辩证法。

③ 既然思想和知识都是理性,所以思想的获得物也可以叫知识,但相对于理念知识,这些要更低,但高于意见。不过亚里士多德仍然称呼这个层面的产物为知识,休谟也是这么认为的。

④ 这种必然性是立足于外部事实,不是数学那样的观念和公理的必然性。比如太阳从东边升起,这是相对必然的,但不是绝对必然的。因此这种必然就是高概率的事件。

主观因果性	主观因果性	由习惯建立的主观因果性(但会有客观性)	以诸第一原则为起点，进行推导，遵循客观因果性	无需原因
具体特殊	具体特殊	普遍一般	普遍一般	最普遍

大卫《哲学序言》[①]也重申了这个看法；古亚美尼亚文《哲学序言》108.8—10中为քանզի պարտ է գիտել զհինգ գիտական[②] զօրութիւնս՝ զզգայութիւն, զերևակայութիւն, զկարծիս, զտրամախոհութիւն, զմիտս。他明确是能够获得知识的能力。因此这五种都可以获知，但真的程度、形式与材料都有所不同。艾利阿斯《〈前分析篇〉评注》72(139).17—18也指出这是五种τὰ γινώσκοντα(认识性的部分)，斐洛珀诺斯《〈前分析篇〉评注》3.29—31看法相同，这两人的排序从努斯开始，最后是感觉。

阿姆莫尼尤斯《〈前分析篇〉评注》2.33—36分为了三种能力，τὸ γιγνῶσκον ἐνταῦθα τὰ πράγματα διὰ τῶν συλλογισμῶν ἡ ψυχή ἐστιν τριδύναμος οὖσα·ἔχει γάρ τὸ διανοητικόν, τὸ δοξαστικόν, τὸ φανταστικόν(此处，灵魂就是借助推论的认识事务的东西，它有三种能力；[③]它包括能思想的、能产生意见的和能想象的)。他没有提及努斯，可能因为努斯已经超越了推论；感觉与想象应该合并了。但灵魂还是应该有努斯的，所以也可能努斯不属于能力，而是灵魂本身；或者能力专指推论能力。阿氏的三种能力，对应了三种推论，证明性的对应思想，论辩术(修辞术)对应意见，智术(诗术)对应想象。这三分来自柏拉图，如《智者》263d，外邦人谈到了思想、意见和想象是灵魂中出现的三个东西，与真和假有关，这其实暗示它们是灵魂的三个能力或状态。

---

① 见Busse(1904:46)。

② 即，认识的，知识的，希腊文为γνωστικός，后缀表明两个意思，与认识相关，或能认识的。

③ 这句也可以译为，认识事务的东西以推论为手段，既然灵魂有三种能力。

按照斐洛珀诺斯的看法，有如下表，[①]它可以描述亚里士多德的观点，当然也能代表大卫的意思：

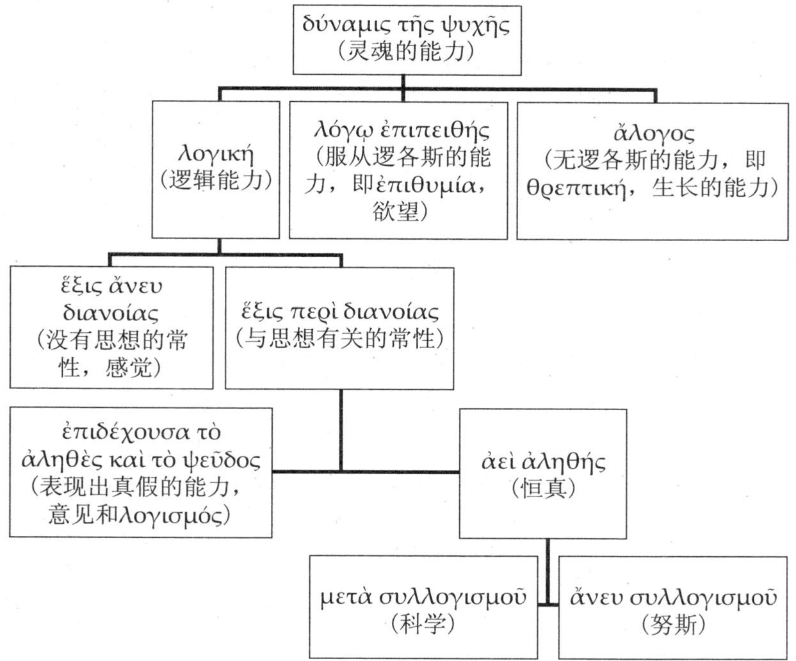

(十三)感觉的对象和活动方式

“因为可知之事要么在外，要么在内，但的确全都是具体的事情，因为自然地，诸感觉要把握具体之事。”“可知之事”，即գիտելիք，前面出现了动词գիտել。这个词也表示知识或理解。“在外”和“在内”为արտաքոյ和ի ներքս，在外指外感觉对应的事物，在内指内感觉对应的事物。“具体的事情”，为մասնական，指特殊事情，非普遍一般、不抽象的事情。但是大卫下面就说

① 见Detel(1993:II,853)。

了，可知之事也有普遍的，因此这里可能有阙文，或大卫本人出现了矛盾。当然这里也可能仅仅指感性可知之事。“自然地”，即բնաւորեցաւ，陈述式，第三人称单数，对应了希腊文的πέφυκε，这里用了第三人称复数；不定式为主语即բուռն հարկանել，在I.1出现过，即，着手或把握。这个句式来自希腊文。“感觉”，原文为զգայութիւն，形容词有զգայուն或զգայական，即感性的、生动的、鲜活的。此处暗示了，感觉自然或者天生就是针对具体事物，不可能有针对抽象事物的感觉。

由此到本小节末，艾利阿斯《〈前分析篇〉评注》72(139).18—22说，ἡ γὰρ γνῶσις ἢ μερικοῦ [①]ἢ καθόλου· καὶ εἰ μερικοῦ, ἢ ἐκτὸς κειμένου, καὶ γίνεται αἴσθησις, ἢ ἐντός, καὶ γίνεται φαντασία·εἰ δὲ καθόλου, ἢ μετ′ αἰτίας, καὶ γίνεται διάνοια, ἢ ἄνευ αἰτίας · καὶ εἰ τοῦτο, ἢ κρεῖττον ἢ κατ′ αἰτίαν, καὶ γίνεται νοῦς, ἢ χεῖρον ἢ κατ′ αἰτίαν, καὶ γίνεται δόξα(因为知识要么特殊，要么普遍；如果特殊，或是来自外部载体，则感觉产生；或者来自内部，则想象产生；如果是普遍，或是有原因，思想产生；或是没有原因；如果是后者，或比遵循原因更高，努斯就产生；或比遵循原因更低，意见产生)。

(十四)想象的对象和活动方式

“它保留从感觉那里接受的事物。因此它才被叫作‘想象’，意思就是‘显像的安置’”。“接受”，即առնուլ；“保留”，或保护和保存，即պահել，有可能对应希腊文的τηρέω。这指明了想象的材料来自感觉，或不如说想象就是内在接受感觉的能力，同时它能保存，如果转瞬即逝，那么就不具有想象力。

---

① 这是个出现很晚的希腊文，来自μέρος；它在亚里士多德那里还未出现。后来的逻辑学用它指“特称”命题。

“想象”，երևակայութիւն，如大卫所言，它由两个部分组成：երևեցելոցն和կացումն。前者来自动词երեւալ和երևեցեալ，即，显现，词根为երես，即脸。词源上来自印欧语，近于希腊文的πρέπω（显现，使明显）。后者来自动词կալ，意为放置、到达、站立、显现、存在，这来自印欧语，意同于希腊文的ἵστημι。երևեցելոցն կացումն译自希腊文的τῶν φαινόμενων（或φανεντῶν）στάσις，组合后为φαντασία（比较英文的fantasy）。想象与显现（φαίνομαι）有关，因此针对可见世界，它向心灵呈现形象，视觉看到的外形象存留于内心，成为内形象。

阿姆莫尼尤斯《〈前分析篇〉评注》2.37，说想象与τὰ φαινόμενα相联系。斐洛珀诺斯《〈前分析篇〉评注》2.9—13认为，ἡ δὲ φαντασία μονή τε καὶ τήρησίς ἐστι τῶν τύπων τῶν αἰσθητῶν καὶ πλέον οὐδὲν ὧν ἐκ τῆς αἰσθήσεως ἐδέξατο οἶδε. στάσει γάρ...ἔοικε μᾶλλον ἢ κινήσει, ὡς καὶ τοὔνομα δηλοῖ· φαντασία γάρ τις ἐστι, τουτέστι τῶν φανέντων στάσις（只有想象能保留感觉的印象，[①]它所知道的不会多于它从感觉中接受的。因为它是在安置，而不是在运动，[②]恰如其名所显示的；某个想象存在了，它就是显像的安置）。大卫的说法来于此。

在古希腊，想象有时就是显现的意思，等同于τὸ φαίνεσθαι。如亚里士多德《尼各马可伦理学》1114a32有πάντες ἐφίενται τοῦ φαινομένου ἀγαθοῦ, τῆς δὲ φαντασίας οὐ κύριοι（所有人都认准了显现的善，但它们都不能主控显像）。在柏拉图那里，它表示了来自感觉的内在显现，如《智者》264a—b，说想象混合着感觉和意见。

---

① 原文τύπος，即击打，压印，指印象或刺激。

② στάσις表示静态，意思就是想象不是动态的刺激感觉，而是静态地保留感觉，这与运动相反。

亚里士多德对想象的讨论很多。《修辞术》I.11.6说，“既然，感到快乐(ἥδεσθαι)处于感到某种感情(ἐν τῷ αἰσθάνεσθαί τινος πάθους)中，而想象(ἡ φαντασία)是某种微弱的感觉(αἴσθησίς τις ἀσθενής)，而在回忆和希望者(ἐν τῷ μεμνημένῳ καὶ τῷ ἐλπίζοντι)中，某种想象恒常伴随[他]，于此他回忆和希望”。这明确指出想象针对了内在可知之事，它是感觉的微弱形态，也就是静态地保持感觉。回忆和希望都不是针对现在之事，因此时间上，想象也区别于感觉。

亚氏在《论灵魂》III.3.427b专论想象。他指出了想象与感觉(428a5)、理智的不同，没有感觉它就不存在，没有它也没ὑπόληψις(即ὑπολαμβάνειν，观念、想法)。当我们愿求(βουλώμεθα)、回忆、做出幻影(εἰδωλοποιοῦντες)时，就有想象。而τὸ νοεῖν包括了想象和ὑπόληψις。我们按照想象来说φάντασμα(外象)产生于我们。亚氏指出了想象不是“感觉、意见、科学、努斯”。

III.3.429a1给出了最终的定义，ἡ φαντασία ἂν εἴη κίνησις ὑπὸ τῆς αἰσθήσεως τῆς κατ' ἐνέργειαν γιγνομένη(想象应是由按照实现活动的感觉所产生的运动)。亚氏还从词源上把想象联系了φάος(光)。由此能看出，想象偏于真的部分属于τὸ νοεῖν，而从感觉的部分会产生假象。既然，想象不是感觉，则与亚氏说想象是“微弱的感觉”有点矛盾，但是想象脱离不了感觉，因此亚氏说“微弱的”。而且这里强调了想象是运动，与στάσις相反，也不同于斐洛珀诺斯的说法。

（十五）意见、思想和努斯的对象与活动方式

“意见知道普遍一般之事，思想和努斯亦然；但是意见并不知道原因，而努斯高于原因，思想基于原因。”“普遍一般”即

ընդհանուր，这相反于感觉和想象的具体特殊。意见表达的都是普遍事情，不会涉及特殊或仅一次见的情况。

(1)“意见”，կարծիք，也作կարծ[①]，动词为կարծել，即认为和猜想，动词կարծեցնել，即使人相信、说服。词义暗示了，主观往往认为是真，但客观未必如此，因此կարծեալ表示所谓的。希腊文δόξα有时也写作ἔνδοξον，来自动词δοκέω，这是希腊文常说的词，表示我觉得、看起来如何、应该如何，与εἰδός和ἰδεῖν有词源关系，古亚美尼亚文似乎没有体现出来。在英文中，有时会译为opinion，有时译为belief。它的主要含义有几点：①主观“普遍”看法，未必有客观根据；②意见的命题是可能性或概率性的，是大多数情况下存在的事情，不是必然的，也没有公理性质，如太阳从东边升起，这就是意见，而不是公理，但它会成为科学公理证明的中介；③人际之间，意见也表示口碑，因此引申为声望，这表明了意见是约定俗成的“主观”评价话语；④意见不是科学和严格知识，仅仅是熟知，不是真知，但这不代表意见就必然是假的。

意见自古就与真理相对，柏拉图《斐德若》260a，斐德若言：“想当演说者的人(τῷ μέλλοντι ῥήτορι)并非必须知道(μανθάνειν)实际的正当(τὰ τῷ ὄντι δίκαια，此就诉讼演说而言)，而是[知道]大多数人所认为的意见(τὰ δόξαντ᾽ ἂν πλήθει)，这些人就是判决者(οἵπερ δικάσουσιν)，也不必[知道]实际中的善或恶(τὰ ὄντως ἀγαθὰ ἢ καλὰ)，而是[知道]看似的它们(ὅσα δόξει)，因为说服(τὸ πείθειν)从这些中产生，不从真中(ἐκ τῆς ἀληθείας)。”显然，修辞术和论辩术都处理意见，而科学知识处理真理，前两者的真理都是可能性或不完全必然的。在《理想国》476d，柏拉图认为意见处于知识和无知之间，显然就是在思维世

① 古亚美尼亚文有词形很近的կարծր，来自希腊文γοργός，即猛烈强硬的。它与意见的词源关系不明。

界与形象世界之间。

柏拉图那里使用了πίστις，它更适合于belief一词，与意见同义。该词来源于动词πείθω(说服，被动表示信服)。在《修辞术》中，亚里士多德重点阐述了这个概念，它有好几重意思，中心意义就是令人相信的语言结构、外部手段和效果。意见既然能成为意见，就在于它让人们普遍相信。

意见没有原因(αἰτία)，这见《美诺》98a，αὐτὰς δήσῃ αἰτίας λογισμῷ(用推理把意见和原因绑在一起)。只有原因才能构成推理链。没有原因的意见就无法带来必然性。《理想国》534a认为意见关乎生成(γένεσις)，而理性关于实体(οὐσία)，实体才是最终因，而生成只是过程。康德在《纯粹理性批判》(A 820/B 848开始)区分了意见(Meinung)、信念(Überzeugung)和知识。前两者在古代都是意见，前者没有任何根据，后者只有主观根据，但这也不算“原因”。因此，思想或知识与意见是不同的，思想追求的是必然的真，所以柏拉图认为两者处于了不同的世界中。

(2)“思想”，տրամախոհութիւն，直译是推理、理性、论证或判断，动词տրամախոհել，即，论证，也有形容词տրամախոհ表示明智和睿智的。前缀来自希腊文διά，比较տրամա—բանութիւն(论辩术的)，词根为խոհ，可能来自古伊朗语，即思想。διά这个前缀表示经由或完成，它似乎加强了խոհ的含义，表示更为复杂的思想。这种理性也就是狭义的知性，不同于努斯的理性，它立足于论证和推理，通过逻辑的公理式证明来确立真理，当然也要处理经验材料。希腊文为διάνοια，词根与努斯相同。《智者》263e说，διάνοια μὲν καὶ λόγος ταὐτόν: πλὴν ὁ μὲν ἐντὸς τῆς ψυχῆς πρὸς αὑτὴν διάλογος ἄνευ φωνῆς(思想和逻各斯相同；但前者却是灵魂中同灵魂自身的无声对话)。这里暗示了διά的前缀与διάλογος有关，表示交互，同时它是逻各斯，也就是推理和理性。亚里士多德《形而上学》1025b25说思想有三类，πρακτική(实践的)、ποιητική(生产的)

和θεωρητική(思辨理论的)。在普洛克罗的《神学要理》(*Institutio Theologica*)123，他区分了思想和理性(νόησις)，前者只是推理能力，后者是狭义的理性，这个说法符合柏拉图的意思。思想就是通过原因进行推理，建立因果链，逐步得出结论，它低于努斯。

亚里士多德在《后分析篇》71b9—12表示，Ἐπίστασθαι δὲ οἰόμεθ' ἕκαστον ἁπλῶς, ἀλλὰ μὴ τὸν σοφιστικὸν τρόπον τὸν κατὰ συμβεβηκός, ὅταν τήν τ' αἰτίαν οἰώμεθα γινώσκειν δι' ἣν τὸ πρᾶγμά ἐστιν, ὅτι ἐκείνου αἰτία ἐστί, καὶ μὴ ἐνδέχεσθαι τοῦτ' ἄλλως ἔχειν(我们自认为绝对地知道每件事情，但不是以智术、偶然的方式来进行，只当我们自认为知道了事情得以存在的原因，知道这个原因属于那件事情，知道它不可能再有别的情况)。显然，知道原因就是哲学区别于智术的关键，这也就是思想活动的最终目的。

在《形而上学》982a1—6中进一步说，ὅτι μὲν οὖν ἡ σοφία περί τινας ἀρχὰς καὶ αἰτίας ἐστὶν ἐπιστήμη, δῆλον. ἐπεὶ δὲ ταύτην τὴν ἐπιστήμην ζητοῦμεν, τοῦτ᾿ ἂν εἴη σκεπτέον, ἡ περὶ ποίας αἰτίας καὶ περὶ ποίας ἀρχὰς ἐπιστήμη σοφία ἐστίν(显然，智慧是相关某些第一原则和原因的科学。既然这是我们探求的科学，那么必须考虑这门科学是相关什么样的原因、什么样的第一原则的智慧)。探求总体原因的科学就是形而上学，这也是逻辑学应用的最高学科，在这里，思想达到了智慧；智慧也就是哲学的最终目的。

(3)“努斯”，原文միտք，含义很多，包含了意见、思想等意思，也指总体的心灵；同根的名词为միտ，动词միտել，表示倾向，միտիլ，指具有某种气质或特征。词源上，միտ(mit)是印欧语常见的词根，表示尺度或衡量，如德文的messen，英文的measure或mete，拉丁文的metrior，词源上对应了希腊文的μετρέω和μέτριος。因此，心灵是普遍的尺度，衡量一切事物。这能让人想起普罗泰戈拉的名言“人是万物的尺度”。古亚美尼亚学者用它翻译希腊文的νοῦς，这个词的含义也非常广，低层次指感觉，高层次指精神。柏拉图使用的是νόησις，它和努斯都来自νοέω，两词基本同义，但νόησις更专指理智和最高的努斯，带有哲学味道。有时英文会译为intuition，这指的就是理智直观，一种直接的、不假感觉的第一明证。梵语中，“量”即pra—māna，即，尺度和标准，māna有可能与միտք等同源，而“现量”，如陈那《集量论》所言“现量离分别”，指人不假推论，自行认识。“现”就是看和直观。这种直观直接与对象接触，直接衡量事物，毫无谬误，是一种直接认识。这就是理智直观。从词源到哲学含义，因明学与希腊逻辑学均有相通之处。

《理想国》534a指出努斯包括了科学知识和思想，它其实就是精神本身，在逐级摆脱了自己的外化之后，努斯返回到自身，进入了理念世界。关于柏拉图最高的理念、形式或原型(ἰδέα)，见《理想国》517b—c，ἐν τῷ γνωστῷ τελευταία ἡ τοῦ ἀγαθοῦ ἰδέα καὶ μόγις ὁρᾶσθαι, ὀφθεῖσα δὲ συλλογιστέα εἶναι ὡς ἄρα πᾶσι πάντων αὕτη ὀρθῶν τε καὶ καλῶν αἰτία, ἔν τε ὁρατῷ φῶς καὶ τὸν τούτου κύριον τεκοῦσα, ἔν τε νοητῷ αὐτὴ κυρία ἀλήθειαν καὶ νοῦν παρασχομένη(在可知的事情中，善的理念是最终的，很少被看到，当它被看到，由它可以推论出：它是所有正确和高贵之事的原因，在可见的事物中，它产生了光和光的主人，在可思的事物中，它是主宰，提供了真理和努斯)。理念是努斯的对象和来源。

亚里士多德《形而上学》1051b32提到了努斯的活动特点，νοεῖν τὰ ἀσύνθετα, τὰς μὴ συνθετὰς(努斯到[①]不可分、不会综合的事物)。《论灵魂》430a26和430b5—6有Ἡ μὲν οὖν τῶν

① 这里姑且将“努斯”的动词化形式来译νοεῖν，含义就是理智直观。

ἀδιαιρέτων νόησις(对不可划分事物的努斯)和τὸ δὲ ἓν ποιοῦν ἕκαστον, τοῦτο ὁ νοῦς(处理每一个一，这就是努斯)。努斯就是直观到最小的元素，将之作为第一原则。这仍然秉承了柏拉图的划分法。

又，《尼各马可伦理学》1140b—1141a谈到了作为理智[①]德性的努斯，但他没有定义，仅仅只是表明，科学(知识)的始点或第一原则来自努斯。他先指出科学需要第一原则，ἐπεὶ δ᾽ ἡ ἐπιστήμη περὶ τῶν καθόλου ἐστὶν ὑπόληψις καὶ τῶν ἐξ ἀνάγκης ὄντων, εἰσὶ δ᾽ ἀρχαὶ τῶν ἀποδεικτῶν καὶ πάσης ἐπιστήμης μετὰ λόγου γὰρ ἡ ἐπιστήμη(既然科学是相关于普遍的和必然存在之事的构想，那么第一原则属于被证明的事情和所有科学，因为科学随着逻各斯)。但是技艺、实践智慧和智慧都不能提供这个第一原则，唯有努斯可以做到，因此努斯高于原因，它无需原因来证明自己，如果努斯也有第一原则，那么这就不是努斯了。这个看法秉承自柏拉图，但是亚氏似乎不太关心如何运用努斯达到这种先天的理念世界，他只关注当努斯提供了第一原则，科学如何通过经验后天地展开形式论证。

所以在《后分析篇》100b11，亚氏认为科学和证明达不到第一原则，努斯高于科学，它是科学的第一原则。这与柏拉图的看法显然相左，亚氏的科学低于柏氏的科学。[②]

匿名的《柏拉图序言》[③]比较了逍遥学派(按照下文，也符合

---

① 原文就是διανοητικός，因此努斯也就是思想本身体现出的德性。

② 见Karamanolis(2006:99)引了普鲁塔克的说法，他批评亚里士多德陷入了逻辑事务，而没有探求超验的理念。

③ 见Westerink(2011:19)。这本书被推定为很有可能来自大卫同时代的艾利阿斯(内容源自奥林匹奥多罗斯)，也见Westerink(2011:XLI—L)；Westerink(1990:336—340)收入Sorabji(1990)。这两个常常被联系在一起而且哲学和宗教背景相似的学者，在对柏拉图和亚里士多德的认识上往往有相近之处，故此处的看法既有一部分符合大卫的意思，也代表了那个时代对柏拉图的理解。

亚里士多德的看法)和柏拉图哲学。作者认为后者高于前者。因为前者认为第一原则或始基来自努斯[①]，而柏拉图指出πρὸ τοῦ νοῦ ἐστὶν τὸ ἓν καὶ πρὸ τῶν ἄλλων ἁπάντων(努斯之外，其他万物之外，尚存“一”)，这个一就是最高的类型、理念和形式，一既是动力因(制作因)，又是目的因。比较重要的论证就是，如果努斯是始基，则努斯有多种，那么始基反倒成了多，而不是一。柏拉图和亚里士多德本质论的一个差别就是一和多的区别。[②]

按照这种看法，亚氏的努斯低于柏氏的努斯——也就是本文的努斯，在下面I.8，大卫已经指出了天上的存在者与努斯一样，它们都不需要推论；人类的精神进行推论，它通过属人的努斯获得第一原则，但是亚氏没有指出这种努斯与最高层次的存在者有何关系(或者分有，或者是统一的)。

在柏拉图那里，一始终是绝对的，这本自巴门尼德，多从属于一，理念在事物之外形成一个容纳所有事物理念的世界，诸理念归总于一个最高的理念。

但亚氏更看重多，[③]形式就在物质之中，而且物质是知识的来源，不存在另外一个理念世界。[④]不同学科的原则既有差异，又有差异或多之中的一(推论形式可以例示这种一)。

在基督教柏拉图主义者这里，一、上帝、努斯都串联在一起，只有柏拉图能给予他们这种灵感。当然，这种说法只能是一家之

---

① Westerink(2011:18)译为intelligence，这是非常合理的，因为在这里的努斯已经同于διανοία(思想)。

② 见Detel(1993:II,502)，柏拉图和一些学院派人士就试图寻找最普遍的公理理论，亚里士多德在《后分析篇》中就反对了这种看法。

③ 比如《优台谟伦理学》1217b33—35，亚里士多德明显反对柏拉图，他认为存在和善都是多样的，不存在研究一门研究“一种”(或单一和一元的)存在和善的科学(但亚氏并非否认，不存在研究这两种事物的科学)。

④ 见《形而上学》990b8开始对柏拉图理念论的讨论。由于篇幅很长，这里不再一一引用。

言，不能完全代表柏氏和亚氏的区别。

对于存在科学来说，亚氏和柏氏其实有一致之处。如《形而上学》1003a23—25，亚里士多德要建立一门关于存在之为存在[①]的科学，ἔστιν ἐπιστήμη τις ἣ θεωρεῖ τὸ ὂν ᾗ ὂν καὶ τὰ τούτῳ ὑπάρχοντα καθ᾽ αὑτό. αὕτη δ᾽ ἐστὶν οὐδεμιᾷ τῶν ἐν μέρει λεγομένων ἡ αὐτή: οὐδεμία γὰρ τῶν ἄλλων ἐπισκοπεῖ καθόλου περὶ τοῦ ὄντος ᾗ ὄν, ἀλλὰ μέρος αὐτοῦ τι ἀποτεμόμεναι περὶ τούτου θεωροῦσι τὸ συμβεβηκός, οἷον αἱ μαθηματικαὶ τῶν ἐπιστημῶν(某种科学审视存在之为存在，审视自在地属于存在的[固有性质或固有属性]。它不会按照上述各种特殊科学的方式，因为其他科学没有一个一般地考察存在之为存在，相反，它们分割了存在的某个部分，审视存在的偶性，如数学科学)。这就超出了分殊的科学，这种第一哲学也就是探求最高实体、不动的运动者或"存在之为存在"的神学或形而上学，灵魂达到努斯的层次就可以通达这门科学。总体看，亚氏在这方面并未完全违反柏拉图，区别在于他试图从多过渡到一，多和一是辩证统一的，而柏拉图试图用一扬弃多。也许还有，亚氏对于神性和神性实体的论述要弱于柏拉图。

（十六）推论的层级

这一段话哲学味道很浓，它揭示了推论和逻辑学有其哲学根基。按照大卫一派的看法，努斯对应理念世界，它就是精神本身，一个不会外化的精神；从思想开始，灵魂逐渐外化，会用外在的东西来替代理念，如思想用假设来思考理念，技术用实物摹仿理念，

① 英语通常为being *qua* being being的所有属性，只就其自身而言。但Wedin认为qua后面的部分是"研究"的副词，即，我们就x的某个方面(或属性)来研究x。Anagnostopoulos(2009:125—127)。

艺术用形象摹仿理念，但灵魂最终会回到努斯，因为这个过程就是努斯的运动。由此，证明性推论是思想的最高点，但还不是灵魂的最高，它会获得科学，但这个科学是思想层面的，还没有达到理念的层次；以下，论辩术和修辞术其次；智术和诗术最次。尽管分类不同，但大卫遵循的区分标准仍然是柏拉图对灵魂的划分。也许在亚氏看来，证明构建了科学，可是在大卫他们看来，这还不够。因为下面会说到努斯高于所有推论。

5. Արդ, երեք են տեսակք հաւաքման՝ այսպէս և ըստ այսմ յեղանակում: Ոչ զգայութիւնք և ոչ երևակայութիւնք, քանզի և նա ի զգայութեանց առնու, և ոչ միտք հաւաքեն, որպէս ինքնատեսողք ամենայն իրաց: Այլ և՝ ոչ կարծիք, քանզի կարծիք զեզրակացութիւն միայն գիտէ: Բայց միայն տրամախոհութիւն է, որ հաւաքէ: Եւ սա կամ ի միտ առնու զնախադասութիւն, այս ինքն է՝ զառաջարկութիւն, և առնէ զապացուցական, որ ի պատճառաց և յառաջնոց, և կամ՝ ի կարծեաց, և առնէ զտրամաբանականն, և կամ՝ ի զգայութենէ, նառնէ զիմաստականն: Ապա երեք ուրեմն են տեսակք հաւաքմանն:

5. 现在，按照这种模式，[①]这样就存在了三种推论。感觉和想象都不能推论，因为它们都接受自感觉，努斯也同样不能，[因为]它自行直观万事万物。意见也不能推论，因为它只是知道结论。所以只有思想能推论。它给心灵一个命题——它本身就是前提，它要么从原因和前件中得出证明性的推论，要么思想由意见

---

① “按照这种模式”，原文为ըստ այսմ յեղանակում。最后一个词来自动词յեղանակել(转变，改变)。因此模式就是一种改造后的形式。显然大卫是认同这种模式的。

展开，得出论辩术式的推论，要么由感觉展开，得出智术式推论。因此，就有三种推论了。

（十七）感性直观、感觉和想象与推论

“感觉和想象都不能推论。”“推论”，即动词հաւաքել，直译就是收集、汇集，本自希腊文συλλέγειν，英译为syllogize。但在古希腊，似乎并没有人将之用作“推论”的意思。大卫没有使用通常的հաւաքութիւն，它其实对应了συλλογίζεσθαι，即推论；也许հաւաքել发生了转义；[①]也见IX.10。如果在汇集的意思上理解它，那意思就是，感觉和想象无法构建起命题和知识内容，因为它们就客观来说，是杂多和低层次的材料，就主体能力来讲，是感性直观和被动接受，所以没有构造性的形式——类似康德的先验范畴。汇集就是杂多走向统一。下面会说到努斯也不能推论，这指的是努斯已经是统一的了，因此不会再进行这种活动。

艾利阿斯《〈前分析篇〉评注》72(139).24—27说，καὶ οὔτε τὰ ἄκρα συλλογίζεται, νοῦς καὶ αἴσθησις, ὡς αὐτοπτοῦντα, οὔτε ἡ φαντασία συλλογίζεται· πόθεν γὰρ ἤ πῶς λαβοῦσα, τῆς αἰσθήσεως μὴ συλλογιζομένης; οὔτε μὲν ἡ δόξα συλλογίζεται ὡς μόνα τὰ συμπεράσματα εἰδυῖα(两极的部分不能推论，即努斯和感觉，因为它们自行直观(中译注：见下)；想象也不做推论，因为，既然感觉不能推论，它又从哪里或如何获得[推论]呢？意见也不做推论，因为它只是知道结论)。这里指出了两种关键的直观活动。

大卫《哲学序言》[②]说，ἰστεον ὁτι ἡνίκα μὲν ἐκ τῆς

---

① Topchyan(2010:209)认为它的含义等同于հաւաքութիւն。今天东亚美尼亚语为հավաքել。

② 见Busse(1904:47)。

αἰσθήσεως καὶ τῆς φαντασίας ἐγείγεται[①] ἡ ἐμπειρία, τότε αὐτοψία λέγεται καὶ γὰρ αὐτόπτης ἐγένετο ὁ ἐμπειρικὸς τῆς φύσεως τῶν βοηθημάτων καὶ αὐτὸς διὰ τῆς αἰσθησεως καὶ τῆς φαντασίας βασανίσας[②] ἕκαστον τῶν βοηθημάτων ἔγνω τὴν φύσιν αὐτῶν(应该知道，经验有时产生于感觉和想象，此时它们被叫作自行直观，因为能够经验自然来源的人成为了自行直观者；他通过感觉和想象来检查每种来源，然后就知道了这些来源的自然本性)。这里面突出了经验的重要性，因此，虽然感觉和想象不能推论，但却是思想内容的来源，并不可被忽视，它们也是归纳的来源。这段对应的古亚美尼亚文为110.1—4，但文字有改动，պարտ է գիտել, թէ ի զգայութեանց ծնանի[③] հմտութիւն[④], և յառանց պատճառի կարծեաց՝ ներհմտութիւն[⑤]. այլ և ի զգայութենէ և յերևակայութենէ ծնանի ներհմտութիւն(应该知道：知识源自感觉，而且源自没有原因的意见。但是，认识源自感觉和想象)。

斐洛珀诺斯《〈论灵魂〉评注》574.15—17说，ἡ αἴσθησις καὶ κατὰ διάστασιν[⑥] αὐτὸ οἶδε καὶ μορφωτικως καὶ τυπωτικῶς καὶ οὐκ ἐυακούει τῷ λόγῳ ἐν τῷ νομίζειν ποδιαῖον τὸν ἥλιον, κατὰ τοῦτο ἀλόγου ἐστί· καθὸ δὲ αὐτοπτεῖ τὰ πράγματα ὡς νοῦς(感觉按照维度以有型和成型地方式自行认识；它不听从逻各斯就判断太阳也就一步之长；由此，它属于无逻各斯；也因此，它和努斯一样都自行直观事物)。所谓维度、成型和有型都可以联系康

---

① 本意就是苏醒，被唤起。

② Βασανίζω，来自βάσανος(试金石)，因此含义就是检查和证实。

③ Ծնանիլ，即产生，源自，来自ծնանել，即生成。

④ 通常也指知识，这里对应了希腊文的ἐμπειρία。

⑤ 意思是博学和学问，它似乎高于հմտութիւն，对应了希腊文的βασανίσας。

⑥ 原意是差异、冲突、间断。在科学中指空间的维度。

德的先天直观形式，感觉并非以混乱的方式去认识，但它没有逻各斯，也就不会分析出感觉的来源和本质，尽管感觉是自足的、自顾自地在感知。

（十八）努斯直观

“努斯也同样不能，[因为]它自行直观万事万物”，后半句原文为ինքնատեսողք ամենայն իրաց。其中ինքնատեսողք，即形容词ինքնատեսող，直译就是自己亲眼见证的，包含了反身代词ինքն（他自己）和տեսող（观察者），另有ինքնատես为亲见和视见，同源词如տեսական为理论的，见I.6，如տեսակ，即种或εἰδός，见I.2，գտանել为发现，都与看有关。在I.8，大卫认为上天的事物也自行直观，因此上帝和人都具有这种能力，但人同时又会推论，这有别于上帝。

这个词翻译的是希腊文αὐτόπτης，柏拉图《法篇》900a出现过；动词αὐτοπτέω，后半部分暗含ὄψομαι的词干，名词就是αὐτόπτις和αὐτοψία。[①]在希腊文语境中，这个词并没有太深的含义。但是在这里，它的意思就是努斯不假任何工具，自己能够窥见万物。艾利阿斯和斐洛珀诺斯也都用了αὐτοπτέω这个词，它似乎就是后世“直观”(intuition, Anschauung)概念的源头之一。感觉和努斯处于两极，就是感性直观和理智直观。努斯不假外物，而感性（感官）也是直接视见外物；一个不听从逻各斯，一个就是逻各斯的源头或其本身；一个是灵魂之眼，一个是身体之眼；一个是推论的起点，一个是经验的起点。当然，想象由于属于感觉，也是感性直观。与之相反，意见需要说服与信服（也就是可能性或不完全必然的证明）；思想则需要证明。不过，感觉似乎也要被动地依赖外物，

---

① 在普洛克罗、杨布利柯、波菲里那里都使用过，用来描述超自然的显现。

因此这里的自行直观是就灵魂的主动性来讲的。

“自行直观”联系了柏拉图的“日喻”，见《理想国》507c开始，苏格拉底从造物主完美创造的“视见”(ὄψις)谈起，它需要光作为媒介，而眼睛最像太阳，视见的力量从阳光流溢到(ἐπίρρυτον)眼中，因此按照类比，太阳:视见(感性直观)=理念:心灵(理智直观)，[①]理念如同为眼睛提供视见的太阳一样；但是视见低于太阳，心灵的能力也低于理念。508d，ὅταν μὲν οὗ καταλάμπει ἀλήθειά τε καὶ τὸ ὄν, εἰς τοῦτο ἀπερείσηται, ἐνόησέν τε καὶ ἔγνω αὐτὸ καὶ νοῦν ἔχειν φαίνεται(当[灵魂]瞅准了真理和存在照耀的东西时，它思考并认识到了它，灵魂看起来具有了努斯)。真理和存在就是理念，也就是日光。在508e—509a，柏拉图认为善的理念让认识者具有了认识能力，让知识具有了真理。它就是知识和真理的原因。努斯就是理念之光赐予心灵的最高能力，它必定是自行直观的，因为理念是自足的。

因此，对努斯来说，如果需要工具手段或前提的话，证明它还不是最自足的。努斯就是自己的前提，它也是自己的结论，这与理念一致。《理想国》511b—c，苏格拉底说，τὸ...ἕτερον...τμῆμα τοῦ νοητοῦ...τοῦτο οὗ αὐτὸς ὁ λόγος ἅπτεται τῇ τοῦ διαλέγεσθαι δυνάμει, τὰς ὑποθέσεις ποιούμενος οὐκ ἀρχὰς ἀλλὰ τῷ ὄντι ὑποθέσεις, οἷον ἐπιβάσεις τε καὶ ὁρμάς, ἵνα μέχρι τοῦ ἀνυποθέτου ἐπὶ τὴν τοῦ παντὸς ἀρχὴν ἰών, ἁψάμενος αὐτῆς, πάλιν αὖ ἐχόμενος τῶν ἐκείνης ἐχομένων, οὕτως ἐπὶ τελευτὴν καταβαίνῃ, αἰσθητῷ παντάπασιν οὐδενὶ προσχρώμενος, ἀλλ᾽ εἴδεσιν αὐτοῖς δι᾽ αὐτῶν εἰς αὐτά, καὶ τελευτᾷ εἰς εἴδη(所思的另一个部分[理念世界]是这样的，逻各斯借助辩证的能力抓住它，它不把这些假设作为始基，而是实实在

① 在此处，柏拉图无意比较这两种直观的高低，他只是为了类比。

在地当作假设，如同阶梯和起点，以便直到没有假设的东西，走到所有事情的始基，它抓住了始基，再一次又把握住了那些把握着始基的东西，这样就向下到达了终点；而它完全没有额外使用任何可感的东西，相反，使用理念本身由理念到理念，最终抵达理念）。

从形式上来说，这是一个努斯发现始基（第一原则）并以始基为前提进行的逻辑过程。努斯最终达到理念世界、发现自身之时，它知道自己才是万物的前提，而自己“自行直观万事万物”，不需要任何第一原则。在这个状态下，灵魂才获得了科学或知识。《尼各马可伦理学》1095a31，亚里士多德提到了这个过程，他指出了οἱ ἀπὸ τῶν ἀρχῶν λόγοι（来自第一原则的论证）与οἱ ἐπὶ τὰς ἀρχάς（到达第一原则的论证）之间的区别，这个区别就是手段与目的、结论与前提的区别。柏拉图阐明了上升到始基或第一原则的道路，而亚氏关心的是从始基和第一原则出发，如何建立各种科学。在亚里士多德看来，科学是以努斯为起点，在思想的层面获得的。

前面提到的《尼各马可伦理学》1140b—1141a指出，努斯为科学提供了前提。这个前提就是普遍第一原则，在逻辑上就是亚氏三段论第一格的四种完善的三段论（甚至所有有效推论都可以仅仅化约为Babara和Celarent式），它们不证自明，形成了公理，这也就是《后分析篇》77a26—28说的普遍第一原则，Ἐπικοινωνοῦσι δὲ πᾶσαι αἱ ἐπιστῆμαι ἀλλήλαις κατὰ τὰ κοινά κοινὰ δὲ λέγω οἷς χρῶνται ὡς ἐκ τούτων ἀποδεικνύντες, ἀλλ' οὐ περὶ ὧν δεικνύουσιν οὐδ' ὃ δεικνύουσιν（所有科学都遵循普遍的东西来相互关联，我所谓普遍的东西，是那些人们通过它们进行证明时所使用的东西，但不是那些人们的证明所相关的内容，也不是人们证明的事情）。这种第一原则其实就是必然的谓述关系（包括同一律），人可以不假证明直接看出这种必然关系，而且这种关系无条件地存在。努斯能直观到范畴与主词的必然关系。（感觉虽然也能直观到偶性与主词的关系，但那是个别和偶然的，甚至缺乏必然性。）

需要指出，不同科学的第一原则就其内容上是不同的，但形式上都归于一，如Babara式，在医学和物理学上，有不同内容的表述，但这个普遍的形式是相同的，这就是亚里士多德的“一”，与之相应，在任何特殊科学中，努斯都能直观到同一的公理。

另外，尽管常人可以理解一些第一原则，但只有受过系统哲学和几何学训练的哲学家才能熟练地分析经验世界的原则，看出纷繁显像的不变本质，他们善于运用努斯而且能够反思努斯自身的运动。因此努斯虽然是人的能力，但并非所有人天生就能运用或反思它。

（十九）意见与推论

“意见也不能推论，因为它只是知道结论。所以只有思想能推论。”“结论”，原文为եզրակացութիւն，前面的եզր，即边界，希腊文是συμπέρασμά，它可以专指推论的结论；词根πέρας含义就是边界，对应了եզր，因为结论就是终点，所以就是界限，如果没有到终点，证明逻辑并未完结。

《理想国》534a认为意见关乎生成（γένεσις），而理性关于实体（οὐσία）。这表明意见只是代表结果，不追究原因，理性要得到一个本质的谓述。《后分析篇》88b31区别了科学和意见，意见是普遍的，但却是可能的，不是必然的，不借助证明。尽管如此，意见仍然可以为科学提供其他的信息和手段。也有可能意见是科学证明的开始，比如两个角，经过初步丈量和猜测后，意见认为是相等的，则科学要进行思想上的证明。在意见的运用中，感觉和想象都会起作用，理性也会发挥其能力，但并不纯粹。

艾利阿斯《〈前分析篇〉评注》72(139).22,28指出了，只有思想能够推论，推论属于思想。斐洛珀诺斯《〈前分析篇〉评注》2.9—14说，οὐκ ἄρα οὐδὲ ἡ φαντασία συλλογίζεται. λείπεται οὖν ἡ δόξα καὶ ἡ διάνοια. ἀλλ' εἰ ἐμάθομεν ὡς ἡ δόξα συμπέρασμά ἐστι διανοίας, δῆλον ὡς οὐδὲ αὕτη συλλογίζεται. λείπεται ἄρα τῶν γνωστικῶν τῆς ψυχῆς μορίων μόνην τὴν διάνοιαν συλλογίζεσθαι(想象不能推论。余下就是意见和思想了。如果我们知道，意见是思想中的结论，那么显然，意见它自己是不能推论的。灵魂中能认知的部分里只剩下思想是可以推论的了)。

（二十）思想的推论方式

"它要么给心灵一个命题——它本身就是前提，从原因和前件中得出证明性的推论。""心灵"，即միտ，也就是前面的努斯，这里指总体心灵。"命题"，原文为，նախադասութիւն[①]，这个词也表示偏好、句子，作介词，前缀նախ，即在先、第一。后面的"它本身就是前提"，可能是有人增补。"前提"，即առաջարկութիւն，这个词前缀为առաջ，即在前、在先，词根为արկանել，即扔、投射，来自古伊朗语。这两个词都对应了希腊文的πρότασις，希腊文没有区分前提(premiss)和命题(proposition)。"原因和前件"，原文为պատճառաց և յառաջնոց，其中"前件"的词根为յառաջ，即在前、向前。这暗示了意见没有前件，没有在先的条件，感觉、想象和努斯都不需要在先的条件，它们都不需要原因。而由于意见本身就是结论，因此思想要为意见找到原因，意见就是后果。Topchyan(2010:37)的翻译似乎认为前提和命题仅仅指证明的原因和前件，但其实论辩术、智术的推论之前件都可以叫作前提和命题，虽然前者是意见，后者是感觉。

亚里士多德的推论结构就是，P1, P2：因此，Q。P和Q都是肯定或否定的谓述命题，所有命题形式归总来说，即δ[A谓述+/—对

---

① 今天东亚美尼亚语的նախադասություն，即句子。

e/sB]。[1] 关于命题的定义，见《前分析篇》24a25的开端。[2]概言之，前提就是针对某件事情的肯定或否定的陈述。这些陈述包括了AEIO四种。证明性的前提不同于论辩术的前提，前者假设了一对矛盾中的一个，比如，苏格拉底是人(矛盾另一方是苏格拉底不是人)。论辩术则是正方正题，反方反题，正方从反题出发，将之推导到正题。证明性前提则最终肯定或否定一开始假设的命题。

修辞术中也存在前提，前提要么肯定，要么否定，但演说者是为了证明自己的立场，比如苏格拉底是人，他就要证明他是人，即使不是，也要证明是，有时甚至不去管他实际上是或不是。智术式推论的过程与论辩术相同，但却是虚假的，不借助逻辑手段，凭空捏造。诗术式推论则利用形象和感觉，这方面也与智术相同。

艾利阿斯《〈前分析篇〉评注》72(139).28—30指出，ἀλλ' αὕτη ἢ παρά νοῦ τὰς προτάσεις λαμβάνει, ὅτε δεῖται τῶν κοινῶν ἐννοῶν[3], καὶ ποιεῖ τὸν ἀποδεικτικόν. ἢ ἀπὸ δόξης, καὶ ποιεῖ τὸν διαλεκτικὸν· ἢ ἀπὸ φαντασίας καὶ διὰ τοῦτο καὶ ἀπὸ αἰσθήσεως, καὶ ποιεῖ τὸν σοφιστικόν(它[思想]自己或者从

---

① 见Barnes et al(1991:209)的概括，也见Lukasiewicz(1951)(使用了波兰记法)和Patzig(1968)的经典描述。δ表示模态，A是谓词，B是主词，加减号就是肯定和否定，e为全称，s为特称，另有单称，也属于特称，但不在亚里士多德的考察范围；对于不定数量的情况，此处不涉及。

② 见Ross(1957:288)，他认为亚里士多德之前并未有人使用πρότασις一词。在《解释篇》20b23和《论题篇》101b15—37, 104a3—37，亚氏先已使用。在《解释篇》中，它被定义为一对矛盾陈述之一(ἀντιφάσεως μιᾶς μόριον)，一方在讨论中要询问对方是否同意它(20b22—3)。严格来说，它不同于问题(πρόβλημα)，因为问题的陈述方式是“A是B，还是不是？”(《论题篇》101b28—34)，前提的方式是“A是B吗？”但在《论题篇》一些地方，命题的形式还是同于问题。在这两部作品中，命题的功能就是提供了论证的起点，这还不同于《前分析篇》。这个词动词为προτείνειν，即，拿到前面，让人接受，从亚里士多德开始，这个动词在逻辑学频繁出现。到了后来的作家中，如奥托吕科斯(Autolycus)用πρότασις表示“阐明一个已经被证明的命题”。也见Slomkowski(1997:15,19)。

③ 这个形容词含义就是有理智的，有思想的，它来自动词ἐννοέω。

努斯那里得到前提，此时，它需要普遍的有思想的内容，它就产生了证明性的推论。或者从意见那里[得到]前提，这就得出了论辩术式的推论；或者从想象，由此也从感觉，他就产生了智术式推论）。普遍的有思想的内容，就是从努斯当中获得的“普遍第一原则”。按照艾利阿斯的行文，论辩术和智术的前件也都叫作前提。

6. Յետ որոյ ասասցուք[①] զպիտանացուն: Արդարև պիտանացու առաջիկայ իրողութիւնս[②] յապացուցական հաւաքմանէ[③]: Քանզի ոչ կարող գոյ գեղեցիկ գրել այնպիսին, որ բնաւ իսկ ոչ գիտէ գրել. նոյնպէս և՝ ոչ գեղեցկաբար հաւաքել այն, որ ոչ գիտէ՝ զի՞նչ է պարզաբար հաւաքումն: Իսկ ապացուցական հաւաքումն պիտանացու գոյ յամենայն իմաստասիրութեան՝ ի տեսականն և ի գործականն. որպէս զի զցուցեալսն ի տեսականումն ճշմարտապէս՝ ճշմարիտ կարծեսցուք, որպէս զի մի զսուտ գիտութիւն ընկալցուք և մի չար ինչ գործեսցուք:

6. 再之后，我们就要讨论用途。其实，当前这部论著[之所以]绝对有用，是因为证明性推论。因为，如果一个人事实上完全不知道如何书写，他就不能正确书写。同理，如果有人不知道一般推论是什么，他就不能正确推论。事实上，证明性推论在所有[种类的]哲学——理论的和实践的——中都是有用的，这样，我们就可以把理论哲学中显明为真的东西认之为真；我们就不会接受虚假的知识，而且不会做坏事。

---

① 即ասեմ(讨论和讲述)，虚拟式，第一人称复数。
② 即իրողութիւն，指事务，实践，复数指著作。
③ 字面意思是来自于证明性推论。

这一小节继续按照开始的计划讨论《分析篇》的用途。大卫明确表示证明性推论是《分析篇》的用途来源，它对于“哲学”是有用的。这个逻辑很自然，因为证明性推论是《分析篇》的最终目的，也就是哲学和科学想要的东西。大卫并不认为作为属的一般推论是根本用途，它的通途仅仅在于它是实现用途的手段。斐洛珀诺斯的《〈前分析篇〉评注》4.27提到了证明对哲学有用。亚历山大《〈前分析篇〉评注》1.1—6.10（1.1）都在谈论逻辑学对哲学的用途。

（二十一）证明性推论的用途

“因为，如果一个人事实上完全不知道如何书写，他就不能正确书写”，这句按照Topchyan（2010:37）的看法做了调整，原文为“因为，不能正确书写的人，就事实上完全不知道如何书写”。他改动了抄本的文字，这个调整还是合理的。“能”，即կարող，表示潜能或能力。“正确地”即，գեղեցիկ，表示美丽的，名词գեղ（美），词源上属于印欧语，本义表示外貌，与拉丁文vultus同源，译自希腊文κάλος，副词κάλως也表示正确地、得当地。结合下文，大卫的意思就是一般推论（=如何书写）是正确推论（=正确书写）的方式，正确推论就是证明性推论。换言之，知道正确推论了，就必定知道了一般推论，但仅仅知道一般推论，还不能叫作正确使用推论。证明性推论才是推论最终而且最本质的用途和目的，只有按照它，推论才叫作正确使用了。

这与亚历山大《〈前分析篇〉评注》5.4—11的看法和例子一致，δεῖ τὸν μέλλοντα τούτων τινά μαθεῖν εἰδέναι πρότερον τί ποτέ ἐστιν ὁ ἁπλως συλλογισμὸς καὶ τίνα πρόπον συντιθέμενοι οἱ ἁπλοῖ λόγοι, τουτέστιν αἱ προτάσεις, ποιοῦσι συλλογισμόν, καθάπερ...τὸν βουλόμενον εἰδέναι γράφειν ὀξύρυγχον ἢ στρογγύλον χαρακτῆρα πρότερον εἰδέναι τὸ ἁπλῶς γράφειν(有谁想要获知，他就应该知道一般推论是什么，一般命题[①]——这就是诸前提或命题，它们形成了推论——以什么方式构成，恰如……有人想要知道把字母写得有尖有圆，他就应该知道一般书写)。

艾利阿斯《〈前分析篇〉评注》72(139).32—33讲用途，说用途就在于证明，ὡς γὰρ ἀδύνατον τοιῶσδε γράφειν τὸν οὐκ εἰκότα γράφειν ὅλως(正如以任何方式都不可能书写的人也不可能以这样的方式书写)。

斐洛珀诺斯《〈范畴篇〉评注》10.28—11.1, ἐπειδήπερ οὐκ ἠδύνατο διδάξαι περὶ ἀποδείξεως μὴ πρότερον διδάξας τί ἐστιν ὁ ἁπλῶς συλλογισμός, ὥσπερ οὐδὲ γράφειν δύναιτ' ἄν τις τὸν ὀρθὸν ἢ τὸν κλιτὸν τύπον μὴ πρότερον ἁπλως γράφειν μαθών, τὸν δὲ ἁπλως συλλογισμὸν πάλιν ἄνευ τῶν προτάσεων ἀδύνατον ἦν παραδοῦναι(一个人不能教授一般推论是什么，那他也不能教授证明，恰如某人不知道一般书写，他就不能写下直或斜的字母；而没有前提，他也就不可能给出一般推论)。这个说法更强调了《前分析篇》的着眼点是如何发现前提，以此构建一般推论，在一般推论中再找到公理性的推论。

（二十二）推论对理论哲学与实践哲学的用途

(1)“所有[种类的]哲学——理论的和实践的——中”。大卫在此区分了哲学的两个部分，一个是理论的，一个是实践的。“哲学”，原文为իմաստասիրութիւն，前有իմաստ，即智慧，比较前面“智术的”一词，后面来自动词սիրել，即爱。还有一个部分音译希腊文的Փիլիսոփայութիւն。

---

① 原文是λόγοι，即命题或陈述。

“理论的”，为տեսական，词根为տես，即看；对应的希腊文为θεωρητικός，词根的含义也是看，比较前面的“自行直观”。亚里士多德《形而上学》1064b1—3认为理论科学分三种：φυσική（自然的，探究物理世界），μαθηματική（数学的，研究抽象世界），θεολογική（神学的，研究超验世界），最后一个最高，这三种都是探究外部存在者。

大卫《哲学序言》[①]说，ἡ φιλοσοφία διαιρεῖται εἰς θεωρητικὸν καὶ πρακτικὸν καὶ ὅτι τὸ θεωρητικὸν διαιρεῖται εἰς φυσιολογικόν, μαθηματικόν, θεολογικόν（哲学被分为理论的和实践的；理论的被分为自然论、数学、神学）。这种看法完全来自亚里士多德。当然最终的源头都是柏拉图。

“实践的”，为գործական，名词为գործականութիւն，即所做之事、活动，名词գործ，即活动、事务，词源上就来自希腊文的ἔργον（活动），德语的Werk、英语的work都同源，大卫也会用գործի（工具）翻译同样同源的ὄργανον。这里是为了翻译希腊文的πρακτικός，但却没有使用和这个希腊词同源的պրակ。这也说明，大卫没有再区分πρᾶξις和ἔργον。亚历山大《〈前分析篇〉评注》1也谈到了哲学的这两个部分，而且证明了逻辑学对哲学的用途。当然，这个区分可以回溯到柏拉图和亚里士多德。

（2）“我们就可以把理论哲学中显明为真的东西认之为真。”“理论哲学”，原文只有“理论的”，“哲学”被省略。“显明”来自动词ցուցնել，在字面上，它呼应了证明（ապա—ցոյց），这种显明是“证明”出来的。“认之”，即կարծել，联系了意见（կարծ），由于证明已经证明出了结果，那么人们只要接受就行了，这时候不需要思想起作用。比如勾股定理，意见会表述出来，但是表达意见的人并不一定会用思想证实，但他会认之为真，因为证明已经证

① 见Busse（1904:65）。

实了。思想因此高于意见。“真”，有两个，第一个是形容词或副词ճշմարտա—պէս，后缀—պէս，即几乎、像……的，这里还是更偏重完全真；第二个是形容词ճշմարիտ，词源上来自古伊朗语，同源有中古波斯语的čašmdīd，即，亲眼目睹，因此眼见为真，所以“显明”和“证明”都是一种真的显现，表现在主体这边，也就是前面说的“自行直观”，用感性直观和理性直观一起看到。希腊语的ἀλήθης即来自λήθω和λανθάνω的否定，因此真理就是显现或海德格尔说的“去蔽”。在这里，大卫的真理观又不再遵循符合论，更进一步走向了逻辑真、思想或努斯之真。因为努斯提供了第一原则，它让真得以成立，而不是具体的外物。

(3) “我们就不会接受虚假的知识，而且不会做坏事。”“知识”为գիտութիւն，来自动词գիտել，如前述，词根有“看”的意思。“坏”，即չար，坏的，恶的。“做”，即动词գործել，联系上面的“实践的”。这句等于说明：证明和逻辑学不但对于理论哲学，而且对于实践哲学都有用处。

大卫《哲学序言》[①]说，τούτων οὖν οὕτως ἐχόντων διά τοῦτο ἐπενοήθη[②] ἡ φιλοσοφία διὰ τὸ τὰς τῶν ἀνθρώπων ψυχὰς κοσμεῖν[③]. καὶ μὲν γνωστικὰς δυνάμεις κοσμεῖν διὰ τοῦ θεωρητικοῦ τὰς δὲ ζωτικὰς διὰ τοῦ πρακτικοῦ. ἤγουν διὰ τοῦ ποιεῖν ἡμᾶς κρατεῖν θυμοῦ καὶ ἐπιθυμίας καὶ μὴ ἐᾶν ἡμᾶς παρὰ τὸ δέον μήτε θυμοῦσθαι μήτε ἐπιθυμεῖν(既然它们是这样的，由此，哲学因为[它能]装点人类的灵魂，故而被构想出

① 见Busse(1904:79)。

② 隐含了努斯一词，这种构想按照下面亚美尼亚文的看法，是上帝构想出的。

③ κοσμεῖν来自名词κόσμος，即装饰，安排秩序，这强调了哲学对灵魂的合理规范和提升。这种装饰不仅仅是点缀，而是让灵魂具有本质性的智慧和德性。比较高尔吉亚《海伦颂辞》开篇，赞颂城邦等一系列事物的κόσμος，均指卓越性和德性。下面的亚美尼亚文为զարդարել，即装饰。

来：一方面通过理论性的部分来装点[灵魂]认知的能力，另一方面，通过实践的部分来装点[灵魂]生存的能力——也就是使我们控制怒气和欲望，勿使我们不当地发怒和滋生欲望）。这段的亚美尼亚文出自158.10—14，略有不同，结尾与本文相似，全段基督教的意味很浓，Արդ այսոցիկ այսպէս ելոց, շնորհեաց աստուած զիմաստասիրութիւն վասն զարդարելոյ զմարդկային հոգի: Արդ զգիտնական զօրութիւնսն զարդարէ և ի ձեռն[①] տեսականին, իսկ զկենդանականսն`[②] ի ձեռն գործականին, որպէս զի մի զսուտ գիտութիւն ի կարծեաց ընկալցուք և մի չար ինչ գործեսցուք(那么，因为是这样的情况，上帝因为[哲学可以]装点人类的灵魂，故而恩赐了它；那么，它用理论性的力量装点了认知的能力，而用实践性的力量装点生存，以使我们不会接受虚假的意见，不会做坏事）。在这两段，大卫显然表明，上帝=努斯产生了哲学，理论哲学为了认识真，实践哲学为了生存和善同时节制情感和欲望，也就是用知控制情和意。再结合本文，证明性推论就能够起到这样的作用，它不是脱离实践而是指导生活的逻辑学。

也见大卫《〈范畴篇〉评注》118.31—118.34，ἰστέον γὰρ ὅτι τῆς φιλοσοφίας εἰς τὸ θεωρητικὸν καὶ πρακτικὸν διαιρουμένης καὶ τοῦ μὲν θεωρητικοῦ περὶ τὸ ἐν λόγοις ἀληθὲς καὶ ψεῦδος καταγινομὲνου τοῦ δὲ πρακτικοῦ περὶ τὸ ἐν πράξει ἀγαθόν καὶ κακὸν(必须要知道，哲学分理论的和实践的，理论的相关于逻各斯中的真和假，实践的相关实践中的善与恶）。这段的亚美尼亚文出自210，Եւ գիտելի է` եթէ իմաստասիրութեան ի տեսականն և ի գործականն բաժանեցելոյ, և տեսականին յաղագս ճշմարտին որ ի բանս

---

① 直译就是手，这里可以转义为力量。
② 词根为动词կեալ，生活，与希腊文βέομαι和βιός（生命）、拉丁文vivus同源。

է լինելոյ և զսուտն որոշելոյ, իսկ գործականին յաղագս բարւոյն[1] որ ի գործսն է և զչարն որոշելոյ(要知道：哲学分为理论部分和实践部分；理论部分是为了产生言辞中的真并且辨析假，实践部分则为了实践中的善，为了辨析恶)。

7. Արդ, պիտանացու առաջիկայ իրողութիւնս պարզ հաւաքման՝ և զայլ ինչ ի ձեռն այլոյ գտանել: Քանզի ոչ զամենայն ինչ թագոյց բնութիւնս, զի ոչ կարող գոյր գտանել ինչ ոք, և ոչ դարձեալ զամենայն ինչ յայտնի արար, զի ոչ ոք էր ապա որ ի խնդիր անկանէր: Այլ է ինչ, զոր թաքոյց, և է ինչ, զոր յայտնեաց. վասն որոյ խնդրելն է, յուզելն և գտանելն: Արդ, եկն էանց ի մէջ հաւաքումս, որպէս զի յորոց եցոյց բնութիւնս՝ գտցէ զայն, զոր թաքոյցն. զօրէն յուզականացն ասացեալ շանց, որք գիտեն, այս ինքն՝ ի շաւղացն և ի հոտոցն գտանեն զորջս գազանաց:

7. 那么，当前这部论一般推论的论著也是有用的，它可以借助一件事发现另一件事。因为自然从不让万物全都隐藏——否则的话，人们就不能发现什么存在了；但是再有，自然又并未让万物全都成为显明的——否则的话，就不存在人们[主动]探问的东西了。因此，它隐藏了一些事情，又显现了一些事情，故而人们要探寻、搜求和发现。这样，推论就来到[人们]之中，以至于，它通过自然显现的东西来发现自然所隐藏的东西，比如说躁动的猎犬——它通过踪迹和气味来知晓并发现野兽的巢穴。

上面先说了证明性推论的用途，它对于哲学的两个部分都有

---

① 即բարւոք，善的；名词բարի即善，两词都来自բարք，即习惯和方式，善就是习惯中体现的。

好处。一般推论则是通向证明性推论的手段。但是这一小节，大卫强调了一般推论本身的用处。这些用处其实适合于所有种的推论，此中并不关涉真假和善恶，只要满足这个形式就行。

（二十三）逻辑学的本质功能

“可以借助一件事发现另一件事。”“借助一件事”，原文为ի ձեռն այլոյ，ձեռն即手。ինչ指事物，也可以指事件或事实，从大卫下面的比喻看，它有可能既包括分析后得到的新的谓述关系，也指综合后获得的新经验和事实，两者不可能完全分离。语言和事物始终是结合在一起的，在这里，“意义”(Bedeutung)理论[1]并未形成。在下文中，大卫似乎都在谈综合的情况，如结尾猎犬的例子。

“发现”，即գտանել，陈述式、不定过去时、第三人称为եգիտ，词根为գիւտ(giwt，发现)，全部来自印欧语，与希腊文的οἶδα和εἰδός、拉丁文的video、英语的guide和wit、德语的wissen(知)同源，如前述的գիտնալ(知道)也是同源。因此这种发现还是用眼睛去看，从最低层次，诗术、智术开始通过感觉和想象，直到思想和努斯通过理智直观来发现。这条路径上，亚美尼亚传承了希腊精神。这个词翻译的是希腊文的εὑρίσκω。

《前分析篇》24b19谈推论就是从已经设定的事情中必然得出(συμβαίνει)另一些事情；《后分析篇》71a17指出，我们必须假设一个肯定或否定的陈述作为出发点，因为οὐ γὰρ ὁμοίως τούτων

---

① 即弗雷格或胡塞尔研究的意义或含义理论，或索绪尔的意指理论。古典时期，语言始终是与事物结合的，表达(Ausdruck)的含义充实过程、指称与含义的区分、能指与所指的划分并未被重视。因此，逻辑来自语言，却也能透明地反映事物。III和IV中，大卫论述了古代逻辑学定位之争，柏拉图派认为逻辑学作为哲学一部分，可以用来揭示事物的本性，而不仅仅作为思维工具或形式，由此，古典逻辑学就不关注语言对世界的构造，也就是不关注，符号何以产生意义，它的观念统一性来自哪里等问题。

ἕκαστον δῆλον ἡμῖν(每件事情都不是同样地显现给我们)，所以我们要通过假设来推导其他事情。《论题篇》100a25对推论的描述一样，都是从既定事实推出另一些事情。100a18开始，亚里士多德说《论题篇》或论辩术的目的，Ἡ μὲν πρόθεσις τῆς πραγματείας μέθοδον εὑρεῖν ἀφ' ἧς δυνησόμεθα συλλογίζεσθαι περὶ παντὸς τοῦ προτεθέντος προβλήματος ἐξ ἐνδόξων, καὶ αὐτοὶ λόγον ὑπέχοντες μηθὲν ἐροῦμεν ὑπεναντίον(这部作品的目的就是探寻我们能够针对所有既定问题从意见来进行推论的方法，我们同时还要支持论证以免说出自相矛盾的话)。意见就是论辩术的前提，从这些事情中能够针对问题得出一些结论。修辞术、智术和诗术都是如此，但是手段各有不同。智术和诗术都是通过想象，所以这种"发现"也许是虚构或捏造。仅仅对于证明性推论或分析方法来说，它们并未增添新知识，如康德对分析的定义，它们都是自明的抽象公理；所以这些推论必须要和具体经验结合，也就是需要感觉、想象和意见层面的内容，尽管它们都不能推论，但可以提供前提材料。只有这样，哲学才能指导实践生活。努斯由于是绝对自足的，因此无需推论，也不提供材料，只是作为推论的必然前提，然后从低级返归到自身，完成这个揭示万事万物的过程。

以亚里士多德推论第一格的Barbara式为例，用谓词逻辑符号写作：

$$\begin{array}{c}\forall x(Bx \supset Ax)^{①} \\ \forall x(Cx \supset Bx) \\ \hline \forall x(Cx \supset Ax)\end{array}$$
。

① 读作，对任意x来说，x如果是B，则x是A，即，所有x都使得B蕴涵A。这个三段论用自然语言表述就是：如果所有B是A，且所有C是B，那么，所有C是A。这个命题的模态默认为现实状态的。这种符号并不能充分反映亚里士多德三段论的所有特点，但这种处理相对简明。

在这个推论中，C和A就是所借助的两个前提，B是中项，前两个命题就是已知之事，结果就是蕴涵于其中的第三个命题，人们看到了“隐藏”的C和A的关系以及那个x，这都是新的存在，仅凭感觉是不可能获得的，这个推论有可能首先以直觉的方式表现出来，但必定能分析为一个理性程序。[①]总体上，这是一个逻辑（分析和演绎，发现新的谓述关系）和经验（归纳，发现新的事实）的综合过程：一方面作为普遍公理，一方面在不同科学中按照不同事实产生知识；使用这个推论就一定能“发现”隐藏的事情。

黑格尔《逻辑学》[②]的“辩证逻辑”就秉承了这种传统思路（他本人也提到了亚里士多德三段论对他的启发，他的辩证法也源自柏拉图）。对于推论，他提出了一个经典的断言，Alles Vernünftige ist ein Schluß（所有理性的事情都是一个推论）。在他看来，逻辑学不仅仅是思维形式，而且是精神达到最高层次之后所把握的、包含内容的纯知识形式，它反映了思想与对象之间的必然运动和互动过程。在（辩证或思辨）逻辑学中，主客对立就消失了。因此，黑格尔的逻辑学既是主观思想形式，又展现出了事物的客观本质乃至绝对真理。故而，只要是理性的事情（理性所认识到的并且符合理性的事情，也就是所有存在），都符合推论形式，经验和理性、思维与存在在此是统一的（尽管是唯心的）。黑格尔的推论（der Schluß）[③]包含：

(1)定在（Dasein）推论：第一格到第四格；

(2)反思（Reflexion）推论：全称（Allheit）推论、归纳推论和类比推论；

---

① 亚里士多德和大卫的立场都坚持事物是实在的，存在着必然的本质和属性关系，所以它们不会有休谟和康德忧虑。

② 见Hegel（2003）论主观概念的部分。

③ 也就是三段论，德语中，这个词的动词schließen表示完结，闭合。推论正是黑格尔狭义逻辑学的终点。

(3)必然(Notwendigkeit)推论三个环节：直言(kategorische)推论、假言(hypothetische)推论和选言(disjunktive)推论。

这个过程中，推论从知性上升到了理性，也就逐步达到了事物的本质，而不是停留在主观思维形式的层面。

在定在推论中，第一格的“E——B——A”(也是定在推论的基本模式)[①]就“揭示”了事物自身的内容：

B——A

(特殊性是普遍性：耀眼的是发光的)

E——B

(个体性是特殊性：太阳是耀眼的)

E——A

(个体性是普遍性：太阳是发光的)

这个过程将个体性与普遍性结合在一起，虽然处于直接而且偶然的层面，但是可以发现新的关系。以下在第二格(A——E——B，结论：发光的是耀眼的)、第三格(B——A——E，结论：耀眼的是太阳)到第四格(A——A——A)[②]的发展过程中，B、E、A轮流作为中项、大项和小项，不断上升，人们逐步“看到”了隐藏的关系和知识。这个过程经反思推论(A——E——B，包含了经验和归纳)一直上升到必然推论(B——A——E)，由此能认识到必然的种属、因果、关系等科学内容。每个环节都由E——B——A这一个推论展开

---

① E即个体性(Einzelnheit)，B即特殊性(Besonderheit)，A即普遍性(Allgemeinheit)。黑格尔改造了传统形式逻辑三段论，将之变为思想提升的运动过程。他的推论，量词有一个变化和发展的过程，而不是固定为全称、特称和单称，因此与传统逻辑学的“式”略有不同。比如下面的第一格，大前提B——A就是特称命题，属于I；小前提和结论都是单称命题，为A。IAA这个式在传统逻辑学是没有的，甚至亚里士多德也没有考察单称命题。

② 黑格尔的第四格不同于传统逻辑学的第四格，这是定在推论的否定结果，肯定结果发展为反思推论。他在处理第三格的时候得出了传统逻辑学第四格，但认为没有意义。

E——B——A、A——E——B、B——A——E三个推论和环节，以此类推。

与形式逻辑不同，黑格尔的逻辑学包含了经验。同样的Babara式，甚至同样的“E——B——A”，在不同的推论阶段有着不同的内容和含义。整个逻辑运动进而可以扩展到精神哲学、自然哲学、宗教哲学、美学各个领域，精神最终也能认识到自身。

（二十四）自然的基本特征和逻辑学的意义

(1)“自然从不让……探问的东西了。”这是一个相当经典的描述。这句的两个否定（“从不让”和“并未让”）均属于“部分否定”。“自然”，原文为բնութիւն，它也表示常性、存在或实体。这里可以理解为存在者整体，它区别于I.8，IV.5和X.6中出现的意思，那里表示本性。大卫认为存在客观实在，因此这个自然就是实在着的对象总和。从大卫基督教背景来说，这个自然就是最高的属，也有可能等于理念。努斯是这个自然的一部分，只有它可以看见隐藏着的自然。“隐藏”，原文为թագոյց 来自动词թագուցանել和թաքուցանել（使隐藏），թաքչիլ（隐藏着），名词有թագուն（隐藏）。“存在物”，即գոյ，最原始意义是安居，同源词在印欧语中很常见，德语的war和Wesen均与之同源。

“显现”，原文为形容词յայտնի，来自յայտ（已知的，明显的），它有可能来自հայիլ和նայիլ（看），它翻译的是希腊文的δῆλος和φανερός。“让”，即արար，来自动词առնել（制作），是不定过去时、第三人称单数，作为名词指造物、活动或方式，希腊文的ἁρμονία（和谐），拉丁文的ars和英语的art都同源。“探问”，原文为ի խնդիր անկանել。Խնդիր即，问题和探寻，对应了希腊文ζητέω。

此处暗示了自然只是隐藏了一部分事情，没有让它们成为明显的事情。有一部分事情是澄明的，有一部分事情在没有达到努斯层次的人看来，是不可见的。换言之，对于常人来说，一部分自然是敞明的，另一部分事情之所以遮蔽，是因为处于低层次的精神自以为遮蔽或者还没有通过思想来让不见的事情可见。唯一的方式就是逻辑和推论。也能够推出，哲学如果仅仅只有实践层面，人仍然会处于蒙昧。这可以联系海德格尔的遮蔽与去蔽一说。在这里看不到所谓的物自体和显像的区分，也看不到休谟的事实与观念关系的差别。事情只有可见和不可见，推理也不是观念的联结，而是事实层面的因果推导。理念、真理和存在的光芒将努斯流溢给了心灵之眼，努斯让思想能够进行必然的逻辑证明，从而看清万事万物，在这个意义上，逻辑推理就是用努斯之光照亮万物的过程（就是一个分析的过程，看到繁多事物的本质和公理）。在大卫基督教的意义上，这个光又要与上帝之光相联系（《约翰福音》1:4）。

到此，总结几种“光”、直观、能力、对象和真理：

太阳之光	感性直观	感性能力； 经验或科学的起点	外部感性 事物	感觉真理
理念之光	理智直观	努斯和逻辑能力； 逻辑形式，特殊科学	抽象观念 和理念	本质和绝对真理
上帝之光	理智直观	努斯和信仰能力； 逻辑的本源，神学	上帝，神性 实体①	绝对真理

(2) “它隐藏了……发现。”“显现”，即动词յայտնել，前面出现了形容词。“搜求”，即յուզել，它翻译的也是ζητέω，这个词的意思是扰动、带动，显然指人们体察万物的活动。

大卫的说法来自奥林匹奥多罗斯《哲学序言》16.35—17.3，ἡ φύσις οὔτε πάντα ἡμᾶς ἔκρυψεν, ἐπεὶ ἀδύνατον ἦν ζητοῦντας ἡμᾶς εὑρεῖν, ἀλλ' οὐδὲ μὴν πάντα ἡμῖν ἐφανέρωσεν, ἐπεὶ

---

① 如亚里士多德《形而上学》1026a23—32所阐明的不动实体。神学是亚氏理论哲学的最高层次。

ἄτοπον ἦν καὶ περιττὸν τὸ ζητεῖν, ἀλλὰ τὰ μὲν δείξασα τὰ δὲ κρύψασα ζητητικοὺς ἡμᾶς καὶ εὑρετικοὺς ἀπετέλεσεν. εἴληπται οὖν ἡ λογικὴ ὡς μεθόδους ἡμῖν παρέχουσα, δι' ὧν εὑρίσκειν δυνησόμεθα τὰ ὑπὸ τῆς φύσεως κεκρυμμένα· διὰ γὰρ τῶν ὑπ' αὐτῆς δειχθέντων ἡμῖν τὰ μὴ δειχθέντα εὑρίσκομεν(自然不会对我们把万物都隐藏，因为[否则的话]，我们在探寻中就不可能发现什么了，但是，自然并未向我们把万物全都显明，因为[否则的话]，探寻就是荒唐和多余的了；相反，它显明了一些，隐藏了一些，它让我们能去探寻、发现[隐藏的事情]。逻辑学就成为了提供给我们的方法，通过它，我们能发现被自然隐藏的事物；因为我们通过那些自然对我们显明的事情发现了那些没有被显明的事情)。

(3) 在IV.4，涉及了柏拉图对于逻辑学的定位问题，大卫此处的说法完全符合柏拉图的看法，逻辑学不仅仅是工具，还是哲学的一部分，与认识论相关。这就区别于逍遥学派(甚至亚里士多德)的逻辑学工具说。在一般推论和特殊推论问题上，亚里士多德和柏拉图并无太大分歧(不过是亚氏首先区别了两者)，他们都承认存在推论形式而且证明最高，但对于证明的定位，柏拉图要高于亚里士多德。柏拉图的证明就是辩证法，而不是亚里士多德的公理。

“推论就来到[人们]之中。”原文是եկն էանց ի մէջ հաւաքումն，Topchyan(2010:39)指出大卫《哲学序言》①有ի մէջ ածելով(带到[人们]之中)，希腊文《哲学序言》27.1为εἰς μέσον ἀγαγόντες。这句的原因就在前面说的，自然隐藏但又显现了一些事情，因此，推论才会出现。当然，推论并不是唯一的让事情显现的手段。

“它通过……隐藏的东西。”“显现”，来自ցուցանել，仍然联

① 见Busse(1904:62)。

系了前面的“证明”以及“显明为真”。这种显现是相对于人或精神来说的可见。到目前为止，本文有四种“显现”，也就是四种真：(1)自然中可见事物的显现，(2)隐藏事物的显现，(3)逻辑真的显现，(4)哲学真与善的显现。(1)是经验材料的事实真(感觉和意见)，(2)是用推论通过因果关系推导出的真实结果(思想)，(3)是逻辑形式蕴涵的真，或是公理系统的真(思想和努斯)，(4)综合了前三种显现，理论上表达出了具体而完全的实在真，实践上看清了善(思想和实践智慧)。每个过程都是推论的过程，以谓述的方式描述事物的本质和属性，这是一个形而上学和本质主义的过程。大卫并不关心人的认识限度，他相信人可以认识自然。

“猎犬……巢穴”。B抄本的“发现”为քննել(考察)，改为“发现”可以联系上下文。猎犬的例子不见于前人，似乎是大卫原创。这个例子中，猎犬就是推理的人(不是指猎犬，因为动物不能推理)，踪迹和气味都是经验，然后通过推论得出结果。巢穴对于猎犬来说隐藏着，但通过推理，它就可以显现。在经验上增加了知识，但是逻辑还是那个分析形式。

8. Գիտանացու առաջիկայ իրողութիւնս՝ և ի մեր ինքեանց գոյութիւնս. քանզի մարդ միայն բանաւոր յէիցս՝ է հաւաքող էիցս: Վասն զի այլ գոյութիւնք ոչ հաւաքեն. ոմանք՝ որպէս ոչ կարելով, և ոմանք՝ որպէս ոչ պէտս ունելով: Քանզի երկնայինքն, որպէս ինքնատեսողք իրողութեանց, ոչ պէտս ունին հաւաքման: Իսկ անասունք՝ որպէս ոչ կարող գոլով, վասն զի անգիտանան զընդհանուրսն: Քանզի թէպէտ և շուն այլ ինչ ի ձեռն այլոց բնաւորեցաւ գտանել, յորոց գիտէ՝ զոր ինչ գիտէ①, այլ զայս ըստ բնութեան առնէ և ոչ ըստ

① 这句直译就是：它知道这些东西中它所知道的事情。

տրամախոհութեան: Եւ զի ըստ բնութեան գոյանալ նմա այսպէսառնելն՝ յայտ է յայսմանէ, զի ամենայն շուն այսպէս առնէ: Բայց ոչ ամենայն մարդ հաւաքէ. ապա ուրեմն՝ մարդում միայնում գոյ հաւաքելն: Զի թէ հաւաքէին և անբանք, որ ոչ գիտեն զընդհանուրսն, առանց որոց ոչ լինի հաւաքումն, զինքեանս պատրաստէին: Եւ զի անասունք անգիտանան զընդհանուրսն, յայտ առնեն աքաղաղք. համատեսակացն զենեցելոցն և ի զենումն եկելոցն՝ նոքա խայտան, ոչ գիտելովթէ այն ինչ ի նոսա հասանելոց են չարիքն: ①

Ընդ այսոսիկ հանդերձ աստուծով և առաջիկայ պրակք:

8. 当前这部论著对于我们自己的存在也是有用的，因为在诸存在者中，只有理性的人才能推论存在者。因为其他存在者都不能推论：有些不能，有些无需如此。因为天上的存在者，自行直观事物，也无需推论。而无理性者，也不能[推论]，因为它们意识不到普遍：虽然一条狗能通过一些东西发现另一个东西(对于这些，它知道它所知道的情况)，这是自然而然的，但是，狗只能凭自然本性来这么做，而不是凭借思想。这是它天生的特点，显然每条狗都是来做的，但每个人却不是这样推论的。因此，推论只专属

---

① 本小节的B抄本文字多有不同，抄录如下，来自Topchyan(2010:38)：պիտանացու է նմեք ի տեսել բնութեանս, քանզի յէիցս մարդ միայն բնաւ երևեցաւ հաւաքող, զի այլ գոյութիւնք ոչ հաւաքեն, ոմանք ոչ կարելովն ոմանք պէտս ոչ ունելով: Զի երկնաինքն ինքնա/տեսք պէտս ոչ ունին: Իսկ անասունք չկարելով՝ անգիտանա[լն] (?) [զըն] թանուրն: Թէպէտ շուն ի ձեռն այլոց այլ ինչ գիտէ, այլ ըստ բնութեան և ոչ ըստ տրամախոհութեան: Յայտ է, զի ամենայն շուն զնոյն առնէ, բայց ամենայն մարդ հաւաքէ.ապաուրեմն մարդմիայն հաւաքէ: Զի թէ հաւաքէին անասունք, պարուրէին սպանողաց. յայտ է, զի անգիտանալովաքաղախք խայտան ընգերացն զենլոց, չգիտելով, թէ ի նոսա հասցե չարն.

于人，因为如果不知道普遍——没有普遍，就不能推论——的无理性者也能推论，那么它们就会这样去做；从鸡的身上就能看出无理性者不知道普遍：当其他种类的动物被宰杀或被送去宰杀的时候，它们仍然嬉戏，丝毫不清楚厄运已经临头了。

到此，凭上帝之助，而有这一讲。

（二十五）推论对人类存在的意义

(1)“我们自己的存在。”“存在”，原文为գոյութիւնս，来自գոյութիւն，词根为名词գոյ和系动词գոլ(gol)，词源上，它表示安居、安置、处于、位于，在印欧语中，如梵语的√vas词根，表示住留，与德语的Wesen和war都同源，由于居留于世界，因此方有存在，拉丁文的家宅女神Vesta也与其同源。值得注意的是，亚美尼亚文中也用գոյ表示上帝。它对应的是希腊文οὐσία和οὖσα，以及拉丁文的essentia或existentia。《理想国》534a认为理性关于实体(οὐσία)，也就是说逻辑针对的就是实存和本质，它归根到底相关于我们的存在。在大卫看来，万物的存在和本质都是上帝规定的，而哲学中的逻辑学就是上帝赐予人类的思想形式，它用来发现存在。只有理性的动物才能发现存在。艾利阿斯《波菲里〈导论〉评注》36.33也说波菲里的《导论》对我们的οὐσία有用，波菲里的《导论》几乎就是当时逻辑学教科书，因此艾氏的用意也和大卫相同。

(2)“在诸存在者中，只有理性的人才能推论存在者。”这句原文为քանզի մարդ միայն բանաւոր յէիցս՝ է հաւաքող էիցս。“推论”，这里用了形容词հաւաքող，即能推论的。“存在者”，为էիցս，来自“是”的陈述式、第三人称单数է。Topchyan(2010:39)去掉了第二个էիցս，认为它没有意义。本文认为应该保留，因为上文刚刚说过，推论是发现事物的，不可能凭空推论，理性的人正是存在者中能够推论其他存在者的存在者。

“理性的”，原文为բանաւոր，来自名词բան，即，言辞、比例、关系，完全对应了λόγος，但词源上同于希腊文的φημί以及拉丁文的for，表示说话。古亚美尼亚文中与逻各斯相关的词，全都采取了这个词根，秉承希腊文“言”的传统。亚美尼亚文《圣经·约翰福音》1:1第一句用的就是这个词，Ի սկզբանէ էր Բանն, եւ Բանն էր առ Աստուած, եւ Աստուած էր Բանն(太初曾有言，而言随着上帝，而上帝就是言)。在大卫这里，言就是希腊逻各斯传统，上帝是基督教传统，人分有了这两者。理性和言是分有上帝的表现。“人”，原文为մարդ(mard)，直译应为可朽之人。印欧语中，古希腊语的μροτός(可朽的)，拉丁语的mortuus，英语的mortal，法语的mort，它们都同源，因此人联系了“死亡”，如古波斯语的martiya(死亡)。人虽然可朽，但具有理性后，就能通达世界，努斯达到自足，这就可以接近不朽的上帝。

(二十六)上帝与推论

“因为天上的存在者，自行直观事物，也无需推论。”“天上的存在者”，即，երկնային，来自երկին，即天空、上天，这里省略了“存在者”一词，Topchyan补充了beings，上帝只有一个，但还有天使等天国的存在者，因此是复数。不过大马士革的约翰《辩证法或哲学之要义》(*Κεφάλαια Φιλοσοφικά*)8.55—56认为人和天使(ἄγγελος)都是会逻辑的生灵(λογικόν ζῷον)，因此天使似乎低于上帝，不排除天使也可以自行直观，或者会推论，但也“无需”；但大卫在下面强调了推论只属于人。

“能自行直观事物”，即ինքնատեսողք իրողութեանց，这里的“ինքնատեսող”见I.5，就是αὐτόπτης。在前面曾经说过努斯和感觉自行直观，这是两个层次，在这里，上帝等天上存在者成为了最高层次的自行直观。可以说上帝、努斯和感觉逐级分有上一个层次，上帝是最高的属，最高的存在。感觉被扬弃后，通过思想达到努斯的层面，努斯不假其他工具，自己看到了理念，看到了自身，这样也就看到了自己是属于上帝的。在这个过程中，逻辑学成为了重要的手段。人处于感性直观与理智直观之间，理智直观和上帝之间。

“无理性者……普遍”。“无理性者”，即անասուն，这个词通常就指动物和兽类，该词由两部分组成：ան—(否定前缀)和ասուն，后者来自动词ասել，即，说和表达，这和前面的բան含义相同，言语就是理性。“意识不到普遍”，即անգիտանալ զընդհանուրսն。ան—գիտանալ前面仍然加了否定前缀，后面即知道和发现，也就是看见。ընդհանուր即共相，ընդ为介词，即代替、借助和基于，后面的հանուր，即名词，普全。动物无法发现共相，这是自古就有的结论，见亚里士多德论动物的相关著作。没有共相，也就意味着，动物发现不了属种关系、存在以及各种范畴，进而无法进行一般推论，永远活在特殊和偶然的感觉之中。

“发现……凭借思想”。“发现”还是գտանել，联系前文；它同下面的գիտէ(知道)都只是表明感觉的知道，甚至没有达到知觉的层次，对于人来说，这种知道并不是知识。“思想”，即տրամախոհութիւն，前述灵魂五个部分之一。其实狗连意见的能力都不会具备，它最多只有感觉和想象。综上，动物处于感觉和想象的层面，人在感觉和思想之间，神超越思想。

这里面联系了前面猎犬的例子，虽然狗也是利用一件东西发现另一件东西，但它没有借助思想和推论，这表明，仅有感觉的联系，还不能够获得知识，需要范畴和逻辑。比如A和B两个事物让狗产生相应的感觉a和b，它通过a1发现了b1，但是当出现a2和b2两个感觉时，它利用的仍然是a2和b2之间的关系，它并没有从a1和b1，a2和b2……an和bn中归纳出普遍的a和b的关系，也就建立不了谓述，从而不能进行推理。自然本性控制的就是an和bn之间的联系，狗每次都是被动地进行这种连接。下面鸡的例子，进一步说明，鸡不会推论，连反身到自我的能力都没有，它无法从其他动物的死得出自己被杀。

最后一句话是大卫每讲之后必写的，可见他的基督教背景。上帝即աստուած(astuac)，也指异教神，词源的说法不一。այս(aus，灵魂，精灵)和սատանայ(satanau，鬼)与之同源，原始日耳曼语的词根ansuz也许同源——如安瑟尔谟的名字Anselm。也可能与հաստ(hast，坚固的)同源，这样，也就与英语的fast和德语的fest同源。

但现存的抄本中，并非都有这句话，越晚近的抄本越完整，有的仅仅写作“此讲到此为止”。[①]

第二节　其余四个问题

1. Յետ դիտաւորութեան և պիտանացուին, ասասցուք և զկարգն առաջիկայ շարագրութեան, որ ունի այսպէս և ըստ այսմ օրինակում. եթէ՝ առաջին է՝ առաջին դրութիւն պարզ ձայնիցն: Երկրորդ է՝ դրութիւն նոցին: Երրորդ է՝ դրութիւն առաջին շարադրութեան, այս ինքն՝ նախադասութեան. իսկ նախադասութիւն՝ պարզ հաւաքման, իսկ պարզ հաւաքումն՝ այլոց՝ ըստ մասին հաւաքմանց:

1. 在目的和用途之后，我们要论述当前这部作品的次序，[其次序]如下，按照这种样子：第一，简单语音的初次设置。第二是那些[词类]的设置。第三是[简单语音的]首次综合——也就是命题[②]——的设置；命题[先于]一般推论，而一般推论[先于]其他特殊推论。

① 见Topchyan(2010:19)。

② 希腊文有时会直接用λόγος表示命题，没有用πρότασις。

本小节内容可以列为下表，后面逐步分析：

语言要素	著作	对应灵魂的部分
语言和词	《范畴篇》	感觉
名词和动词等词类	《解释篇》	感觉
命题和前提	《解释篇》、《前分析篇》	感觉、意见
一般推论	《前分析篇》①	感觉、意见和思想
证明性推论	《后分析篇》	思想、努斯
论辩术式推论	《论题篇》	意见和思想
修辞术式推论	《修辞术》	意见和思想
智术式推论	《论智术式反驳》	意见
诗术式推论	《诗学》	感觉和想象

（一）亚里士多德广义逻辑学著作的次序

"次序"，原文为կարգ。《前分析篇》和《后分析篇》是前后相连的，在亚里士多德的著作中属于《工具论》。《工具论》是由逍遥学派的特奥弗拉斯托斯(Θεόφραστος)编成，专门用来指亚氏的几部逻辑学著作，亚氏本人并未说过这些作品是一个整体，后来安德罗尼科斯(Ἀνδρονικος)又进行了编订，顺序固定为：《范畴篇》、《解释篇》、《前分析篇》、《后分析篇》、《论题篇》、《论智术式反驳》(《辩谬篇》)。后来的新柏拉图主义者包括大卫，以及阿拉伯的学者(如阿威罗伊)也把《修辞术》、《诗术》放入其中，都作为哲学家的工具，因为它们都能推论，这已经超出了逻辑学的范围(《修辞术》有一部分还是属于逻辑学)。大卫这小节就要明确《前分析篇》和整部《分析篇》在亚氏逻辑学和推论作品中的位置，这自然要遵循前说。

需要注意的是，这个次序是按照逻辑学推论的发展构建的，而不是创作时间，最高峰是完全性证明，最终目的是为了哲学科

① 也讲了一些特殊推论。

学。因此，如《范畴篇》、《解释篇》就不能称之为语言学作品，同理，《修辞术》和《诗术》在此相对于整个次序的主旨来说属于“逻辑学”。

（二）逻辑学的起点

“简单语音的初次设置”，原文为առաջին դրութիւն պարզ ձայնիցն。“设置”，原文为դրութիւն，来自动词դնել(dnel)，印欧语中，拉丁语的facio，英语的do，德语的tun都是同源的，原义就是做和处置。它翻译的是希腊文的τίθημι和θέσις。这个设置表示语音与事物表征关系的建立，这时还没有词类的划分。感觉起着重要作用，但是意义的形式，以及词之间的差异关系已经被人把握。

“语音”，即ձայն，指声响，这里指的不是无意义音响，而是语词和语音，它翻译的是希腊文的φωνή，区别于表示音响的φθόγγος。这个词既可以表示人的语音，也可以表示动物的，但此处严格限于有意义的声音。柏拉图《克拉底鲁》423b说，ὄνομα ἄρα ἐστίν, ὡς ἔοικε, μίμημα φωνῆς ἐκείνου, ὃ μιμεῖται καὶ ὀνομάζει ὁ μιμούμενος τῇ φωνῇ, ὃ ἂν μιμῆται(看起来，词是对那被摹仿事物声音的摹仿，摹仿者用声音为之造词，它就被摹仿了)。因此声音先于词，甚至先于文字，这是德里达后来要反对的。此处的“摹仿”更应该指表征或代表，人们先用语音代表事物，然后发明词代表语音，所以词都是语言。亚氏对词的定义都在φωνὴ这个属之下，因为他把声音视为心灵的符号。所以大卫要先从语音开始谈起，他谓之“初次设置”。

“那些[词类]。”抄本均为նոցին(那些，复数属格)，显然文字有缺失，从下文看应该指名词和动词。在这个阶段，语言的纵聚合(paradigmatic)和横组合(syntagmatic)完成，词类之间的差异被划分，之间的连接次序形成。也许简单的句子和陈述产生，但够不上命题的层次，因为谓述关系并没有被明确。

阿姆莫尼尤斯《〈前分析篇〉评注》1.22—24说，πρῶτον γὰρ ἔθεντο τοῖς πράγμασιν κατὰ πρώτην θέσιν τὰς ἁπλᾶς φωνάς· εἶτα τούτων τῶν ἁπλῶν φωνῶν κατὰ δευτέραν θέσιν ἔθεντο τὰς μὲν ὀνοματικὰς τὰς δὲ ῥηματικάς(首先，按照第一次设置，人们将简单的语音分派给实事；第二，按照第二次设置，在这些简单的语音中，设置一部分为名词性的语音，一部分为动词性的语音)。

（三）元素的综合

“综合”。原文来自名词շարադրութիւն，这个词由两部分组成，շար和դնել，前者译为串联、聚合、排列，后者还是“设置”一词。这个词翻译的是希腊文σύνθεσις。这个词在哲学中与“分析”相对，直译就是组合、合并。希腊人认为字母的σύνθεσις就是音节和词。而词的σύνθεσις就是句子，这见柏拉图《智者》263d，σύνθεσις ἔκ τε ῥημάτων γιγνομένη καὶ ὀνομάτων(由动词和名词而来的综合)，这指的就是陈述或句子(λόγος)。在《解释篇》16b22，亚氏认为“是”(包括所有动词)，起到了“综合”的作用。也见《克拉底鲁》431c和亚里士多德《诗学》1458a28。此处认为名词和动词的综合形成了命题，道理相同，但是逻辑的命题不同于语法的句子，前者相对于推论而言。

阿姆莫尼尤斯《〈前分析篇〉评注》5.11—15，παρὰ τοῖς γραμματικοῖς ἔστιν σύνθεσις καὶ ἀνάλυσις, σύνθεσις μὲν καθ' ἣν ἀπὸ τῶν στοιχείων ἢ τῶν συλλαβῶν συντιθέασιν ὀνόματα ἢ ῥήματα, ἀνάλυσις δὲ καθ' ἣν τὰ συντεθέντα ἀναλύουσιν ἐπὶ τὰ ἁπλᾶ ἐξ ὧν συνετέθη, εἰς τὰς συλλαβὰς καὶ τά στοιχεῖα(综合和分析就在文字之中，按照综合，名词或动词由字母和音节综合而来；按照分析，被综合者又分析为综合成它

们的简单者，即音节和字母）。

波菲里《〈范畴篇〉评注》57.29—58.3的讨论更详尽，τεθεισῶν δὲ τοῖς πράγμασι συμβολικῶς τινων λέξεων προηγουμένως, πάλιν ὁ ἄνθρωπος κατὰ δευτέραν ἐπιβολὴν ἐπανελθὼν αὐτὰς τὰς τεθείσας λέξεις θεωρήσας τὰς μὲν τοιοῦτον φέρε τύπον ἐχούσας, ὥστε ἀρθροις[①] συνάπτεσθαι τοιοῖσδε, ὀνόματα κέκληκε, τὰς δὲ τοιαύτας οἷον τὸ περιπατῶ, περιπατεῖς, ῥήματα, δηλώματα τῶν ποιῶν τύπων παριστὰς τῶν φωνῶν διὰ τοῦ τὰς μέν ὀνόματα καλέσαι τὰς δὲ ῥήματα, ὥστε τόδε μέν τι τὸ πρᾶγμα καλέσαι χρυσὸν καὶ τὴν τοιαύτην ὕλην τὴν οὕτω διαλάμπουσαν προσαγορεῦσαι ἥλιον τῆς πρώτης ἦν θέσεως τῶν ὀνομάτων, τό δὲ τὴν χρυσὸν λέξιν είπεῖν εἶναι ὄνομα τῆς δευτέρας θέσεως καὶ τοὺς τύπους τῆς ποιᾶς λέξεως σημανούσης（某些言词首先以习惯的方式被设置给实物，接着，人们按照第二次使用，返回到这些被设置的言词，有一些言词，如果它们具有这样特征（印象），即，可以用诸如连接词联结在一起，那么人们谓之名词；而诸如περιπατῶ和περιπατεῖς这样的言词，谓之动词；通过命名一部分为名词，一部分为动词，人们就揭示了语音有何种特征（印象），这样，命名某个实物为金子、称呼这样闪闪发光的物质为太阳，这都是对名词的第一次设置；说χρυσὸς这种言词为名词，这是第二次设置，它指出了什么样的言词包含[什么样的]特征）。

希腊哲学的发展就是逻各斯的生长，生长的始初点就是词与物关系的建立，然后是句子、文辞等等。不同的运用逻各斯的科学和技艺对于语言的理解和追求多有不同，哲学是其中最能真实运用语言并且将之与外部世界进行联系的科学。

---

① 见《诗学》1457a13的定义，看起来，动词是不需要连接词的。英语articulate来自此词，意思就是分节或关节，所以各种名词都是以分节的方式成为一个个个体的。

"特殊",原文为ըստ մասին, մաս即部分,这个词组翻译的是希腊文的κατὰ μέρος。这指的是证明式推论、论辩术式推论等具体种类的推论。如Topchyan(2010:41)指出的,κατὰ μέρος也表示轮流,分别地,因此亚氏要按照一定次序来逐一介绍。

2. Արդ, յաղագս առաջին դրութեան պարզ ձայնիցն ի Ստորոգութիւնսն ճառեաց, իսկ յաղագս երկրորդ դրութեանց պարզ ձայնից, այս ինքն՝յաղագս անուանց և բայից՝ ի Յաղագս մեկնութեան, յորում և վասն նախադասութեանց ճառեաց, այս ինքն է՝ յաղագս առաջին շարադրութեան պարզ ձայնից, յորոց՝ ամենայն հաւաքմունք: Յաղագս ընդհանուր հաւաքման յառաջիկայումս ճառէ իրողութեան, յաղագս ըստ մասին հաւաքմանց՝յետ այսր իրողութեանս ճառէ, և յաղագս ապացուցականին՝ ի յԵրկրորդումս վերլուծականումս: Իսկ յաղագս տրամաբանականին՝ ի Տեղիսն, իսկ յաղագս ճարտասանականին՝ ի Յաղագս ճարտասանականութեանց արհեստս, իսկ յաղագս իմաստականին՝ ի Յաղագս իմաստականութեանց յանդիմանութեանց, իսկ յաղագս քերթողականին՝ ի Յաղագս քերթողականութեանց:

3. Արդ, յառաջագոյն է առաջիկայ իրողութիւնս ամենեցուն՝ ըստ մասին հաւաքականաց իրողութեանց, վասն զի և պարզ հաւաքումս՝ ըստ մասին էիցն: Իսկ Ստորոգութեանցն իրողութիւն յառաջագոյն է, քան զՅաղագս մեկնութեան, որ է պարզ ձայնիցն երկրորդ դրութիւն: Իսկ Յաղագս մեկնութեան քան զՎերլուծականսն , վասն զի երկրորդ դրութիւն յառաջագոյն է քան զառաջին շարադրութիւն: Եւ

առաջին շարադրութիւն՝ պարզ հաւաքման: Եւ այսորիկ՝ յաղագս կարգաւորութեան[①]:

2. 那么，他[亚里士多德]在《范畴篇》中曾讲到了简单语音的初次设置，在《解释篇》中，他本人又讲到了简单语音的第二次设置，即名词和动词，在那里，他也提到了命题，即，简单语音的第一次综合，[这些综合]属于所有推论。在当前这部论著中，他讲到了一般推论，在这部论著后面，他还提到了特殊推论；在《后分析篇》中，他说到了证明性[推论]，在《论题篇》讲述了论辩术式[推论]；在《修辞术》中讲述了修辞术式[推论]；在《论智术式反驳》中讲述了智术式[推论]；在《诗学》中说了诗术式[推论]。

3. 那么，当前这部论著先于所有其他[相关]特殊推论的论著，因为一般推论也[先于]特殊推论。《范畴篇》的研究先于《解释篇》——也就是简单语音的第二次设置。《解释篇》先于《分析篇》，因为第二次设置先于第一次综合；第一次综合先于一般推论。关于次序，就这么多。

"《范畴篇》"，原文为Ստորոգութիւնսն，这里是ստորոգութիւն 的复数，前缀ստոր为向下，这翻译了希腊文的κατηγορία，动词为κατηγορέω，前缀κατά同于ստոր。范畴是亚里士多德逻辑学谓词理论的核心。在《范畴篇》3a19和《后分析篇》84a1有相关说明。《范畴篇》一书介绍了各种词类和词项，这些都为逻辑学做了准备。大卫《〈范畴篇〉评注》131.33—132.2[②]和阿姆莫尼尤斯《〈前分析篇〉评注》1.25—26中的说法都相同。

"《解释篇》"，原文为Յաղագս մեկնութեան，直译就是《论

① 在M7151抄本中，之后有պարզ հաւաքման(一般推论)。

② 大卫亚美尼亚文的《〈范畴篇〉评注》中没有这段文字，有学者怀疑希腊文的评注应该是艾利阿斯所写。

解释》。մեկնութիւն 词根为մեկին，来自մե(մի，即一)和կին(属于)，为一就是最简单的，因此最清楚，这就是解释的目的，这翻译的是希腊文的ἑρμηνεία。这个词表示解释和表达，所以在《解释篇》中，亚里士多德要关注名词和动词的区分，这是表达和命题形成的关键。

(四)两个主要词类

"名词和动词"，"名词"为անուն，在印欧语中与希腊文ὄνομα，拉丁文nomen，英语name都同源。见《解释篇》16a19—21，"名词(ὄνομα)是遵循习惯(κατὰ συνθήκην)能表义的(σημαντική)语音，没有时态(ἄνευ χρόνου)，其部分若被分离则不能表义"。如"卡里珀斯"(Κάλλιππος)中，ιππος不表义，不像在καλὸς ἵππος(良马)这个短语中表义。《诗学》1457a11，"名词是被综合的(συνθετὴ)能表义的语音，没有时态，其组成部分并非自在地能表义(καθ᾽ αὑτὸ σημαντικόν)"。希腊文中，如代词也可以为ὄνομα。

"动词"为բայ，来自动词բալ(说)，բայ与希腊文φάσις(说)同源，翻译的是希腊文ῥῆμα(比较"修辞术"一词)，也表示"说"。因此所谓"动词"，其实就是"述词或谓词"，这是就逻辑关系来命名的，而不是从词类的实指。最为重要的是，动词都不能成为主词，除非转变为分词，但那指的是动词指涉的名词化性质。

《解释篇》16b6—7，"动词附加意指时间(τὸ προσσημαῖνον χρόνον)，其部分分离时不表义，它是陈述其他事物的符号(τῶν καθ' ἑτέρου λεγομένων σημεῖον)"。它"谓述某事物(κατά τινος ὑπάρχει)"。[①]《诗学》1457a14，"动词是被综合的有时态的

① 亚里士多德区别了动词和动词的时态变格，他似乎认为后者不属于前者，前者只是现在时。但是它们都可以组成命题。

能表义的语音，其部分自在地(καθ᾽ αὑτό)[①]不表义，不像名词一样”。καθ' ἑτέρου是动词的本质，就是谓述其他事物。有时形容词似乎也被称为ῥῆμα(《解释篇》20b1)，首先因为，它也谓述名词，其次，系动词“是”为连接成分，起着动词的作用(常常被省略，如，苏格拉底是白的，希腊文就是，苏格拉底，白的)。

从古希腊文词形和语法的角度，所有动词都包含了“是”，都先谓述了主词的“存在”性质。如，他在跑，即，“他存在且跑着”或“他以跑的方式存在”。不论谓词表示偶性、种属还是定义，“是”都是关键(如《解释篇》16b22)，它的后面可以接所有谓述主词的词。严格来说，“是”就是谓词的核心，但在后来的逻辑学中，“是”仅仅成为了连词(copula)，甚至不是主词的性质，这样，谓词就成为了“是”后面的部分，如，中国人是人，主词和谓词都是名词(日常语言的所有非名词谓词都可以写为“S是名词”的形式，这样便于换位)。

名词和动词的区分就是主词和“是”的划分。从逻辑的角度，有的学者合理地把ὄνομα和ῥῆμα译为主词(subject)和谓词(predicate)。亚里士多德对这两者的定义也主要着眼于逻辑学，而不是语法学，因此在《解释篇》中进一步论述了命题(见20b23)。命题必定由名词和动词(包括形容词)组成。

斐洛珀诺斯《〈前分析篇〉评注》4.32—5.5说，ἔδει περὶ ἀποδείξεως μέλλοντα διδάσκειν τὸν φιλόσοφον πρότερον διαλεχθῆναι περὶ ἁπλῶν φωνῶν τοῦτο πεποίηκεν ἐν ταῖς Κατηγορίαις · δεύτερον περί τε τῆς ἐν αὐταῖς διαφορᾶς καὶ πρώτης συνθέσεως · τοῦτο πεποίηκεν ἐν τῷ Περὶ ἑρμηνείας περὶ ὀνομάτων καὶ ῥημάτων καὶ προτάσεων διαλαβών. καὶ

① 《解释篇》用了“分离时”，因为动词单独拿出来，毫无意义，意义取决于和主词的联结。

αὕτη ἡ πρώτη σύνθεσις τῶν ἁπλων φωνῶν, τουτέστιν οἱ ἁπλοῖ λόγοι(打算教授证明的哲学家[亚里士多德]要先讲述简单语音，他在《范畴篇》中有所处理；第二，讨论这些语音的差别和第一次设置；他在《解释篇》中论述了名词、动词和命题。这是简单语音的第一次综合，也就是简单的陈述[命题]。陈述或命题相对于推论而言就是简单的)。显然，《范畴篇》和《解释篇》是通向证明的手段。这个过程就类似感觉上升至努斯。

“论题篇”，即Տեղիսն，为名词տեղի的复数，这个词含义就是地点、位置，来自名词տեղ，印欧语中同源词如希腊文的ἕζομαι(坐)、英语sit、德语sitzen。它翻译的是希腊文的τόπος或τοπικά，英语为topics。这个词首先在修辞家那里表示演说的论题，即演说在论证时所要建立的主题或论点以及所展开的主要论证或论据，这个部分就是说服听众的核心，也就是一个论证建立并产生效力的“地点”。亚里士多德在讨论论辩术和修辞术时都突出论题，但是仅在《修辞术》中才详述了这一概念，反倒是《论题篇》没有做定义。论题被定义为各类演说中出现的普遍元素(στοιχεῖον)，也就是利用修辞术推论和归纳(例证)组成的演说程式，不论哪种题材，都会用到，这见《修辞术》1358a14, 1396b30, 1397a7, 在II.23中，亚氏罗列了各种论题。《论题篇》也以列举论辩术论题为主。

“在当前这部论著……诗术式[推论]。”亚历山大《〈前分析篇〉评注》14.18—18—22的说法相同，在最后，他说这些特殊推论都遵循了“对推论的普遍研究”(τῇ κοινῇ περὶ συλλογισμῶν πραγματείᾳ)。也见斐洛珀诺斯《〈前分析篇〉评注》4.14—16。《前分析篇》29b2—25指出了讨论的对象是一般推论。

大卫列举的著作顺序，是逻辑的，不是时间的。从时间上，这几部著作的顺序为：

公元前367—前347年：《范畴篇》、《解释篇》、《论题篇》II—VII, VIII, I, IX(即《论智术式反驳》)、《分析篇》、《诗学》、《修辞术》I—II。

公元前355年到柏拉图去世：修改《修辞术》I—II、《修辞术》III。

公元前334—322年：《修辞术》II.23—24。[1]

从思想发展来说，论辩术是一般推论发展的先导，从逻辑上看，则是亚于它的特殊推论。

4. Յետ որոյ ասասցուք և զպատճառս մակագրութեան: Մակագրեալ է առաջիկայ բոլոր իրողութիւնս՝Վերլուծականք ի միոյ հատածէ[2]՝յերրորդէն առաջին բանին: Այլ զի ստուգաբար գիտասցուք զասացեալդ, ասասցուք զառ ի մասնկունս բաժանումն: Արդ, բաժանի առաջիկայ բոլոր իրողութիւնս Վերլուծականաց ի չորս ճառս: Եւ առաջինք երկու ճառքն՝ Առաջին վերլուծականք մակագրեալք են, իսկ վերջինքն երկու ևս ճառք՝ կամ Վերջինք և կամ Երկրորդ վերլուծականք. և արդ յառաջինսն յերկու ճառսն յաղագս պարզ հաւաքման բուռն հարկանէ: Արդ, երկաքանչիւրոցն երկակացն՝ յառաջին ճառսն այս ինչ: Առաջինն և երկրորդն բոլոր իրողութեանս յաղագս տեսակի զոն ասացեալք իւրեանց հաւաքմանն [3], իսկ երրորդն և չորրորդն՝ յաղագս նիւթոյ իւրեանց հաւաքմանն զոն ասացեալք:

4. 下面，我们要讨论书名的成因。他通过其中一部分，也就是第一论第三部分，给当前这部论著命名了题目[4]《分析篇》。但

---

① 见Düring(1966:48—52)。Solmsen(1929)的顺序为《论题篇》I—VII、《后分析篇》I、《论题篇》VIII—IX、《后分析篇》II、《前分析篇》。《前分析篇》后于《后分析篇》这个观点已经被Ross、Kapp等学者否定了。

② հատածն即τμῆμα，指卷下面的章节和部分。

③ 这句直译就是“属于它们的推论”，意思不明，也可能“它们的”指这两卷。

④ 原文用了分词մակագրեալ，与մակագրութիւն(题目，书名)同源。

是为了确切了解他所讲的意思[①]，我们还是将之划分为[两个]部分。这部论著整个分为四卷，前两卷题目为《前分析篇》，接下来两卷为《后分析篇》或《第二分析篇》；在前两卷，他处理一般推论。那么在每一对[②][卷数]中，前[两]卷针对这样的[内容]，[他用]整部论著的第一和第二卷论述推论的类型；而第三和第四卷论述推论所针对的事务。

这一小节也是亚历山大里亚学派关注的问题，就是《分析篇》的主旨，它仍然要区分《分析篇》两部分的功能。这两部分都是“分析”，但对象和目的都不同。

（五）《分析篇》与“分析”方法

《分析篇》之所以得名，自然因为“分析”。如在《前分析篇》47a4有，ἔτι δὲ τοὺς γεγενημένους ἀναλύοιμεν εἰς τὰ προειρημένα σχήματα；49a18说，οὕτω μὲν οὖν γίνεται ἀναλυσις；《后分析篇》91b13有，ἐν τῇ ἀναλύσει τῇ περὶ τὰ σχήματα。均提到了分析概念(有名词和动词)。概言之，《分析篇》的分析就是将(1)推论化约为各种“格和式”(47a2)；(2)将不完善的推论转化为完善的推论(51a18)；(3)把经验事实分析为各种科学模式。所有推论都具有公理的基础，以完善推论为起点，逻辑就可以进行不证自明的推导。《前分析篇》的“分析”用于命题获得确切的结论，这是逻辑学层面的；《后分析篇》的“分析”既要证明结论，同时又要探明外在自然和人事等事实，这就是标准的科学。[③]后一种分析已经与综合、经验相联系。Byrne(1997:25)总结了亚里

① 原文用了“说”的分词结构。
② 指前两卷，原文为երկաքանչիւրոցն երկակացն。
③ 也见Ross(1957)导论(1—2)。

士多德的分析概念：(1)拆解(loosing up)某事的过程，这预设了某事必需或者能够被拆解，而且某事预先是压缩和无差别的。(2)物理学上指分解、还原，这种用法不多，也不都有还原论的性质。(3)在各成分之中同时探明其完整而合理的互联模式。但是(a)整体不会被消解；(b)这个模式并没有压缩给定的内容；(c)必须知道互联关系，才能认识成分的同一和差异性。(4)亚氏也许把几何学中的分析(柏拉图学院的做法)引入到论证中用来发现问题。如几何学中会从已知内容出发，用分析寻找所缺的直线；论证中，如果词项和前提缺少，也要把结论分解为各种要素，补充缺少的内容。(3)和(4)结合，一方面发现模式，一方面补充必要成分。(5)几何学需要预先学习定义、证明和构建方法等，因此逻辑学也要掌握相关原则，只有这样才能分析。[①]

Byrne(1997:90—91)也解释了分析与证明性科学的关系：(1)推论分析从感觉到的语音和词项开始；科学知识也从感觉到的事实出发。(2)前者关注命题中的谓词为何谓述主词；后者关注主词和谓词构成的命题(词项的多重，89b26)所表达的事实。(3)前者不满足于简单事实，要将之拆解为“问题”(πρόβλημα)；后者要发现为何事实的主词和谓词会相连，为什么事实会转换为“问题”。(4)前者要找到这样一个推论，让问题必然地从它构建的合理互联关系中推出；科学要寻求对事实的证明性推论，寻求中项和格式，用合理的词项联结来表达事实间的互联关系。这两者的关系就是大卫所关注的，他认为《分析篇》就是在类比这两者，将前者用于后者，都是“发现隐藏的存在或事物”，从前者到后者，就是从思想对感觉的分析逐级上升到努斯的澄明(这还要高于科学)。这种理解显然是正确的。

---

① 亚里士多德的“分析”概念正是来自几何学和数学，如《尼各马可伦理学》1112b20，见Einarson(1936:36—41)。

"第一论第三部分"。"论"，用了բան，即言辞和言论，指的就是"卷"(即下面的ճառ)，Topchyan译为book，Papazian译为discourse。这里说的"第三部分"，见下面第5节。大卫的这个划分是根据亚里士多德文意做出的，现代的章节划分(如Bekker)并不相同。

第三部分从47a2—5开始，亚氏说，εἰ γὰρ τήν τε γένεσιν τῶν συλλογισμῶν θεωροῖμεν καὶ τοῦ εὑρίσκειν ἔχοιμεν δύναμιν, ἔτι δὲ τοὺς γεγενημένους ἀναλύοιμεν εἰς τὰ προειρημένα σχήματα, τέλος ἂν ἔχοι ἡ ἐξ ἀρχῆς πρόθεσις(如果我们考察了推论的产生，并且具有了发现[前提]的能力，那么接下来，我们要把已经产生的推论"分析"为已经说过的格，这样[我们]一开始确立的任务就完成了)。这指的是把推论分析为各种格的做法。大卫认为在这里，亚氏命名了《分析篇》，或者大卫的意思是，亚氏在这里正式提出了全书的核心"分析"。当然，这个分析还不是最高层次的。从下文看来，大卫明确将这个分析与《后分析篇》的分析区别开来。也见亚历山大《〈前分析篇〉评注》7.23。

"整部论著的……推论所针对的事务。""类型"，即տեսակ，Topchyan译为species，Papazian译为form，这个词也可以表示本性或特征。《前分析篇》两卷论述的是如何获得推论的格式，也就是各种一般推论。从材料和功能上，推论的属种是证明性、论辩术式、修辞术式等等；从形式和格式上，推论的属种分为三格，十四式等。"事务"，即նիւթ，也指主题、质料和材料，这指《后分析篇》要处理的事务，也就是科学的对象(外部事实)。

Papazian改变了抄本的意思，他主张第一和第三卷处理推论类型；第二和第四卷处理事务。他认为大卫遵循了阿姆莫尼尤斯《〈前分析篇〉评注》4.17—19的看法，阿氏指出第一卷讨论类型，第二卷论述事务。Papazian依此将第三和第四卷也分别归入其中，他的意思似乎是第三卷讨论证明性推论的类型，第四卷讨论事务。这样的话，事务就指推论本身的性质或关系等。他的看法不是没有道理，但没有抄本的证据。[1]

5. Իսկ առաջին ճառն Առաջնոց վերլուծականացն բաժանի յերիս հատածս: Եւ առաջին հատած նորին յաղագս լինելութեան է առաջին, այս ինքն` յաղագս պարզ հաւաքման: Իսկ երկրորդ հատածն յաղագս առատութեան առաջարկութեանց է, իսկ երրորդն` յաղագս վերլուծութեան հաւաքմանցն: Բայց յամենայն ուրեք, գրեթէ յամենայնում ճառում յիշէ յաղագս վերլուծութեան հաւաքմանց: Սակայն երրորդ հատածն յաղագս վերլուծութեան հաւաքմանց մակագրեցաւ, վասն զի բազմաց ելոց յեղանակաց վերլուծականաց` գրեթէ զբոլորն յարադրէ յերրորդումն հատածին:

5. 《前分析篇》第一卷分为三部分。其第一部分相关[推论的]第一次产生[2]，也就是一般推论。[3]第二部分关涉前提的顺利提出[4]，第三部分涉及了对诸推论的分析。但是[5]在所有地方，几乎所有卷[6]中，他都提到了对诸推论的分析。不过，第三部分被命

---

① 见Düring(1966:58)，《分析篇》第二卷是不同小论文合并而成，和第一卷并无接续，处理了推论的性质；解释了错误推论；分析了五个论辩术的推论。第三卷处理证明的科学，内容比较统一。第四卷日常语言较多，处理的是科学的基本问题，确定科学的研究对象。这样看，抄本的内容更佳。

② 原文为լինելութիւն，来自动词լինել，即生成和产生，翻译的是希腊文γένεσις。推论的第一次产生源于命题的联合，比较词的第一次设置，词的第一次综合。

③ 这句Topchyan(2010:45)认为也许有后人补充的字句，应为“其第一部分相关一般推论的产生”。

④ 原文为առատութիւն，即丰富，առ即凭借，տուր即名词，给予和提供，这个词翻译的是希腊文的εὐπορία，词根来自φέρω，直译就是很好地提供出来。

⑤ 这个转折是说明，虽然第三部分才提到对推论的分析，但《前分析篇》的主旨就是它。后面的转折是说明，虽然主旨是它，但第三部分才适合谈论它。

⑥ 指《前分析篇》的两卷。

名为“论诸推论的分析”，因为分析的模式[1]数量很多，他在第三部分差不多全描述完了。

（六）《前分析篇》的三部分

“分为三部分”。大卫《波菲里〈导论〉评注》[2]的说法与此处一致。[3]

亚里士多德在《前分析篇》三个地方分别总结了之前的论述内容，因此每个地方之前的内容就构成一个部分：

(1) 43a16—24, Πῶς μὲν οὖν γίνεται πᾶς συλλογισμὸς καὶ διὰ πόσων ὅρων καὶ προτάσεων, καὶ πῶς ἐχουσῶν πρὸς ἀλλήλας, ἔτι δὲ ποῖον πρόβλημα ἐν ἑκάστῳ σχήματι καὶ ποῖον ἐν πλείοσι καὶ ποῖον ἐν ἐλάττοσι δείκνυται, δῆλον ἐκ τῶν εἰρημένων(前述已经表明：所有推论如何产生，它们通过多少词项和前提而产生，这些词项和前提又如何彼此相关；每个格中有什么样的问题被证明，用更多的格和较少的格又能证明什么样的问题)。

(2) 46b38—47a9，总结上文，Ἐκ τίνων μὲν οὖν αἱ ἀποδείξεις γίνονται καὶ πῶς, καὶ εἰς ὁποῖα βλεπτέον καθ' ἕκαστον πρόβλημα, φανερὸν ἐκ τῶν εἰρημένων(前述已经表明：诸证明从哪里产生；应该具体关注什么样的问题)；开启下文，Ἐκ τίνων μὲν οὖν αἱ ἀποδείξεις γίνονται καὶ πῶς, καὶ εἰς ὁποῖα βλεπτέον καθ' ἕκαστον πρόβλημα, φανερὸν ἐκ τῶν εἰρημένων(上一小节有译文)。

---

① 原文为եղանակ，即方式，特征和模式，如动词եղանակել，即按模式调整；Papazian译为种类，不确。

② 见Busse(1904:31)。

③ 亚美尼亚文译本188.2中，为յերիս հատածս բաժանի առաջիկայ շարագրութիւնս。

(3) 52b38—53a3，总结整个第一卷，Ἐν πόσοις μὲν οὖν σχήμασι καὶ διὰ ποίων καὶ πόσων προτάσεων καὶ πότε καὶ πῶς γίνεται συλλογισμός, ἔτι δ' εἰς ποῖα βλεπτέον ἀνασκευάζοντι καὶ κατασκευάζοντι, καὶ πῶς δεῖ ζητεῖν περὶ τοῦ προκειμένου καθ' ὁποιαν οὖν μέθοδον, ἔτι δὲ διὰ ποίας ὁδοῦ ληψόμεθα τὰς περὶ ἕκαστον ἀρχάς, ἤδη διεληλύθαμεν (我们已经考察过了：推论在多少格中，通过什么样和多少前提，在何时，以什么方式产生；反驳和证成论证的人应该关注什么样的问题；应该如何并以什么样的方法来探寻既定任务；以什么样的途径我们会把握每件事情的起点[即中项])。

斐洛珀诺斯《〈前分析篇〉评注》5.25—28说，διαιρεῖται τοῦτο τὸ βιβλίον εἰς κεφάλαια τρία, καὶ διδάσκει ἡμᾶς τὸ μὲν πρῶτον μέρος τὴν γένεσιν τοῦ συλλογισμοῦ, τὸ δὲ δεύτερον τὴν εὐπορίαν τῶν προτάσεων, τὸ δὲ τρίτον τὴν εἰς τοὺς συλλογισμοὺς ἀνάλυσιν(这一卷分为三部分[章]，在第一部分，他教授了我们推论的产生；第二部分，他教了前提的顺利提出；第三部分，他教了对诸推论的分析)。

大卫的这三部分为：

(1) 推论的产生，对应今本的1—26章(1—3为序论；4—7论格式；8—22论模态推论；23—26总结三个格的特征)。

(2) 前提的来源，发现各种能够获得结论的前提，对应今本27—31章。

(3) 对推论的分析，把所有推论分析为前面讲过的格式，对应今本32—46章。

大卫认为前两卷无处不讲分析，这与文本是相符的，而且他暗示了第三部分是重点，因此从这里开始，分析成为了明确的主题，这为了后面的两种分析都做了准备。

“诸推论的分析”，这个题目见斐洛珀诺斯评注315。大卫也许指的是评注传统中对这部分的命名，亚氏似乎没这么说过。

6. Բայց յատուկ լինելութեան հաւաքմանցն է՝ առնուլն առաջարկութիւնս ոմանս, որպիսիք կարողք գոն շարադրիլ որպէս ազգակիցք, և հիւսել զնոսա, և գտանել զհետևողն նոցա, այս է՝ զհետևութիւն նոցին՝ բաղեզերումն. Որգոն՝ զբանականն, զմահկանացուն, զանմահն, որ հաւաքի ի մարդ կամ ի հրեշտակ: Իսկ յատուկ լինելութեան առաջարկութեանց է՝ առնուլն զինչ և է բաղեզերութիւն և գտանել զառաջարկութիւնս, որք յարդարեն զնա: Որգոն՝տուաւ ինձ առաջարկութիւն, եթէ՝ Անձն անմահ է. արդ, կամ է իմ՝ գտանել զառաջարկութիւնս, որք յարդարեն զնա: Եւ դարձեալ տուաւ ինձ որպէս որք առ այլ առաջարկութիւնս, եթէ՝ Անձն անմարմին է. Արդ, կամ է իմ՝գտանել առաջարկութիւնս այնպիսիս, որպիսիք զնա կարողք գոն յօրինել: Իսկ յատուկվերլուծութեանէ՝ ի հաւաքմանցնառնուլնհաւաքումն, որպիսի ինչ և է, և վերլուծանել զնա յայնս յորոց շարադրեցեալ գոյ. այս ինքն՝ որո՞յ ձևոյ է, և ո՞ր է աւարտուն և ոչ աւարտուն, և զիա՞րդ մարթ գոյ զերկրորդում ձևումն հաւաքումն վերլուծանել յառաջին ձևն: Եւ դարձեալ՝ զիա՞րդ մարթ գոյ՝ զանկատարսն ի հաւաքմանց ի կատարումնածել: Եւ այսոքիկ՝ յաղագս ի մասնկունսն բաժանմանբոլոր առաջինկայիսիրողութեանհաւաքմանց, որ մակագրեալ գոյ Վերլուծականքx՝ յերրորդ հատածէ առաջին ճառին:

6. 但是"产生推论"的固有之处就在于可以把握[1]那些能被

① 即առնուլ，接受或获得。

综合为相互关联的前提，可以编织它们，可以发现从其中推出的事情，也就是它们的蕴涵[命题]——结论。例如，“理性的”、“可朽的”、“不朽的”，通过这些，人们能对人或天使进行推论。

而“产生前提”的固有之处就是把握结论、发现证成结论的前提。例如，有人给我一个前提：“灵魂是不朽的。”那么，我就想发现确立它的那些前提。接着他又给了我一个[前提]([好像是为了让我发现]其他前提)：“灵魂是无形质的。”那么，我又想发现那些能适合它的前提。

而分析的固有之处则是，从一组推论(无论它们是什么)中获得一个推论；将一个推论分析为那些综合成它的东西。也就是[相关这样的问题]：它属于哪一格？它是完善的还是不完善的？如何能将第二格的推论分析为第一格？如何能让不完善的推论变成完善的？

这部讲推论的论著——基于第一卷第三部分而得名为《分析篇》，关于它的划分，就这么多内容。

上一小节区分了《前分析篇》三个部分，这一小节进一步指明它们之间的内容差别。

“‘产生推论’的固有之处……前提。”“固有之处”，即形容词յատուկ，意为专属于或作为某属的种，表示一个事物的特征和性质，来自հատուկ，հատ即分支、部分，动词հատանել，即分割、砍削。因此这里谈到的性质不是本质，只是属性，但却是“必然或专属的”性质。Topchyan译为characteristic，不如Papazian的proper to。

“那些能被综合为相互关联的前提”，即，առաջարկութիւնս ոմանս, որպիսիք կարողք գոն շարադրիլ որպէս ազգակիցք。前提为առաջարկութիւնս，比较նախադասութիւն，均见I.5，这两个古亚美尼亚文都对应希腊文的πρότασις。“被综合”，

շաղադրիլ，也见II.1，这里具有了逻辑学的含义，与“分析”相对比。在古希腊几何学中，综合与分析都是重要的数学方法。“相互关联”，即ազգակից，表示亲缘的、相近的，由两部分组成，ազգ为国家、种族、种类，կից为相近，在印欧语中，这个词的词源含义就是“二或双”，与希腊语δύο，英语two，德语zwei均同源。所以这个相互关联，指两个东西的结合，也就是大前提和小前提，这两个部分的结合就是“综合”。

“编织”，原文为հիւսել，见特密斯提欧斯《〈前分析篇〉评注》134.1，说πῶς δ' αὐτοὺς ἐν τῷ γενέσει τῶν προτάσεων συμπλέκειν ἀλλήλοις（人们如何在前提的产生中将它们互相编织在一起）。Συμπλέκειν或πλέκειν是希腊哲学家常用的词，πλέκειν在柏拉图《泰阿泰德》202b中表示音节和词的综合。而συμπλέκειν（名词συμπλοκή）是逻辑学中的关键概念：在柏拉图《智者》262d中表示命题的综合，如συμπλέκειν τὰ ῥήματα τοῖς ὀνόμασι（把动词或谓词和名词或主词编织在一起）；《泰阿泰德》202b说τὰ ὀνόματα αὐτῶν συμπλακέντα λόγον γεγονέναι: ὀνομάτων γὰρ συμπλοκὴν εἶναι λόγου οὐσίαν（被编织的事物的词项形成了命题，因为词项的编织就是命题的实体）。亚里士多德《前分析篇》49a8指出了κατηγορίαι συμπεπλεγμέναι（被编织的范畴）。这是语言层面的第一步编织或综合，就是“谓述”。当然，在此之前，将词项与观念对应，希腊哲学家也认为是编织。大卫和特密斯提欧斯更进一步把命题的结合称为编织，其结果就是推论。编织不是机械的合并，而是逻辑推导的过程，正如人们编织物品，不是机械地叠加，而是按一定程序和理路进行综合。

“从其中推出的事情”，即հետևողն，词根հետ，即脚、脚印、踪迹，动词即հետեւել，追随。在XII.8有հետևեցեալն，它翻译的是希腊文τὸ ἑπόμενον（后随的，来自动词ἕπεσθαι），即逻辑结论或结果。脚印就是在身后留下的印记，通过前面行走的步伐（前提），可以推出这些印记(结论)。比较I.7的比喻，猎犬通过踪迹追踪猎物，这是把脚印当作前提，猎物成为结论，虽然与此处相反，但是观念一致。这句话指出了古希腊逻辑推理的本质。

“蕴涵”，即հետեւութիւն，比较上一句，它仍然联系հետևողն，即被推出的命题，它翻译的是希腊文的ἀκολουθία，来自动词ἀκολουθέω，也是追随的意思。ἀκολουθία直到希腊后期才成为逻辑学的概念，英文一般译为implication，中文也采取了逻辑学中固定的译法。ἀκολουθεῖν和ἕπεσθαι，这两个动词在逻辑上有五个不同的意思：(1)在先的伴随或前件(antecedence)；(2)后继或“结果(consequence，后果，后件)”；(3)同时伴随；(4)潜在的(δυνάμει)或事实伴随；(5)相互矛盾或互为结果，可换位。前提与结论的先后，是逻辑的，不是物理时间上的先后。

“结论”，բաղեզերուսմն，即结论，下面还有բաղեզերութիւն。前缀բաղ即一起、相连；词根即եզր，边界、界限、终点。它翻译的是希腊文的συμπέρασμα(有时也用来指结论的主词)，从前缀到词根都严格与之对应。大卫也会使用的词来翻译希腊文。结论就是推论完结的地方，一个推论永远都是封闭的，结论不可能开放。也见亚历山大《〈前分析篇〉评注》17.27—29，ὁ συλλογισμὸς ἀναγκαίως ἔχει τὸ συμπὲρασμα ἑπόμενον τοῖς κειμένοις(推论必然地拥有跟随既定项的结论)。跟随暗示了“蕴涵”。

大卫认为“产生推论”的固有之处就是“编织前提，推出结论”，这还不是证明性推论的本质，因为它的公理系统(或近似系统)才是最核心的，分析方法才是其本质。一般推论的种类中，论辩术和修辞术都可以从前提得出结论。因此，这个固有之处不是绝对的，而是相对于下面两点来说的。

(七)发现前提的过程

“‘产生前提’……能适合它的前提。”《前分析篇》第二个部分处理前提的获得，这部分连同前面对于推论的讨论，在形式上都没有增加什么新的内容，因此颇受非议。不过Kapp的看法比较公允，①他认为亚里士多德并不关心推论如何产生新的内容，相反，他看重一个实践任务：就是如何根据既定的结论来发现必需的前提。这种说法几乎和大卫完全一致。可以说，《前分析篇》不再关注如何推论(像各种特殊推论一样)，而是分析推论的元素，这种分析的技术着眼于“元推论”。不过在大卫看来，推论还是可以发现新东西的，只不过亚氏没有表明如何发现，因为逻辑学就其框架来说是一种形式，内容总是需要经验才能充实。

“证成”，原文为յարդարեն，来自动词յարդարել，由前缀յար(持续总是)和词根դարել组成，译自希腊文的κατασκευάζειν，但前缀其实对应希腊文的παϱά。这个词是亚氏逻辑学中的关键术语，表示建构和证明一个肯定命题，或确立一个公设，如《前分析篇》43a2，与ἀναιϱέω和ἀνασκευάζω相反，后两者都表示否定和消解，见《论智术式反驳》176b36。也见《修辞术》1397a1开始，也说，“证明性[修辞演绎]中有一种论题，来自诸相反；因为，应该考虑是否[一对相反谓词中的]一个谓述[一对相反主词中的]一个，如果不谓述(ὑπάϱχει)，就驳斥(ἀναιϱοῦντα)，如果谓述，就证成(κατασκευάζοντα)”；1401b3说，“以夸大(δεινώσει)来证成(κατασκευάζειν)或推翻(ἀνασκευάζειν)”。这里的命题虽不属于证明，但道理相通。上面I.4用到了另一个词ստորանիւթել，它与κατασκευάζειν同源。

发现前提的过程以大卫举的“灵魂是不朽的”(անձն անմահ է)为例：这是结论，该命题虽然没有给灵魂标明量词，但表示一个普遍类，是全称，即SaP，灵魂为S，不朽的为P。那么结论为a的有效三段论只有Babara式，也就是只能添加两个a命题：MaP和SaM，

① 见Düring(1966:89)。

如，无形质的东西是不朽的，灵魂是无形质的东西，无形质的东西为M，即中项。如果不学习《前分析篇》，人们很难想到Babara式。又如“灵魂是无形质的”（անձն անմարմին է），仍然需要按照Babara式，则添加两个a命题：不朽的东西是无形质的，灵魂是不朽的东西，不朽的东西是中项。

大卫举的两个例子，亚历山大、斐洛珀诺斯、达玛斯吉欧斯、特密斯提欧斯和艾利阿斯都曾用到。“无形质的”希腊文为ἀσώματος，字面意思即无身体的，古亚美尼亚文与之一致。

（八）分析的本质

“而分析的固有之处……综合成它的东西。”大卫对分析方法的描述非常到位，也就是将所有形式的三段论全部化约为亚里士多德总结的三个格。这还没有进一步将三个格全部化约为第一格。三个格凡14式，[①]它们构成了所有的推论，不论推论词项如何，但是结构超不出这几个格。以这几个格为元素，就可以综合出不同的三段论。这里的综合，指分析的逆过程，也就是利用逻辑形式加上经验事实获得的针对具体事实的三段论。只要推论是“如果SaM且MaP，则SaP”，那么就都属于Babara式。因此，大卫下面举出了几个问题：①格式问题；②完善与不完善推论；③其他两格与第一格的关系；④公理分析问题。这些在后文都会涉及。

7. Բայց Վերլուծականք մակագրեցան և ոչ Շարադրականքx՝ վասն երկուց պատճառաց: Նախ և առաջին՝ վասն զի սակաւագոյն է վերլուծութիւն քան զշարադրութիւն. զի որ վերլուծանելն կարող գոյ, նա և շարադրել, բայց

---

① 亚里士多德没有列第四格，一些变体也没有涉及。

ոչ որ շարադրելն գիտէ, նա և վերլուծանել: Որպէս և ի տգիտաց իսկ յայտ է, որք երկայն շարադրել բանս գիտեն, բայց վերլուծանել զնոսա յայնս յորոց և շարադրեալքն գոն՝ ոչ գիտեն, այս ինքն՝ ի բառս և ի փաղառութիւնս և ի տառս: Երկրորդ պատճառ՝ եթէ երկրաչափականացն տեսութեանց և շարադրութիւնս ունելովն վերլուծութիւնս՝ երկրաչափքն զվերլուծութիւնսմիայն գրեն, վասն զիաւելորդ խոհեմութեան պէտս ունին: Եւ այսոքիկ այսպէս:

7. 但是，它被题名为《分析篇》而非《综合篇》，则有两点原因。第一，分析比综合更少，因为每个能分析的人也能综合，但是并非所有知道如何综合的人也知道如何分析。从无知者身上就能看到，他知道如何综合长句子，但是不知道如何将之分析为那些综合成长句子的部分，也就是词、音节和字母。第二点原因：虽然在几何学理论中既有综合，也有分析，但是几何学家只写分析，因为他们需要更多的理智。就是这样了。

在前面，大卫先区分了《分析篇》的两个部分，又讨论了《前分析篇》的三个部分，然后指出《分析篇》的得名首先在于《前分析篇》的第三部分。由于分析和综合是互补的，因此，亚里士多德的分析方法，为何最终目的不是综合呢？也即，当分析出推论格式之后，为什么不进一步阐明综合各种推论的方法呢？这是大卫本小节要讨论的。他提出两点原因，其实就是一点，分析更容易把握，更抽象一般；因为它是努斯能力的体现，是理性的最高级，而这正是哲学的本质。也见亚历山大《〈前分析篇〉评注》7.11(1.2.1)开始也论述了书名的成因。阿姆莫尼尤斯《〈前分析篇〉评注》6.31还指出，为何不叫Εὑρετικὰ(《探询篇》)，这个词来自动词εὑρίσκειν，即发现，指发现经验事实，在后期古典作家中，它相反于ἀποδεικτικός，也就是与证明相对，显然它和综合的含义相同。

也见斐洛珀诺斯《〈前分析篇〉评注》5.23开始。

（九）分析与综合

“分析比综合更少……也知道如何分析。”“综合”，原文为շարադրական，前缀为շար，词根为դրական，即确定的、实证的，来自动词դնել，即安置和设置，在词源上，与英语的do和德语的tun同源。它翻译的是希腊文的σύνθεσις，前缀和词根都与之完全符合。

亚历山大《〈前分析篇〉评注》7.11(1.2.1)认为，ἡ παντὸς συνθέτου εἰς τά, ἐξ ὧν ἡ σύνθεσις αὐτῶν, ἀναγωγὴ ἀνάλυσις(所有被综合的事物成为那些它们得以综合的成分的化约过程，谓之分析)，这是对分析的标准定义。他还说，ἀντεστραμμένως γὰρ ἡ ἀνάλυσις ἔχει τῇ συνθέσει· ἡ μὲν γὰρ σύνθεσις ἀπὸ τῶν ἀρχῶν ὁδός ἐστιν ἐπὶ τὰ ἐκ τῶν ἀρχῶν, ἡ δὲ ἀνάλυσις ἐπάνοδός ἐστιν ἀπὸ τοῦ τέλους ἐπὶ τὰς ἀρχάς(分析和综合相反相对；因为综合是一条从开端(原则)出发到达来自开端之成分的道路，分析则是从终点到开端的归途)。也见艾利阿斯《波菲里〈导论〉评注》37.33—38.1, ἴδιον δὲ τῆς ἀναλυτικῆς τὸ λαβεῖν σύνθετόν τι πρᾶγμα καὶ ἀναλῦσαι εἰς τὰ ἁπλᾶ, ἐξ ὧν συντέθη(分析法的固有之处就是把握某个被综合的事情，将之分析为综合它的各种简单成分)。

大卫《哲学序言》[①]也谈到了哲学的分析方法。第一种是自然的(φυσική)“分析”，它分析自然事物，比如将人分析为体液、四种元素、形式和质料等。第二种就是逻辑的(λογική)分析。自然分析与逻辑分析可以构成哲学的第三种分析方法。逻辑分析当然是最为

① 见Busse(1904:103)。

重要的，它有两个方面，一方面针对前提，将之分析为词项；另一方面在推论中，λάβωμεν τὸ ζητούμενον ὡς ὁμολογούμενον(ὅταν κατὰ σύνθεσιν ἀγορεύηται τὸ προκείμενον) καὶ καταντήσωμεν εἴς τι ὁμολογούμενον(我可以将所探求的内容把握为被认可的事情(预设的内容按照综合来被宣明)，我们可以到达被认可的事情)。推论的分析是(1)命题和词项综合为一个推论；(2)各种推论分析为一般推论；(3)有真有假的所有推论分析为公理性推论；(4)就内容而言，各种推论对事实进行分析，这是"人为的分析"(相对于自然分析)，将事实分析出"被认可(被常识或理性认可)的事情"，或为意见，或为真理。

综上，第一，分析就是返回第一原则的道路，这显然是努斯所引导的，而综合是走向杂多，走向经验，这必定要多于分析所得的成分。由于感觉最为低级，而激发努斯能力的人只能是少数哲学家，因此会分析的人必定要少于会综合的人，分析需要后天的思想训练。另外，仅仅熟记分析后的结果也不能说就学会了分析，分析还是一个"归途"，只有会从综合走向分析的人，才算真正懂得分析。第二，分析不仅仅揭示出基本原则或元素就够了，最终的目的还是外部事实，或自然，或伦理等实践事务，要从事实中分析出基本的公理、定理和定义。

"从无知者……字母。"前面也提到了字母综合为词，词综合为句子，句子综合为推论。亚历山大《〈前分析篇〉评注》7.20谈到了各种分析：(1)被综合的物体化约为简单的物体(ἁπλᾶ σώματα)；(2)简单的物体化约为形式和质料；(3)言词化约为字母音节；(4)被综合的推论化约为简单(一般)推论；(5)简单推论化约为各种前提，也就是《解释篇》中涉及了四种前提；(6)不完善推论化约为完善推论；(7)推论化约为相应的格式。大卫举的是其中的一种，他的描述基本上与斐洛珀诺斯《〈前分析篇〉评注》5.30—34相同。

“虽然在几何学……需要思想。”“几何学”，原文来自երկրաչափական，由երկիր(土地)和չափել(丈量)组成，完全对应了希腊文。“理智”，原文来自խոհեմութիւն，这个词全书只出现一次，其词根为խորհ或խոհ，可能来自伊朗语，即思想。这个词翻译的是希腊文的φρόνησις，通常指实践智慧，这里指一般的智力和思想，Topchyan和Papazian都译为intelligence。

亚历山大《〈前分析篇〉评注》7.15—18有一段重要的论述几何学方法的话，οἵ τε γὰρ γεωμέτραι ἀναλύειν λέγονται, ὅταν ἀπὸ τοῦ συμπεράσματος ἀρξάμενοι κατὰ τὴν τάξιν τῶν εἰς τὴν τοῦ συμπεράσματος δεῖξιν ληφθέντων ἐπὶ τὰς ἀρχὰς καὶ τὸ πρόβλημα ἀνίωσιν(当几何学家从结论开始，按次序从证明结论中所做的设定返回到第一原则和问题时，人们称他们在做分析)。分析就是逐步退回公理，将所有几何学问题总结为若干少量的原则(公理或定理)，这和推论的分析过程是一致的。

比较欧几里得《几何原本》XIII.1—5, Τί ἐστιν ἀνάλυσις καὶ τί ἐστι σύνθεσις. Ἀνάλυσις μὲν οὖν ἐστι λῆψις τοῦ ζητουμένου ὡς ὁμολογουμένου διὰ τῶν ἀκολούθων ἐπί τι ἀληθὲς ὁμολογούμενον. Σύνθεσις δὲ λῆψις τοῦ ὁμολογουμένου διὰ τῶν ἀκολούθων ἐπί τι ἀληθὲς ὁμολογούμενον(何为分析，何为综合？分析即设定探究对象，由于它们随着①某个被认可为真的部分，那么借此，可以将之[设定为]被认可。综合就是设定某部分，由于它们随着某个被认可为真的部分，那么借此，将之设定为被认可)。②“某个被认可为真的部分”就是分析要素，它们构成了分析的探究对象，只要对象中的要素成立，探究对象就成立。反之，综

① 即蕴涵在其中。

② Heath(1956:III,442)指出这段话是旁人插入的，而且有损，其他本子认为“τι ἀληθὲς ὁμολογούμενον”一句应为“the end or attainment of what is sought”。

合则设定分析要素中蕴涵的部分。亚历山大的看法完全符合几何学家的理解,但他将之转换到了哲学。

对于几何学的分析和综合,不妨以Heath(1956:III,442)所举的例子(基于XIII.1的命题)[1]为证,命题图形为:

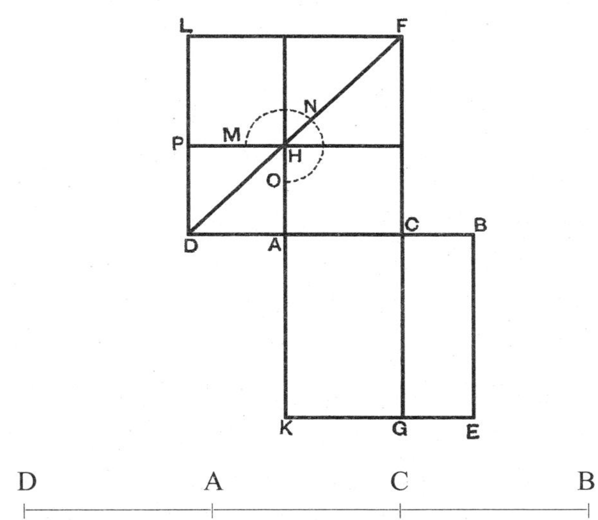

设C将AB分为中外比(extreme and mean ratio)[2];

设AD=½AB;

DF和AE均为正方形;

则可以说,(sq. CD)=5(sq.AD)。[3]这在XIII.1已经证明了。

对这个结论的分析过程如下:

既然(sq.CD)=5(sq.AD),

---

① XIII的几个命题在古代被称作柏拉图式的,其实这些命题由毕达哥拉斯和泰阿泰德构想出。但是,不论如何,这些命题恰恰都与哲学家有关。

② 即黄金分割,AC:BC=AB:AC,即AC的平方=AB·BC,由此,AC所做的正方形面积就等于AB和BC构成的矩形面积。

③ sq.CD意思就是CD上的正方形,即LFCD,也即CD的平方。下面的rect.即矩形,表示两个线段的乘积。

而且(sq.CD)=(sq.CA)+(sq.AD)+2(rect.CA,AD)[①]，

因此(sq.CA)+2(rect.CA, AD)=4(sq.AD)。

但是(rect.BA,AC)=2(rect.CA.AD)[②]，

而且(sq.CA)=(rect.AB, BC)。

因此(rect.BA,AC)+(rect.AB,BC)=4(sq.AD)，

或者(sq.AB)=4(sq.AD)：

这成立，因为AD=½AB。

综合过程如下：

既然(sq.AB)=4(sq.AD)，

而且(sq.AB)=(rect.BA,AC)+(rect.AB,BC)，

因此4(sq.AD)=2(rect.DA,AC)+(sq.AC)。

添加到每个AD上的正方形，则，

(sq.CD)=5(sq.AD)。

分析的过程中，所要分析的结果最终返回到了AD=½AB这个公设上，同时利用了(sq.AC)=(rect.AB,BC)；而综合正好是一个可逆的过程，也就是证明(sq.AC)=(rect.AB,BC)的成立。换言之，仅有那条直线的比例关系，就能证明若干图形的关系，就能得出更多复杂的结论，一切论域中的变化都可以由少数谓述关系来决定，这就是分析。

分析和证明全部来自几何学，是柏拉图开始在哲学中推广的。几何学是理智直观的最佳表现，直到17世纪，笛卡尔和斯宾诺莎还将之作为哲学方法。努斯能够直观第一原则，而不借助经验，所以理智的成分要更多。反推之，综合的过程，感觉需要的更多。[③]两

---

① AK是2倍AD，因此2CA·AD就是矩形AG的面积；AC的平方就是AB·BC，也就是矩形CE的面积，所以三者加起来正好是CD的平方，也就是正方形DF的面积。

② BA和AC的乘积也就是矩形AG的面积。

③ 几何学家的研究对象，一方面是抽象物，一方面又是具体的线段、图形等，而且又不能脱离它们，这似乎存在着矛盾，见Detel(1993: I, 190—200)的论述。 (转下页)

者的关系并非对立，而是相辅相成，当第一原则被确立后，就可以用于分析更为复杂的经验现象，如《尼各马可伦理学》1095a30所言，在讨论伦理学时，就可以从第一原则出发来探究善的问题。分析和综合就是一个努斯超越感性的运动过程。

8. Յետ որոյ՝ եթէ հարազատ գոյ խնդրեսցուք: Արդարև հարազատ Արիստոտէլի գոյ առաջիկայ իրողութիւնս՝ յերից իրաց յայտնանէ: Նախ և առաջին՝ եթէ քառասուն գրոց գտելոց ի հաւաքմանցն ի հին գրանոցսն, չորք միայն այսոքիկ գիրք ընտրեցան գոլ Արիստոտէլի: Երկրորդ՝ եթէ վասն զի յայտնանէ յիշէ իսկ ինքն Արիստոտէլ յիւր հարազատ բանս. քանզի [ի] Յաղագս մեկնութեան ասէ, թէ՝ Այսոքիկ, որպէս ի Վերլուծականսն գոն ասացեալ, նոյնպէս դասեսցին:[①] Երրորդպատճառ՝ եթէ և արիստոտէլ ական պահեալ գոյ սովորութիւն. քանզի սովորութիւն է Արիստոտէլի՝ զընդհանուրսն նախադասել մասնականացն, որպէս և [ի] Յաղագս անձին առնէ՝ նախադասելով զընդհանուր անձն մասնականին: Նոյնպէս և աստ արար՝ նախադասելով զընդհանուր հաւաքումն մասնականի հաւաքման:

（接上页注③）亚里士多德在《后分析篇》74a31—74b1强调了几何学家的研究对象就应该是最普遍的抽象物。他之前还举了一个例子，对于所有类型的三角形，人们都证明了三角和等于两个直角的和（180度），但这并不能证明三角形本身具有这种性质。仅仅提取各种类型三角形，分别证明，这只是智术的方法。几何学研究的是三角形本身，而哲学也追求这个目的，它要的是最普遍抽象的公理。

① 在古亚美尼亚文的《范畴篇》中，这句为Արդ այսոքիկ, որպէս ի Վերլուծականսն ասի, այսպէս դասեալ է，显然和大卫的引文不同，因此两个本子很有可能出自两个互相并无联系的翻译者之手。

Ընդ այսոսիկ հանդերձ աստուծովն առաջիկայ պրակք:

8. 下面，让我们考察它[这部著作]是否为真。当前的论著是亚里士多德真实的作品，这以三点事实为根据。第一，虽然在古藏书馆的作品集中，有四十卷，但是只有四卷被选出，定为出自亚里士多德之手。第二，因为亚里士多德本人在其真实的论著中提到了它们，如在《解释篇》，他说："这些如在《分析篇》中所言，以相同的方式被处理了。"第三点原因是，亚里士多德的习惯被保留，因为把普遍放在特殊之前，这就是亚里士多德的习惯，正如他在《论灵魂》中所做，把普遍的灵魂放到了特殊的灵魂之前。他在此处同样也把普遍推论放到了特殊推论之前。

到此，凭上帝之助，而有这一讲。

这一小节是基本问题的最后一个，涉及了《分析篇》的真伪和著作权问题。这属于文献问题，但是也与全书的思想和定位有关。

"真"，原文为հարազատ，也写作հայրազատ，这个形容词表示有相同的父亲和出身，հայր就是父亲，引申为作者和创造者，所以这个"真"表示不同的作品出自同一人之手。印欧语中，古希腊语的πατήρ，拉丁语的pater，英语的father和德语Vater都同源。它翻译的是古希腊文γνήσιον，这个词也与出身和起源有关。

（十）《前分析篇》的版本与卷次

"虽然在古藏书馆……之手。" Ross（1957）导论第一部分指出，在《前分析篇》古注中，阿德拉斯托斯（Ἄδραστος）[①]首先提到了《分析篇》有四十卷。在第欧根尼·拉尔修《名哲言行录》中提到

① 即阿芙洛狄西阿斯的阿德拉斯托斯，逍遥学派人士，盛年公元2世纪。

了一组亚里士多德逻辑学的作品，其中有：

(1)Προτέρων ἀναλυτικῶν，《前分析篇》九卷，编号49，赫斯吉欧斯(Ἡσύχιος)[①]作品编号为46，卷数相同，但在编号134中，为两卷。这九卷只有两种可能，要么是其他人的作品，[②]要么就是现有的两卷重新划分。在古代阿拉伯学者阿尔—加里卜(al—Gharib)的亚里士多德作品书目中，《前分析篇》有两卷，他列出的标题和对作品的导论都符合现今的《前分析篇》内容。[③]

(2)Ἀναλυτικῶν ὑστέρων μεγάλων，《大后分析篇》两卷，编号50，之所以为大，Ross认为是区别于后人的《后分析篇》。

从安德罗尼科斯开始，《分析篇》的结构就确定下来，就像大卫前面说的，古代学者公认全书分为四卷。

大卫《〈范畴篇〉评注》[④]说，τεσσαράκοντα γὰρ βιβλίων εὑρεθέντων ἐν παλαιαῖς βιβλιοθήκαις τῶν Ἀναλυτικῶν καὶ δύο τῶν Κατηγοριῶν τέσσαρα μόνα τῶν Ἀναλυτικῶν ἐκκρίνουσι καὶ τῶν Κατηγοριῶν ἕν, καὶ εἰ μὴ γνήσιον ἦν τὸ παρὸν σύγγραμμα, ἀκέφαλος ἦν πᾶσα ἡ λογικὴ πραγματεία(因为在古代藏书馆发现了四十卷《分析篇》和两卷《范畴篇》，人们只断定四卷《分析篇》和一卷《范畴篇》[是真的]；如果当前这部作品不是真的，那么所有逻辑学研究就没有源头了)。[⑤]这与阿姆莫尼尤斯和斐洛珀诺斯的说法相同。这表明古

① 即亚历山大里亚的赫斯吉欧斯，语法学家，盛年公元5或6世纪。

② 传统上归于赫米珀斯(Ἕρμιππος)，盛年公元前2世纪，逍遥学派人士；有学者，如Moraux认为属于科斯的阿里斯通，见Ebert & Nortmann(2007:I, 122)。

③ Ebert & Nortmann(2007:I, 121)。

④ 见Busse(1900:133)。

⑤ 这段古亚美尼亚文见224为քառասուն գրոց գտելոց ի հնում գրանոցումս Վերլուծականացն և երկուց Ստորոգութեանցն: Եւ դարձեալ, եթէ ոչ էր հարազատ յարակայ գիրքս՝ անգլուխ լինիւր ամենայն բանական իրողութիւն。

代有大量题为《分析篇》的作品，它们应该都以亚氏《分析篇》为源头，在传承中，它们都混在了一起。

"如在《解释篇》。"见《解释篇》19b30—31, ταῦτα μὲν οὖν, ὥσπερ ἐν τοῖς Ἀναλυτικοῖς λέγεται, οὕτω τέτακται。这是亚里士多德第一次提到《分析篇》，他经常采用这种方式指涉自己的作品。大卫引用的文字略有不同。

（十一）普遍与特殊

（1）"亚里士多德的习惯……特殊之前。""普遍"，即ընդհանուր，前缀ընդ的意思即代替、通过、随着、在……之前，与希腊文ἀντί和拉丁文ante同源；հանուր即整体。"特殊"，即մասնական，词根为մաս，即部分。这还是强调了《前分析篇》论述一般推论，《后分析篇》讨论证明，这是属和种的关系。对这个习惯的详述，也见亚历山大《〈前分析篇〉评注》6.29—7.5，他转引亚氏《范畴篇》（即14a29—35）中的说法，ἐστὶ πρότερα τῇ φύσει τὰ μὴ ἀντιστρέφοντα κατὰ τὴν τοῦ εἶναι ἀκολουθίαν ἐκείνοις, οἷς τεθεῖσιν αὐτὰ ἕπεται(A自然在先，当它被设定，由于蕴涵了跟随A的B的存在，则A和B不可换位）。[①]根据这点，亚历山大认为属和种就是一个在先，一个在后，属蕴涵种，两者不可逆。因此，一般推论作为属，蕴涵了特殊推论，所以普遍先于特殊。有证明，则必有推论；有推论，则未必有证明。哲学家就是探询一般共相，探询更高的存在，它是低层次存在的先决条件，一和理念要高于多和感觉，所以这是亚里士多德（也是柏拉图）的习惯。因为这种关系，所以"前"和"后"两个《分析篇》就不仅仅是物理顺序的先后，而是逻辑的先后，亚历山大和大卫强调的正是这一点。

---

① 为了中译文顺畅，设定了A和B。

(2) “他在《论灵魂》……特殊的灵魂之前。”《论灵魂》一书的顺序为，先罗列前人灵魂学说，从第二卷412a开始，先阐述灵魂最普遍的定义，定义就是指出作为种的灵魂与其属的关系，从而界定灵魂整体本身(其质料或潜能、形式或隐德莱希以及两者的结合)，灵魂被定义为(412a27—28)：ἡ ψυχή ἐστιν ἐντελέχεια ἡ πρώτη σώματος φυσικοῦ δυνάμει ζωὴν ἔχοντος(灵魂就是潜在具有生命的自然身体所具有的第一隐德莱希)，显然这都是普遍的(所有灵魂都是如此)。第三才分述灵魂的各个机能(ὄργανα，工具)，也就是灵魂的属性，如412b22—23所言，δεῖ δὴ λαβεῖν τὸ ἐπὶ μέρους ἐφ' ὅλου τοῦ ζῶντος σώματος(应该把握整个生命身体的部分)，这显然是特殊的。与之相似，《前分析篇》论述一般推论，这是普遍，特殊推论则是特殊：一般推论:灵魂=特殊推论:灵魂机能。大卫之所以选择《论灵魂》为例子，很有可能与前面I.4的逻辑相同，那里也通过划分灵魂的能力，来讨论特殊推论。亚氏作品中，如《尼各马可伦理学》，也是以普遍和特殊的方式进行的讨论，前文也引用了他对于自己方法的阐述，第一卷讨论了主题善，对之做了界定，后面开始涉及各种德性，最后归结到幸福。但是，从普遍到特殊的终点，均是最高的特殊，这是整个属的目的所在，如下表：

领域	灵魂	逻各斯	生活	自然
普遍的属	有机能的自然身体所具有的隐德莱希	一般推论：由前提推出蕴涵结论的逻各斯过程	善，生活的目的	存在的整体
作为最终目的的特殊种	努斯，不假推论，直观第一原则的能力	第一原则和证明性推论	沉思的幸福，哲学家的至善	神性，在大卫这里就是基督教上帝

哲学家的主要信念就是，世界可以由少数普遍的东西来解释，哲学就是探究这些少数元素，越是普遍，越能解释纷繁的现象，哲学的层次和精确性就越高。《分析篇》由于具有这种鲜明的性质，因此是亚氏的作品无疑。

第二章　逻辑学在哲学中的定位

第三节　逻辑学和哲学的关系（一）

1. Երրորդ՝ եթէ է մասն և եթէ մասնիկ[①] իմաստասիրութեան բանականս. Եւտոկիոս, սկիզբն առնելովյի շատակութեանն Պորփիւրի Ներածութեանցն խնդրէ: ԻսկԱղէքսանդրոս, զառաջիկայս յիշատակելով զիրոդութիւն , լաւագոյն քան զնա արար: Քանզի խնդրէ՝ եթէ մասն է և եթէ գործի իմաստասիրութեան բանականս: Կամ ըստ հաւաքականին միայն է, և կամ՝ ըստ բոլորին: Քանզի երեք կարծիք վասն այսորիկ ասին եղեալք, վասն զի ստոյիկեանքն ասէին մասն զօլ զհաւաքականն իմաստասիրութեան, իսկ արիստոտէլականքն՝ գործի, իսկ պղատոնականքն՝ և գործի, և մասն:

1. 第三，[②]逻辑学是哲学的一部分还是子部分。欧多吉尤斯

---

① Topchyan（2010:47）认为此处有可能是գործի（工具）一词。根据上下文，此处的确语义有缺损。

② 这个“第三”不明，有可能指“第三节”。

在波菲里《导论》评注的开头探究了它。而亚历山大，在评论当前这部著作时做得更为出色，因为他探究了逻辑学是哲学的一部分还是工具。这或者仅仅和推论有关，或者与[逻辑学]整体有关。针对这个[问题]，有三种意见被表达出来，因为斯多亚派曾说：推论是哲学的一部分，而亚里士多德一派的人[曾说推论是]工具，柏拉图派[曾说推论]既是工具，也是一部分。

有关《分析篇》的总论问题，大卫已经讲完，第三和第四节插入"逻辑学和哲学关系"的问题。这个问题既像总论问题，又像分述的问题。如大卫所讲，这是自古就争论不休的话题。在前两讲中，大卫明确了《分析篇》至高的地位，讨论了其结构和真伪，那么第三和第四节论述逻辑学在哲学中的地位就不足为奇了。因为如果逻辑学在哲学中仅仅是工具而不属于哲学的一部分，那么前两讲就白费力气了。在进入《分析篇》评注之前，这两讲起到了提升逻辑学地位的作用，也是对前人的总结和评判。

（一）古代逻辑学的发展和λογικός的概念源流

"逻辑学"，原文为բանական，词根բան即言辞，它对应了λόγος，后缀—ական用来构造形容词，类似英语的—al，—ian，这个词翻译的是希腊文的λογική(形容词λογικός阴性作为名词，阴性来自于τέχνη或πραγματεία)，构词上完全对应，直译就是与逻各斯有关的技艺，能够产生逻各斯的技艺，今日logic源于此词。由于逻各斯含义各异，因此它被用于文论、修辞术逻辑、论辩术、逻辑学、灵魂论等多个领域。

就逻辑和思维形式这条脉络而言，据文献来看，第欧根尼·拉尔修《名哲言行录》9.45—49记录了德谟克利特有一部著作*Περὶ λογικῶν κανὼν*。塞克斯都·恩披里柯《反专家》7.138—139介绍了这部著作的内容，他说德氏提到了两种标准，一个是借助感觉，一个是借助思想，前者是私生的(σκοτίη，秘密的、不见人的)，后者是亲生的(γνησίη，真正的)：私生的就是各种官能，它们与思想关系疏远，亲生的就是思想。另外，拉尔修10.27和恩披里柯8.327也提到了德氏的这部著作，他是为了维护证明。此处的λογικῶν还没有后来"逻辑学"的含义，它表示依靠逻各斯或理性进行推理的活动，即去除感性内容之后的理性思维模式。但已经具有了逻辑学的影子，因此德氏可以说是逻辑学的源头之一。

但在阿提卡时期，λογικός及其词族并没有被广泛使用[①]，亚氏应该是较早使用它的人(他也是形式逻辑第一人)，然而，亚里士多德并没有规划出"逻辑学"这门后来成立的学科，也没有用λογική来指称它，相反，他在柏拉图等哲学家的论辩术(辩证法)基础上规划出了"推论之事"(συλλογιστικά)，这比起德谟克利特又更进一步，接近了后来的逻辑学。

他对这个词及其词族的用法有：

(1) 与思维形式相关，普遍一般的论证或证明：《形而上学》1029b13，καὶ πρῶτον εἴπωμεν ἔνια περὶ αὐτοῦ λογικῶς(我们首先以一般合理的方式讨论它)；1080a10，διὰ λογικωτέρων καὶ ἀκριβεστέρων λόγων(通过更一般合理的和更精确的论证)。这两处分别处理理念和本质，因此亚氏指的就是哲学论证和证明。由于是一般的证明，因此，亚氏会在抽象的、纯理论的、没有现实内容的意义上使用它。[②]又见《论天空》275b12，《论动

① 查F.Ast的《柏拉图词典》(*Lexicon Platonicum*)，柏拉图没有用过。另外，德氏那部作品的名字不排除是后人所加。柏拉图倒是用过λογιστικός，在《理想国》436a，它指计算和推理能力。

② 见Düring(1966:53)，它认为λογικός的意思就是，"某事以形式—语言的方式、不考虑实在内容而被推理出来(etwas formell—sprachlich und ohne Rücksicht auf den realen Inhalt diskutiert wird)"。

物的生成》747b28，《后分析篇》84a7的λογικῶς，表示一般性的抽象思考，相反于按照科学证明并结合经验的“分析法”。有时还带有了负面意义，如《形而上学》1087b19—20，λογικὰς φέρειν τὰς ἀποδείξεις(让证明成为了论理的)，这是说论辩家处理第一原则的证明太抽象了，没有实质内容。在《论题篇》105b21(也见下面III.2)，亚氏谈到了三种命题，其中有λογικαί的命题，它的问题材料就来自思维形式。

⑵ 与主体相关，表示理性能力：在《尼各马可伦理学》1108b，他说περὶ τῶν λογικῶν ἀρετῶν(相关于逻各斯的德性，或能产生和运用逻各斯的德性)，其含义就是理智(διανοητικαί)德性，这里的逻各斯强调的不是逻辑学，而是主观或人为的思想和推理能力。它相反于“自然地”。

⑶ 与命题本身相关，—ικός这个后缀表示“能产生或适合于”，它指命题本身具有产生论证或可以进行论辩术推论的性质，如《论题篇》105b21，这种命题是三种命题之一。又如129a17和129b30，后者认为λογικὸν δὲ τοῦτ' ἐστὶ πρόβλημα πρὸς ὃ λόγοι γίγνοιντ' ἂν καὶ συχνοὶ καὶ καλοί(这就是“能产生论证的”问题，针对它们，能产生出一大堆巧妙的论证)。这种论证与论辩术(辩证法)紧密相关，见下。

⑷ 论辩术推论：这种含义出现的次数更多。在《修辞术》I.1中有προσλαβὼν περὶ ποῖά τέ ἐστι τὸ ἐνθύμημα καὶ τίνας ἔχει διαφορὰς πρὸς τοὺς λογικοὺς συλλογισμούς(此外还要理解修辞演绎是什么样的，它和那些“论理式”的推论有何不同)。这指的是论辩术的推论，修辞术与之相对同级，有不同也有相同，这种说法也出现于《后分析篇》93a15，《论题篇》162b27。《后分析篇》82b35，ὅτι δ' ἐπ' ἐκείνων, λογικῶς μὲν θεωροῦσιν ὧδε φανερόν(显然，针对那些命题，他们以这种方式“论理地”审视它们)，也见84a8，86a22等处。1中提到的《形而上学》1087b19—20，

也与论辩术相关；在那里，亚氏谈到了前人对于第一原则的处理，有些人为了避免证明中的困难而故意处理为大和小等对立范畴，这显然是论辩家的方式；另外，ἀποδείξις在这里也不是证明，它是可能性证明，处理的是意见。可以看出，这种"逻辑"具备了后来逻辑学的抽象一般的特征，但是距离哲学家的逻辑证明还有一定差距。

第欧根尼·拉尔修在《名哲言行录》3.58中称柏拉图的哲学就是οἱ λογικός διάλογοι(逻辑性的对话)，这仍然指论辩术对话，当然可以理解为更高层次的辩证法对话。而按照Bocheński(1951:16)的看法，早期逻辑学产生于埃利亚的芝诺，而他也是论辩术(辩证法)创始人，因此早期逻辑学诞生于论辩术。①

综上，逻辑学的发展脉络大致为：理性抽象和一般的思维方式——论辩术中的抽象论理模式(能产生论证的命题是基本要素)——一般推论(伴随着修辞术、智术和诗术推论的出现)——证明的哲学或科学推论(随着几何学和数学的发展，同时与经验内容相结合)。

到了斯多亚派(如基提翁的芝诺)和古典阐释者那里，λογικός的含义固定下来，λογική专指逻辑学。如亚历山大的《〈前分析篇〉评注》1.3—5(1.1.1)说，Ἡ λογική τε καὶ συλλογιστικὴ πραγματεία ἡ νῦν ἡμῖν προκειμένη, ὑφ' ἣν ἥ τε ἀποδεικτικὴ καὶ ἡ διαλεκτική τε καὶ πειραστικὴ ἔτι τε καὶ ἡ σοφιστικὴ μέθοδος(在我们之前就出现了逻辑的和推论的研究，其中有证明式的、论辩术式的、验证式的和智术式方法)。斐洛珀诺斯《〈前分析篇〉评注》6.19把"逻辑的和推论的研究"称为逻辑的研究和辩证法研究(ἡ λογική τε καὶ διαλεκτικὴ πραγματεία)，διαλεκτικὴ显然不再指作为种的论辩术推论，而是哲学逻辑。

---

① 也见Düring(1966:53)，亚里士多德《工具论》的逻辑学起源于论辩术实践。

大卫《波菲里〈导论〉评注》[1]，λογικὴ δὲ ἢ ἐν προτάσεσιν ἢ ἐν συλλογισμοῖς. καὶ ἐν μὲν προτάσεσιν, ὅταν τὴν δοθεῖσαν πρότασιν ἀναλύῃ εἰς τοὺς ὅρους... ἐν δὲ συλλογισμοῖς, ὡς ὅταν λάβωμεν τὸ ζητούμενον ὡς ὁμολογούμενον (ὅταν κατὰ σύνθεσιν ἀγορεύηται τὸ προκείμενον) καὶ καταντήσωμεν εἴς τι ὁμολογούμενον(逻辑学或者在于前提，或者在于推论。在前提，则它把给定前提分析为词项；……在推论中，我们可以将所探求的内容把握为被认可的事情(预设的内容按照综合来被宣明)[2]，我们可以到达被认可的事情)。在大卫看来，逻辑学的首要任务是达到“被认可的事情”，这就包括了一切共通和普遍的内容，既有意见，也有知识(甚至在诗术和修辞术中，还涉及了审美共通感)。方法就是“分析和综合”，元素是词项和命题，综合的整体就是推论。

总体上，逻辑学推论包含了前文介绍的各种种类，这与今日严格意义上的logic多有不同，前者既有必然公理证明，也有可能性证明，甚至有虚假的智术证明，以及修辞术和诗术证明，概言之，就是一般推论以及特殊推论。如艾利阿斯《〈前分析篇〉评注》67(134).6所言，逻辑学是κατὰ μόνην τὴν συλλογιστικὴν μέθοδον(只按照推论性方法)，也即，只要有推论就是逻辑学，因此下文，大卫会交替使用这两个词。

“部分”和“子部分”，即մասն和մասնիկ，后者加了—իկ，指小后缀，表示亚部分，即部分的部分，希腊文用μορίον，也有指小后缀。关于部分，见I.2的论述。这里仍然指属种的关系，所以后文会谈到哲学理论和实践两个种，而逻辑学是否为哲学的种，正是古人争论的关键。

---

① 见Busse(1904:103)。

② 词项、命题综合为推论。

（二）古代对于逻辑学与哲学关系的学说

（1）“欧多吉尤斯”，即阿斯卡隆的欧多吉尤斯，原文为Եւտոկիոս，希腊文为Εὐτόκιος，约公元480—540年，数学家和几何学家，评注过阿基米德以及佩尔格的阿波罗尼尤斯的作品。①他对波菲里《导论》的评注已经散佚了。

比较艾利阿斯《〈前分析篇〉评注》67(134).4—6，εἰ μέρος ἢ ὄργανον ἡ λογικὴ τῆς φιλοσοφίας, Εὐτόκιος μὲν ζητεῖ τῆς Εἰσαγωγῆς ἀρχόμενος, Ἀλέξανδρος δὲ καὶ Θεμίστιος τῶν συλλογιστικῶν πραγματειῶν ἀρχόμενοι. καὶ ἄμεινον οὗτοι(逻辑学是哲学的一部分还是工具呢，欧多吉尤斯在《导论》[评注的]开头探寻过；亚历山大和特密斯提欧斯在推论研究②开篇[也探寻过])。

（2）“《导论》”，原文为Ներածութիւն，翻译的是希腊文εἰσαγωγή，词根为动词Ներածել，其中ածել即带来，整个词完全对应了希腊文。波菲里这本小书是古代逻辑学经典，它针对的对象就是亚氏的逻辑学，③因此这本书成为了古代(包括阿拉伯世界)逻辑学的经典教材。评注这部著作的学者也有很多，大卫就是其中之一。

（3）“而亚历山大……与[逻辑学]整体有关。”“工具”，原文为

---

① 见Reviel Netz, *The Transformation of Mathematics in the Early Mediterranean*, Cambridge University Press, 2004, pp.64—127。欧多吉尤斯的评注见*Comrnentarii in libros Archimedis De sphaera et cylindro*，收入*Dimensionem circuli et in libros De planorum aequilibris*，见*Archimedis opera omnia III*，由J. L. Heiberg编辑，(Leipzig, 1915)，1—448；也见*Commentaria in Conica*，收入*Apollonii Pergaei quae graece exstani II*，由J. L. Heiberg，(Leipzig, 1893)，168—361。

② 指的就是两人对《前分析篇》的评注。

③ 它导论的对象多有争议，一般说法是《范畴篇》——而且古代也称之为《〈范畴篇〉导论》；也有说是《论辩篇》，Barnes(2003)序论(xv)认为它是逻辑学《导论》，并非仅仅针对《范畴篇》，这个说法比较合理。

գործի，关于词源见I.6，对应了希腊文ὄργανον。显然，这联系了亚氏《工具论》，逍遥学派都认为推论只是哲学家的工具，因此把亚氏的这些著作命名为此。下面会谈到该派的看法。

亚历山大对逻辑学与哲学关系的讨论最为重要，几乎成为了后代哲学家的标尺。这见其《〈前分析篇〉评注》1.1—2.33，他把这个问题放到了评注开篇，足见其重要性。一上来，他开宗明义地表示逻辑学就是哲学的活动（ἔργον，或结果和功能），其他科学和技艺也都会使用它，但都是从哲学中获得的。然后他像大卫一样，提出了历来存在的两种争论：逻辑学是哲学的一部分，还是工具。后文我们还会谈到他的论证。

(4)“有三种意见……也是一部分。”这里提到了三种看法：①斯多亚派（ստոյիկեանք）认为推论是哲学的一部分，但这忽略了逻辑学的工具性；②逍遥学派（արիստոտէլականք，希腊文为Περιπατητική，亚里士多德派）认为逻辑学是哲学工具，忽略了逻辑学的起源和本质；③柏拉图派（պղատոնականք，即学院派）认为两者兼有。艾利阿斯《〈前分析篇〉评注》67(134).8—13和斐洛珀诺斯《〈前分析篇〉评注》6.19—24的看法相同。

2. Բայց այժմ զձեռնարկութիւն ստոյիկեանցն ասասցուք, որոց առաջին ձեռնարկութիւն է այս. ամենայն որում պիտանանայ արուեստ ինչ և կամ մակացութիւն, եթէ ոչ է այլոյ արուեստի մասն և կամ մասնիկ նորին, իսկ պիտացելոյն մասն է կամ մասնիկ: Քանզի տածականումն պիտանանայ բժշկականութիւն, որ ոչ է այլոյ արհեստի մասն կամ մասնիկ.հարկ է նորին՝ բժշկականութեան մասն զոլ և կամ մասնիկ: Եւ բարուռք առկայացաւ՝ եթէ ոչ է այլոյ արհեստի մասն և կամ մասնիկ վասն քերականութեան և աստեղաբաշխութեան: Եւ զի ոչ է մասն քերականութեան

աստեղաբաշխութիւն, քանզի աստեղաբաշխութիւն ուսումնականին գոյ մասն, իսկ բոլոր իմաստասիրութեան՝ մասնիկ:

2. 不过，我们现在还是讨论一下斯多亚派的论证，它的第一条论证是：一门技艺或科学使用的所有东西，如果它不是另一门技艺的一部分或子部分，那么它就是那门使用它的[技艺]的一部分或子部分。既然医术使用并非另一门技艺的一部分或子部分的膳食学，那么后者必定是医术的一部分或子部分。而“如果它不是另一门技艺的一部分或子部分”这句话也适合于掌舵术①和天文学。因为天文学不是掌舵术的一部分，因为它是数学的一部分，是整个哲学的子部分。

（三）斯多亚派的第一个论证以及哲学的三分问题

(1)“论证”，原文为ձեռնարկութիւն，动词为ձեռնարկել，词根前半部分为ձեռն，即手，与古希腊文χείρ同源，后半部分来自动词արկանել，即扔出，整个词即，着手、承担、研究。它翻译的是在词源上比较相近的古希腊文ἐπιχειρεῖν和ἐπιχείρημα。Topchyan和Papazian都译为argument。在亚里士多德逻辑学中，ἐπιχείρημα严格指论辩术逻辑或推论，与修辞术的ἐνθύμημα、哲学的φιλοσόφημα相反，见《论题篇》162a16。这里似乎是在论证或证明的一般意义上使用。

斯多亚派是古代逻辑学历史中非常重要的一个派别，甚至就是古典形式逻辑的顶峰。这个学派和麦加拉(Megara)学派的传承图如下：②

---

① 原文为քերականութիւն，即语法或文法。Topchyan(2010:49)和Papazian认为不合语境，均按照艾利阿斯的希腊文评注67(134).20—22改为掌舵术(κυβερνητική)。

② 见Bocheński(1951:78)。

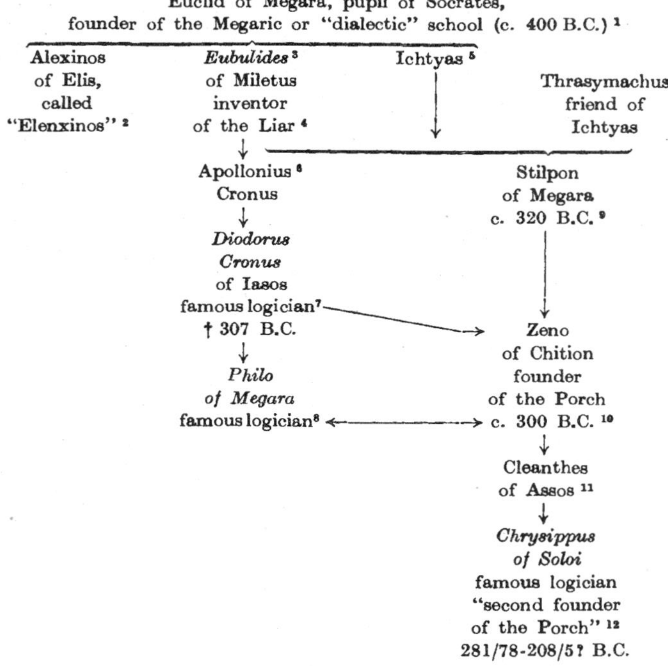

不仅是斯多亚派，希腊化时期和后—希腊化时期的逻辑学家普遍认为逻辑学是哲学的一部分。比如基提翁的芝诺认为哲学包含了三个部分：τὸ λογικόν（逻辑）、τὸ φυσικόν（自然）、τὸ ἠθικόν（伦理）。①斯多亚派的塞涅卡《书信集》（*Epistulae*）89.9的说法比较有代表性，其中逻辑的，他用的是rational（来自于ratio），即推理的，它已经反映不出希腊文逻各斯一词了。Philosophiae tres partes esse dixerunt et maximi et plurimi auctores: moralem, naturalem, rationalem. Prima conponit animum. Secunda rerum

① 芝诺的学说都来自于后人的引述，见Long, Arthur A., Sedley, David.: *The Hellenistic Philosophers, Volume 1*, Cambridge University Press, 1987。三个部分的先后次序似乎也有名堂，逍遥学派往往把自然的放在第一位，逻辑的其次，伦理的第三。但下面引的亚里士多德的次序却首末相反。

naturam scrutatur. Tertia proprietates verborum exigit et structuram et argumentationes, ne pro vero falsa subrepant(大多数主流作者都说，哲学有三个部分，道德的、自然的和逻辑的。第一部分处理灵魂。第二部分观察自然事物。第三部分确定语词之性质、结构和论证，以免人们以假乱真)。[①]

这种三分显然来自亚里士多德，根源在于柏拉图《理想国》436a对灵魂知情意的划分，学院派的色诺克拉底(Ξενοκράτης)也有所总结。亚氏的划分见《论题篇》105b19—21，他从内容的角度区分了命题或问题，ἔστι δ' ὡς τύπῳ περιλαπεῖν τῶν προτάσεων καὶ τῶν προβλημάτων μέρη τρία. αἱ μὲν γὰρ ἠθικαὶ προτάσεις εἰσίν, αἱ δὲ φυσικαί, αἱ δὲ λογικαί. ἠθικαὶ μὲν οὖν αἱ τοιαῦται, οἷον πότερον δεῖ τοῖς γονεῦσι μᾶλλον ἢ τοῖς νόμοις πειθαρχεῖν, ἐὰν διαφωνῶσιν· λογικαὶ δὲ οἷον πότερον τῶν ἐναντίων ἡ αὐτὴ ἐπιστήμη ἢ οὔ· φυσικαὶ δὲ οἷον πότερον ὁ κόσμος ἀίδιος ἢ οὔ(概言之，可以把握三个部分的命题和问题。伦理的命题、自然的命题、“逻辑的”命题。伦理的问题是这样的，如，应该听从父母还是法律，如果父母和法律出现了分歧？“逻辑的”问题，如，关涉一组对立面的知识是同一个，还是不是呢？自然的问题，如，宇宙是永恒的，还是不永恒呢？）“逻辑的”问题与正反对立面有关，是论辩术展开论证的基本形式，它通向了哲学，在区分三种命题之后的105b30，亚氏强调了哲学(真理)和论辩术(意见)的差别。由此，这里的“逻辑的”就是后来逻辑学、证明性推论的源头，它处理的是思维和语言形式。在论辩术阶段，它还不是全真，但在逻辑学阶段，它可以恒真。伦理和自然的命题分

---

① 见Richard, M. Gummere ed.: *Ad Lucilium Epistulae Morales, volume 1—3*, Harvard University Press; William Heinemann, Ltd. 1917—1925。Karamanolis(2006:14,175)指出，柏拉图主义者安提奥克斯(Antiochus)、阿提克斯(Atticus)也遵循了斯多亚派的三分，后者甚至认为柏拉图的哲学就涉及了这三部分，尽管他没有明确划分。

别涉及了实践和理论世界，但它们都离不开逻辑学与逻辑命题或问题。

虽然亚氏并不是在直接划分哲学和科学，而是表明命题（也就是语言内容）的不同类型，但他恰恰是为了哲学而划分的，不同命题就对应了不同哲学研究领域（而且他也穷尽了命题涉及的来源）。如《论题篇》104b5—12解释了三种命题或问题的哲学用途，ἔνια μὲν γὰρ τῶν προβλημάτων χρήσιμον εἰδέναι πρὸς τὸ ἑλέσθαι ἢ φυγεῖν, οἷον πότερον ἡ ἡδονὴ αἱρετὸν ἢ οὔ· ἔνια δὲ πρὸς τὸ εἰδέναι μόνον, οἷον πότερον ὁ κόσμος ἀίδιος ἢ οὔ（有一些问题用于认识[如何]选择或[如何]回避，[①]如，快乐是值得选择的，还是不是？一些问题仅仅用于认识，如，宇宙是永恒的，还是不是？）还有一些就是为其他目的服务的逻辑命题，见下面IV.1。

大卫在前面I.6曾指出了哲学分为理论和实践两个部分或种类，这是逍遥学派的观点，但大卫并没有说逻辑学不是哲学的一部分，在那里，他讨论了这三个部分的关系，逻辑学有助于其他两个部分实现目的。

（2）“一门技艺或科学……子部分。”“技艺”为արուեստ（另有同源的արհեստ），这个词来自伊朗语，古波斯语中也有同源词，与古希腊语无关。这个词也表示符号、征兆、奇迹、手段等。在亚里士多德的定义中，技艺表示创造，科学与知识相关，但这两者往往可以等同，[②]尤其在柏拉图那里。如见《尼各马可伦理学》1140a10对技艺的定义：ταὐτὸν ἂν εἴη τέχνη καὶ ἕξις μετὰ λόγου ἀληθοῦς ποιητική, ἔστι δὲ τέχνη πᾶσα περὶ γένεσιν καὶ τὸ τεχνάζειν καὶ θεωρεῖν ὅπως ἂν γένηταί τι τῶν ἐνδεχομένων καὶ εἶναι καὶ μὴ εἶναι（技艺等同于真实的、相关制

---

① 指伦理学问题，选择善，回避恶。

② 如《论题篇》145a15—16，科学分为理论的、实践的和制作的（ποιητική，指技艺）。

作的、合乎逻各斯的品质，所有的技艺都使某种事物生成，审视它如何这样。学习一种技艺就是学习使一种可能存在也可能不存在的事物生成的方法）。技艺与科学一样，都与θεωρεῖν（审视或理论化）相关，这是亚氏对技艺定义中非常独特的一面，除了制作或创作以外，技艺还需要审视其所制作出的东西何以如此，这涉及了制作本身的原因，也就是从形而上学的角度"分析"技艺的对象和技艺本身。这种技艺显然带有科学性。所以后来的哲学家往往都把技艺和科学放到一起来谈。

斯多亚派的论证认为，凡是技艺或科学A使用的东西a，如果不是非A技艺或科学的一部分或子部分，那么它就是技艺A的一部分或子部分。如前述，部分的意思就是种属关系，因此a是作为属的A的一个种或亚种。A不属于非A，证明a被A专用，但不是工具意义上的使用；它不属于非A，也就专属于A，所以也就是A的一部分或子部分。这包含了一个Babara式的三段论：如果专属于A的东西是A的部分，且a是专属于A的东西，因此a是A的部分。这个证明有点循环论证，它没有界定属种关系是如何建立的，仅仅由于A专用a，就说a是A的种。

这里似乎暗示了，斯多亚派认为"使用"（պիտանալ①或χρῆσθαι）就是建立了一种从属关系，如果这种关系只适用于a和A，那么就变成了必然的从属关系。如果a也用于非A，那么a就仅仅是工具了。

斐洛珀诺斯《〈前分析篇〉评注》6.25—27说，περὶ ὃ καταγίνεται, φασί, τέχνη τις ἢ ἐπιστήμη, εἰ μὴ ἀναφέροιτο εἰ ἑτέραν τέχνην ἢ ἐπιστήμην ὡς μέρος ἢ μόριον αὐτῆς, ἐκείνης μέρος ἐστὶν ἢ μόριον（[斯多亚派]说，某种技艺或科学所从事的事情，如果不归属于别的技艺或科学成为其一部分或组成，那么它

① 古亚美尼亚文中还表示需要、必需等含义。

就是前一种技艺或科学的一部分或组成)。大卫的论述用词更接近于阿姆莫尼尤斯《〈前分析篇〉评注》9.6—8的说法。

“既然医术……是整个哲学的子部分。”“天文学”，为աստեղաբաշխութիւն，有时也为աստեղագիտութիւն，词源上来自希腊文的ἀστρονομία，—ութիւն表示抽象性质。柏拉图《会饮》188b说天文学是ἐπιστήμη περὶ ἄστρων τε φορὰς καὶ ἐνιαυτῶν ὥρας(相关星辰运动、一年时令的科学)。“数学”，为ուսումնական，有时也为ուսողութիւն，词根ուսում(知识、学习)对应了希腊文μάθημα。亚里士多德《形而上学》1064b1—3认为理论科学分三种，μαθηματική(数学科学)是其中之一，因此它是哲学的子部分。

斯多亚派这里举出了两个例子(也有可能是后人根据斯多亚派的说法举出的)。(1)膳食学为a，医术为A，a不属于非医术的技艺或科学，因此a专属于A，故是其一部分。(2)天文学为a，数学和哲学为A，a不属于非A(掌舵术)，专属于A。这里数学属于理论哲学，a属于数学，因此是哲学的亚种。

艾利阿斯《〈前分析篇〉评注》67(134).16—18和20—22的例子与大卫相同。阿姆莫尼尤斯《〈前分析篇〉评注》9.8—11举了医术(哲学)和手术(逻辑学)的例子。

3. Արդ, հաւաքականումն միայն պիտանանայ իմաստասիրութիւն.ի տեսականումն` առ ի յորոշումն ճշմարտութեան և ստութեան, իսկ ի գործականումն` առ ի յորոշումն բարւոյ և չարի: Եւ այլոյ արհեստի կամ մակացութեան ոչ մասն և ոչ մասնիկ գոյ. յայտ է, եթէ իմաստասիրութեան է մասն և կամ մասնիկ, որ և հակաբաժանի ի տեսականումն և ի գործականումն: Քանզի եթէ ցուցցուք, եթէ ոչ է մասնիկ, հարկ է մասն գոլ. արդ

մասնիկ գոլ ոչ կարէ, քանզի մասնիկն զնոյն նիւթ բոլորին և զնոյն կատարումն նորին ունի: Արդ, տեսականն նիւթ ունի զամենայն գոյսս առ ի գիտել, իսկ կատարումն՝ զճշմարիտն, իսկ գործականն նիւթ ունի զմարդկային հոգիս, իսկ կատարումն՝ զբարին. այս ինքն՝ կամ զչափաւորապէսն գոլ ի կիրս, ըստ Արիստոտէլումն, և կամ զանախտն գոլ, ըստ Պղատոնումն: Նոյնպէս և հաւաքականն նիւթ ունի զձայնս, իսկ կատարումն՝ զապացոյցն: Արդ, ոչ կարող գոյ մասնիկ գոլ իմաստասիրութեան, քանզի ոչ ուրուք զմասանց նորա զնոյն կատարումն նորին ունի:

3. 那么，只有哲学使用推论：在理论哲学中，[用于]对真假的分辨，在实践哲学中，[用于]对善恶的分辨。而[推论]不是其他技艺或科学的一部分或子部分，[因而]，很清楚，它是被分为理论和实践的哲学的一部分或子部分。如果我们证明①它不是某个子部分，那么它必定是一部分；而它不可能是子部分，因为子部分与整体具有相同的事务和目的。理论哲学的事务是所有存在者，为了认识[它们]，而目的是真；实践哲学的事务是属人的灵魂，目的是善：按照亚里士多德的说法，[目的]本身就是节制情感，按照柏拉图的说法，就是不动情。同样，推论的事务是说出的语音，目的是证明。则它不可能是哲学的子部分，因为它与哲学任何一部分都没有相同的目的。

这一小节继续谈斯多亚派的论证，一上来就说只有哲学才使用推论，后面也说推论“不是其他技艺或科学的一部分或子部分”，但其实前文指出了论辩术、修辞术、智术、诗术都使用推论，

① 原文为ցուցցուք，来自ցուցանել的虚拟式，即希腊文的δείκνυμι，意为展示、揭示、表明，这里指严格的证明。

而这些并非全部属于哲学，尤其是智术，因此斯多亚派的观点并不正确。当然，他们也可以认为论辩术等技艺的推论不是严格的推论，所以这里的推论可以理解为证明性推论或逻辑学本身。这样，论辩术等技艺就不具备严格意义上的逻辑学了。

（四）斯多亚派的进一步论证

“分辨”，原文为名词որոշում(orošum)，动词为որոշել(orošel)，从词源上，很明显来自于希腊文的名词ὅρος(边界、词项、定义或前提)和动词ὁρίζω(区分、分离、确定)，词首送气在后来也变成了不送气。这里的分辨真假和善恶是严格的区分和对真或善的界定(非真即假，非善即恶)。关于理论哲学和实践哲学的任务，也见I.6。

这一段也见艾利阿斯《〈前分析篇〉评注》67(134).23—25，κέχρηται τῇ λογικῇ ἡ φιλοσοφία δεικνῦσα ἐν μὲν τῷ θεωρητικῷ τί μὲν ἀληθὲς τί δὲ ψεῦδος, ἐν δὲ τῷ πρακτικῷ τί μὲν ἀγαθὸν τί δὲ κακόν, ἵνα μόνα τὰ ἀληθῆ δοξάσωμεν καὶ μόνα τὰ ἀγαθά διαπραξώμεθα(哲学使用逻辑学，它在理论哲学中指明何为真，何为假，在实践哲学中指明何为善，何为恶，以便我们只思考真，只做善行)。这里的逻辑学已经是最为严格的，不再是广义或一般的推论。他实际上接受了斯多亚派的看法。在艾氏的《波菲里〈导论〉评注》26.7—17中，他再次解释说，διαιρεῖται τοίνυν ἡ φιλοσοφία εἰς τὸ θεωρητικὸν καὶ πρακτικόν(...) ὁ μὲν γὰρ θεωρητικὸς περὶ ἀληθειαν καὶ τὸ ψεῦδος καταγίνεται, τέλος δὲ ποιεῖται μόνον τὸ ἀληθές, ὁ δὲ πρακτικὸς περὶ τὸ ἀγαθὸν καὶ τὸ κακὸν καταγίνεται, τέλος δὲ ποιεῖται μόνον τὸ ἀγαθόν· θέλει γὰρ γινώσκειν τὸ ἀγαθὸν καὶ κακὸν καὶ τὴν διαφορὰν εἰδέναι ἀγαθοῦ καὶ κακοῦ(哲学

分为理论的和实践的……理论者确定真假，他的目的只是真；实践者确定善恶，其目的只是善，因为他想要认识善恶，知晓善恶的差别）。大卫古亚美尼亚文《哲学序言》12.28—29也认为哲学分为理论和实践两个部分。在他们的描述中，哲学似乎没有逻辑学这部分，但从本文的论述看，哲学显然是三个部分，而逻辑学非常特殊。

“而[推论]不是其他技艺或科学的一部分……相同的事务和目的。”“事务”，即նիւթ，它还表示实体、质料、材质、物质等，这个词由前者նի—(向下)和词根հիւթ(元素、物质、本质)组成。可以比较相同前缀的նիստ，它指座位、位置、居所，引申为财产和所有物，向下指明了一种固定和确实性。希腊文对应的是ὕλη。技艺和科学都要处理经验材料，即使是数学，它也有自己的后天质料。“目的”，为կատարումն，动词կատարել，即做和完结，艾利阿斯用的是τέλος，斐洛珀诺斯用的σκοπός。目的就是处理材料的终点，如果没有达到真和善，哲学就没有对材料处理完结。如果说事务是质料因的话，目的就是目的因，而且目的还指形式的完善，这两者构成了一门技艺的本质，所以同属的不同种、同种的不同亚种，其事务和目的均相同。

斯多亚派的论证为：逻辑学要么为部分(种)，要么为子部分(亚种)。如果逻辑学不是理论和实践部分的种，且它专属于哲学，那么它只能是哲学的种。

“理论哲学……目的是善。”“所有存在者”，原文为ամենայն գոյս，完全对应艾利阿斯的希腊文τὰ ὄντα πάντα(所有存在者)。“属人的”，原文为մարդկային，词根为մարդ，加了常用后缀—ային，希腊文对应为ἀνθρωπίνος。理论哲学的事务是所有存在者，通过知识或认识，达到真的目的。实践哲学的事务是属人的灵魂，通过实践，达到善的目的。实践哲学虽然是外在的做，但是它处理的却是内在的灵魂。理论哲学虽然是内在的思，但处理的却是外在的存在者。

（五）情感与实践哲学

(1)“按照亚里士多德的说法，也就是节制情感，按照柏拉图的说法，就是不动情。”“节制情感”，原文为զչափաւորապէսն զոլ ի կիրս，直译就是在情感上节制，艾利阿斯和斐洛珀诺斯的希腊文为μετριοπάθεια。节制为副词չափաւորապէս，此处名词化，这个词词根为չափ，即度或尺度，չափաւոր为形容词，有尺度、节制的，պէս是副词，即，像……一样。节制的名词为չափաւորութիւն，对应希腊文的σωφροσύνη，但从词义上与μέτρον(尺度)相关。情感为կիրք，这个词有可能与կիր(石灰)有关，石灰放入水中会腾起气泡，或许可以比喻情感的爆发，来自阿卡德语和苏美尔语。

实践哲学被概括为节制情感，这的确是亚里士多德的看法，见《优台谟伦理学》1220b5品性(ἦθος)被定义为“性质”(ποιότης)，“由此，且定义品性属于灵魂，是某种性质，它能合乎主控着的理性，一方面属于无理性，[①]一方面它能随着理性”(διὸ ἔστω τὸ ἦθος τοῦτο ψυχῆς κατὰ ἐπιτακτικὸνλόγον〈τοῦ ἀλόγου μέν〉, δυναμένου δ᾽ ἀκολουθεῖν τῷ λόγῳ ποιότης)，情感就是无理性的部分，被理性所节制或控制。在《尼各马可伦理学》II.5中，将情感定义为与快乐和痛苦相关，但是它并不能体现出德性。《修辞术》II对情感的分析非常详细，但在那里，并不是要节制情感。亚氏整个伦理学的核心都是人们如何通过逻各斯来调控灵魂无理性的部分，在这种调控中，体现出了什么品性和德性。

(2)“不动情”，原文为անախտ，ան—是否定前缀，词根

① 有的勘本加上了“〈 〉”，被认为是后加的。

ախտ即情感，它比կիրք更常用，这个词来自古伊朗语，在波斯语以及阿维斯塔语中表示受苦和受难，带有贬义，这完全对应希腊文情感πάθος的本来含义，如动词πάσχω(承受)，比较拉丁语的patior、德语的leiden，印欧语表示情感的词中，几乎都有一个与遭受、承受和受苦有关。希腊文不动情为ἀπάθεια，形容词ἀπαθής，直译就是没有情感、不动情、无动于衷、漠然。见亚里士多德《修辞术》II.6.2，无耻是漠然(ἀπάθεια)(比较1378a5和1383a28)；也见《优台谟伦理学》1220b10和《诗学》1453b39。在《尼各马可伦理学》II.3.1104b24谈德性的确定时，亚氏批评了斯彪西波派把德性定义为ἀπάθεια(这也是后来斯多亚派的重要概念)，亚氏认为德性是让情感(快乐和痛苦)在适当的时候释放，而不是完全消除。比如恐惧这种情感，如果完全消除了，人并没有处于德性的状态，这仍然是极端，只有在该恐惧的地方恐惧，合理地释放恐惧，这种情感才被节制，人也达到了稳定的中道状态。

在柏拉图那里，ἀπάθεια未见，形容词ἀπαθής出现了几次，都和伦理学有关。《斐勒布》21d—e最能印证大卫的看法。苏格拉底给普罗泰戈拉指出了一种“努斯的生活”：τις δέξαιτ᾽ ἂν αὖ ζῆν ἡμῶν φρόνησιν μὲν καὶ νοῦν καὶ ἐπιστήμην καὶ μνήμην πᾶσαν πάντων κεκτημένος, ἡδονῆς δὲ μετέχων μήτε μέγα μήτε σμικρόν, μηδ᾽ αὖ λύπης, ἀλλὰ τὸ παράπαν ἀπαθὴς πάντων τῶν τοιούτων(某人获得了实践智慧、努斯、知识和记忆所有这些，以此过着一种生活，它不享有快乐或痛苦，无论多少，相反，对于所有这样的[情感]都不动情)。这种生活是普罗泰戈拉不能接受的，但恰恰是哲学家要过的，因为它超越了感觉和感性。另外在《理想国》604b、604e、605d—e、606d—e，都谈到了诗歌产生快乐和痛苦所造成的危害，这就是诗歌动情的效果，而城邦的正人君子必须回避这种情感的激动，保持平静宁和的状态，因此这是柏拉图伦理学的最终目的。

综上，亚里士多德与柏拉图在这一点上出现了分歧，亚氏主张宣泄情感（针对戏剧产生的怜悯等情感对灵魂的作用，他和柏拉图有着截然相反的评价）并用理性为情感寻找中道，亚氏甚至还专门以哲学方式研究了情感；相反，柏拉图主张完全去除，事实上不动情恰恰是神的状态（也见黑格尔在《美学》中论Leidenschaft时的看法）。这样，如何处理情感就决定着灵魂认准的善是什么，由此，亚氏和柏氏的"善"观念就有些不同，理性在追求善的过程中所起的功能也各异。但不管是什么看法，灵魂都是这种哲学要处理的事务对象，而情感则是灵魂最为外在的表现，也就是实践哲学的主要对象。除情感之外，行为、品性也都是实践哲学要处理的对象。

"推论的事务……都没有相同的目的。"可以做如下列表：

哲学部分	研究事务	研究目的
理论哲学	外在存在者①，现象和本质	至真（经验真）②
实践哲学	内在灵魂和人事③，情感和行为	至善④
逻辑哲学	外在语音，命题和推论	证明（逻辑真）⑤

在不同哲学部分中，灵魂的层级依然如前所述，通过最高的努斯，真、善和完全式证明就可以获得。在这三者中，是否证明才是最高、最本质的呢？按照后面柏拉图的观点，似乎逻辑是最为本质的，如果没有它，理论和实践哲学无法开展，哲学本身也就失去了

---

① 斐洛珀诺斯还认为是τὰ θεῖα（有神性的事物），这带有了神学色彩。

② 斐洛珀诺斯还认为是ἡ περὶ ταῦτα θεωρία（对神性事物的审视）。

③ 斐洛珀诺斯还认为是τὰ ἀνθρώπινα πράγματα（人事），这是亚里士多德的说法，他认为自己的伦理学是关乎人事的科学。

④ 斐洛珀诺斯理解为αἱρετόν（值得选择的东西）和φευκτόν（应该避免的东西），这是对善恶的另一种表达。

⑤ 艾利阿斯的认为目的是ἡ γένεσις τῆς ἀποδείξεως（证明的生成），这略不同于大卫。

根本的形式，这符合柏拉图的辩证法哲学。证明获得的是永恒的真，这种真似乎也高于外在事物的经验真。另外，美还没有位置，其实柏拉图已经多次讨论了这个问题，但它当时还并没有归入哲学，它的事务就是主观的客观共通感，目的就是美。

综上，斯多亚派证明了(1)逻辑哲学专属于哲学；(2)它也具有事务和目的，在结构上是一门技艺或科学；(3)其事务和目的不同于理论和实践哲学；因此它属于哲学的种，并列于其他两部分。

艾利阿斯《〈前分析篇〉评注》67(134).27—68(135).4的这一段几乎与大卫完全相同。而他们两人的说法应该都本自斐洛珀诺斯《〈前分析篇〉评注》6.30—7.10，但斐氏在一些表达上不同，对于逻辑学，他说，ἡ δὲ λογικὴ ὕλην μὲν ἔχει τὰς προτάσεις, σκοπὸν δὲ τὸ διὰ τῆς τοιᾶσδε συνθέσεως τῶν προτάσεων τῶν ἑπομένων τι ἔχειν ἀνάγκὴ δεικνύναι συναγόμενον(逻辑学把命题作为材料[或事务]，目标是通过对命题进行综合，产生某个结果，必然地证明出结论)。它们的论证都可以归结到亚历山大《〈前分析篇〉评注》1.10(1.1.1)。

4. Առ որս ասեմք, եթէ՝ զխնդրելին խոստովանելի առնէք, եթէ՝ ոչ է գործի նորա, և անկատար է բանդ ձեր: Քանզի այսպէս պարտ էր յառաջ բերել, եթէ էր կատարումն. ամենայնի, որում պիտանանայ արհեստ և կամ մակացութիւն, եթէ ոչ է այլոյ արհեստի մասն և կամ մասնիկ և կամ գործի նորին, իսկ պիտացելոյն մասն է և կամ մասնիկ և կամ գործի: Զի որպէս ցուցիք, եթէ ոչ մասնիկ իմաստասիրութեան, նոյնպէս պարտ էր ցուցանել, եթէ և ոչ գործի նորին է, և ունէիք զխնդրելին: Ապա թէ ոչ՝ և մեք ասասցուք զերակահատն, որ է մարմին, բժշկականութեան մասն զոլ. քանզի այլոյ արհեստի ոչ մասն է և ոչ մասնիկ,

այլ բժշկականութեանմիայն պիտանանայ:

4. 对此，我们说，你们接受了[①]所要探究的观点[②]，即，它[逻辑学]不是哲学工具，但你们的那些说法是不完善的。因为，假若它是这样[完善的]，那么应该做出[③]如下[论证]：如果一门技艺或科学使用的所有东西，不是另一门技艺的一部分、子部分或工具，那么它就是那些使用它的[技艺]的一部分、子部分或工具。因为，恰如你们所证明的，[推论]不是哲学的子部分，那么同样，你们应该证明，它也不是[哲学的]工具；这样，你们方有可能[得出]自己的观点。否则的话，我们可以说，作为一个物体的放血刀[④]也是医术的一部分，因为它既不是其他技艺的一部分，也不是子部分，它只是被医术使用。

（六）对斯多亚派论证的反驳

“工具”，原文为գործի，见I.6，作为工具的话，a就是A的外在所有物，即便a专属于A，但两者并没有种属上的必然联系。“完善”，即կատարումս，比较上一小节的“目的”（կատարումն），也是这个词，这里指论证是否周延。“不完善的”为ան—կատար。

大卫在这段中反驳了斯多亚派的论证，古典阐释中，他和艾利阿斯对斯多亚派的反驳比较有说服力。大体意思就是，斯多亚派证

---

① 即Խոստովանիլ առնէք，将某事视作理所应当，Topchyan译为take for granted，很符合原文，Papazian译为assume。

② “所要探究的观点”，即զխնդրելին，来自动词խնդրել的动形词，对应了希腊文τὸ ζητητέον。

③ 原文为յառաջ բերել，即向前给出，也就是提出，做出一番论证。Papazian译为了add。

④ “放血刀”，原文为երակահատ，本义就是放血，代指放血刀、放血针或其他放血的器具，艾利阿斯的希腊文为φλεβότομον。“物体”，即մարմին，它主要表示身体，Topchyan直接译为放血刀是body，表明它是物体；Papazian译为in the body，他的意思应该是放血刀用于人的身体，但是此处不是主格就是宾格，故Papazian的译法不妥。艾利阿斯用的是σῶμα。

明了a专属于A，因此就是A的种，但是人们仍然可以说a仅仅是外在的工具，比如放血刀就不可能是医术这门技艺的种。也就是a属于A这个集合，并不能证明a和A的关系是种属式的集合。因此大卫说斯多亚派的论证是不完善的。

艾利阿斯《〈前分析篇〉评注》68(135).4—10也有相同的论述，意思几乎相同(中译文略)，καὶ εἰ ἀκούσομεν αὐτοῦ οὕτως, ἔσται τὸ φλεβότομον σῶμα ὂν μέρος ἢ μόριον τῆς ἰατρικῆς. ἔδει γὰρ οὕτως ἔχειν τὸν κανόνα· πᾶν ᾧ κέχρηταί τις τέχνη ἢ ἐπιστήμη, τοῦτο ἐὰν μὴ ᾖ ἑτέρης τέχνας μέρος ἢ μόριον, αὐτῆς τῆς χρωμένης ἢ μέρος ἐστιν ἢ μόριον ἢ ὄργανον. ὥσπερ οὖν ἡμεῖς ἐδείξαμεν μὴ οὖσαν μόριον λογικῆν φιλοσοφίας, καὶ αὐτοὶ δειξάτωσαν ὅτι ὄργανον, ἵνα ᾖ μέρος。大卫的古亚美尼亚文文本与艾利阿斯的希腊文文本极有可能具有某种关联。

5. Երկրորդ ձեռնարկութիւն ստոյիկեանց, որք ցուցանեն, եթէ մասն է բանականն իմաստասիրութեան: Եթէ նոյն ինքն, ասեն, իմաստասիրութիւն ծնաւ զհաւաքումս, նորին ապա ուրեմն և մասն է: Առ որս ասեմք, եթէ շատ ինչ ծնանին արհեստք ոմանք, որք ոչ են նոցա մասունք. բայց բացակատարեցին զնոսա, որպէս զի և ինքեանք առցեն ի պէտս և այլք: Քանզի քանոնումն և կանզնումն պիտանանայ և հիւսն և շինողն, թէպէտ և հիւսն բացակատարեաց զնոսա: Եւ զի որպէս գործի բացակատարեաց զնոսա հիւսն՝ առ ի պիտանանալ նոցին, յայտ է յայնմանէ, զի բազում զգուշութեամբ գործեաց, վասն ամենայն իրօք պէտս ունելոյ նոցա. ոչ իւր միայնոյ, այլ և՝ այլոց:

Ընդ այսոսիկ հանդերձ աստուծովն առաջիկայ պրակք:

5. 斯多亚派的第二个论证也证明了逻辑学是哲学的一部分：他们说，哲学本身[①]产生推论；因此，它是哲学的一部分。对此，我们说，有些技艺产生许许多多的、并非这些技艺的部分的东西；但是它们产生它们是为了能让自己和其他技艺使用[这些东西]。如，木匠和建筑师使用尺和肘尺，虽然它们是木匠产生的。[之所以说]木匠产生它们是为了当作工具以能使用它们，[原因在于]他小心地做出它们，因为它们不仅对于他，而且对其他人也都完全是有用的[②]。

到此，凭上帝之助，而有这一讲。

（七）斯多亚派的第二个论证

"产生"，本小节使用的都是ծնանել，或被动态ծնանիլ，这个词的词根为名词ծին，它和古希腊语的γένεσις 和γένος、拉丁语的genus同源。

斯多亚派的第二个论证为，只要a是A产生的，因此a就是A的一部分，逻辑学只能由哲学得出，因此它就是哲学的一部分。但他们没有考虑到产生逻辑学的目的，因为其他技艺也使用逻辑学：除了论辩术、修辞术、智术和诗术之外，如医术也肯定需要逻辑推理。这样反驳者就会说，逻辑学很可能是一种工具，而不是哲学的一部分，哲学发明逻辑学是为了提供一种各技艺都能使用的东西。所以斯多亚派的论证是不完善的。

阿姆莫尼尤斯《〈前分析篇〉评注》9.1—2说，οἱ μὲν οὖν

---

① 即ինք，这个"本身"，Papazian理解为斯多亚学者本人，Topchyan理解为哲学本身，后者最佳，参下面阿姆莫尼尤斯的希腊文评注。

② 即պէտս，来自պիտոյ(必需和适合的)。

Στωικοί φασιν ὅτι αὐτὴ ἡ φιλοσοφία τὴν λογικὴν ἀπογεννᾷ καὶ ταύτῃ μέρος ἂν εἴη αὐτῆς(斯多亚派说，哲学本身产生逻辑学，以这种方式，[后者]是前者的一部分)，也见10.10—11。艾利阿斯《〈前分析篇〉评注》68(135).10—12用了ἀπετέλεσε代替ἀπογεννᾷ。

“木匠和建筑师……完全是必需的。”“尺”，原文为քանոնում，即名词քանոն(k'anon)，间接与希腊文κανών同源，直接来自古叙利亚文。肘尺，原文为կանգնում，即名词կանգն(kangn)，词根来自կանոն(kanon)，直接与κανών同源；同源还有动词կանգնել(升起、使竖立、建立)。Կանգն，Papazian译为cubit，Topchyan译为cubit—rule，即肘尺。艾利阿斯的评注中有对应的πῆχυς(前臂、肘尺)。

这两种尺都是木匠做出来的，因为木匠要使用它们，但是它们并非木工技艺的种。理由就是，建筑技艺以及其他技艺都会使用它们，它们仅仅是木工技艺做出的工具，而不是它产生的与之有本质联系的部分。艾利阿斯和斐洛珀诺斯的评注都有相同的看法和例子，后者见《〈前分析篇〉评注》13,2.7.23—28，ἀλλ'εἰ μὴ μέρος ἐστί,φασι,φιλοσοφίας ἡ λογική ὄργανον δέ, πῶς καὶ αἱ λοιπαὶ ταύτῃ χρῶνται οὐχ ὡς μέρει δηλαδὴ φιλοσοφίας αὐτῇ χρῶνται· ἐπεὶ καὶ ὁ κανὼν γέγονε μὲν ὑπὸ τεκτονικῆς,ἀλλ' οὐχ ὡς μέρος τεκτονικῆς· οὐ γὰρ ἁπλῶς τῷ τέκτονι σκοπὸς κανόνα ποιῆσαι ὡς θύραν ἢ ἀβάκιον, ἀλλ' ἵνα ᾖ ὄργανον αὐτῷ, εἶτα, ἵνα οὕτως εἴπωμεν, μέρη, κυρώτερον δὲ ἀποτελέσματα(但是人们说，如果逻辑学不是哲学的一部分，它就是工具，其他科学[或技艺]在使用它的时候，就显然不是在使用哲学的部分。既然尺由木工技艺产生，那么它就不是木工技艺的一部分；因为，木匠的目的完全不是像做门或木板一样做尺，相反，它只是木匠的工具；进而，我们可以说，部分就是更为主要的成品)。斐洛珀诺斯认为门和木板是木匠的目的，因此它们才是木工技艺的一部分，也就是种，这说明逻辑学一向被认为是哲学的目的之一，如果它只是工具，那么就仅仅是手段。

第四节 逻辑学和哲学的关系(二)

1. Եւ զի մասն իմաստասիրութեան զհաւաքականն յարդարեցին ստոյիկեանքն ի ձեռն երկուց ձեռնարկութեանցս, զորս և կործանեցաք: Իսկ եթէ որպէս գործի յարդարեն արիստոտէլականքն՝այսպիսում պիտանացեալք բանում. եթէ մասն է, ասեն, հաւաքականն իմաստասիրութեան, վասն զի և այլ արհեստք պիտանանան բ[ա]նական հնարում՝բաժանելով զինքեանսն սահմանելովն ապացուցելով: Նաև ձեռնայինքն հաւաքաբաննեն. որգոն՝ շինողականն հաւաքաբանէ, եթէ յորժամ հանդերձեալ է ուղղորդ յարուցանել զորմս, պարտ է հիմունս արկանել: Արդ, առաջինն ամենայն իրօք, ապա ուրեմն ի հարկէ և երկրորդն: Եւ աթոռ՝ եթէ հանդերձեալ է զնիստն ճահաւոր ունել,պարտէ նմաայսպիսի ինչ ունել զձևն՝ հաւաքաբանէ հիւսն: Տրպազոյն է ապա ուրեմն իմաստասիրութիւն և քան զձեռին արհեստք, որ քաւ և մի լիցի. որովհետև և մասնում նորա, այս ինքն՝ կատարման, պիտանանան և այլ արհեստք, քանզի է ընդհանուր: Եթէ երկու արհեստ գոլով, և միսն պիտանանայ միւսոյն կատարման, որպէս գործւոյ, յոռի գոլ ասիայն, որումպիտանանայն, քանզի յոռիասի գոլ սանձարարականն քան զձիականն:

1. 因此，斯多亚派用两个论证——我们已经反驳过了——主张推论是哲学的一部分。而亚里士多德派则主张它是工具，其论证如下。他们说，如果推论是哲学的一部分，那么为何[①]其他技艺也使用逻辑方法来划分它们自己的事情、定义和证明呢？工匠也推论；比如，建筑师推论：如果他要让墙牢牢地保持竖直，那么必须做一个墙基。第一个确定成立，因此，第二个必然[②]如此。抑或，如果椅子能有一个舒服的座位，那么必须有一个稳定的样式，木匠就是这么推论的。由此，哲学甚至比(有可能完全不真的)手工技艺低级。因为其他技艺也使用哲学的一部分或产物，因为它是普遍的。如果两种技艺存在且其中一种使用了另一种的产物作为工具，那么，所使用的东西就被认为是低级的，因为做马缰就被认为比马术低级。

(一) 亚里士多德派的第一个论证以及亚里士多德对于逻辑学的定位问题

这一小节论述逍遥学派的逻辑学观点。从亚历山大(本人就是逍遥学派)开始，古代亚里士多德注疏者都认为之前的逍遥学派把逻辑学当成了工具。[③]但是找不到太充足的现存文本来证明逍遥学派直接断言逻辑学(尤其是证明性推论)是工具，[④]也许安德罗尼科斯拟定的《工具论》这个题目可以说明这一点。不过亚里士多德的文本中却有一些地方暗示了这种态度：

首先，亚里士多德本人在《论题篇》108b32—33谈到了论

① 原文为պաւան զի，即因为，上下文不合，Topchyan改为why，Papazian保持了原状。

② Հարկ，即必须，必要，这里指必然。

③ 至少在亚历山大里亚学派对亚里士多德的教学中，把逻辑学单独作为工具，区别于理论哲学和实践哲学。他们认为逍遥学派就是这样划分的。见Westerink(2011:XXVI)。

④ 见Düring(1966:53)，亚里士多德并没有说过有一门学科是科学思想的工具，他也没说过逻辑学不属于哲学。

辩术的四种方法，他称之为工具，Τὰ μὲν οὖν ὄργανα δι' ὧν οἱ συλλογισμοὶ ταῦτ' ἐστίν· οἱ δὲ τόποι πρὸς οὓς χρήσιμα τὰ λεχθέντα οἵδε εἰσίν（这些就是那些诸推论得以成立的工具）。

第二，在163b9—11，他说，πρός τε γνῶσιν καὶ τὴν κατὰ φιλοσοφίαν φρόνησιν τὸ δύνασθαι συνορᾶν καὶ συνεωρακέναι τὰ ἀφ' ἑκατέρας συμβαίνοντα τῆς ὑποθέσεως οὐ μικρὸν ὄργανον（对于知识和按照哲学的实践智慧来说，能统观和统观到[①]两个假设中的每一个所得出的结果，这是一个不小的工具）。亚历山大对这句话也有评注，见《〈论题篇〉评注》584.9—12，ὄργανον γὰρ οὐ μικρὸν πρὸς τὴν τοῦ ἀληθοῦς εὕρεσιν ἡ εἰς τὸ ἀντικείμενον ἐπιχείρησις· τῶν γὰρ ἐνδεχομένων εἰς ἑκάτερον μέρος ἐπιχειρηθῆναι γνωρίμων ὄντων ῥᾳδία ἡ τῶν ἀληθῶν εὕρεσις（推导到对立面的论辩术推论对于发现真理来说不是小工具；因为，当已知的事情有可能通过论辩术被推导到两方面彼此的另一面，那么发现真理就轻而易举）。

第三，亚氏还指出论辩术有三种用途，见《论辩术》101a27—28：γυμνασία（[思想]训练）、对谈（ἐντεύξις）和遵循哲学的科学。[②]看起来，论辩术以及逻辑学似乎是一种普遍的思维技术，服务于哲学和科学。

第四，在III.2曾引了《论题篇》关于哲学三部分的划分，在谈论完伦理和自然两部分后，他又说了逻辑命题和问题，见104b7—12，ἔνια δὲ αὐτὰ μὲν καθ' αὑτὰ πρὸς οὐδέτερον τούτων, συνεργὰ δέ ἐστι πρός τινα τῶν τοιούτων· πολλὰ γὰρ αὐτὰ μὲν καθ' αὑτὰ οὐ βουλόμεθα γνωρίζειν, ἑτέρων δ' ἕνεκα, ὅπως διὰ τούτων ἄλλο τι γνωρίσωμεν（一些问题[指逻辑的问

① 统观的完成时。
② 这里联系了柏拉图《巴门尼德》135c—d对论辩术的论述。

题]自在地都[无用于]上述两种问题[伦理和自然的问题][的目的]，它们是某些这样的问题的用具；我们不会打算为了它们本身而认识它们中的大部分问题，相反，我们是为了其他问题；我们以某种方式通过它们来认识其他内容)。其中，συνεργὰ与ὄργανον同源，指辅助手段或用具。因此，逻辑问题就是其他问题的手段，它就是哲学的工具了。当然，这段也明显指出了逻辑学是哲学的一部分，这就与学院派的看法一致。

第五，在亚里士多德对科学的直接划分中(不同于上一点的间接划分)，我们看不到逻辑学。如《论题篇》145a15—16，科学分为理论的、实践的和制作的(ποιητική，指技艺)，也见157a11—12。在《形而上学》1025b25—26，说διάνοια(思想，指心灵的理智能力)分为实践、制作和理论，思想分为三种，则科学也就有三种；1064b1—3认为理论科学分三种φυσική(自然的)、μαθηματική(数学的)、θεολογική(神学的)，由于逻辑学不可能是实践和制作的科学，因此只能放入理论科学成为子部分，但并非如此。这证明，在亚氏的哲学划分中，逻辑学没有位置。

第六，亚里士多德也往往认为逻辑学只是预备知识，因此也就是一种入门手段。如《形而上学》1005b4—5，一些哲学家“由于缺乏分析事务的教育”(δι᾽ ἀπαιδευσίαν τῶν ἀναλυτικῶν)。1006a6，ἔστι ἀπαιδευσία τὸ μὴ γιγνώσκειν τίνων δεῖ ζητεῖν ἀπόδειξιν καὶ τίνων οὐ δεῖ(没教养就是不知道应该探寻对哪些事情的证明，不应该探寻对哪些事情的证明)。如果说前四点涉及的是尚不严格的论辩术逻辑，那么这一点涉及了分析方法和证明。可以看出，逻辑学是哲学家应该预先掌握的手段，而不是最终要探寻的对象或领域，故而能推出，即使是最必然为真的证明也仅仅是工具。

第七，有人会这样推理：亚里士多德在《修辞术》I.2.21中认为修辞术和论辩术都不处理某一个具体科学领域和主题(修辞术涉及伦理学、政治学、法学等多个领域，论辩术使用范围更广)，所以

《修辞术》和《论题篇》都在罗列各个科学领域的命题，它们没有自己的“领域”，与之相应，《分析篇》由于讨论一般推论和科学推论，故而不再大量列举任何科学领域的命题，也就是说，各种推论不属于任何科学，也就不是科学。

对于前四点，[①]我们可以说《论题篇》中论辩术推论还不具备科学的性质，只是一般推论的模型或骨架，因此，它相对于更高的证明来说，只是工具层次的，而发展为证明的时候，随着哲学和科学彻底建立，证明成为了哲学的一部分，具备了公理性，而一般推论对于哲学和证明来说（如大卫第一节的论述）仍然是一种工具。

对于第六点，既然证明的始基来自努斯，故而它不可能是工具，因为工具总是人为制作的手段，而证明却恰恰来自不假手段的努斯，它恒真，这就高于理论和实践哲学；而一般推论才是工具。

但对于第五点，人们很难反驳，因为亚氏的确没有提到逻辑学。也可能它与数学归到了一起，毕竟逻辑学从数学那里借鉴了很多，但这仅仅是猜测。不排除亚氏当时并未确立证明理论，因此亚氏的“逻辑学”还没有放入哲学。

对于第七点，亚氏在《修辞术》I.4.1359b9—16说，“修辞术由分析的知识[②]（τῆς ἀναλυτικῆς ἐπιστήμης）和关乎伦理的政治学（τῆς περὶ τὰ ἤθη πολιτικῆς）组成，而且一部分同于论辩术，一部分同于智术之谈（τοῖς σοφιστικοῖς λόγοις）”。这表明了修辞术至少有一部分属于科学，由此，一般推论（分析的知识）当然也是科学，更高层次的证明，一方面用于其他所有科学，另一方面其自身也当然是科学。

另外，在《解释篇》16b33—17a4，亚里士多德定义命题，说，

---

① 对于第四点，也见Düring（1966:53）的说法，他认为后人误解了《论题篇》I.14中的看法。

② 这里对应了διαλεκτικῆς，但指一般推论，实际上表明了分析科学来自于论辩术，而且亚里士多德已经构想出了普遍推论。

ἔστι δὲ λόγος ἅπας μὲν σημαντικός, οὐχ ὡς ὄργανον δέ, ἀλλ' ὥσπερ εἴρηται κατὰ συνθήκην。这指出了语句之所以具有意指功能，不是以工具的方式，而是按照习惯。这似乎表明了语句的意义是约定的，不是人为制作的。从这个意义上，更复杂的语句组合(逻辑推理)也是约定的，或自然本性(第二自然)赋予的，它合乎世界和灵魂的秩序，而非人为做出的工具。

综上，我认为，亚里士多德的逻辑学既是哲学的工具，也是哲学的一部分。在这方面，他和学院派并没有太多差别。也许逍遥学派突出了逻辑学的工具功能，忽视了它作为哲学一部分的重要意义。

（二）科学或技艺运用逻辑学的三个步骤

"划分它们自己的事情、定义和证明"，原文为բաժանելով զինքեանսն սահմանելովն ապացուցելով, 三个不定式，艾利阿斯评注中为τὰ οἰκεῖα διαιροῦσαι ὁριζόμεναι ἀποδεικνῦσαι ἀναλύουσαι(分析)。"划分"对应了希腊文的动词διαιρεῖν和名词διαίρεσις，指对事情的分门别类，这是柏拉图的划分法，也是科学或技艺的基本方法。"定义"，սահմանել，来自名词սահման，界限、边界、区域、定义，来源于中古波斯语；这两个词含义等同于希腊文的动词ὁρίζειν和名词ὅρος。当划分结束后，就要确定种属关系，这也就是下定义，在这个过程中，主词和谓词形成了具有必然谓述关系的命题。最后一个环节就是证明(艾利阿斯那里还加了分析，与证明同工)，这里是严格的证明，因为科学和技艺不可能采取论辩术、修辞术、智术和诗术的推论。[①]命题形成了证明性推论，

---

① 这几个都有虚假的成分，因此够不上技艺和科学的层次，如苏格拉底和柏拉图对这几种技艺(尤其是后三种)的批判。在亚里士多德那里，他改造了修辞术和诗术，智术可以改造为论辩术，试图让它们具有科学或技艺的地位，仅在这个意义上，它们的推论才能趋近证明，但这种改造并不是完全成功的。

进而构成了技艺或科学系统。在使用语词按照逻辑的方式进行上述三个步骤时，语词作为形式也经历了划分(词类)、定义(命题)和证明(推论)这个过程。

这三种方法都归于逻辑学，见柏拉图《斐德若》277b—c，苏格拉底对技艺(以修辞术为例，但也适用于科学)的规划，πρὶν ἄν τις τό τε ἀληθὲς ἑκάστων εἰδῇ πέρι ὧν λέγει ἢ γράφει, κατ᾽ αὐτό τε πᾶν ὁρίζεσθαι δυνατὸς γένηται, ὁρισάμενός τε πάλιν κατ᾽ εἴδη μέχρι τοῦ ἀτμήτου τέμνειν ἐπιστηθῇ, περί τε ψυχῆς φύσεως διιδὼν κατὰ ταὐτά, τὸ προσαρμόττον ἑκάστῃ φύσει εἶδος ἀνευρίσκων, οὕτω τιθῇ καὶ διακοσμῇ τὸν λόγον, ποικίλῃ μὲν ποικίλους ψυχῇ καὶ παναρμονίους διδοὺς λόγους, ἁπλοῦς δὲ ἁπλῇ, οὐ πρότερον δυνατὸν τέχνῃ ἔσεσθαι καθ᾽ ὅσον πέφυκε μεταχειρισθῆναι τὸ λόγων γένος, οὔτε τι πρὸς τὸ διδάξαι οὔτε τι πρὸς τὸ πεῖσαι(直到某人在其所言所写的每件事情上，看出[知道]了真，①他就有能力就所有事情本身来定义，②他还能区分事物直到不可分，按类型来获得知识；按同样的方式，来辨析灵魂的本性；发现同每个本性相协调的类型；③这样，他会设定和安排话语[论证]，他要给多变的灵魂以复杂多变的话语，给简单的灵魂以简单明了的话语，只有如此，才能具有技艺，就此，这种话语以自然的方式被处理，才能教导和说服)。由此可见，逻辑学是所有科学和技艺的基础。亚里士多德正是遵照柏拉图的这个看法改造了修辞术并且建构了其他的科学，所以他不可能仅仅把逻辑学当作工具。

下面的论证中认为各种技艺都使用逻辑学，因此逻辑学就是工具，这恰恰自相矛盾，因为哲学本身就是普遍的，各种技艺和科学都离不开哲学，这恰恰证明了逻辑学是哲学的一部分，甚至就是哲学普遍性的基础。如果逻辑学是工具，那么哲学也必然会沦为工具，这样，哲学就不再是第一科学，而成为了应用技术，但这是不可能的，也是哲学家必须避免的，甚至逍遥学派也不得不解决这个问题。可以说，逻辑学问题直接关涉了哲学在所有科学中的地位。

艾利阿斯《〈前分析篇〉评注》68(135).19—25和斐洛珀诺斯《〈前分析篇〉评注》8.16—22都论述到了亚里士多德派的主张，前者几乎完全相似于大卫，后者的论述为，πλεῖσται τῶν βαναύσων τεχνῶν ἢ πᾶσαι κρείττους ἔσονται φιλοσοφίας· κἀκεῖναι γὰρ κατὰ τὴν κοινὴν ἔννοιαν συλλογίζονται λαμβάνουσαί τινα προηγούμενα καὶ ἑπόμενα·λέγει γὰρ ὁ οἰκοδόμος ὅτι, ἐπειδὴ τὴν οἰκίαν ἀσφαλῶς στῆσαι βουλόμεθα, τοῦτο δὲ οὐκ ἂν γένοιτο μὴ καταβληθέντων θεμελίων([这样看的话]绝大多数或所有手工技艺都要优于哲学了，因为它们都要把握某些前提和结论，按照共同的思路进行推论；因为建筑师说，既然我们打算让房屋稳固，如果不建房基的话，这就不会成立)。

"哲学甚至……低级……被认为是低级的……比马术低级"，这里有三处"低级的"。第一处为տրպազոյն，来自动词տրպանաել，轻视、看轻，这个形容词也译为"低级的"，但与下面两处"低级的"用词不同。不过，Topchyan和Papazian各自对这三处的译法都一致。后两处"低级"，前面为名词յոռի(恶劣、无价值的)，后面为形容词յոռիաuի，词义虽然表示恶劣，但这里只是表示层级的低下。Topchyan译为less honrable，不如Papazian的inferior，但前者是为了对应艾利阿斯的ἀτιμότερος。这一段文字类似艾利阿斯《〈前分析篇〉评注》68(135).25—27的论述，但用词多有不同，所以虽然有联系，并不能说明大卫抄录了艾利阿斯。

2. Առ որս ասեն ոմանք ի մերոցն, եթէ՝ ըստ ձեր բանուիդ՝ յոռի ուրեմն է և երկնային անձն քան զմարդկայինսն, քանզի երկնային անձն բացակատարեաց զմեր մարմինս,

որում որպէս գործւոյ պիտանանայ մեր հոգիս: Առ որս ասելի է, թէ երկնային անձն ոչ միայն զմեր մարմինս բացակատարեաց, այլ և զանբանիցն և զտնկոցն: Իսկ սանձարարականն սանձս միայն առնէ, այլ և ոչ զոյն, և որ պիտանանայն սանձաց՝ ձիականն:

2. 对此，我们中的有些人说，按照你们的论证，上帝的灵魂比人的灵魂低级，因为上帝的灵魂产生了我们的身体——身体就是我们灵魂所使用的工具。对此，应该说，上帝的灵魂不仅仅产生了我们的身体，而且也产生了无理性的[动物][①]和植物，但是做马缰[这个活动]就只是做出了马缰，除此无它，而正是马术使用马缰。

（三）大卫一派对亚里士多德派第一个论证的反驳

这段是大卫一派(ոմանք ի մերոցն，我们中的有些人)在反驳逍遥学派的论证。从所举的例子看，显然带有基督教背景，可能是大卫自己的例子，也可能是同为基督徒的斐洛珀诺斯传下来的例子。这个例子运用了《圣经》中的知识背景，它既作为例子反驳了逍遥学派，也表达了基督徒对于神创和哲学地位的理解。

逍遥学派认为，A产生了a，a被非A普遍使用，因此a甚至A就是工具，那么工具就会低于非A。大卫用的是“归谬法”，他必须要找一个必然高于非A的A，且A能产生普遍用于非A的a。他选的A是上帝，非A是人类(后面还有其他所有生物)。通过这个例子可以得出一个错误的结论，由此证明前提错误。

(1) “上帝的灵魂产生了我们的身体”，“上帝的[②]灵魂”，原文为երկնային անձն，《旧约·创世记》开头就提到了上帝的

---

① Topchyan和Papazian分别补译了animals和creatures。

② 原文为երկնային，来自երկին(天空)。

灵(*roo'—akh*),希伯来语里指呼吸,古亚美尼亚文《圣经》译作hnqħ,词源来自原始印欧语的peu—,同于希腊文的πνεῦμα,也与吹气和呼吸有关。下文,上帝用自己的生气造亚当时,生气为*nesh—aw—maw'*。

这段本自《创世记》1:26—27“神说、我们要照着我们的形像、按着我们的样式造人”和“神就照着自己的形像造人、乃是照着他的形像造男造女”,2:7“神用地上的尘土造人,将生气吹在他鼻孔里,他就成了有灵的活人,名叫亚当”,里面提到了上帝按照自己的形像、用呼吸和尘土造出了人。“形像”,希伯来语为*tseh'—lem*,词根表示影子,古亚美尼亚文译作պատկեր,来自古波斯语。大卫的例子看起来并不完全符合经文,虽然神的灵即神的呼吸是亚当灵魂的来源,但是亚当的身体却来自尘土,它不是上帝的灵魂产生的。这样看来,身体不但是我们的工具,而且确实低级。对这个说法也许可以这样反驳,尘土还不是人的身体,如果没有灵魂赋予形式,尘土只能是没有生命的物质,因此,身体必然是上帝创造的。由于神至高,因此,身体再怎么成为我们的工具,它也不会低级,因为它们都是上帝创造的,也就是它的一部分。

(2)接下来,大卫继续论证,他指出上帝的灵魂创造了所有生物,因此这些生物虽然看起来都是工具,但全都与上帝同级(尽管生物之间有高下之分)。故而它们不是简单的工具,而是上帝的一部分。而做马缰只是一种个别、特殊的创造,马缰的例子,奥林匹奥多罗斯《哲学序言》15.35—38也提过。对于个别的技艺,这门技艺的产物如果被其他技艺使用,则这门技艺就低于使用其产物的技艺。但逻辑学并不是哲学的产物,因此哲学就不会低于其他科学或技艺。

我们能看出,大卫暗示:上帝=哲学,所有生物=所有科学或技艺,所有生物的形体或身体=逻辑学,由此推出,逻辑学就是带有哲学灵魂的科学体系,没有逻辑学,一切科学或技艺就没有规则、不会成型，因此逻辑学就是哲学中的最高部分，它关涉一切存在，无所不包。当认为逻辑学是工具时，它就成为了僵死的肉身。

3. Բայց առնեն նայլ ձեռնարկութիւն այսպիսի, եթէ՝ Ոչ է մասն իմաստասիրութեան բանականս, որպէս ցուցանեմք: Իսկ եթէ մասն ոչ՝ հարկ է գործի գոլ. արդ մասն ոչ կարէ գոլ, վասն զի մասունք ի բաց բարձեալք՝ և զբոլորս ի բաց բառնան: Բայց ապացոյց էր և յառաջ, քան զգրիլ Վերլուծականացն առ ի յԱրիստոտելէ, քանզի էր ապացոյց և բնութիւն իրողութեանց: Եւ զայսոսիկ արիստոտելականքն:

3. 但是，他们也作出了另一个论证，如：逻辑学不是哲学的一部分，正如我们要证明的；既然它不是一部分，它必定是工具。它不可能是一部分，因为，如果部分被取消掉[①]后，整体也就被取消了；但是证明事实上在《分析篇》被亚里士多德写出来之前就存在了，因为证明和事物的本性[②]都[在那本书被写出来之前]就存在了。这就是亚里士多德派的说法。

（四）亚里士多德派的第二个论证

第二个论证从部分与整体的关系入手。a是A的部分，如果去掉a，A也就不存在了，但是逻辑学去掉后，哲学依然存在，则逻辑学不是哲学的一部分，只是外部的工具。

亚里士多德在《形而上学》1023b26开始讨论了整体和部分的关系。整体是οὗ τε μηθὲν ἄπεστι μέρος ἐξ ὧν λέγεται ὅλον φύσει（那种东西，部分不能从中缺少，而借助部分，整体才自然而

---

① 来自动词բառնալ，举起，扔弃。

② Բնութիւն，也表示本质。

然地被叫作整体)。这显然是逍遥学派第二个论证的思想来源。艾利阿斯68(135).30—31和斐洛珀诺斯8.28—30也都论及了第二个论证。

逍遥学派接着将整体和部分的关系套到了哲学和逻辑学的关系上:逻辑学在没有被亚里士多德创造出来之前——即《分析篇》(艾利阿斯称之为ἡ ἀποδεικτικῆς πραγματεία)写出来之前,证明和事物的本性都先已存在,这两者都是哲学要关注的东西,但证明存在于几何学中或借助努斯的直观能力,事物本性在外部客观存在,故而哲学先于逻辑学,则逻辑学不是哲学的本质部分,仅仅是反思后的工具。换言之,哲学家完全可以以自然的方式进行论证。但是,如果反驳的话,证明本身就是逻辑学的核心,既然它已经存在,因此逻辑学已经存在,只不过没有亚里士多德的总结罢了。如果说证明可以作为自然能力或形式而先于逻辑学,那么这恰恰证明“原逻辑学”(反思之前的逻辑形式)最高,而这恰恰是亚里士多德要追求的。大卫站在柏拉图的立场之所以没有反驳这一条,很有可能是他认同这点,因为柏拉图派也主张逻辑学有一个方面是工具。

亚历山大《〈前分析篇〉评注》2.5(1.1.1)论述了亚里士多德派的论证,论证结论一致,但论述过程略有不同,例子也不一样。逍遥学派的主张概括为,κρίνεται γὰρ τὸ μέρος οὐκ ἀπὸ τῆς περὶ αὐτὸ σπουδῆς τε καὶ πραγματείας μόνης, ἀλλ' ὅταν προσῇ τούτῳ τὸ καὶ τὸ τέλος αὐτοῦ καὶ τὴν σύστασιν μὴ πρὸς ἄλλο τι τῶν, περὶ ἃ καὶ αὐτὰ ἡ αὐτὴ ἐπιστήμη πραγματεύεται, τὴν ἀναφορὰν ἔχειν μηδὲ ἐκείνου χάριν ζητεῖσθαί τε καὶ συνίστασθαι(因为判断[一个东西是不是某个研究的]一部分,并不仅仅根据这门探索和研究相关于它,除此之外,它的目的和组成都不能与这门科学研究的其他内容相联系,不能为了那些内容而被探究和被组成)。意思就是,逻辑学不能关涉理论哲学和实践哲学的内容，方称得上是哲学的一部分。如果关涉了，那么逻辑学就成为了理论哲学或实践哲学，也就不是一个独立的部分，而是工具了。

4. Իսկ պղատոնականքն յարդարեն, եթէ է մասն և է գործի. և զի գործի է`բաւականանան արիստոտէլականացն ձեռնարկութիւնք: Բայց եթէ ո̊րպէս մասն` յարդարեն ինքեանք, քանզի ոչ բաւականանան ստոյիկեանցն ձեռնարկութիւնքն, վասն զի այնոքիկ կործանեցան: Բայց ձեռնարկեն այսպէս. եթէ` մասն է իմաստասիրութեան հաւաքաբանութիւնս, քանզի հաւաքաբանութիւն գիտութիւն է բոլոր գոյից. զի գիտութիւն ամենայն գոյից մասն իմաստասիրութեան է, քանզի ոչ է բոլոր իմաստասիրութիւն, քանզի բոլոր իմաստասիրութիւն պէտս ունի և բարեկենդանութեան: Եւ զի մասն իմաստասիրութեան է հաւաքաբանութիւն, գիտէ և Պղատոն` յիւրում տրամաբանականին ի պէտս առեալ զհաւաքաբանութիւն, զոր և ցանկ ուսմանց անուանեաց ի բազում տեղիս: Իսկ ցանկ մասն է` որոյ և ցանկն գոյ: Եւ զի մասն է` դարձեալ յայտ արար յիւրում շարագրութեանն` յորում ասելով, եթէ` Կրթեա զքեզ յինքեան կոչեցելովս առ ի բազմաց թախանձութիւն, մինչ տակաւին նս նորագոյնդ ես, ապա թէ ոչ` փախիցէ ի քէն ճշմարիտն: Թախանձութիւնx կոչեցեալ զբացազունութիւն յիրացն,իսկ կրթութիւնx` զգիտութիւն գոյիցն: Քանզի երկակի ասի գոլ ապացուցականն, քանզի մին ի նոյնս իսկ յիրողութիւնսն բնութեան ասի գոլ,որգոն` Անձն ինքնաշարժ, ինքնաշարժն մշտաշարժ, մշտաշարժնանմահ: Իսկմիւսն` յորոշմունս,

այս ինքն՝ ի նկատմունս միայնն ի կիտմունս, որգոն՝ Յերկուց ստորասութեանց ստորասական գոյ ժողովեալն. այս ի բանս միայն է, իսկ այն՝ և յիրողութիւնս: Քանզիմիայն Արիստոտէլ ոչ հեղգացաւ բացակապտել զհնարս բանից ի նոցունց իսկ յիրողութեանց,և կիտակս, այս ինքն է՝ կանոնս առնել: Առ որս Պղատոն ասաց, եթէ՝ Արհեստիկ արարեր զիմաստասիրութիւն:

4. 柏拉图主义者则主张，[逻辑学]既是一部分，也是工具；而亚里士多德派的论证足以[证明]它是工具。但是又如何主张它是部分呢？他们[之所以]主张这一点，因为斯多亚派的论证不太充分(由此，它们被否定了)。他们的论证如下：

推论是哲学的一部分，因为推论是关涉所有存在者的知识，关涉所有存在者的知识是哲学的一部分——它不是哲学的整体，因为哲学的整体也需要“过得好”。

柏拉图也知道推论是哲学的一部分：他在他的推论辩证法中也使用了推论；他在许多地方都称之为“知识的压顶石”。而压顶石就是它所属的那个东西的一部分。在他的作品中，他再次表明它是哲学的一部分，他说：“在你年轻的时候，要在众人所谓的闲谈中训练自己，否则真理就会离你远去。”“闲谈”就是脱离事物，“训练”就是关涉所有存在者的知识。

证明被[柏拉图]称之为双重的：一[种]在自然事物本身中，[①]如，“灵魂是自动的；自动的东西是恒动的；恒动的东西是不朽的”。而另一[种]在标准中，也就是只在理论和规则中。例如，“从两个肯定命题中，能推出一个肯定结论”。这种[证明]只是在语词[②]中，而另一种则在事物中。

---

① 如果觉得这个说法有点奇怪，我们可以理解为逻辑“针对事物本身”，或“事物本身中存在了逻辑关系”。

② 原文为բանս，也就是逻各斯，Topchyan译为argument，Papazian译为words，后者更佳。

> 亚里士多德孜孜不倦地要让论证方法脱离事物本身从而制定规则，也就是标准。对于这一点，柏拉图说："亚里士多德让哲学成为了雕虫小技。"

本小节分四个部分，分别讨论了四个问题，是比较珍贵地论述柏拉图关于逻辑学看法的文本。同时也揭示了柏拉图和亚里士多德的逻辑学观念的差异。当然大卫还是站在了柏拉图的立场上。

（五）柏拉图主义者的论证

"推论"，原文为հաւաքաբանութիւն，大卫没有使用常用的հաւաքումն。Papazian译为logic是正确的，Topchyan译为syllogism，他在注释中也承认这里有可能指logic。但在下面引用柏拉图说法的时候，大卫使用这个词却明显指"辩证法（论辩术）"，[①]艾利阿斯评注69（136）.5中对应的希腊文为διαλεκτική。Topchyan（2010:55）举了LSJ的例子，认为斐洛（Philo）曾经用形容词συλλογιστικός指论辩家（dialectician，辩证法家）。这或许能证明某些新柏拉图主义者从柏拉图的角度来理解，认为推论就是辩证法。也可能他们认为柏拉图的逻辑学就是辩证法，因为柏氏那个时候，成为后世典范的亚里士多德逻辑学并没有出现。故而大卫在柏拉图的语境中使用了这个词。

正因为使用了这个词，հաւաքաբանութիւն就不再是一种形式逻辑或一般推论，这略微区别了հաւաքումն。根据I.2—3的看法，亚里士多德区别了一般推论和特殊推论，其中最佳种"证明性推论"是逻辑学最高的形式，柏拉图的对话中虽然也体现出了各种推论，同时他也明确认为存在着最高的理性活动，但辩证法才是

① 之前使用的是տրամաբանական。

达到认识活动顶点的“推论”——հաւաքաբանութիւն，而相比起它，其他在亚氏眼中作为推论——հաւաքումն——的修辞术、诗术等就不再是推论，不具有哲学性。故而柏拉图的“推论”只有一种，就是辩证法，也就是柏氏本人的证明。大卫前面的论述符合了亚氏对推论的分类和界定，但在处理最高推论证明的时候，他还是要回到柏拉图，不论他怎么论述亚氏的逻辑学，他都似乎在暗示读者务必记住，亚氏的逻辑学低于柏拉图，或者说，前者以及《分析篇》只是柏拉图逻辑学的一个相对高的层次（柏氏没有反思，亚氏按其思路总结出来，但却是下文所谓的“雕虫小技”），因为大卫主张亚里士多德把逻辑学当成工具（前文已经指出这是错误的），人们想要达到至高层次，还需要阅读柏拉图的对话。

由此，柏氏推论（հաւաքաբանութիւն，辩证法）被定义为“关涉所有存在者的知识（գիտութիւն ամենայն），大卫前面也是这么界定一般推论的，如I.7，这区别于他认为的亚里士多德。逻辑学不是工具，而是“知识”，因此就是一种“看”[①]，在理论哲学中看真假，在实践哲学中观善恶，可以说就是“逻辑哲学”。但是，根据此处的行文，推论似乎和理论哲学功能一致，因为大卫说“它不是哲学的整体，因为哲学的整体也需要‘过得好’”，“过得好”就是实践哲学。如果推论和理论哲学不一致，大卫应该说“它不是哲学的整体，因为哲学的整体也需要‘认得真’和‘过得好’”。[②]我们只能理解，逻辑学是一种高于理论哲学的知识哲学，之所以高于理论哲学，因为理论哲学必须借助它才能完成自己的任务，然后才能用于实践哲学。同样都关涉存在者，但逻辑学提供了最直接的知识。

---

① 见I.4对这个动词的解释。

② 见亚历山大《〈前分析篇〉评注》3.15（1.1.2），逍遥学派有的人把逻辑学理解为哲学的子部分。

（六）柏拉图的辩证法及其逻辑学

（1）“他在许多地方都称之为‘知识的压顶石’。”“知识的压顶石”，原文为ցանկ ուսմանց，“知识”也可以译作学习或认识，对应希腊文的μάθημα。这个说法仅仅见于《理想国》534e，并不是像大卫说的“在许多地方”，ὥσπερ θριγκὸς τοῖς μαθήμασιν ἡ διαλεκτική... ἐπάνω κεῖσθαι（论辩术，恰如压顶石，居于诸知识之上）。其中θριγκός一词比较含混。在LSJ中有几个含义：①墙石的最高处、屋檐（cornice）或房顶（coping，即压顶），荷马史诗中常见。也指雕带后的一排石板（of the row of slabs behind the frieze[①]），因而也可以指雕带或是泛指围绕墙上方的部分，如欧里皮德斯《海伦》430。②转义为压轴（coping—stone，即压顶石）或最后阶段（last finish）。在这个意思中，LSJ引了上面柏拉图那段话。也见欧里皮德斯《特洛伊妇女》489。③指墙或某种围墙（fence，围栏）。④横排。Topchyan译作fence，Papazian译作wall，因为古亚美尼亚文ցանկ指围栏或围墙。我倾向于压顶石、压轴的含义，而不是围墙。也许译作围墙，可以形象地表现出逻辑学的形式感，但压顶石更能表现出辩证法的地位，因为柏拉图后面就说了，知识到了辩证法就达到了终点（τέλος）（535a）。同理，比较康德《实践理性批判》序言也有类似说法，“自由概念构成了整个纯粹理性、乃至思辨理性系统之大厦的压顶石（Schlußstein）”，这个词在德文中也转义为完结。康德认为自由构成了理论理性和实践理性的压顶石，通过它，理性批判就完成了。而且自由居于最高的位置。他或许受到了柏拉图的影响。

艾利阿斯《〈前分析篇〉评注》69（136）.4—5指出柏拉图在《斐多》和《斐德若》中说过τὴν διαλεκτικὴν θριγκόν τῶν ὄντων

---

① 指柱石横梁和挑檐之间的部分，这里权译作雕带。

πάντων(辩证法是一切存在者的压顶石)。当然，在这两部著作中，我们找不到这样的文字。也许艾利阿斯是在按照某个评注者的看法说的，毕竟这两部作品都是柏拉图辩证法的代表作，尤其后一部奠定了辩证法的核心地位。

在这里，柏拉图表明了辩证法，也就是他的推论是哲学的顶点，之前一切手段都是为了达到这个目的，而这个过程恰恰又是这个目的自身的发展。他的辩证法不是今日的逻辑学，而是古代前逻辑学阶段的哲学逻辑学，但古代逻辑学又恰恰根源于它。

参考Roochnik(2003:133—151)的看法，διαλεκτική(动词来自διαλέγεσθαι)在柏拉图那里的含义分两种(这两种含义有时产生了冲突)：

(1) 技术性含义，这指辩证法具有可操作性，有下面几部作品涉及到了这种方法[①]：

(A)《斐德若》265d—266c论述了辩证法的技术过程，将殊相整合为形式(理念)，为了分类和定义而划分类型。Roochnik认为这里并没有提供出明确的技术性方法，但是他忽视了亚里士多德的《修辞术》恰恰就是按照这个方法进行的，柏拉图提供了清晰的辩证法的逻辑过程。[②]当然这个方法并不是无需经验的，它虽然不能用来发现新事物，但仍然可以产生出一个适合于经验材料的结构。

(B)《智者》中，埃利亚的外乡人展现了辩证法。见《智者》253d—e, τὸ κατὰ γένη διαιρεῖσθαι καὶ μήτε ταὐτὸν εἶδος ἕτερον ἡγήσασθαι μήτε ἕτερον ὂν ταὐτὸν μῶν οὐ τῆς διαλεκτικῆς φήσομεν ἐπιστήμης εἶναι;(我们是不是可以说，“按

① Roochnik有自己的英译，但我还是直接从希腊文译出。

② 见IV.1的评注。

照属来划分，同时并不认为同一的种[①]是不同的，也不认为不同的种是同一的”，这就是辩证法科学的本质呢？）这就是柏拉图哲学的核心之一διαίρεσις。他接着说，οὐκοῦν ὅ γε τοῦτο δυνατὸς δρᾶν μίαν ἰδέαν διὰ πολλῶν, ἑνὸς ἑκάστου κειμένου χωρίς, πάντῃ διατεταμένην ἱκανῶς διαισθάνεται, καὶ πολλὰς ἑτέρας ἀλλήλων ὑπὸ μιᾶς ἔξωθεν περιεχομένας, καὶ μίαν αὖ δι᾽ ὅλων πολλῶν ἐν ἑνὶ συνημμένην, καὶ πολλὰς χωρὶς πάντῃ διωρισμένας: τοῦτο δ᾽ ἔστιν, ᾗ τε κοινωνεῖν ἕκαστα δύναται καὶ ὅπῃ μή, διακρίνειν κατὰ γένος ἐπίστασθαι... ἀλλὰ μὴν τό γε διαλεκτικὸν οὐκ ἄλλῳ δώσεις...πλὴν τῷ καθαρῶς τε καὶ δικαίως φιλοσοφοῦντι（因此，能做到这一点的人，可以在每一个既定对象之外，[②]充分辨识[③]出一个在所有方面都超出多的理念，[④]而且［充分辨识出］这些理念彼此不同又包含在一个理念中；［辨识出］理念通过整个多统一[⑤]于一中；［辨识出］诸理念在所有方面各自相区分：这就是，按照属来认识并判断出每件事情以什么方式能够分有［属或理念］，以什么方式不能……你只能把辩证之事授予正确和正当地从事哲学的人，除此无它）。[⑥]辩证法就是一种划分法[⑦]；这种划分是为了提取出超越杂多和差异的理念或形式。

(C)《斐勒布》16c—17a，苏格拉底指明了一条美妙的道路（ὁδὸς，也就是一种meth—od）：δεῖν οὖν ἡμᾶς τούτων οὕτω

---

① Roochnik译为form，把属译为kind。

② Χωρίς加属格表示没有、脱离或与……不同等意思，这里指超越殊相和个别特征，上升至共相。

③ 词根就是感觉一词，这里指能够看出理念的高级知觉。

④ 柏拉图在这里使用了ἰδέα而不是εἰδός。

⑤ 即συνάπτειν，意思是衔接或连接在一起，这可以想起休谟所说的观念连接。

⑥ 也见《政治家》287a。

⑦ 但《前分析篇》I.31认为划分法还是有缺陷的，是“弱推论”，而证明才是强推论。

διακεκοσμημένων ἀεὶ μίαν ἰδέαν περὶ παντὸς ἑκάστοτε θεμένους ζητεῖν—εὑρήσειν γὰρ ἐνοῦσαν— ἐὰν οὖν μεταλάβωμεν, μετὰ μίαν δύο, εἴ πως εἰσί, σκοπεῖν, εἰ δὲ μή, τρεῖς ἤ τινα ἄλλον ἀριθμόν, καὶ τῶν ἓν ἐκείνων ἕκαστον πάλιν ὡσαύτως, μέχριπερ ἂν τὸ κατ᾽ ἀρχὰς ἓν μὴ ὅτι ἓν καὶ πολλὰ καὶ ἄπειρά ἐστι μόνον ἴδῃ τις, ἀλλὰ καὶ ὁπόσα: τὴν δὲ τοῦ ἀπείρου ἰδέαν πρὸς τὸ πλῆθος μὴ προσφέρειν πρὶν ἄν τις τὸν ἀριθμὸν αὐτοῦ πάντα κατίδῃ τὸν μεταξὺ τοῦ ἀπείρου τε καὶ τοῦ ἑνός, τότε δ᾽ ἤδη τὸ ἓν ἕκαστον τῶν πάντων εἰς τὸ ἄπειρον μεθέντα χαίρειν ἐᾶν. οἱ μὲν οὖν θεοί...οὕτως ἡμῖν παρέδοσαν σκοπεῖν καὶ μανθάνειν καὶ διδάσκειν ἀλλήλους (既然这些事情以这种方式被安排[①]了，那么无论在什么时候，我们都应该探求每件事情的那一个理念——发现它的存在——如果我们把握到了，就要在“一”之后考虑“二”，只要二是存在的；如果它不存在，就要考虑“三”和其他数目，同样，还要再次考虑这些[数目]的“一”；直到人们不仅知道始初的“一”是一、多和无限，而且还知道它的量：只有人们知道“一”在无限和一之间的所有数目，他方能将无限本身的理念用于多，此时，我们可以把所有事物的每个一释放到无限中。诸神……赋予我们[这种方法]让我们思考、认识和相互教导)。苏氏指出，这种方法就是辩证法，它区别于智术的争辩，后者在一和多的辩证处理上太快或太慢。这里指出了辩证法的神性，它自然就是最高的科学或技艺。这里出现了一和多、有限和无限的辩证关系，也就明显体现出了辩证法之正反统一的本质。而这种统一过程是一条“道路”，不是瞬间的智力技巧。

(D)《理想国》有两处论述辩证法的文本比较重要：[②]

---

① 即动词διακοσμεῖν，词根来自名词κόσμος(宇宙、秩序)，这里指事情先天就以一和多的秩序存在。

② 也见509d开始对线喻的论述，见I.4，以及533a。

(a) 511b—c，所思的另一个部分[理念世界]是这样的，逻各斯借助辩证的能力抓住它，它不把这些假设作为始基，而是实实在在地当作假设，如同阶梯和起点，以便直到没有假设的东西，走到所有事情的始基，它抓住了始基，再一次又把握住了那些把握着始基的东西，这样就向下到达了终点；而它完全没有额外使用任何可感的东西，相反，使用理念本身由理念到理念，最终抵达理念。原文见I.5。

(b) 532a—b，οὕτω καὶ ὅταν τις τῷ διαλέγεσθαι ἐπιχειρῇ ἄνευ πασῶν τῶν αἰσθήσεων διὰ τοῦ λόγου ἐπ᾽ αὐτὸ ὃ ἔστιν ἕκαστον ὁρμᾶν, καὶ μὴ ἀποστῇ πρὶν ἂν αὐτὸ ὃ ἔστιν ἀγαθὸν αὐτῇ νοήσει λάβῃ(以这种方式，当某人通过论辩，摆脱所有感觉，借助论证而试图达到每件事物本身；在运用理智把握善本身之前，他是不会停止的)。这之前，苏格拉底谈到了几种学科，算术、几何、天文、音乐等等，它们的终点则是辩证法。这几种学科都是辩证法运动环节。

《理想国》并没有像前几个文本一样对辩证法的技术性进行详细描述，我们只能知道这种方法或哲学要高于数学，高于一切科学或技艺。

一般认为柏拉图早期以苏格拉底作为对话人物，让他进行ἔλεγχος(驳诘法)，后期开始将之形式化，提取出哲学家自己从事的划分和定义法，这来源于几何学和数学，[①]这就是亚里士多德试图总结的方法。

(2) 非技术性含义：指对话(διαλέγεσθαι)，这也是辩证法最初的活动方式，不如译作亚里士多德《论题篇》描述的“论辩术”。这也是早期和中期对话中，苏格拉底常用的手段。在这种对话中，有很多非技术或非逻辑的成分，但目的在于这种哲学性的对

① Roochnik(2003:140—141)，他引了Stenzel、Ryle、Robinson和Kahn的观点。

话本身；辩证法就成了伽达默尔说的“游戏”，而不是以几何学方式展开的驳诘法。[①]《高尔吉亚》中苏格拉底就明显使用了这种游戏式的对话法来反抗高尔吉亚的修辞术展示。它也是一种说服，而不是逻辑论证。[②]它包括如下几个特征：[③]

(A) 参与人数一个人以上；但在《泰阿泰德》189e—190a和《智者》263e，自我沉思也是一种对话。

(B) 需要特定地点，对不同的人说不同的话。这样，论辩术也需要修辞术的两个特征：即特定人、时间、地点所构成的καῖρος(时机)和πρέπον(与这个时机相应的回应)。论辩术充满了特殊性和偶然性。

(C) 有中断的可能。原有的流程被其他问题中断，这再次增加了对话的偶然性。

(D) 离题的情况。很多对话的主题多变，并不确定。

(E) 对之前说法的修正。柏拉图很多对话，其本身的前后观点常不一致。

(F) 对话展现观点不是以对话中的某个部分而是以对话整体，而且之前否定的观点仍然保留在对话整体之中。如《美诺》，苏格拉底一开始认为德性可教，后来又认为不可教，这不能说明柏拉图得出德性不可教这个结论。从整体看，回答既有“是”也有“否”，“否”就是，柏拉图认为德性不能像技艺一样教，“是”就是，德性只能诉诸哲学对话。[④]

Roochnik似乎更认同第二种含义，但我认为前者是柏拉图哲学的内在结构，作为一个沉思的哲学家，它的任务就是进行这种非

---

① Roochnik(2003:142)。

② 见Wardy(1999)中专论《高尔吉亚》一章，他揭示了苏格拉底完全是在说服而不是用哲学来证明。

③ Roochnik(2003:144—146)。

④ 见Roochnik(2003:146)，他还举了《理想国》第四卷中的例子。

对话的研究，亚里士多德就是最佳代表。而之于城邦共同体，哲学家又要从事后一种辩证法，相对于面对群众进行欺骗性演说的演说家以及孤独沉思的哲学家，这种言语方式更有利于影响民众。前者是一种形式化的思维方法，只有哲学家能够总结出来，它或是工具，或是哲学的一部分而且是最高的部分，当这种逻辑学按照亚里士多德的方式被提炼出来之后，它就具备了自己的形态，但同时随着文化环境的变化，第二种含义就渐渐丧失了。

(2)“在你年轻的时候……就会离你远去。”原文为，Կրթեա զքեզ յինքեան կոչեցելովս առ ի բազմաց թախանձութիւն, մինչ տակաւին ևս նորագոյնդ ես, ապա թէ ոչ՝ փախիցէ ի քէն ճշմարիտն。这句来自《巴门尼德》135d，γύμνασαι μᾶλλον διὰ τῆς [δοκούσης ἀχρήστου εἶναι καὶ] [①] καλουμένης ὑπὸ τῶν πολλῶν ἀδολεσχίας, ἕως ἔτι νέος εἶ: εἰ δὲ μή, σὲ διαφεύξεται ἡ ἀλήθεια。大卫的《〈范畴篇〉评注》[②]也引用了这段话，略有变动。[③]其中，“闲谈”，原文为թախանձութիւն，来自动词թախանձել，即请求和坚持，希腊文为ἀδολεσχία，来自ἄδην(饱食)和λέσχη(聊天)。这本是希腊人的一种劣性，但在《泰阿泰德》195c，苏格拉底以反讽的方式用它形容自己；他其实恰恰要在闲谈中谈出辩证法。

（七）柏拉图的双重逻辑学：“本体论化的逻辑学”和“工具性逻辑学”

“证明被[柏拉图]称之为双重的……而另一种也在事物中。”

---

① 古亚美尼亚文中没有这句。

② 见Busse(1900:119)。

③ 在那里，大卫或艾利阿斯误认为来自《智者》。按照Topchyan(2010:55)的看法，这似乎可以证明那个评注的作者是大卫，因为艾利阿斯知道这句话来自《巴门尼德》，他不可能说错，而本文中，大卫并未标明出处。值得一提的是，艾利阿斯引用这句是为了证明逻辑学是工具，见他的《〈前分析篇〉评注》69(136).5—7，这与大卫完全相反。这也间接证明了本书的作者不会是艾利阿斯。

大卫在这里提供了柏拉图对于逻辑学或证明的重要区分。柏拉图的证明和亚里士多德不同，它是双重的：

第一，它在自然事物本身中（ի նոյնս իսկ յիրողութիւնսն բնութեան），[①]这是一种自然逻辑，类似黑格尔的逻辑学或恩格斯的自然辩证法。大卫举了一个例子，这个例子包含两个三段论，[②]设灵魂是S，自动的东西为M1，恒动的东西为M2，不朽的东西为P，其结论就是S是P。第一个三段论为：S是M1，M1是M2，则S是M2。第二个三段论，S是M2，M2是P，则S是P。每个都是Babara式。这个三段论是事物自然的关系，因此这种逻辑就是客观的。但发现这个三段论，还是需要主观知识，大卫并没有说过这种逻辑仅是客观的。而这种逻辑会直接赋予主观，Babara式本身就是努斯直观来的公理。这个说法有柏拉图文字为证，见《政治家》287d，διαλεκτικωτέρους καὶ τῆς τῶν ὄντων λόγῳ δηλώσεως εὑρετικωτέρους（更有辩证能力、更能发现那种依靠逻各斯对存在者所做的揭示）。这就是揭示存在者的本性，也就是发现客观“逻辑”。[③]

第二，在标准、理论和规则中（յորոշմունս, այս ինքն՝ ի նկատմունս միայնն ի կիտմունս）。“标准”，原文为որոշում，这个词意思是决定和划分，在艾利阿斯评注中，希腊文为κανῶν，这两个词并不对应。որոշում对应的希腊文是θεσμός、διάκρισις和

① Papazian译为在事物本性中。这句直译是“在那些自然事实中的实际事物”里，希腊文为ἐν πράγμασιν。

② 亚历山大、斐洛珀诺斯、艾利阿斯、大卫都用过这个例子。

③ 比较戴震《孟子字义疏证·理》的说法：理者，察之而几微必区以别之名也，是故谓之分理；在物之质，曰肌理，曰腠理，曰文理；得其分则有条而不紊，谓之条理。柏拉图的辩证法就是(1)排除感觉和想象；(2)筛选意见；(3)运用思想精确划分、定义；(4)通过努斯进行证明，最终达到至高的“理”，在不同阶段，逻各斯都有不同的形式和内容，达到顶点的时候，对事物之“理”的把握就至真。不同的理，就是不同的逻各斯，也就是逻辑。

ἀντιδιαστολή。[①]"理论"为նկատում, Topchyan译为theorem, Papazian译为theory, 这个词来自动词նկատել, 表示注意, 译为theor—词根的词很贴切。"规则"为կիտակ, 它其实也对应了κανῶν, [②]Topchyan译为rule, Papazian译为knowledge。这三者都是主观确立的客观标准, 属于人们约定的准则。如大卫举的例子, 前提如果是两个肯定命题, 结论一定是肯定的, 显然在三段论三格和各种式中, 这个推论是成立的, 如Babara、Darii、Darapti、Datisi、Disamis等, 前提为a或i, 那么结论必是a或i。这个规则是人为筛选并确立的, 而且更重要的是, 无法直观获得, 仅仅存在于语词的反思中, 同时自然界也不会做出这种规定。如果第一种逻辑是一级逻辑的话, 第二种就是一级逻辑的逻辑, 是人们对一级逻辑的规定。

区分这两种逻辑学是柏拉图主义处理逻辑学和哲学关系的方式, 见下面IV.6。第一种逻辑学其实就是"本体论化"(ontologization)的逻辑学。在这个意义上, 亚里士多德和柏拉图的逻辑学就是形而上学或第一科学。Shields认为亚里士多德的"存在之为存在"(τὸ ὂν ᾗ ὂν)的科学(即第一科学)揭示了存在的自在(καθ' αὑτό, *per se*)特征, 也就是存在者的本性, 它标定了所有存在者之所以是存在者的必然环节, 即: 就它们是存在者而言, 所有存在者都是逻辑上被限定的(logically circumscribed)、范畴上被刻画的(categorially delineated)、模态上被卷入的(modally enmeshed)。[③]这三个部分都在亚氏逻辑学的规划内。逻辑学恰恰

---

① 见Topchyan(2010:57)的注释67。

② 真正对应κανῶν的词, 见III.5。下面也出现了, 即կանոն。

③ Shields(2012:357,359,360,361)载于Shields(2012)。Shields之前有过精细的分析, 他认为《形而上学》并非探求存在的本质, 因为存在是第一位的, 它无法定义。定义只能针对存在者。因此亚里士多德能够而且想要探求的只是存在的固有属性(ἴδιον)(见《形而上学》1003a23—25), 也就是"自在的"特征, 它们不是本质, 但没了它们, 事物就不存在。亚氏形而上学研究的不是"存在"本身的外延, (转下页)

就是要探求事物本性，这方面从属于形而上学，形而上学也可以应用于各种特殊科学，在这方面，形而上学和逻辑学的普遍性都得到了发挥。这种普遍性的最高峰就是上帝、神、至高实体，在逻辑学内部就是证明。

这种观点在古代阐释中表露无遗。除了希腊语世界，在公元11世纪阿拉伯哲学家阿维森纳(Ibn Sīnā，公元980—1037年)那里[①]，逻辑学也被进行了本体论化处理，与形而上学相对应。在他的《治疗论》(*Kitāb al—Šifā*)[②]中，逻辑学、自然哲学、数学和形而上学并列为四部分，逻辑学首先和自然哲学相联系，这两者又与形而上学部分相交汇，概言之，《论治疗》中逻辑学和形而上学具有几种不同的关系：(1)论形而上学部分中讨论逻辑学，是为了给逻辑学一

(接上页注③)即它是什么(本质)，而是描述这三种固有特征，没有这三种，“存在”本身就不存在了。只要我们解释这三种特征，存在必定被提及。因此，形而上学不会是关乎“存在”或“存在之为存在”之本质或“是什么”的科学，而是关涉这些非本质但固有的部分及其原因或第一原则。

所有事物，就其“存在”而言或就其属于“存在”这个最高属而言，它们都是不可定义的或没有本质的(不如说，谈不上本质)。以人为例，就“是”人而言，他的本质是理性的动物，这是可定义的，本质是客观意义上的解释性(explanatory)特征，它为其他非本质特征提供了基础。固有特征如，有语言，有政治性等。就其“是着或存在着”而言，他没有定义，形而上学家只能描述其作为“存在”的基本特征，这恰恰就是存在之为存在的结构。如果缺少至少一种这三种特征，则人就不会“是着或存在着”了。换言之，只要我们陈述人的“存在”时，这三种特征必然有至少一种出现，而且以非模态的方式出现。

这个观点尚可争议，但是Shields揭示了逻辑学的本体论特征，因为这三个特征都是逻辑学的研究对象：逻辑公理(如矛盾律、同一律等)、谓词逻辑(S是P)、模态逻辑(S必然是P)。换言之，形而上学就是逻辑学的展开，核心部分，这两门科学是相同的。但形而上学哪些地方高于逻辑学呢？我认为，存在虽然不可定义，但是形而上学仍然要陈说或设定最高实体和存在本身的终极原因，这些都是逻辑学无法涉及的，故而神学那部分超出了逻辑学范围，它是逻辑学公理的来源，也是努斯直观的来源，是形而上学的顶峰。

① 以下对阿维森纳哲学和逻辑学的论述见Bertolacci(2011:28—29,51)，载于Cameron & Marenbon(2011)。

② 阿维森纳哲学论著的总集，包含了二十二部著作，它们彼此之间相互联系，广涉了哲学各种问题，其中也有对波菲里(如《导论》)、亚里士多德作品(如《范畴篇》、《后分析篇》和《形而上学》)的论述和改写。

个最终的基础。(2)在逻辑学部分中提出的理论只是为了联系形而上学。(3)逻辑学和形而上学各自讨论的内容并无太大差异。(4)两者各自讨论的内容出现根本性差异。(1)和(2)证明了阿维森纳认为逻辑学根植于形而上学，后者提供了前者的共相和范畴；(3)和(4)证明了，逻辑学能处理的问题，形而上学也能处理，逻辑学涉及的事务就从属于形而上学。

在阿维森纳看来，逻辑学是哲学的工具还是哲学的一部分，这个问题是伪问题，因为逻辑学从不同角度来说，既是哲学的一部分，也是工具。故而阿维森纳的逻辑学有一部分被本体论化，这是逻辑学最核心的、也是有用于哲学的部分，这部分逻辑学正是关乎存在的科学。

阿维森纳的理解与大卫等新柏拉图主义者的想法完全一致。如果秉承柏拉图和亚里士多德(在这个意义上，他是柏拉图主义者)的看法，那么逻辑学不可能成为纯粹的工具，否则它会脱离自己的根基，逻辑学天然就是形而上学。在大卫这里，逻辑学成为了通向或不如说“体现”更高存在(上帝)的手段，这种本体论倾向完全高于逍遥学派的工具观点，逻辑学关涉的不止是“必然得出”的主观理性形式，它是客观和主观相统一的世界本体。

(八)柏拉图和亚里士多德逻辑学之分歧

在这部分，大卫举出了一句柏拉图批评亚里士多德的原话：“[亚氏]让哲学成为了雕虫小技。”这段话非常珍贵，而且只保留在本文以及艾利阿斯《〈前分析篇〉评注》69(136).22—23中。如果逻辑学是工具，那么哲学也就成为了工具或实用技术，辩证法就不再是最高的科学，而是“万金油”。“雕虫小技”这个词，原文为արհեստիկ，希腊文为τεχνύδριον，均加了小后缀，意思就是小技艺。这个词在柏拉图那里只出现了一次，在《理想国》475e；在《理想国》495d，他还用了τεχνίον，但都和亚里士多德无关。

大卫在柏拉图主义的立场上批判了亚里士多德，他认为亚氏将上述两种逻辑学割裂开来而舍弃了第一种，这符合大卫的看法：亚氏认为逻辑学只是工具。我们前面反驳了这个说法，故而亚氏的逻辑学并没有割裂两者，相反倒是更形式和整齐地体现出了柏拉图的观点。

在逻辑学上，首先，亚氏并没有超出柏拉图的理论，而是以他为基础建立了柏氏没有专门探究的形式逻辑。①他比较严格地按照柏拉图的看法处理了论辩术、智术、修辞术、诗术，②而对于证明的建构也符合《理想国》的规划，否则的话，线喻就不会如此对应各种推论。其次，他的逻辑学作品是柏拉图主义者了解柏拉图的引导，几乎所有柏拉图主义者都认为亚氏的逻辑学(包括范畴理论)并不违背柏氏的理论，而且本质上就是柏拉图式的，故而他们对亚氏逻辑学作品的评注最为丰富。③

当然，如果非要区分的话，大卫也许是认为，亚里士多德的逻辑学还不是柏拉图的最终目的，因为亚氏不再看重非技术性的辩证法，而将辩证法技术化为证明的公理系统。④尽管他试图按柏拉图的意思从论辩术中总结出哲学推论(《论题篇》所做)，但是他

---

① 见Karamanolis(2006:330)，波菲里甚至认为亚里士多德才是逻辑学权威，柏拉图是形而上学权威，这暗示了在逻辑学方面，亚氏高于柏氏，因为柏氏等哲学家仅仅使用推论，但亚氏第一个总结了其方法。

② 柏拉图反对后两个，但他也有肯定之处，这些都被亚里士多德继承了。尤其是《修辞术》几乎照搬了《斐德若》的规划。

③ 见Karamanolis(2006:2,5,23,28,327)，但他也指出在如《范畴篇》这样的逻辑学著作中存在了很多和柏拉图不同的形而上学观点，这部分，两人是有分歧的。虽然Karamanolis研究的是安提奥克斯到波菲里的柏拉图主义者，但在逻辑学这条脉络中，后来的柏拉图主义者都继承了他们的看法，波菲里逻辑学作品对他们的影响就是一个证明。

④ 亚历山大在《〈前分析篇〉评注》4.26(1.1.2)中也认为逻辑学中论辩术部分是无用的，应该去掉。

放弃了柏拉图对话的“文学性和修辞性”。他恐怕不觉得《斐德若》那种作品的文学性中能有什么哲学意义。或许，两人对于逻辑学的分歧来自他们对理念的分歧，这见I.4的第八部分。亚里士多德不追求超验的理念，因此逻辑学成为了技术性的方法。

总体上，大卫继承了柏拉图主义者的看法，因此他并没有认为亚氏和柏氏的逻辑学差异明显，他所指出的分歧仅仅是外在的或逻辑学运用层面的，否则的话，他就没必要如此看重《分析篇》了。

5. Արդ, վասն այնոցիկ, որք յիրողութիւնսն են ապացոյցք, ձայնակիցք գոն Արիստոտէլ և Պղատոն, իսկ որք ի կիտակս գոն, վասն այնոցիկ տարաձայնք են, քանզի ոչ էին կիտակք և հնարք հաւաքաբանութեան ի ժամանակս Պղատոնի: Եւ թէպէտ ոչ էին հնարք յաւուրս Պղատոնի, սակայն ոչ եթէ զանցանէր ինչ ինքն Պղատոն յիւր տրամաբանութիւնսն: Քանզի առաքինիքն և մեծքն բնութեամբ՝ ոչ ունին պէտս կիտաց, այլ գեր ի վերոյ քան զնոսա ներգործեն, և ինքեանք լինին կիտակք յետնոցայցն: Քանզի ոչ կալաւ պէտս Պղատոն ապացուցականումն Արիստոտէլի, այլ Արիստոտէլ՝ Պղատոնումն, զի առցէ ի նմանէ սերմանիս: Ոչ պիտացաւ և Հոմերոս Յաղագս քերթողականումն Արիստոտէլի, այլ Արիստոտէլ՝ Հոմերոսում: Ոչ պիտացաւ և Դէմոսթենէս Վիճաբանութեանց Հերմոգինի, այլ Հերմոգինէս՝ նմա:

5. 对于在事物中的证明，[1]亚里士多德和柏拉图是一致的，但是对于规则中的[证明]，两人有别，因为在柏拉图时期并没有

① 和上一小节一样，这句话，我们可以理解为证明“针对事物”，或“事物中存在证明所揭示的逻辑关系”。

推论的规则和方法。但是，尽管柏拉图的时代没有方法，柏拉图本人却在他的对话中并未越过[1][逻辑学规则]。因为那些卓绝而本性伟大[2]之人无需规则，相反，他们努力实现着[3]超越[规则]，他们自己就是后世的规则。因为柏拉图无需亚里士多德的证明性[推论]，相反，亚里士多德需要柏拉图，为了从他那里获取种子。荷马无需亚里士多德的《诗学》，但是亚里士多德需要荷马。德谟斯蒂尼不需要赫墨根尼的《论议题》，而赫墨根尼却需要他。

（九）柏拉图与亚里士多德逻辑学的高下之分

这一小节继续讨论柏拉图和亚里士多德的逻辑学差异，实际上对两人做了价值判断，这也是柏拉图主义者普遍的看法，亚里士多德低于柏拉图。大卫的看法有三点：

第一，对于柏拉图的第一种逻辑学，这两人是一致的。他们都承认事物本身中的证明，也就是自然逻辑。

第二，对于规则或标准中的逻辑学，两人有分歧。大卫似乎认为分歧就在于柏拉图没有创立这样的规则——但是柏拉图使用了这种规则。亚里士多德由于创立了规则，故而将逻辑学工具化。

第三，柏拉图虽然没有创立逻辑规则，但他其实体现出了这种规则，因此亚里士多德仅仅是按照柏拉图的想法建构了逻辑学。这种说法是柏拉图主义者常有的，比如奥林匹奥多罗斯在他的《论〈高尔吉亚〉》中就表示柏氏早在亚氏之前就谈到了推论，他还试图将亚氏的逻辑学模式用到这部作品中。[4]

---

① 即动词զանցանել，意为超越，指柏拉图不遵守逻辑学规则，Topchyan译为break，Papazian译为lack。

② 即մեծ，来自印欧语mag—词根，如希腊语的μέγας、拉丁语的magnus和英语的magnificent。

③ 即动词ներգործել(nergorcel)，来自希腊语的ἐνεϱγεῖν，活动和实现着。

④ Tarrant(2011:412)。

第四，柏拉图直接运用逻辑，而亚里士多德是反思这种规则但又无法达到柏拉图运用高度的理论家，理论家低于直接实践者。大卫做了一个类比：荷马/柏拉图/德谟斯蒂尼之于《诗学》/亚氏逻辑学/赫墨根尼的《论议题》。前三个分别是诗、哲学和演说（显然是大卫有意选择的）的大家，后三个是诠释他们实践的作品。但大卫表示前三者既是规则，又不用规则，这话有点矛盾，其实他的意思就是诗学、逻辑学和修辞术分别是荷马、柏拉图、德谟斯蒂尼的直接知识。相应地，柏拉图自有传授这种知识的途径——但不是亚里士多德反思的逻辑学。这个例子也见艾利阿斯《〈前分析篇〉评注》69(136).26—32，他引了特密斯提尤斯的看法。

“对话”，原文为տրամաբանութիւն，也就是辩证法或论辩术，这里指柏拉图的对话，但它似乎更严格指那种使用辩证法或论辩术的对话，比如《智者》、《美诺》、《理想国》这样的对话。

“种子”，即սերմն(sermn)，与英语seed和semen同源。Topchyan译为figures，因为艾利阿斯措辞相同的一段中，希腊文为σχημάτων，即模式或方式，很可能指三段论的“格”。他认为有可能是翻译者所用的希腊文出现了错误，希腊文种子为σπέρμα，与之相近。Papazian遵从了原文。

但从文义看，种子也无不妥，表示柏拉图是亚里士多德的源头。而且这个词很符合基督教背景，它是《圣经》中频繁出现的意象，比如《路加福音》8:11，ὁ σπόρος ἐστὶν ὁ λόγος τοῦ θεοῦ(种子就是神的道)，以及《哥林多前书》9:11的ἡμεῖς ὑμῖν τὰ πνευματικὰ ἐσπείραμεν(我们若把属灵的种子撒在你们中间)。柏拉图的言辞就是“道”，也就是亚里士多德的种子，在哲学领域中，柏拉图不亚于上帝的地位。

“德谟斯蒂尼……而赫墨根尼却需要他。”德谟斯蒂尼（公元前384—322年）是古希腊著名演说家和政治家，阿提卡演说十大家之一。他的演说主要是议政演说和诉讼演说。他已经开始对前人的演说进行了理论总结，但保留下来的作品都是演说。据说他为了训练口才，嘴中往往含石。赫墨根尼（Ἑρμογένης ὁ Ταρσεύς，盛年在公元3世纪），奥勒留时期的修辞家，用希腊文写作。《论议题》是针对诉讼演说的理论作品，讨论了议题（στάσις）的发现和论证。这种修辞作品中大多是议题的汇编——德谟斯蒂尼显然是重要的来源，也包括了应付对方反驳的方法。看起来大卫认为《论议题》就是修辞术中的《分析篇》，两者功能是一致的。

6. Բայց տարակուսեն, եթէ՝ զիա՞րդ պղատոնականքն զբանականս և մասն, և գործի նոյն իրաց ասեն կարող գոլ: Զի թէպէտ և ձեռն՝ և մասն, և գործի, այլ մասն ամենայն մարմնոյ է, իսկ գործի՝ ներանձնաւորին: Քանզիմեռելոյ ձեռն, թէպէտ և մասն է բոլոր մարմնոյն, այլ գործի ոչ է, քանզի տալոյ և առնելոյ գործի է: Եւ կուժն և մասն է, և գործի, այլ ոչ նոյն իրի. այլ ամանն գործի է պարունակեցելոցն, իսկ կժաւոր ջուր՝ մասն է այլոյ ջրոյ: Առ որս եթէ ասիցեն պղատոնականքն, եթէ՝ Եւ ոչ մեք ասեմք նոյն իրաց գործի և մասն զբանականն, այլ կամ նոյնում այլ և այլ, և կամ զնոյնն այլում և այլում մասն և գործի, որպէս զձեռն. քանզի շնչաւորին՝ գործի, իսկ մարմնոյն՝ մասն, և կամ՝ նոյնում գոլ այլ և այլ՝ և գործի, և մասն: Քանզի իմաստասիրութեան բանականս և գործի, և մասն. քանզի [ի] բնութիւն իրողութեանց գոլ ապացոյց՝ մասն է իմաստասիրութեան, իսկ ի կիտակսն՝ գործի:

Ընդ այսոսիկ հանդերձ աստուծովն առաջիկայ [պրակք]:

6. 但是有些人糊涂了：“柏拉图派如何说逻辑学既是同一个

事物的一部分，又是工具呢？虽然手既是[身体]的一部分，又是工具，它是每个身体的一部分，但它[只是]生命物的工具。因为一个死人的手不是工具(虽然它是整个身体的一部分)，[之所以如此]，因为它是'给和拿'的工具。罐既是一部分，又是工具，但不是同一个事物的[一部分和工具]，因为容器是所盛物的工具，而一罐水却是其他水的一部分。"对此，柏拉图派回答说："我们并未一直说，逻辑学是同一个事物的工具和一部分，相反，它要么是同一个事物的[工具和一部分]，要么是一个事物的一部分且是另一个事物的工具。恰如手，因为它是生命物的工具，但只是死人的一部分，抑或，它能是同一个[生命物]的工具和一部分。逻辑学既是哲学的工具，也是一部分，因为，当它在事物本性这方面是证明之时，它是哲学的一部分，而在规则中，它[作为证明]是工具。"

到此，凭上帝之助，而有这一讲。

(十)逻辑学哲学与逻辑学工具

柏拉图区分了两种逻辑学，一种是在事物之中的，一种是规则中的。前者就是哲学的，后者就是形式逻辑。这个区分是为了给逻辑学准确定位，前一种就是哲学的一部分，与理论哲学和实践哲学并列为种；后一种就是工具，不是哲学，而是通用于所有科学或技艺的手段。这就结合了斯多亚和逍遥学派的观点。柏拉图维护了逻辑学的哲学性，避免了逻辑学成为现代意义上的"纯"逻辑。比较黑格尔的逻辑学，就并非单纯的逻辑推演，而是精神和事物之存在的必然运动，这就是柏拉图意义上的辩证法，而不是亚里士多德的证明。

大卫一上来举出了反对方的观点，其中第一个例子，反方认为手对于死人来说，只是一部分；对于活人来说也是一部分，但却是

“给和拿”这两个动作的工具。[①]但大卫认为，这反倒说明，对于活人来说，手本身既是一部分，又是工具。因为给和拿这两个动作都是活人做出的，也就是活人的工具。逻辑学比作手的话，它必须要“用”，否则仅仅是死人的一部分；但它也必须是身体的一部分，否则只是脱离生命的外物。

第二个例子意思是，罐是水的工具，而水是水的一部分，与罐无关，所以罐只能是水的工具，不可能是它的一部分。艾利阿斯《〈前分析篇〉评注》69(136).26—32也提到了相同的两个例子，但第二个例子有些不同，本文的“罐”，即կուժ，艾氏用了ξέστης，原义是古罗马的计量单位，相当于一品脱，后来也指罐子。但艾氏说，“按照所测量的水，它是[水的]一部分；按照能测量的容器，它是[水的]工具”，测量即μετρεῖν一词。显然，ξέστης这里指计量单位本身。Topchyan和Papazian译为jug或jar，已经没有这层含义了。艾氏的例子更合理，一品脱相对于一品脱的水，它是水的一部分，相对于一品脱的容器来说，它是测量水的工具。大卫的例子有可能简化了，也可能他把ξέστης理解为罐子。

对第二个例子，大卫没有反驳，但我们也可以说一品脱是水具有的必然量，任何水都有一品脱，但是这个标准只有人能制定，人借助一品脱罐子来量度。故逻辑学既是水具有的必然量，但同时必须借助它物体现这个标准；前者是自然，后者是人为。这个例子其实最能体现逻辑学的特点。

关于逻辑学作为工具、作为哲学，黑格尔《精神现象学》导言一上来就反驳了认为知识或科学是工具(Werkzeug或Mittel)或被动媒介(Medium)的观点。这种观点将认识对象与认识主体割裂开

---

① 原文这一点表达的不是很清楚，艾利阿斯的评注非常明确。也许可以理解为，反方认为，对于活人只是工具，而不是一部分。但这个说法有缺陷，既然都是死人的一部分，那更应该是活人的一部分。

来，知识或科学针对自在的对象，它们不会影响对象，用完收回，这样对象就被认识，真理就被把握；故知识或科学就是光线的衍射(Strahlenbrechung)。我们可以把这里的知识或科学替换为逻辑学，因为逻辑学会出现于一切科学中，人们认为它是(作为工具的)科学的工具。但黑格尔认为知识或科学恰恰是光本身，就是真理本身，因此，逻辑学也就是光和真理本身，从而他建立了逻辑学哲学，这也是黑格尔所有科学的中心。显然黑格尔与柏拉图一样，都强调了作为哲学的逻辑学，而作为工具的逻辑学只是形式逻辑。值得注意的是，柏拉图、大卫和黑格尔都用光比喻了逻辑学(也就是知识或科学)(见I.6—7)，对于他们来说，形式逻辑只是灰暗的抽象形式和空洞的位置(der leere Ort)。

第三章　前提与词项理论

第五节　逻辑学各环节概述

1. Նախ ասել արժան է՝ յաղագս զի՞նչ և որո՞յ խոհմունս, թէ՝ սակս ապացուցի և մակացութեան ապացուցականի: Ի նախերգանի իրողութեանս զդիտաւորութիւն նորին քարոզէ, և այլ ինչ՝ պիտանացու դիտաւորութեան: Արդ, զդիտաւորութիւն՝ զի յաղագս ապացուցի և մակացութեան ապացուցականի: Իսկ պիտանացուք հինգ են, քանզի սահմանէ յառաջ զառաջարկութիւն, զսահման, զհաւաքաբանութիւն, ասէ՝ ո՞ր աւարտուն և ո՞ր անաւարտ, զի՞նչ որ ի բոլորում և զի՞նչ որ ոչ ի բոլորում, և զի՞նչ ի մասնում, և զի՞նչ ըստ ամենայնում և ոչ ըստ ումեքում:

1. “首先，应该谈论探究相关于什么、针对什么，即，探究相关于证明、针对证明性科学。”

在他作品的“序言”中，他宣明了他的目标和其他有用于目标的事情。目标就是“相关于证明和证明性科学”，而有用的事情有五个：第一，他定义了前提、词项和推论；[第二]，他说了哪个[推论]是完善的，哪个又是不完善的；[第三]，哪个[词项]完全在[另一个词项]之内，哪个是完全不在内，哪个又是部分在内，什么是可以谓述所有事情，什么是全不谓述。

（一）逻辑学的五个问题

从第五节开始，大卫正式评注《前分析篇》，从第一句开始。首先是问题概述，这符合亚里士多德的思路。这五个问题属于《前分析篇》的逻辑学问题，与大卫前面所讲的问题不同：(1)前提(命题)的定义；(2)词项的定义；(3)推论的定义；(4)推论的类型：完善推论和不完善推论；(5)前提的类型：依照主词和谓词的谓述关系划分。

这五个问题均见《前分析篇》24a11—15，εἶτα διορίσαι τί ἐστι πρότασις καὶ τί ὅρος καὶ τί συλλογισμός, καὶ ποῖος τέλειος καὶ ποῖος ἀτελής, μετὰ δὲ ταῦτα τί τὸ ἐν ὅλῳ εἶναι ἢ μὴ εἶναι τόδε τῷδε, καὶ τί λέγομεν τὸ κατὰ παντὸς ἢ μηδενὸς κατηγορεῖσθαι(其次，要定义前提是什么，词项是什么，推论是什么；什么样的推论是完善的；什么样的推论是不完善的；这之后是，一个[词项]如何完全在另一个[词项]之内；我们所谓的“谓述所有事情”或“全不谓述”是什么意思)。大卫的问题里面，(4)中多了“部分在内”，这是后来评注者增加的。在后面，亚里士多德会开始论述这几个问题，它们构成了《前分析篇》的基本内容。

第一句在本评注开篇也提到了，原文为，Πρῶτον εἰπεῖν περὶ τί καὶ τίνος ἐστὶν ἡ σκέψις, ὅτι περὶ ἀπόδειξιν καὶ ἐπιστήμης ἀποδεικτικῆς。也见I.1的论述。

对于(A)περὶ τί(յաղագս զի՞նչ)和(B)τίνος(որո՞յ)，亚历山大《〈前分析篇〉评注》9.5(2.1)论述了这两个结构。他认为对于宾格结构A，亚氏在下面指出了，就是证明，因为ἀπόδειξιν是宾格；而属格结构B则为证明性科学，因为ἐπιστήμης ἀποδεικτικῆς是属格，也就是客体属格。[①]A是指主题，即证明；B指处理证明的理论主体，即证明性科学，我们学习证明是为了这个最高的必然科学。在9.20—23(2.1)，他有一段精辟的概括，ἔστι δὲ ἡ μὲν ἀπόδειξις συλλογισμὸς ἀποδεικτικός, ἐπιστήμη δὲ ἀποδεικτικὴ ἕξις, ἀφ' ἧς οἷόν τέ ἐστιν ἀποδεικτικῶς συλλογίζεσθαι· τὸ γὰρ περὶ ἀποδείξεως εἰπεῖν ἐπιστήμης ἐστὶν ἀποδεικτικῆς καὶ τοῦταύτην ἔχοντος(证明是证明性推论[或能产生证明的推论]，而证明性的科学是一种常性，通过它，可以以证明的方式进行推论；因为证明性科学以及拥有这种科学人的固有性质[②]就是论述[③]证明)。也见V.9大卫对这两者的论述。

这两个部分，大卫下面说յաղագս ապացուցի և մակացութեան ապացուցականի，两个都是属格，他都认为是目标(դիտաւորութիւն, σκοπός)，这也许是归总而言。

“谓述”，在希腊文中为P κατὰ S κατηγορεῖσθαι(有时也用λέγεσθαι)，范畴一词即κατηγορία。如S是P，则P谓述了S。古亚美尼亚文只有ըստ一词，表示κατὰ的功能，省略了系动词。亚里士多德并没有使用今日的谓述语语序S是P，[④]相反，他使用上述的方式，即(1)P被用来谓述S；

(2)往往也使用ὑπάρχειν表示谓述，即，谓词属于[⑤]主词。前提

---

① 亚历山大指出有的抄本把B写为宾格，但根据Williams(1984:11)的校勘，现存所有抄本均为属格。如果是宾格，那么亚里士多德的τίνος有可能指的是作品结构，也就有可能是主体属格(即属于什么)。这个问题也见Striker(2009:72)。

② 属格加系动词“是”，表示事物的本质和内在性质。

③ 原文是περὶ ἀποδείξεως，但似乎证明性科学并不是谈论它，因为科学有其经验对象，而是借助于它。

④ 古希腊语的语序并不是像现代语言一样固定为线性的，主语可以放在后面，而且系动词“是”常常省略。这种形式容易出现歧义，故亚里士多德没有采用它。

⑤ 英语一般译为belong to。但要注意，比如，所有铅笔是笔，用这个句式即，笔属于铅笔。这个属于不是指外延的属于，因为从外延的集合来看，铅笔属 (转下页)

常以P属于S的方式出现。

(3)也使用，S在P之内(S ἐν εἶναι τῷ P)[1]这种说法，这比“属于”的说法更直观，见下面V.7。亚氏在介绍第一格时，用的(3)，介绍第二和第三格时，用的(2)。

(4)有时也用“由S得出P或P随着S”，即主词蕴涵着P。

2. Բայց տարակուսին և առ առաջինն, և առ երկրորդն: Եւ առ առաջինն՝ եթէ ընդէ՞ր յաղագս պարզ հաւաքաբանութեան ելոյ դիտաւորութեան՝ յաղագս ապացուցի ճառէ անդուստ ի նախերգանէն: Առ որս ասեմք զպատճառսն զայս, եթէ ոչ ինչ անտեղի յաղագս պարզ հաւաքաբանութեան ելոյ դիտաւորութեան՝ և յաղագս ապացուցի ճառելն և զնոյն զոլ դիտաւորութիւն: Վասն զի ի ձեռն ապացուցական հաւաքաբանութեան և պարզ հաւաքաբանութեան առնէ խնդիր: Արդ, այսպէս առ առաջինն:

2. 但是有人对第一和第二点感到困惑。对于第一点，[他们问道]：“虽然目的相关于一般推论，但[亚里士多德]为何从‘序言’开始谈论证明呢？”对此，我们表明如下原因：这并不奇怪，虽然目的相关于一般推论，但他也谈论证明，目的是一样的。因为他考察证明性推论，由此[也就考察]一般推论。这就是关于第一点的情况。

这里的第一点，指目的，第二点指后面五个问题。第一点实际上从I.1开始就解决了，证明是最终目的，一般推论虽然也是目

(接上页注⑤)于笔。相反，它指的是内涵上谓词内在化为主词的性质，或者精确来说，它确立了一个函项。内涵上，笔属于铅笔；外延上，铅笔属于笔。德文一般用zutreffen，有的英语学者也用hold of或apply to，中文其实更应该译为“在……之下”。

① 这是从外延的角度来说，包括完全或不完全在内，完全就是全称命题，不完全就是特称命题。

的，但是相对的，它是通向证明的手段。上一小节和这一小节说的“序言”，见I.1。这个序言是对整部《分析篇》的总论。正如Striker(2009:71—72)所言，证明和证明性推论只是在《后分析篇》才被讨论，所以有人会困惑，为何并未讨论这两者的《前分析篇》却把这两者当作了主题，答案在《后分析篇》99b15—17。而《后分析篇》开篇指向了《形而上学》980a20和《尼各马可伦理学》1094a1—2，这就走向了理论科学和实践科学，因此《前分析篇》是亚氏整个科学的起点。

3. Իսկ առ երկրորդն տարակուսին, եթէ՝ ընդէ՞ր զսահման ի միջի դասեաց առաջարկութեան և հաւաքաբանութեան. քանզի արժան էր՝ կամ ըստ մեզ կարգաւորութեան պիտանանալ, և զհաւաստեաւն նախադասել, իսկ հաւաստի մեզ քան զայլս ամենայն սահման է, կամ ըստ բնութեան, և ի վերջոյ դասել զսահման քան զառաջարկութիւն և զհաւաքաբանութիւն:

3. 他们也困惑于第二点：“[亚里士多德]为何把词项放到前提和推论之间？因为他本应该把顺序安排[如下]：第一，按我们的需要来说，把确定的部分放到首位，因为对我们来说，词项比其他部分都要更确定；第二，对于自然来说，词项要放到最后，在前提和推论之后。”

在第二点谈论五个问题时，亚里士多德提到了前提、词项和推论，他的顺序很有意思，前提放到了第一位，词项在第二位，推论在第三位，下面的论述也是如此。[①]按照前面II.1的论述，词项才

① 见Hugonnard-Roche，载于Calzolari & Barnes(2009:158—162)，引用了一段用古叙利亚文写作并且和大卫同时的学者Proba讨论词项、命题和推论先后次序的文字，他的方式与大卫非常类似，都是一种“探疑式(par apories)”的阐释法，而且都源自新柏拉图主义和亚历山大里亚传统。

是最基础的，从《范畴篇》开始，词项作为了推论理论的原子，然后形成命题和推论。所以从研究者主体或“人为”的角度（“对于我们来说”）来说，词项更为确定，它是最小的单元，我们的逻辑都是从主词和谓词开始。故而顺序应该是词项、前提/命题和推论。这是综合的过程。而从自然的角度，词项也应该在最后，因为从前提到推论是人们先行自然展开的过程，然后分析出元素，就如我们先自然接触世界，然后分析出原子，这就是分析的过程。但亚氏哪个过程都没有选择，把词项放到了第二位。对此，大卫在后面给出了理由。在前人的评注中，这个问题没有太被涉及。

“确定”，原文为հաւաստեաւ，动词հաւաստել，这个词来自古伊朗语，词根为vat-，拉丁语的vates（先知）同源，如名词աւատ(awat)，即信仰；հաւատ(hawat)即信仰、信念和证明，因此这个确定包含了知觉、意见、认识和证明种种方面的确定，但大卫此处显然指逻辑和证明的确定，我们确定的是词项以及它指称的事物和意谓的意义，整个前提和推论全部来自这个确定。

无论是综合还是分析，词项都是确定的，虽然从自然角度来说，大卫没有提确定性，但是，自然顺序与词项是否有确定性无关。

4. Առ որս չորս ասեմք լուծմունս: Նախ՝ եթէ է իւր Արիստոտէլի անուն սահմանիդ. քանզի ինքն ասէ, եթէ՝ Սահման կոչեմ՝ յոր լուծանի առաջարկութիւն. իսկ կոչեմս առաջարկութիւն զոլով՝ յայտ առնէ, եթէ Արիստոտէլի է այդպէս զսահման անուանել. և վասն այնորիկ ոչ է արժան յօտարաձայնութենէ սկիզբն առնել բառից, այլ ի ծանօթիցն: Այս առաջին պատճառն:

4. 对此，我们提出四点回答。第一，“词项”这个名称来自亚里士多德，因为他本人说：“我谓词项是前提分析后所得的东西。”而“我谓……前提(命题)”这个说法表明了，是亚里士多德本人如此命名了词项。一个人不应该用这些有点奇怪的词开始，相反应该用那些已知的词。这就是第一点原因。

(二)词项与前提先后顺序的第一个解释

“我谓前提(命题)”，原文为կոչեմն առաջարկութիւն, Topchyan在两个单词之间加了省略号，他译为“I call (...) premiss”，而Papazian译为“I call”，“is a proposition”。կոչեմն来自动词կոչել，这里是第一人称单数，加了指示后缀，表示就这个词而言。Papazian认为կոչեմն这个短语是一个“proposition”，而Topchyan认为指“Սահման կոչեմ՝ յոր լուծանի առաջարկութիւն(我谓词项……所得的东西)”这句话，它的原文首尾正好是կոչեմն和առաջարկութիւն这两个词，Topchyan的说法正确。“我谓词项……所得的东西”这句的中文没法按照原文语序翻译，但“我谓……前提(命题)”的译文仍然按照原文翻译。

亚里士多德定义词项的原文为24b16，Ὅρον δὲ καλῶ εἰς ὃν διαλύεται ἡ πρότασις，但在定义命题的时候，亚氏并没有用καλῶ。大卫的理由就是，词项的定义来自亚氏自己，而命题是个已知的定义。命题的定义显然在《范畴篇》20b23—24和《论题篇》101b15—37, 104a3—37，以及《修辞术》中定义并描述过了。而命题的词项问题，按照Ross(1957:290)的看法，亚氏之前也没有人讨论过，而且《分析篇》之前，也没有涉及。所以大卫的说法非常重要，它证明了《前分析篇》是亚氏讨论词项问题的开始。在《论题篇》101b39, 139a24和《尼各马可伦理学》1131b5，分别指定义和几何学的比例，这两个含义有可能与词项有关。在《前分析篇》29a21，这个词也被用来指前提。

但是，在《前分析篇》24b19定义推论的时候，亚氏也没有使用

καλῶ这样的形式，因为推论在《论题篇》中已经定义过，甚至在柏拉图那里也有了推理的含义。如果是这样，为何词项不放到推论之后呢？有可能因为《范畴篇》开始谈命题，《分析篇》正好接上，然后开始谈词项，这回到了“人为”的角度，这两个元素都说完，推论才开始论述。

阿姆莫尼尤斯《〈前分析篇〉评注》14.5—11说，ζητεῖται δὲ καὶ ἡ τάξις, διὰ τί πρώτην εἶπεν τὴν πρότασιν, εἶτα τὸν ὅρον, εἶτα τὸν συλλογισμόν·τῇ γὰρ αὐτῇ τάξει κέκρηται καὶ ἐν τῷ διορίζειν αὐτὰ καὶ λέγειν τί ἐστιν ἕκαστον τούτων. εἰ μὲν γὰρ ἀπὸ τῶν ἁπλουστέρων ἐζήτει ἄρξασθαι, ἔδει ἀπὸ τοῦ ὅρου ἀρξάμενον διὰ μέσης τῆς προτάσεως ἐλθεῖν ἐπὶ τὸν συλλογισμόν·εἰ δὲ ἀπὸ τῶν συνθετωτέρων, ἔδει ἀπὸ τοῦ συλλογισμοῦ ἀρξάμενον ἐλθεῖν ἐπὶ τὴν πρότασιν καὶ ἀπ' ἐκείνης ἐπὶ τὸν ὅρον(我们来研究一下次序，为什么前提放到了第一位来说，其次是词项，再次是推论。因为在定义这三者并阐述它们都是什么的时候，他[亚里士多德]用了相同的次序。如果是从最简单的东西开始研究，那么应该从词项开始，前提居中，然后论述推论。如果从最综合的东西开始，应该先是推论，再到前提，从前提再到词项)。大卫的说法来自这里，这个问题并不是一开始就被注意到的。

在14.13—18，阿氏说，οἱ δὲ ὅτι τὸ τῆς προτάσεως ὄνομα οὐκ αὐτὸς ἔθετο,ἀλλὰ πρὸ αὐτοῦ καὶ Πλάτων καὶ ἄλλοι αὐτῷ ἐχρήσαντο, τὸ δὲ τοῦ ὅρου ὄνομα αὐτὸς ἔθετο. προιὼν γοῦν περὶ μὲν τοῦ ὅρου λέγει ὅρον δὲ καλῶ ὡς ἂν αὐτὸς θέμενος τὸ ὄνομα, περὶ δὲ τῆς προτάσεως οὐ λέγει καλῶ ἀλλὰ πρότασις δέ ἐστιν ὡς καὶ πρὸ αὐτοῦ λεγομένου τοῦ ὀνόματος τούτου(有一些人说，前提这个词不是他[亚里士多德]本人界定的，除他之外，柏拉图等人也都使用了这个词；但是词项

这个词是他本人界定的。他先考察的词项，说“我谓”，因为是他本人界定的词项；对于前提，他没有说“我谓”，因为除他之外，前提这个词被[其他人]也用过了)。斐洛珀诺斯《〈前分析篇〉评注》25.6—10也认为词项是亚里士多德自己定义的，而前提和推论已经被其他人讲过了。

但是查Ast的《柏拉图词典》(*Lexicon Platonicum*)，柏拉图并没有使用过这个词。在《智者》263e中，他倒是谈论过φάσις(肯定陈述或肯定命题，相当于κατάφασις)和ἀπόφασις(否定陈述或否定命题)。[1]这两者相当于亚里士多德所说的命题。264a，ἐπείπερ λόγος ἀληθὴς ἦν καὶ ψευδής, τούτων δ᾽ ἐφάνη διάνοια μὲν αὐτῆς πρὸς ἑαυτὴν ψυχῆς διάλογος(既然句子有真有假，那么思想看起来就是灵魂与自己的对话)。Λόγος具有真假值，这就是φάσις/ἀπόφασις，思想以此展开逻辑活动。从这个角度，柏拉图确实在亚氏之前就谈论过命题或前提了，他笔下的苏格拉底也正是运用前提和问题展开了论辩术推论。而对于词项，柏拉图的确没有给出标准定义，但他多次讨论过ὄνομα，如《克拉底鲁》，这其实就是亚氏词项定义的基础。

5. Երկրորդ պատճառ՝ եթէ պէտս ունի իւր առաջարկութեան սահմանի սահմանումն, քանզի սահման է՝ յոր առաջարկութիւն վերլուծանի. Արդ պարտ էր յետ առաջարկութեան զսահմանն գոլ:

5. 第二个原因就是，词项的定义需要前提，因为词项是“前提分析后所得的东西”。所以词项必须在前提后面。

① 不同于那个来自ἀποφαίνω的“ἀπόφασις”，它由ἀπόφανσις变来，表示断明或断言。

（三）词项与前提先后顺序的第二个解释

第二个原因涉及了逻辑原理，大卫按照亚里士多德的定义，认为词项是分析后的元素，既然“分析”是《分析篇》的中心，那么显然应该先陈述分析前的东西，再说元素。但是，我们仍然可以说，为何不先从推论说起，然后前提，然后词项，按照这样的分析顺序呢？我们可以认为前提才是亚氏关注的焦点，在《论辩篇》、《修辞术》以及《前分析篇》中，亚氏都是从前提如何获得或如何寻找前提来进行研究，这样，词项仅仅是前提的一个分析产物，但它不是推论构成的元素。亚氏的思路是找到全部元素的前提或命题，然后把所有推论分析为少数前提或命题。另外，前提分析为若干词项组合，这个过程几乎就与总结前提类型相重合，所以亚氏可以先说前提，毕竟前提在之前的作品中已经讨论过了。也见阿姆莫尼尤斯《〈前分析篇〉评注》14.21—24,，意思和大卫相近。

6. Երրորդ պատճառ՝ եթէ [ի] Յաղագս մեկնութեան վասն առաջարկութեանց ճառէր. արդ զպատճառն ած յառաջեցելոցն[①], որպէս զի սկիզբն հանդերձելոցն եղիցի. վասն զի նախադասեաց զառաջարկութիւնն քան զերիսն, և իսկոյն՝ զսահմանն, քանզի թէպէտ յաղագս պարզ ձայնիցն խօսեցաւ և յաղագս մեկնութեան անուան և բայի՝ և ի Ստորոգութիւնսն, այլ ի Ստորոգութիւնսն որպէս պարզ ձայնս միայն քննէ զնոսա։ Իսկ ի Յաղագս մեկնութեան որպէս ասութիւնս խնդրէ զանուն և զբայ. Որպէս և զառաջարկութիւն ուսուցանէ և աստ, և [ի] Յաղագս մեկնութեան. Այլ [ի] Յաղագս մեկնութեան որպէս

① Առաջեցել, Papazian理解为之前所说的，也就是前面的理由，Topchyan理解为把前提放到首位。

երևմունս ուսուցանէ զնոսա, իսկ աստ՝ որպէս մասունս հաւաքաբանութեանց:

6. 第三点原因就是，在《解释篇》中，[亚里士多德]谈过了前提。理由就在于[他把前提]放到了首位，由此设定了[前提的]优先性。因为他把前提放到了三个部分之首，然后才是词项。虽然他也在《范畴篇》中提到了简单语音、解释了名词和动词，①但是他在《范畴篇》仅仅是将之作为简单语音进行的考察，相反，在《解释篇》中，他将名词和动词作为陈述进行考察。以同样的方式，他在本书和《解释篇》中均阐释了前提，然而在《解释篇》中，他将前提处理为断言，而在本文中则处理为推论的一部分。

（四）词项与前提先后顺序的第三个解释以及陈述、断言和命题

“陈述”，原文为ասութիւն，来自动词ասել，即“说”，如名词ասացուած，Topchyan译为utterances；Papazian译为things said，他把“简单语音”译为simple utterances。这个词对应了希腊文φάσις，来自动词φάναι。在《解释篇》17a18，名词和动词都被称为陈述，即τὸ μὲν οὖν ὄνομα καὶ τὸ ῥῆμα φάσις ἔστω μόνον(就只设定名词和动词是陈述吧)。这是亚里士多德典型的“命令式”定义句式。古亚美尼亚文《解释篇》375有对应译文，见Topchyan(2010:63)，为Արդ անուն կամ բայ՝ ասութիւն եղիցի միայն。

“断言”，原文为երևումն，来自动词երեւալ，即显现，与希腊文πρέπω同源，但对应了希腊文φαίνειν，这个名词对应了希腊文φάνσις，联系了ἀπόφανσις，也见VI.1，本文译为断明或断言。

① 如Topchyan(2010:63)的解释，《范畴篇》没有提到动词(ῥῆμα)，而且对于语音(φωνή)，也只是提到了一次。有可能大卫记忆有误，也有可能他参考的古亚美尼亚文文本有偏差。

按照LSJ的解释，古代没有人将之用作断言。查阿姆莫尼尤斯《〈前分析篇〉评注》13.31—32，断言用ἀποφαντικὸς λόγος，即能断明的语句。大卫的说法见于《解释篇》17a8，Ἔστι δὲ εἷς πρῶτος λόγος ἀποφαντικὸς κατάφασις, εἶτα ἀπόφασις(能断明的语句，首先是肯定陈述，然后是否定陈述)。显然，亚里士多德首先定义了奥斯丁所谓的“述谓句”(constantive)，逻辑不需要“述行句”(performative)，因为后者没有真假值。因此“能表达的语句”，意思就是谓述出真假值，也就是直言命题(categorical proposition)。如《解释篇》17a23—24所言，Ἔστι δ' ἡ μὲν ἁπλῆ ἀπόφανσις φωνὴ σημαντικὴ περὶ τοῦ εἰ ὑπάρχει τι ἢ μὴ ὑπάρχει(简单的断言就是能指出某事存在或不存在的语音)。断言仍然是语音，因为一切语言产物都是语音，但它已经显露出了逻辑的一面，这一面是思想沉默的话语，不再是说出的语音。当它进入思想之后，断言就成了推论的前提。

在希腊文当中，φάνσις(A)都变为了φάσις(B)，但含义不同。A表示宣称、发布信息，在亚里士多德《天象论》中表示行星的出现，天体运行等等，含义都围绕着显现。B表示陈述、句子、断言、命题等等，它分出了κατάφασις和ἀπόφασις。但是，另有一个来自A的ἀπόφασις，即ἀπόφανσις，指裁定、诏令，在亚氏《修辞术》1365b27，指断言和判断，它与ἀπόφασις(否定陈述)容易混淆(见VI.1，本文译为断明)。

这里的观点可以列表如下：

语法成分/篇名	《范畴篇》	《解释篇》	《前分析篇》
名词和动词	简单语音	陈述(φάσις)	逻辑词项
语句	没有处理	断明或直言命题(φάνσις、ἀπόφανσις 或 ἀποφαντικὸς λόγος)	逻辑前提或命题，属于推论的一部分

《范畴篇》开始，语法成分开始向逻辑成分过渡，对于词项，

从语音、陈述再到词项；对于语句，从断言转向了前提和命题。语音或语句逐渐成为逻辑思维形式。经过更为复杂的组合，推论就形成了。

前提的形成自《解释篇》开始，因此大卫认为亚氏对前提的界定先于词项，故而把词项放到了第二位。这个理由不同于第一个，它强调了语法和逻辑成分的过渡和关联，能看得出，前提才是亚里士多德关注的推论元素，而不是更小的词项。

7. Չորրորդ պատճառ՝ վայել է սահմանումս ի միջում դասիլ առաջարկութեան և հաւաքաբանութեան, զի և հաւաքաբանութիւնս տեսակարարէ միջին սահմանն: Զի այս միջին սահմանս կամ ենթակայ է ումեմն այլ սահմանացն, և այլում ստորոգի, և առնէ զառաջին ձևն, և կամ երկոցունց ենթակայ է, և կամ զերկոցունց ստորոգի և առնէ զերկրորդ և զերրորդ ձևն: Այլ թէ զերկոցունց ստորոգի, զերկրորդն առնէ ձև, իսկ եթէ զերկոցունց ենթակայի, առնէ զերրորդն:

7. 第四点原因：词项之所以应该放在前提和推论之间，是因为中项指明了推论的[格]。因为中项要么是另一个词项的主词或被另一个词项谓述，从而形成第一格，要么，它是两个词项的主词或被两个词项谓述，形成第二格和第三格。如果它被两个词项谓述，则形成第二格，如果它是两个词项的主词，则形成第三格。

（五）词项与前提先后顺序的第四个解释

“中项指明了推论的[格]”，这句遵循了Topchyan的读法，Papazian译为“他用词项表示推论”，他指亚里士多德。这句原文为հաւաքաբանութիւնս տեսակարարէ միջին սահմանն，其中，“中项”一词为միջին սահման，միջին的含义就是居中，来自մէջ，与希腊文μέσος、英文mean、middle、medium和midst都同源。Papazian将之译为了“by means of”，这种译法不是没有道理，因为“居中”也可以转义为“中介或途径”，如同源的միջոց。但միջին应该接属格（假定它可以当介词用），而սահման是单数主格或宾格（Papazian还译为了复数），显然不妥。而且下文同样的用词，Papazian均译为中项。Papazian可能认为Topchyan的译法没有意义，的确前者的译法含义更明显，即亚氏用词项指明了推论，因此词项要放在推论之前。但Topchyan的译法也可以婉转地表达这层意思。《前分析篇》25b35—36定义了中项，亚氏仍然使用了καλῶ这种方式，表明是他第一个定义的，καλῶ δὲ μέσον μὲν ὃ καὶ αὐτὸ ἐν ἄλλῳ καὶ ἄλλο ἐν τούτῳ ἐστίν, ὃ καὶ τῇ θέσει γίνεται μέσον（我谓中项是这样的[词项]：它在一个词项中，另一个词项在它之中；因其位置而居中）。“在……中”指的就是包含关系，但并不绝对指属种关系，而是一般的集合关系。

第四点从词项与推论的格入手，大卫的意思就是，词项即中项的位置是推论的标志，因此词项要在推论之前。他其实暗示了，词项也必须放在前提之后，因为词项是前提和推论的“中介”。如果两个前提和结论之间没有词项作为中介，推论就是前提的机械集合而已。

（六）三段论的三个格

“指明”，即տեսակարարել，词根来自տեսակ，对应了希腊文εἶδός（形式或种）。同源词有տեսական，即可见的、明显的、形式的、种的，又տեսութիւն，即理论，与看有关。这个动词对应了希腊文εἰδοποιεῖν，直译就是构建形式，学者均译为specify。这里的含义就是展现、形成或构成具体种类的事物，因为中项的位置恰恰是三段论格的标志。

"主词"，即ենթակայ，由前缀ենթ—和词根կամ组成，前缀即在下方，等同于希腊文ὑπό和英文sub；词根即站立，存在和持存，对应了希腊文τὸ ὑποκείμενον。动词即ենթակայանալ，它的被动ենթակայիլ，对应了希腊文ὑπόκειμαι[①]。亚里士多德有时也会说主词为τὸ καθ' οὗ καθγορεῖται(被谓述者)。主词提供了一个基底，谓词代表的本质、偶性和固有属性都可以谓述它。

"被谓述"，即ստորոգի，来自动词ստորոգել，范畴即ստորոգութիւն，直言命题的"直言"即ստորոգական，也就是范畴的。由前缀ստոր—(向下、在下)与词根ոգել(述说)构成。谓述就是陈述A属于B，陈述A在B范围之下。

"格"，即ձև，来自名词ձեւ，即形态、形状。来自原始印欧语，词根含义是倾注，同源词有古希腊文的χέω(倾注)。猜想来看，将液体倾注于容器，因此就具有了格式。而希腊文的"格"为σχῆμα，来自动词ἔχειν的变体σχεῖν，即，具有和拥有，"格"就是事物所具有的某种形式或模式。英文译为figure，德文为Figur。

这个词就其指符号形式来讲：(1)出现在舞蹈的肢体语言中，后来指音乐的调式。(2)进入语言之后，表现在演说中，为"程式"，今日修辞学也称之为"辞格"。见亚里士多德《修辞术》II.24.2；以及《诗学》19.1456b9，"知晓程式属于口头表演的技巧(τῆς ὑποκριτικῆς)和掌握这门专业技艺的人(即演说家)"。这方面的理论是游厄诺斯(Εὐηνός)较早进行研究的，见《斐德若》267a，说他用格律(ἐν μέτρῳ)写作责备文(展现式演说)便于记忆。修辞术开始具备了固定的手法和言辞的固有模式，不论何时使用这些模式，都会产生固定的效果。在这个基础上，如果摒弃语言的外部语用，

① 但ենթակայանալ并不对应这个词相应的主动态ὑποτίθημι。

则语言学中也出现了相应的程式，即含义(3)，如亚里士多德《论智术式反驳》166b10，指句子的语法形式。语言进一步抽象为事物内在的逻辑，这就产生了含义(4)，即，亚里士多德首先规定的逻辑形式。在几何学中，尚有含义(5)，指图形，如亚氏《论灵魂》414b20，这是最抽象的形式。逻辑学的“格”一方面来自几何学的抽象模式，另一方面来自对诗学、修辞学、语法学中感性部分的扬弃。

这一段之前，亚氏在规定证明，因此他论述的三个格就是证明的公理推论。根据中项的三种位置，因此有三个三段论的格：[①]

(1) 第一格：见25b32—35，Ὅταν οὖν ὅροι τρεῖς οὕτως ἔχωσι πρὸς ἀλλήλους ὥστε τὸν ἔσχατον ἐν ὅλῳ εἶναι τῷ μέσῳ καὶ τὸν μέσον ἐν ὅλῳ τῷ πρώτῳ ἢ εἶναι ἢ μὴ εἶναι, ἀνάγκη τῶν ἄκρων εἶναι συλλογισμὸν τέλειον(当三个词项以这种方式彼此相联系，以至于，最后一个[词项][②]完全[③]在中项内；

---

① 此处采用了Detel(1993:I,162)的概述。A表示大项，B为中项，C表示小项，主词分别有全称和特称两种(不定的情况属于特称)，x表示主词和谓词的关系有A、E、I、O四种可能。

② 在结论中成为主词和谓词。就第一格来说，最后一个词项就是小项；大项即第一个词项。见《前分析篇》26a21—23，亚氏仍然使用了λέγω的方式，λέγω δὲ μεῖζον μὲν ἄκρον ἐν ᾧ τὸ μέσον ἐστίν, ἔλαττον δὲ τὸ ὑπὸ τὸ μέσον ὄν(我谓大项是中项在其内的端项；小项是被中项包含的词项)。第一格以亚里士多德的句式：A x B、B x C和A x C，主词在后，故而A为第一个词项；C为最后一个词项。但用现代谓述句式：B是A、C是B和C是A，B在第一个，A在最后一个。大项和小项的得名是从推论过程自然而来的叫法。如果认为大项和小项的“大小”指外延，那这个定义似乎只适用于第一格的Babara式，见卢卡西维茨(1981:41)的评论。亚历山大《〈前分析篇〉评注》60.12就认为大项和小项针对词项功能，指的是主词和谓词的功能，而不是外延的大小。斐洛珀诺斯采纳了他的看法，但提出了不同的意见，认为结论的主词就是小项，谓词是大项。这种解释比较合理。但黑格尔在《逻辑学》中仍然认为亚氏的大项、小项具有包含的关系，这在古代阐释者中也有根源，他也依此发展了自己的推论，用个体性、特殊性和普遍性轮次代入大项、中项和小项，见I.7。虽然“大和小”这种叫法未必有包含关系，但词项间的包含关系还是存在的。

③ 即ἐν ὅλῳ，在整体中或整个地，主词完全在谓词中，这就是全称命题，见《前分析篇》24b26—28和53a17—25。《后分析篇》79a33—b22也用它来描述词项的属种关系。关于这个词组见Striker(2009:83,95)，他认为此处这个词组不表示全称。我不太同意这个观点，见下注。

中项完全在或完全不在[①]第一个[词项]内[②]; 端项[③]中必然出现了完善的三段论)。B在AC之中, 线性次序上为A、B、C。

A x B(A属于B或B在A内)
B x C(B属于C或C在B内)

———

A x C(A属于C或C在A内)

(2) 第二格: 见26b34—38, Ὅταν δὲ τὸ αὐτὸ τῷ μὲν παντὶ τῷ δὲ μηδενὶ ὑπάρχῃ, ἢ ἑκατέρῳ παντὶ ἢ μηδενί, τὸ μὲν σχῆμα τὸ τοιοῦτον καλῶ δεύτερον, μέσον δὲ ἐν αὐτῷ λέγω τὸ κατηγορούμενον ἀμφοῖν, ἄκρα δὲ καθ' ὧν λέγεται τοῦτο, μεῖζον δὲ ἄκρον τὸ πρὸς τῷ μέσῳ κείμενον· ἔλαττον δὲ τὸ πορρωτέρω τοῦ μέσου. τίθεται δὲ τὸ μέσον ἔξω μὲν τῶν ἄκρων, πρῶτον δὲ τῇ θέσει(当同一个[词项]属于一个[主词]整体, 而不属于另外一个[主词]; 或属于每一个[主词]整体; 或全都不属于; 我谓这样的格为第二格; 我说中项在这个格中是两个[主词]共同的谓词; 端项就是它所述说的那个[主词]; 大项就是与中项挨着的[④]端项; 小项就是离中项更远的端项。中项在端项之外,

---

① 不在就是E命题, 出现Celarent式, 但不可能是Ferio式, 也排除了Darii式。这表明了Babara和Celarent式是最基本的完善三段论或公理。此处没有将第一格所有式包含在内。所以大卫在V.1才补充了"部分在内", 这就是特称命题, 也见V.10, 大卫清楚地表示了"完全在内"指A命题。

② 亚里士多德没有按照标准顺序, 他先说的小前提, 后说的大前提。

③ 意思就是极端的项, 也就是结论的主词和谓词或大项和小项, 在线性次序中位于中项的两端。就第一格来说即A和C, 中项在它们之间, 见《前分析篇》25b36—37, ἄκρα δὲ τὸ αὐτό τε ἐν ἄλλῳ ὂν καὶ ἐν ᾧ ἄλλο ἐστίν([我谓]端项是[这样的词项]: 其本身在一个词项之内以及另一个词项在它之内)。亚氏继续使用了λέγω的方式。

④ 即τὸ πρὸς τῷ μέσῳ κείμενον, 介绍第三格时用了τὸ ἐγγύτερον, 含义与这里相似。

位置上在先)。相对于第一个B, A更近, C更远。[①]B在AC的外部，线性次序上为B、A、C。

B x A(B属于A或A在B内)

B x C(B属于C或C在B内)

———

A x C(A属于C或C在A内)

(3) 第三格: 见28a10—17, Ἐὰν δὲ τῷ αὐτῷ τὸ μὲν παντὶ τὸ δὲ μηδενὶ ὑπάρχῃ, ἢ ἄμφω παντὶ ἢ μηδενί, τὸ μὲν σχῆμα τὸ τοιοῦτον καλῶ τρίτον, μέσον δ' ἐν αὐτῷ λέγω καθ' οὗ ἄμφω τὰ κατηγορούμενα, ἄκρα δὲ τὰ κατηγορούμενα, μεῖζον δ' ἄκρον τὸ πορρώτερον τοῦ μέσου, ἔλαττον δὲ τὸ ἐγγύτερον. τίθεται δὲ τὸ μέσον ἔξω μὲν τῶν ἄκρων, ἔσχατον δὲ τῇ θέσει. (如果对于同一个[词项], 一个属于它整体, 一个不属于, 或者两个同时属于它整体, 或都不属于; 我谓这样的格为第三格。我说在这个格中, 中项就是其他两个谓词[词项所谓述的]; 端项就是谓词, 大项就是离中项更远的端项; 小项就是更近的端项。中项被放置在端项之外, 位置上在最后)。以第二个B为基准, 因为中项在最后, 因此A远离B, C近于B。B仍然在AC之外, 顺序为A、C、B。

A x B(A属于B或B在A内)

C x B(C属于B或B在C内)

———

A x C(A属于C或C在A内)

大卫的说法均符合亚里士多德的看法, 而且更为简练。但

---

① 所谓远近, 见Patzig(1968:119), 亚历山大的老师赫尔米诺斯(Ἑρμῖνος)认为这个远近不是空间位置上的, 而是从系统上而言, B在集合上比AC都高级, AC与之的距离有远近。这个说法被亚历山大否定。

在介绍第一格的时候，没有用“在……内”的看法。他的总结来自斐洛珀诺斯《〈前分析篇〉评注》64.30—65.7, τοῦτον οὖν τὸν μέσον ὅρον ἀνάγκη ἤτοι ἐν μὲν τῇ ἑτέρᾳ τῶν προτάσεων ὑποκεῖσθαι ἐν δὲ τῇ ἑτέρᾳ κατηγορεῖσθαι ἢ ἐν ἀμφοτέραις κατηγορεῖσθαι ἢ ἐν ἀμφοτέραις ὑποκεῖσθαι. κἀντεῦθεν ἡμῖν ἡ διαφορά τῶν τριῶν ἀναφαίνεται σχημάτων·ὅταν μὲν γὰρ ὁ μέσος ὅρος τῷ μὲν ὑπόκειται τῶν ἄκρων, τοῦ δὲ κατηγορῆται,γίνεται τὸ πρῶτον σχῆμα·τὸ δὲ δεύτερον, ὅταν ὁ μέσος ὅρος ἀμφοτέρων τῶν ἄκρων κατηγορῆται·τὸ δὲ τρίτον, ὅταν ὁ μέσος ὅρος ἀμφοτέροις τοῖς ἄκροις ὑπόκειται(中项必然要么在一个前提中被谓述，[1]在另一个前提中谓述[其他词项]，或在两个前提中谓述，或在两个前提中被谓述。因此，我们可以看到这三种格的差别；当中项被一个端项谓述、谓述另一个时，为第一格；当中项谓述两个端项时，为第二格；当中项被两个端项谓述时，为第三格)。

对于第四格问题，历来都有学者研究。有人认为亚里士多德讨论了第四格，但是将之作为第一格处理。[2]阿威罗伊认为是加伦(Aelius Galenus)发现的。但是在古代注释者中并未有这种说法。[3]我们在斐洛珀诺斯和大卫的评注也均未见所谓的第四格。有可能是特奥弗拉斯托斯(Θεόφραστος，公元前371—前287年)将第一格的变体转为第四格，然后被后人归到了加伦名下。在《前分析篇》29a24开始和53a20开始，人们发现了第四格的几个式。亚里士多德认识到了这种格，但认为它们来自第一格。[4]传统三段论采纳了第四格，模式如下：

---

① 即ὑποκεῖσθαι，也就是作为主词。
② 见Detel(1993:I,162)。
③ 见卢卡西维茨(1981:52)。
④ 具体结论见Patzig(1968:114)。

B x A(B属于A或A在B内)

C x B(C属于B或B在C内)

———

A x C(A属于C或C在A内)

中项先谓述大项，后被小项谓述。中项在外，大项和小项在内，端项全是中项。

三个格按照Detel(1993:I,161)的精炼概括，可以有如下模式：

设x为变元，有a、e、i、o四个值。三段论推论的格以三元组〈S1, S2, S3〉的次序排列，S1、S2和S3为大前提、小前提和结论，则有：

(i) 在〈 S1, S2, S3〉中，只有三个概念A、B、C出现；

(ii) S3有A x C形式；

(iii) B在S1和S2中出现；

(iv) A在S1中，C在S2中出现；

(v) 在每个Si(i=1, 2, 3)中，都有两个概念出现，x在两个概念之中。

8. Նախ ասել ատտիկեան է շարադրութիւն, քանզի առլսի և պարտն: Յաղագս զի՞նչ և որո՞յ խոհմունս. բարւոք դասեաց յաղագս զի՞նչ առ հայցականն, իսկ յաղագս որո՞յն առ սեռականն: Յաղագս զի՞նչ. եթէ՝ յաղագս զապացոյցն. ահա առ հայցականն դասեաց: Եւ՝ յաղագս որո՞յ խոհմունս. եթէ՝ յաղագս մակացութեան ապացուցականին. ահա առ սեռականն շարադասեաց:

8. “首先谈论……”，从阿提卡[①]的句式[②]来看，可以认为包

① 即ատտիկեան，基本上音译了Ἀττικός一词。

② 即շարադրութիւն一词，也就是前面出现的综合一词，这里等于古希腊文的σύνταξις。

含了“应该”的含义。“探究相关于什么、针对什么”：他正确地以宾格形式使用了“相关于什么”，以属格形式使用了“针对什么”。“相关于什么”即“相关于证明”，故用宾格；“针对什么”即“针对证明性科学”，故用属格。

“从阿提卡的句式来看”。这指从希腊文的语法习惯来看，原文为πρῶτον εἰπεῖν，这个句式只有一个不定式，并不完整，有两种可能：第一，省略了系动词“是”，古希腊文中，不定式加系动词，表示有可能或应该。第二，大卫认为此处应该补上χρή这个动词，古亚美尼亚文为պարտ。同时暗含了一个宾格作为主语，也就是“我们”，Topchyan就译出了we。

“宾格”为հայցական，来自名词հայց，即要求、寻求，宾格就是谓语所需的对象。希腊文为αἰτιατική πτῶσις，即归因格。拉丁文译为accusativus，英文沿袭为accusative，均是对αἰτία的误译。古亚美尼亚文正确地继承了希腊文的含义。

“属格”为սեռական，在现代亚美尼亚语中表示性别。词根为սեռ，即种属，语法上表示名词的“性”。古希腊文为γενική πτῶσις，即源生格。

这一段也见V.1。亚历山大《〈前分析篇〉评注》9.5—15有所评论。阿姆莫尼尤斯《〈前分析篇〉评注》12.6—8和斐洛珀诺斯9.22—25的观点和大卫相似。

9. Եւ պարտ է գիտել, եթէ այլ է ապացոյց, և այլ է մակացութիւն ապացուցական. քանզի ապացոյցն ինքն իսկ ներգործութիւն է, իսկ մակացութիւն ապացուցական՝ նոյն ինքն ունակութիւն: Եթէ ի նոյնում զոն ենթակայում, արարողական է ունակութիւն ներգործութեան, իսկ եթէ յայլում և յայլում՝ արարողական է ներգործութիւն

ունակութեան: Քանզի արարողական է ուսուցանողին ներգործութիւն, այս ինքն՝ վարդապետութիւն՝ ունակութիւն ունողին:

9. 应该知道，证明是一回事，证明性科学是另一回事，因为证明本身是一种实现活动，而证明性科学本身是一种常性。如果它们在同一个主题中出现，那么常性能够产生实现活动；如果它们在若干不同主题中出现，实现活动能够产生常性；因为一个教师的实现活动也就是教学——它具有[①]常性——是能产的。

（七）证明和证明性科学的关系：实现活动与常性

"活动"，原文为ներգործութիւն，前缀ներ—表示在内，词根即գործ(工作、事务、作为)。从词源和含义上完全对应了古希腊文ἐνέργεια。它们共同的词根都来自ἔργον。

"常性"，原文为ունակութիւն，来自动词ունիլ(具有和拥有)，这个词在梵语、阿维斯塔语中都有同源词，拉丁语apiscor(获得、抓取)和英语apt也都同源。从含义上，这对应了古希腊文ἕξις和ἔχειν，它与διάθεσις和κεῖσθαι(两词同源)构成了十范畴中的两个，有联系，也有差别。Topchyan译为disposition，但这个词与διάθεσις有对应关系；Papazian译为state。具有某种状态，就是常性，它是一种稳定的处境或状况。此处指"灵魂"的常性，而不是外部的环境。

"主题"，原文为ենթակայ，Tophcyan和Papazian译为subject。词典意义上，它专指主语和主词，前面也出现了，而且Topchyan在索引中也认为此处的含义为主词。但这种理解，似乎不太合逻辑。其实，它应该指实现活动和常性所接触的事实内容、质

① Ունողին，词源上联系了常性一词。

料、基础或实体(形式与质料),这是哲学上ὑποκείμενον的基本含义。另外,这个词在此处不可能指主体,因为古代并没有主体这种概念。

“能够产生”和“能产的”,原文为արարողական,来自动词առնել,即产生和制造,对应了希腊文的ποιητικός。

“如果它们在同一个主题……实现活动能够产生常性。”大卫的意思似乎是:第一,如果某种实现活动和常性(这里指科学活动和科学常性)与一个主题相关,比如针对物理事实,那么常性就会产生实现活动。我们可以推想,这种针对物理事实的行为必定来自于灵魂先天的性质,否则不会对“主题”加以定义、判断和推论。故而这种性质会将某种活动实现出来。可以说,作为常性的科学,只能相关某一领域主题,然后产生相应的活动。常性先于活动。

第二,如果某种实现活动关涉一个主题,而常性却关涉另一个主题,则实现活动会有助于常性的产生。这种情况似乎不是必然和普遍的。大卫举了一个个例,即教育,它是一种实现活动,它相关于教育主题,但是它可以让灵魂产生针对不同主题的科学常性,比如物理学、数学、伦理学等等。而这种情况就不可能有反例,物理学的常性是不会产生教育主题的实现活动。这说明了教育的普遍性(这里先不论教育活动本身可以产生教育学这种常性),实际上,我们可以替换为更普遍的逻辑学或证明。证明处理自己的主题,但是它有助于其他主题领域产生相应的科学。在这一点上,活动先于常性。

而证明之所以能够展开活动,是由于自己主题内证明性科学的存在。这就回到了第一点。我们可以建立一个过程:证明性科学(常性)——证明(实现活动)——特殊科学(常性)——特殊科学活动(实现活动)。证明性科学最高,它统摄所有主题;但不为它们提供一劳永逸的原则,而是结合该领域的主题进行特殊的科学研究。

在《后分析篇》99b27开始,亚里士多德讨论了我们获得科学这种常性的原因和过程，人们自感觉和回忆开始，产生经验，从特殊上升到一般，逐渐形成了抽象普遍的科学。其中最高的努斯作为常性，也要经历潜在向实现的转化。亚氏始终从后天的角度谈论科学，他并不认为科学是先天的，相反，后天的感觉和知觉才是科学的开端。这也符合他重视科学特殊性和经验性的立场。

大卫所述证明和证明性科学的关系本自亚历山大和斐洛珀诺斯。前者见其《〈前分析篇〉评注》9.20—23，ἔστι δὲ ἡ μὲν ἀπόδειξις συλλογισμὸς ἀποδεικτικός, ἐπιστήμη δὲ ἀποδεικτικὴ ἕξις, ἀφ' ἧς οἷόν τέ ἐστιν ἀποδεικτικῶς συλλογίζεσθαι（证明是证明性推论[或能产生证明的推论]，而证明性的科学是一种常性，通过它，可以以证明的方式进行推论；因为证明性科学以及拥有这种科学人的固有性质就是论述证明）。

后者见《〈前分析篇〉评注》9.31—10.2，διαφέρει δὲ τῆς ἀποδεικτικῆς ἐπιστὴμης ἀπόδειξις τῷ τὴν μὲν ἐπιστήμην ἕξιν εἶναι τῆς ψυχῆς, τὴν δὲ ἀπόδειξιν ἐνέργειαν ἀπὸ τῆς ἐπιστὴμης προιοῦσαν（证明与证明性科学不同，因为科学是灵魂的常性，而证明是来自科学的实现活动）。斐氏明确了科学是"灵魂"的常性。科学在灵魂中的位置见I.4。当然，科学本身也可以指外化的观念产物或高级的知识系统。

他们对"常性"和"实现活动"的理解都来自亚里士多德：

(1) 常性一词，见《形而上学》1022b4—14，ἕξις δὲ λέγεται ἕνα μὲν τρόπον οἷον ἐνέργειά τις τοῦ ἔχοντος καὶ ἐχομένου, ὥσπερ πρᾶξίς τις ἢ κίνησις (ὅταν γὰρ τὸ μὲν ποιῇ τὸ δὲ ποιῆται, ἔστι ποίησις μεταξύ: οὕτω καὶ τοῦ ἔχοντος ἐσθῆτα καὶ τῆς ἐχομένης ἐσθῆτος ἔστι μεταξὺ ἕξις): ταύτην μὲν οὖν φανερὸν ὅτι οὐκ ἐνδέχεται ἔχειν ἕξιν (εἰς ἄπειρον γὰρ βαδιεῖται, εἰ τοῦ ἐχομένου ἔσται ἔχειν τὴν ἕξιν), ἄλλον δὲ τρόπον ἕξις λέγεται διάθεσις καθ' ἣν ἢ εὖ ἢ κακῶς διάκειται

τὸ διακείμενον, καὶ ἢ καθ᾽ αὑτὸ ἢ πρὸς ἄλλο, οἷον ἡ ὑγίεια ἕξις τις: διάθεσις γάρ ἐστι τοιαύτη. ἔτι ἕξις λέγεται ἂν ᾖ μόριον διαθέσεως τοιαύτης: διὸ καὶ ἡ τῶν μερῶν ἀρετὴ ἕξις τίς ἐστιν(ἕξις, [1]按照一种方式被叫作：某种属于拥有者和被拥有者的实现活动，如在某种实践或运动中。当某人在做，某事被做；“做”就在其间：以这种方式，“拥有”就在拥有衣服的人和被拥有的衣服之间。显然，不可能“拥有”这种“拥有”。因为，如果拥有被拥有者的拥有，那么就会无穷递进。[2]按照另一种方式，它被叫作“状态”，按照状态，“处于某种状态者”被很好或很坏地置于某种状态——或者自在，或者为它；如，健康是某种常性，因为状态就是这样。再有，常性被叫作这种状态的一部分，由此，各部分[状态]的德性就是某种常性)。第一种意义的ἕξις，不在我们考察之列，这是该词的本义，就是“拥有”这种动作，1023a8开始也有专门的解释。

(2) 对于“状态”(διάθεσις)一词，亚氏也有解释，见《形而上学》1022b1—3，διάθεσις λέγεται τοῦ ἔχοντος μέρη τάξις ἢ κατὰ τόπον ἢ κατὰ δύναμιν ἢ κατ᾽ εἶδος: θέσιν γὰρ δεῖ τινὰ εἶναι, ὥσπερ καὶ τοὔνομα δηλοῖ ἡ διάθεσις(状态被叫作对拥有各部分者的安排——或按照地点，或按照潜能，或按照形式；因为，它是某种θέσις[设置]，恰如διάθεσις这个词所表明的)。

在《范畴篇》9a8—13，亚氏区分了常性和状态，ὥστε διαφέρει ἕξις διαθέσεως τῷ τὸ μὲν εὐκίνητον εἶναι τὸ δὲ πολυχρονιώτερόν τε καὶ δυσκινητότερον. εἰσὶ δὲ αἱ μὲν ἕξεις καὶ διαθέσεις, αἱ δὲ διαθέσεις οὐκ ἐξ ἀνάγκης ἕξεις· οἱ μὲν γὰρ ἕξεις ἔχοντες καὶ διάκεινταί πως κατὰ ταύτας, οἱ δὲ διακείμενοι οὐ πάντως καὶ ἕξιν ἔχουσιν(常性由于一方面能运动良好，一方面能时间持久、还会运动不良好，故而与状态相区分。常性是状态，但状态并非必然就是常性。因为一些人拥有常性而且

按照常性处于某种状态，而并非处于各种各样状态的人都会具有[与这种状态对应的]常性)。比如愤怒是状态，但不是所有人都是易怒者、都容易处于长期而且稳定的愤怒常性，并且会体现出德性和劣性。阿伽门农和阿喀琉斯都愤怒过，但易怒是后者的常性。

(3) 常性来自实现活动，见《尼各马可伦理学》1103b21—24，ἐκ τῶν ὁμοίων ἐνεργειῶν αἱ ἕξεις γίνονται. διὸ δεῖ τὰς ἐνεργείας ποιὰς ἀποδιδόναι·κατὰ γὰρ τὰς τούτων διαφορὰς ἀκολουθοῦσιν αἱ ἕξεις(常性来自与之相似的实现活动。由此，应该解释各种实现活动是什么样的；因为随着实现活动的种种差异，则有若干[不同的]常性得出)。

(4) 实现活动在《形而上学》1048a26中与潜能(δύναμις)对立，在这个意义上，也可以译作"现实性"，因为它强调的是活动后实现出来的状态。1048a31，亚里士多德进行解释，ἔστι δὴ ἐνέργεια τὸ ὑπάρχειν τὸ πρᾶγμα μὴ οὕτως ὥσπερ λέγομεν δυνάμει(现实就是事实的存在，但不是在我们所说的潜在的意义上存在)。潜在就是一种可能性，其中，结果没有分离出来，材料没有被处理，潜能没有被发挥。实现就是将潜在的可能性变成现实。

在1050a23，它又联系了隐德莱希(ἐντελέχεια)，τὸ ἔργον τέλος, ἡ δὲ ἐνέργεια τὸ ἔργον, διὸ καὶ τοὔνομα ἐνέργεια λέγεται κατὰ τὸ ἔργον καὶ συντείνει πρὸς τὴν ἐντελέχειαν (因为，活动是目的，但实现活动就是活动；由此，"实现活动"一词的得名就遵循了"活动"一词；而又扩展为隐德莱希)。实现活动，既是潜能发挥的活动，又是发挥后稳定的实在，同时又完成了自己的目的。

(5) 常性和实现活动的差别，见《尼各马可伦理学》1098b33—1099a3，τοῖς μὲν οὖν λέγουσι τὴν ἀρετὴν ἢ ἀρετήν τινα συνῳδός ἐστιν ὁ λόγος: ταύτης γάρ ἐστιν ἡ κατ᾽ αὐτὴν

ἐνέργεια. διαφέρει δὲ ἴσως οὐ μικρὸν ἐν κτήσει ἢ χρήσει τὸ ἄριστον ὑπολαμβάνειν, καὶ ἐν ἕξει ἢ ἐνεργείᾳ. τὴν μὲν γὰρ ἕξιν ἐνδέχεται μηδὲν ἀγαθὸν ἀποτελεῖν ὑπάρχουσαν, οἷον τῷ καθεύδοντι ἢ καὶ ἄλλως πως ἐξηργηκότι, τὴν δ᾽ ἐνέργειαν οὐχ οἷόν τε: πράξει γὰρ ἐξ ἀνάγκης, καὶ εὖ πράξει(对于那些说[幸福]是德性或某种德性的人来说，定义是[与他们]一致的。因为，按照德性的实现活动就针对德性[①]。但是，也许在获得或运用上，也就是在常性或实现活动上，[我们]对至善的理解有极大不同。因为，即使常性存在，也不可能完成善——比如一个睡觉的人或一个以各种方式都不能进行活动[②]的人[即使具有常性，也不会完成善]；但是，实现活动却非如此，因为它必然要通过实践，甚至是好的实践)。

由上述可得出几点结论：

(1) 状态是某个整体内部具有的秩序(τάξις)，整体和其部分都是有机关系，部分如果没有διάθεσις这种结构，整体就不复存在。证明性科学就是灵魂的一个有秩序的状态。

(2) 当具有这种秩序，整体就呈现出了稳定状态，如，稳定地处于某个地方，具备某种潜能或形式，当然随着秩序的改变，整体也会发生变化。证明性科学具备了产生证明的潜能和推论形式。

(3) 状态具有了好坏两分，也就是联系了活动者的选择性以及感受和行为的价值性，这就是伦理状态。状态中有某个部分能够体现出人的伦理特征，这个部分就是ἕξις，它比状态更稳定，这如同ἦθος之于πάθος，这种常性也可以理解为“品质”；而最佳或最恰当的伦理特征就是德性，《尼各马可伦理学》II.5就认为德性(道

---

① Ταύτης这个属格如果为主体属格，就是说实现活动在德性中；客体属格则表示对德性的实现，显然后者为佳。

② ἐξαργέω，即脱离活动，也就是麻木迟钝。

德德性）处于ἕξις之中。这样，状态包含常性，常性包含德性（当然也包含了劣性），依次为属种关系。

⑷ 常性和德性的体现来自于人的实现活动，而不是自然赋予，其中需要有理性的处理。

⑸ 常性与实现活动有差异，一个是实践前的潜在状态，一个是实践及其结果。

⑹ 实现活动是潜能、过程、目的的有机相连，在这个过程中，常性具备的德性体现了出来。而证明性科学正是理智德性中较高层次的常性，通过自感觉、知觉、回忆、思想、努斯的发展，灵魂才稳定地具备这种性质。

大卫的看法比亚历山大和斐洛珀诺斯更为深入，他进一步将两者联系起来，指明了它们的互生关系：证明就是实现活动，它具有推出必然结论的潜能，通过推论的格式、公理系统等能得出必然的目的或真理。而且通过它的活动，证明性科学才能成为灵魂稳定的状态，才能体现出活动所要展现的德性：这就是灵魂高层次的理智德性。两者互为体用，不运用证明，就不会存在稳定的科学状态；没有科学的体系，也就没有证明的潜能，从而无从发挥它的活动，证明就沦为了空洞的形式。这也表明了《前分析篇》和《后分析篇》的关系：前者的一般推论为证明奠基，而后者阐述的证明性科学是前者内容实现后的结果，也就是逻辑学的最终目的。

10. Եւ՝ զի՞նչ առաջարկութիւն և սահման, և զի՞նչ հաւաքաբանութիւն.ահա ի միջում դասեաց զսահման առաջարկութեան և հաւաքաբանութեան: Եւ յետ այսորիկ՝ ո՞ր աւարտումն և ո՞ր անաւարտն. և պարտ է գիտել, եթէ աւարտումն և անաւարտն զանազանութիւնք են հաւաքաբանութեանց: Եւ զի՞նչ՝ ներ ի բոլորումն և ըստ ամենայնում և ոչ ըստ ումեքումն.այսոքիկ

զանազանութիւնք են առաջարկութեանց, որ ելումն և իջումն քատակեալք: Զի եթէ ի ներքուստ ոք սկիզբն առնէ, որգոն՝ յորժամ ասէ, եթէ մարդ կենդանի, այս ի ներ բոլորումն ասի. քանզի ի բոլորումն կենդանւոյն է մարդն, որպէս ի սեռումն: Իսկ եթէ ի վերուստ սկիզբն առնէ և ասէ՝ կենդանի ըստ ամենայն մարդումն, այս ըստամենայնում ասի: Եւ նոցին հակակայքն՝ ոչ ներ ի բոլորումն և ոչ ըստ ումեքում:

Ընդ այսոսիկ հանդերձ աստուծովն առաջիկայ պրակք:

10. 接着，“前提和词项是什么，推论是什么”；由此，他将词项放在前提和推论之间。下面，“哪个[推论]是完善的，哪个是不完善的”——应该知道，完善和不完善推论是[不同]类型[1]的推论；什么是“完全在内”或“谓述全部”或“全不谓述”。这些是[不同]类型的前提，[2]就像上行和下行。因为，如果人们从下开始，如，当有人说，“人是动物”，这就是“完全在内”，因为人完全在动物这个属之内。如果有人从上开始，说，“动物[谓述]所有人”，这就是“谓述全部”。这两者的反面就是“完全不在内”和“全不谓述”。

到此，凭上帝之助，而有这一讲。

（八）前提谓述关系的上行和下行

“上行和下行”，原文为名词ելում和իջում。Topchyan译为

① 原文为զանազանութիւն，来自动词զանազանել，即区分和划分，这种划分也有区别属种关系的意思。

② 这些前提见XI.3。

ascent和descent，Papazian用词相同，但用了分词。前者来自名词ել（升起、释放、离开、终点、东方）和动词ելանել（或ելլել，即走出、上升、产生），它与希腊文ἐλεύσομαι（来、去）似有同源关系。后者来自名词էջ（下降）和动词իջանել（下降），它与希腊文οἴχομαι（离开、消失）似有同源关系。

“从下开始”和“从上开始”，分别为ի ներքուստ和ի վերուստ，对应希腊文为κάτωθεν和ἄνωθεν。ներքուստ，即，内部、下面；ներ即在内。վերուստ，即上面，来自վեր，这个词与希腊文ὑπέρ和拉丁文super同源。从上开始就是下行；从下开始就是下行。

⑴ 上行和下行在这里指主词和谓词的属种关系。关于上行和下行一说，大卫之前的评注者似乎少有提及。这见《前分析篇》65b23—40，τοῦτο γὰρ ἐγχωρεῖ γενέσθαι καὶ ἐπὶ τὸ ἄνω καὶ ἐπὶ τὸ κάτω λαμβάνοντι τὸ συνεχές（某人以上行和下行的方式把握连接，这种情况就会出现）。下行的情况，亚里士多德举了例子：εἰ τὸ A τῷ B κεῖται ὑπάρχον, τὸ δὲ B τῷ Γ, τὸ δὲ Γ τῷ Δ, τοῦτο δ' εἴη ψεῦδος, τὸ τὸ B τῷ Δ ὑπάρχειν（如果A属于B，B属于C，C属于D，则［如果认为］B属于D，那就出错了）。①

A谓述主词B，B谓述主词C，C谓述主词D，在这种关系中，如果推出B谓述D，显然不对。因为B、C、D的量词并未确定，如果都是全称，则Babara式是正确的，但如果B和C都是I命题，结论就为假。下行的顺序为（在先的为谓词）：A—B—C—D。

上行的情况，亚氏举了例子：εἴ τις ἐπὶ τὸ ἄνω λαμβάνοι τὸ συνεχές, οἷον εἰ τὸ μὲν A τῷ B, τῷ δὲ A τὸ E καὶ τῷ E τὸ Z, ψεῦδος δ' εἴη τὸ ὑπάρχειν τῷ A τὸ Z（如果某人以上行的方式把握连接，如，A属于B，E属于A，F属于E，则［如果认为］F属于A，那

① 中译采用了英文字母，其顺序对应了古希腊文字母。

就出错了)。

A谓述主词B，E谓述主词A，F谓述主词E，在这种关系中，如果推出F谓述A，显然不对。道理和下行一致，上行的顺序为(在后的为谓词)：B—A—E—F。

在下面，亚氏又解释了上行和下行顺序。下行顺序即，τὸ συνεχὲς πρὸς τὸν κατηγορούμενον τῶν ὅρων(连接联系了谓词)。上行顺序即，连接联系了主词(·καθ' οὗ κατηγορεῖται)。可见，上行就是主词在前，依次列出谓词；下行是谓词在前，依次列出主词，亚氏用字母顺序表示出了这种关系。[①]由此，上行就是B在A内，A在E内，E在F内，下行相反。从外延来看，上行是逐渐接近范围最广的部分；从内涵来看，是从特殊接近一般，不论推理正确与否，F都是内涵最普遍的，外延范围最大。

(2)《前分析篇》46a34提到了“从上开始”，相比较弱推论的“划分法”(διαίρεσις)，必然的公理性推论是，συλλογίζεται δ' ἀεί τι τῶν ἄνωθεν(某件事情恒常地由“从上方开始的事情”中推论出)。也就是由属推出种，由大集合推出所包含的集合。

《后分析篇》88a34—36，ἀνάγκη δέ γε ἢ εἰς μέσα ἁρμόττειν ἢ ἄνωθεν ἢ κάτωθεν, ἢ τοὺς μὲν εἴσω ἔχειν τοὺς δ' ἔξω τῶν ὅρων([那些词项与另一些词项相对]，必然地或“居中”，或“从上方开始”，或“从下方开始”，或在那些词项之内，或在那些词项之外)。这指两个词项之间的关系，或是居中，即同级，或者一个在上，一个在下，或包含，或不包含。

这样，大卫说“人是动物”(մարդ կենդանի)，这是从下开始，也就是上行，因为动物是属，人是种，人完全在动物这个属之内。“动物[谓述]所有人”(կենդանի ըստ ամենայն մարդումս)，这是

---

① 上行顺序中，亚里士多德没有说A—B—E—F，是因为A和B的关系在下行中已经设定了。

从上开始，也就是下行，从动物这个属到人这个种，谓词放在前面，完全把人包含在内，也就是完全谓述。但是，大卫并没有谈及V.1说的部分在内。

第六节　论前提（一）

1. Արդ՝ Է նախադասութիւն բան յայտնող ինչ ըստ ումեքում: Ճանապարհակից լինելով Արիստոտէլ իւրոց հիւսմանց, սահմանէ զնախադասութիւն, այս ինքն՝ զառաջարկութիւն, ասելով. Նախադասութիւն է բան յայտնող ինչ ըստ ումեքում: Երկակի ելոյ առաջարկութեան՝ կամ ստորոգականի և կամ ստորադրականի, զստորոգականն միայնումն սահմանէ՝ և որպէս ի ձեռին նորա զստորադրականն ունելով: Քանզի ստորադրականն, յորժամ յերկբայս լինին, ստորոգականացն պէտս ունին առաջարկութեանց յարդարումն: Ինչ ըստ ումեքումն ոչ ստորասութիւն յայտ առնելով, զի թերևս ապա ի վերայ ածեալ էր, եթէ՝ ինչ բաց ումեքումն, որ է բացասութիւն: Այլ ինչ ըստ ումեքում այժմ առ որոշումն ասացեալ է ստորադրականացն առաջարկութեանց. քանզի նոքա ոչ յայտնեն ըստ ումեքումն, այլ՝ ումեմն գոլոյ՝ զի՞նչ է, և ումեմն ոչ գոլոյ՝ զի՞նչ ոչ է: Զի թէպէտ և զընդհանուր հաւաքաբանութիւն սահմանեսցէ, իսկ ընդհանուր հաւաքաբանութիւն ի հանուր յառաջարկութենէ գոյ բաղկացեալ, և պարտ էր զընդհանուր առաջարկութիւն սահմանել:

1. 下面，“命题就是一个陈述，它断明某事谓述[①]某事[②]。”

---

① 即ըստ，对应希腊文的κατά，表示谓述的对象；否定则用ապ，对应希腊文的ἀπο，表示某事不具有某事。

② 希腊文两个“某事”用了相同的词，古亚美尼亚文的两个“某事”用词不同。

正如亚里士多德按照他的结构所做的①，他定义②了命题(也就是前提)，他说："命题就是一个陈述，它断明某事谓述某事。"

前提有两种，或是直言的，或是假言的，他仅仅定义了直言[前提]，通过它也可以掌握假言[前提]。因为，当假言有问题时，它们需要通过直言前提证成。③

"某事谓述某事"并不是指肯定陈述，[之所以如此]，因为[否则的话]在这个情况中，他本可以补充说"某事不谓述④某事"，也就是否定陈述；但"某事谓述某事"相反于假言前提，因为后者没有断明某事谓述[某事]，相反，[它断明的是]如果某事存在，则是什么；如果某事不存在，则不是什么。[之所以亚氏这样说，原因在于]，既然他要定义一般推论，且一般推论总是包含了前提，那么他也必需定义一般前提。

(一)前提或命题的定义

《前分析篇》24a16—17定义了前提或命题，Πρότασις μὲν

---

① "亚里士多德按照他的结构所做的"，这句Topchyan译为"Aristotle continues his work"，Papazian译为"Aristotle, in accordance with his conceptions"。原文为ճանապարհակից լինելով Արիստոտէլ իւրոց հիւսմանց。其中ճանապարհակից一词对应了希腊文σύνοδος，即同路人，它支配一个属格hիւսմանց。后者来自名词hիւսումն，对应了希腊文πλόκη，意思就是编织，也见X.2和X.4，其动词为hիւսել。在亚里士多德那里，πλόκη在《诗学》中表示戏剧情节的组织。后来在修辞术中表示辞格。在阿姆莫尼尤斯《〈前分析篇〉评注》67.30中，它表示推论的结构或组织，因为前提"编织"成推论，大卫也这么用过，见II.6。这里指亚里士多德自己的"编织"过程，也就是从词项—前提—推论的过程，这里正好"编织"到前提部分。

② "定义"为սահմանել，词根սահման即"词项"一词，对应了希腊文ὁρίζειν。

③ 即յարդարումն，对应了希腊文κατασκευή，也就是证成或构建的意思。Topchyan译为established，Papazian译为addition。

④ 即բաց，作为介词，对应了希腊文ἀπό，这里用作某事不谓述某事或某事不属于某事的意思。

οὖν ἐστι λόγος καταφατικὸς ἢ ἀποφατικὸς τινὸς κατά τινος (前提或命题就是一个肯定某事谓述某事或否定某事谓述某事的陈述)。肯定和否定是“谓述”的两种形式，除此无它。前一个τινὸς是谓词，后一个τινος是主词。Λόγος在这里译为陈述(英译多为statement)，其实译为句子也未尝不可。《解释篇》17a25—26也有一个定义，大卫下一节会提到。

大卫对这句的译文为，է նախադասութիւն բան յայտնող ինչ ըստ ումեքում(命题就是一个陈述，它断明某事谓述某事)。这个译文其实来自亚历山大《〈前分析篇〉评注》11.11的希腊语译文，λόγος ἀποφαντικός τινος περί τινος。

“命题”，即նախադասութիւն，对应了πρότασις。大卫没有使用առաջարկութիւն(前提)。但这里仍然可以理解为在定义前提。

“断明”，即յայտնել，同词族有形容词յայտնի(明显的)，来自动词հայիլ(看，关注，照料)。它对应的希腊文为δηλόω。但这里翻译的是ἀποφαντικός，词根来自动词φαίνω(显现，表明)，ἀπόφανσις是亚氏逻辑学重要术语，通常英译为assertion(断言)。这里为了凸显φαίνω的含义，作为动词时，译为断明；作为名词，译为断言。亚历山大有可能混淆了ἀπόφανσις与“καταφατικὸς和ἀποφατικὸς”的词源关系，后两者其实来自φημί(陈述)；但也有可能采用了意译。

这句并非直译，有省略和变动：第一，没有提及“肯定或否定”。第二，用了“յայտնել”一词，这个词没有“说”的含义。它很好地表达了谓词和主词的关系，也许谓述就像一道光一样指出了主词具有的性质或关系等。

大卫认为(他自己翻译的)“断明某事谓述某事”是一般性说法，并非仅仅指肯定陈述或肯定断言。换言之，所有命题都以“P谓述S”的方式展开。这样，这句话就不是在专门定义“直言命题(前提)”，而是在定义一般命题或原子命题，虽然它与假言前提不同，但却可以组织成假言命题。由此，亚氏的文本被大卫赋予了新的意义。

亚历山大《〈前分析篇〉评注》10.15(2.2.1)，阿姆莫尼尤斯13.17—14.4，15.30—16.9，斐洛珀诺斯11.25—36，还都涉及了前提(命题)与断言(ἀπόφανσις)的区别。亚历山大有个关键的解释(10.17—20)：καθόσον μὲν γὰρ ἢ ἀληθής ἐστιν ἢ ψευδής, ἀπόφανσίς ἐστι, καθόσον δὲ καταφατικῶς ἢ ἀποφατικῶς λέγεται, πρότασις(就[命题]是真或是假而言，[命题]就是断言；当它以肯定陈述或否定陈述的方式被说出来，它是命题)，ἢ ὁ μὲν ἀποφαντικὸς λόγος ἐν τῷ ἀληθὴς ἢ ψευδὴς εἶναι ἁπλῶς τὸ εἶναι ἔχει, ἡ δὲ πρότασις ἤδη ἐν τῷ πως ἔχειν ταῦτα(或者说，能断明的陈述把它的“所是”绝对地包含在“是真或是假”中，而命题已然位于以什么方式具有“是真或是假”之中)。

断言和命题互为一体，命题相对于断定真假值以及“质”的方面来说，是断言，遵守矛盾律和排中律。相对于内容和语形来说，是命题，不同命题虽然形式都是S是/不是P，但内容不同，而且还牵涉了“量”的问题。

到此，亚里士多德整个语词和前提(命题)理论，大卫都涉及了，我们可以采取下图来总结：[①]

有语音的意义符号

1. 原子：所言(φάσις)
    1.1. 词(ὄνομα)：
        1.1.1. A名词(ὄνομα)，B被否定的名词，C名词变格；
            1.1.1.1. 简单和复合；
            1.1.1.2. 个别和普遍；

---

① 见Bocheński(1951:28)。

1.1.2. A动词(ῥῆμα), B被否定的名词, C名词变格;

1.2. 其他所言。

2. 分子: 陈述(λόγος)[①]

2.1. 语句(ἀπόφανσις)[②]

2.1.1. 原子:

2.1.1.1. 肯定和否定陈述;

2.1.1.2. 个体主词和普遍主词(全称和不全称);

2.1.2. 分子;

2.2. 其他陈述。

(二)直言前提和假言前提

“直言的”, 原文为ստորոգական, 对应的希腊文为形容词κατηγορικός, 英文一般译为categorical(也有译为predicative), 中译采取了今日逻辑学通用的译法, 其实更好的翻译应该是“范畴性的、能产生范畴的”。这个词词根来自动词ստորոգել, 即谓述, 具体解释见II.3。大卫这脉传统违背了亚里士多德的看法, “κατηγορικός”不再表示肯定的, 而是肯定和否定兼有, 这呼应了他上面对亚氏前提定义的修改。

“假言的”, 原文为ստորադրական, 对应的希腊文为ὑποθετικός, 英文都译为hypothetical, 中译采取了今日逻辑学通用的译法。这个词词根来自名词ստորադրութիւն, 对应的希腊文为ὑπόθεσις。前缀ստոր—(向下)在这里对应了ὑπό—, 但在其他词中(比如上面的ստորոգական)也对应κατά—。

假言命题是一个分子命题, 其中包含了原子命题, 单独拿出

① 本书也会把φάσις译为陈述, 它在亚氏体系中有时指语法成分, 有时指逻辑成分。

② 前文曾译为断明或断言, Bocheński译为sentence, 通常译为assertion, 它不与negation相对(英文一般用affirmation与之相对), 反而包含了后者。

来就是S是P这样的直言命题，相对于分子命题，在先的命题就是“假言前提”，它可能是一个直言命题，也可能是符合的多个原子命题。

在《前分析篇》26a18，κατηγορικός与形容词στερητικός（否定的，等同于ἀποφατικός）相对，指全称命题的两种形式。因此，κατηγορικός等于肯定的，也就是καταφατικός。这种用法也见26a31、26b1和26b22。因此在亚里士多德那里，他并没有后来逻辑学的直言和假言区分。

在斯多亚派那里，[①]首先在简单命题（ἀξίωμα）[②]中，τό κατηγορικόν指具有主词和谓词的肯定命题：κατηγορικὸν δέ ἐστι τὸ συνεστὸς ἐκ πτώσεως ὀρθῆς καὶ κατηγορήματος（直言性命题就是由正确变格和范畴组成的命题）。亚氏的肯定和否定两种简单命题，在斯多亚派这里分为了六种ἀποφατικὸν、ἀρνητικὸν、στερητικὸν、κατηγορικὸν、καταγορευτικὸν（定义性的）和ἀόριστον。前三种为否定形式；最后一种是不定的肯定命题（使用代词）；其余两种都是限定主词的肯定命题。但在复合命题中，τό κατηγορικόν指直言命题，也就是主词和谓词联结的命题。[③]斯多亚派最先开启了命题逻辑的研究，联言、选言都在他们的研究范围之内。

在塞克斯都·恩披里柯《皮浪派概要》（*Πυρρώνειοι ὑποτυπώσεις*）2.163中，提到了κατηγορικός συλλογισμός（直言推论），如，τὸ δίκαιον καλόν, τὸ καλὸν δὲ ἀγαθόν, τὸ δίκαιον ἄρα ἀγαθόν（正义的事情是高贵的；而高贵的事情是善的；故正义的事情是善的）。这种推论借助了三个并列的直言命题（既有肯定，

---

① 见Arnim（1903: 66）II.204。

② 斯多亚派用这个词表示命题，它在亚里士多德那里指公理。

③ 见Arnim（1903:68—72），也见Striker（2009:171）。

也有否定)，没有采用假言形式，显然这两者在这里是区分的。

大卫在这里涉及到了相当重要的一个思想，就是前提或命题既有直言，也有假言。也见艾利阿斯《〈前分析篇〉评注》71(138).34—72(139).2，περὶ συλλογισμοῦ δὲ ὁ σκοπὸς οὐ κατηγορικοῦ μόνον, ἀλλὰ παντὰς. ἐφαρμόζει γὰρ ὁ ὅρος τοῦ συλλογισμοῦ ὁ ἀποδεδεμένος ὑπ' αὐτοῦ καὶ τῷ ὑποθετικῷ(对于推论，目标不仅仅是直言的，而是所有[类型的推论]。因为直言推论所联系的词项也适合于假言推论)。这种说法来自新柏拉图主义的传统。

历史上，有直言或假言前提、直言或假言推论、假设证明、假设推论多种概念，其含义均不同。

(1) 普洛克罗《论柏拉图〈巴门尼德〉》1007.27—34中[①]说，ὡς μὲν ἐπὶ τὸ πλεῖστον τοῖς ὑποθετικοῖς χρησόμεθα λογισμοῖς, τά τε ἑπόμενα καὶ οὐχ ἑπόμενα τοῖς ὑποτεθεῖσιν ἀεὶ λαμβάνοντες καὶ γὰρ οὗτοι διαφερόντως ἡμᾶς ἐφιστᾶσι ταῖς τῶν πραγμάτων κοινωνίαις τί πρὸς ἄλληλα ἔχουσι καὶ ταῖς ἀπ' ἀλλήλων αὐτῶν διαιρέσεσι· χρησόμεθα δὲ καὶ τοῖς κατηγορικοῖς, ὅταν δεώμεθα κατασκευάζειν ἢ τὸ συνημμένον ἑκάστης ὑποθέσεως ἢ τὴν πρόσληψιν(一方面，在大多数情况中，我们使用假言推理，我们总是从假设中把握得出和得不出的东西；这些推理以不同的方式让我们注意到事物的共性——即，事物彼此之间有何关系？——以及事物彼此之间的分殊。另一方面，我们也使用直言推理，当我们需要证成每个假设的“假言前提”[②]或附加假设之时)。从普洛克罗这一代开始，新柏拉

① 文本见Cousin(1864)。

② συνημμένον ἀξίωμα，斯多亚派那里，这是一种假设性命题，可以作为假言推理的前提。

图主义者发展了假言推论(推理),他指出了这种推理的功能和意义。直言推理成为了假言推理证明前提的手段。

普洛克罗《论柏拉图〈阿尔基比亚德前篇〉》167.7—10中[1]说,οὐ γὰρ κατηγορικῶς, ἀλλ' ὑποθετικῶς προάγει τοὺς λόγους, οὐδὲ μόνα τὰ καταφατικὰ παραλαμβάνει, ἀλλὰ καὶ τὰ ἀποφατικά(因为他不是以直言的方式,而是以假言来推导论证,他不仅仅获得肯定的内容,还有否定的)。他指的是上面的论证:κἄν τε γὰρ φῶ σωφρονεῖν φορτικὸς ὁ λόγος, κἄν τε μὴ φῶ κατήγορος ἔσομαι ἐμαυτοῦ。两个假言推理被联结在一起。

直言或假言推理的分子就是直言或假言前提,因此这是大卫两分前提的思想来源。

⑵ 但上述说法与逍遥学派的亚历山大的看法不同。后者在《〈前分析篇〉评注》17.7—11明确说,ὅτι γὰρ κατηγορικὰς εἶναι δεῖ τὰς λαμβανομένας πρὸς συλλογισμὸν προτάσεις δηλοῦσθαι διὰ τοῦ τεθέντων·ταύτας γὰρ καὶ ὡρίσατο·δείξει γάρ, ὅτι αἱ ὑποθετικαὶ προτάσεις αὐταὶ καθ' αὑτὰς οὐ ποιοῦσι συλλογισμόν(用于推论的前提应该被把握为"直言的","τεθέντων"这个词表明了这一点;因为他[亚里士多德]定义了这些前提。他指出了,假言前提自在地不能产生推论)。他指的是《前分析篇》50a16—28,τοὺς ἐξ ὑποθέσεως συλλογισμοὺς οὐ πειρατέον ἀνάγειν· οὐ γὰρ ἔστιν ἐκ τῶν κειμένων ἀνάγειν,οὐ γὰρ διὰ συλλογισμοῦ δεδειγμένοι εἰσίν, ἀλλὰ διὰ συνθήκης ὡμολογημένοι πάντες(不应该从假设来导出推论;因为不可能从设定的[前提]导出[推论],[之所以如此],因为这些推论没有通过推论来证明,相反,由于习惯而被所有人认同)。这里的假设指的是习惯认同的、未经证明的意见。它不同于柏拉图的"假设",见《理

---

① 文本见Westerink(1954)。

想国》511a—511d。

虽然亚历山大认为亚氏没有定义假言推论是正确的，[①]但他所指亚里士多德的这个“假设推论”，其实与假言推论不同。前者是就内容而言，它来自“意见”，而非必然结论。后者是就论证形式而言，其内容或来自意见，或来自必然结论。

⑶ 亚里士多德在《前分析篇》40b23—29提出了假设性证明，Ἀνάγκη δὴ πᾶσαν ἀπόδειξεν καὶ πάντα συλλογισμὸν ἢ ὑπάρχον τι ἢ μὴ ὑπάρχον δεικνύναι, καὶ τοῦτο ἢ καθόλου ἢ κατὰ μέρος, ἔτι ἢ δεικτικῶς ἢ ἐξ ὑποθέσεως. τοῦ δ' ἐξ ὑποθέσεως μέρος τὸ διὰ τοῦ ἀδυνάτου(每个证明和所有推论都必然证明某事属于或不属于[某个主词]；这或整体或部分；进而，或以显明的方式[②]或以假设。从假设来的那部分推论要通过“归谬[即，依靠不可能性]”)。在41a24开始，亚氏介绍了“归谬法”，归谬就是“假设”结论的反面成立，然后推导出一个与已知前提矛盾的命题，这样，一开始的结论就是成立的。显然，这种假设法证明即归谬法，与“假言推论”和“假设推论”是不同的，前者是公理证明的方法，结论也是必然的。但是这种假设法证明极有可能是假言推理的来源，因为它运用了“命题逻辑”。

⑷ 在古典时期，直言和假言前提的两分已经盛行。直言前提很容易理解，就是单纯的谓词谓述主词的前提。假言推理稍微复杂，加伦《辩证法导论》(*Εἰσαγωγή διαλεκτική*)3.1，在介绍完直言前提后，他对假言前提有一个经典描述：Γένος ἄλλο προτάσεών ἐστιν ἐν αἷς τὴν ἀπόφανσιν οὐ περὶ τῆς ὑπάρξεως ποιούμεθα τῶν πραγμάτων, ἀλλὰ περὶ τοῦ τίνος ὄντος τί ἐστι καὶ τίνος οὐκ ὄντος τί ἐστιν· ὑποθετικαὶ

---

① 见Speca(2001:2)。

② 见《前分析篇》45a24，指将各种推论还原为公理推论的论证方式。

δὲ ὀνομαζέσθωσαν αἱ τοιαῦται προτάσεις, αἱ μέν, ὅταν τινὸς ἑτέρου ὄντος ἐξ ἀνάγκης εἶναι λέγωσι τόδε τι, κατὰ συνέχειαν, αἱ δέ, ὅταν ἤτοι μὴ ὄντος εἶναι ἢ [μὴ] ὄντος μὴ εἶναι, διαιρετικαί(另一种类型的前提是这样的，在其中，我们并未对“事实的实存”做出表达，而是针对“若某事存在，则某事存在”和“若某事不存在，某事存在”做出陈述。这样的前提得名为假言前提；第一种为，某事存在，它们会根据连续性陈述出另一件事必然存在；第二种[假言前提]是不相容选言的[①]，或一件事不存在，则另一件事存在，或一件事[不]存在，则另一件事不存在)。

亚历山大《〈前分析篇〉评注》11.19--20也描述了假言前提，ἡ γὰρ ὑποθετικὴ οὐκ ἐν τῷ τι κατά τινος λέγεσθαι ἀλλ' ἐν ἀκολουθίᾳ ἢ μάχῃ τὸ ἀληθὲς ἢ τὸ ψεῦδος ἔχει(假言前提并不是说某事谓述某事，而是以蕴涵或冲突的方式掌握真或假)。

可见，古典的假言前提或推理包含了现代逻辑学的假言(蕴涵关系)和不相容选言(非此即彼)两种推理。大卫一反亚历山大的看法，认为假言前提可以是有效的，这需要直言前提来构建，他的定义和论述都代表了新柏拉图主义者的标准观点。

大卫进一步阐明了文本中“某事谓述某事”的含义。对文本的修改得出了有利于自己的结论。这种断明并无肯定和否定之分，或者包含了这两者，因为亚氏没有说“某事不谓述某事”。因此，这只能相反于假言前提。这等于设定了亚氏没有讨论过的内容。

假言前提组成的推理为，ուրեմն գոլոյ՝ զի՞նչ է, և ուրեմն ոչ գոլոյ՝ զի՞նչ ոչ է。大卫没有提到不相容选言。这种看法也见斐洛珀诺斯《〈前分析篇〉评注》13.2.243.12—20，καθόλου πᾶς συλλογισμὸς ἢ τὸ ἔστιν ἢ τὸ οὐκ ἔστι δείκνυσιν, ἢ τίνος ὄντος τί ἔστιν ἢ τί οὐκ ἔστιν, ἢ τίνος μὴ ὄντος τί ἔστιν ἢ τί

① 希腊文即，能够区分或划分的。它联系了辩证法推论和柏拉图的划分法。

οὐκ ἔστιν. οἱ μὲν οὖν τίνος ὄντος ἢ μὴ ὄντος τί ἔστιν ἢ τί οὐκ ἔστι δεικνύντες, οὗτοι καλοῦνται διὰ τριῶν καὶ δι' ὅλων ὑποθετικοί, δι' ὅλων μέν, ὅτι πᾶσαι αἱ παραλαμβανόμεναι προτάσεις ὑποθετικαί, διὰ τριῶν δέ, ὅτι τοὐλάχιστον οὗτοι οἱ συλλογισμοὶ διὰ τριῶν ὑποθέσεων περαίνονται(一般来说，所有推论都证明某事存在或不存在；或若某事存在，另一件事存在，或某事不存在，另一件事存在，或某事不存在，另一件事存在或不存在。有一些推论证明了，若某事存在或不存在，另一件事存在或不存在，它们被称作假言的，或全都是假设，或依靠三个假设：前者即，所有被把握的前提都是假言的；后者即，推论至少用三个假设得出结论)。

“他也必需定义一般前提。”大卫的意思就是，直言前提是所有前提的原子前提，假言前提要通过它来构建或证成。大卫和新柏拉图主义者的观点不是没有根据的，亚里士多德虽然首创了谓词逻辑而且没有像斯多亚派一样明确提出命题逻辑，但是后一种逻辑的雏形可以在《前分析篇》中找到，[①]如53b12以下，如果命题A(p)蕴涵命题B(q)，则非B(非q)蕴涵非A(非p)(εἰ γὰρ τοῦ A ὄντος ἀνάγκη τὸ B εἶναι, τοῦ B μὴ ὄντος ἀνάγκη τὸ A μὴ εἶναι)。这就是一个近乎标准的假言推理，A和B是命题变元，都是直言命题，当它们得到必然证明后，“p→q”这个“假言前提”也就成立了，可以得出必然的结论，结论也是一个假言命题。事实上，亚里士多德的三段论本身就是一个完整的假言命题，见Patzig(1968:3—4)的介绍，即，“如果……那么……”的蕴涵结构。大前提和小前提成为联言命题，作为条件句的前件，也就是假言命题的假言前提。

2. Արդ, ի Յաղագս մեկնութեան և զընդհանուր

① 见Patzig(1968:184)。

առաջարկութիւն սահմանեաց, ասելով, եթէ՝ Նախադասութիւն է բան՝ ընդունակ ճշմարտութեան և ստութեան. քանզի այս սահման և զստորադրական առաջարկութիւնն պարունակէ: Բայց սահմանեաց և զստորոգականն անդ, ասելովայսպէս `բան յայտնող ինչ ըստ ումեքումն և ինչ՝ բաց ումեքում: Իսկ այժմ զստորոգականն դարձեալ սահմանէ, վասն զի և սորա միայնոյ սահման ուղղութեան պէտս ունէր. քանզի [ի] Յաղագս մեկնութեան ի ձեռն թուելոյ նշանակութեանց լինէր ստորադրութիւն. քանզիասելն՝ ինչ ըստումեքումն և ինչ բաց ումեքէ ոչ ինչ այլ, եթէ ոչ ասել, եթէ՝ առաջարկութիւն կամ ստորասական է և կամ բացասական:

2. 那么，在《解释篇》中，他也定义了一般前提，他说，“命题就是获得真或假的陈述”。因为这个定义也包括了假言前提。但是他在那里也定义了直言前提，他的说法如下：“一个断明某事谓述某事、断明某事不谓述某事的陈述。”[在本文中]，他再次定义了直言前提，因为只有这个定义需要澄清。①因为在《解释篇》中，“假设”通过意义的列举做出，他说，“断明某事谓述某事，断明某事不谓述某事”，这恰恰就是在说，前提要么是肯定的，要么是否定的。

（三）《解释篇》中对前提或命题的定义

在《解释篇》中，亚里士多德也定义了一般前提或命题。大卫需要比较这两处的定义。他的目的是证明亚氏对前提的定义中包含了直言和假言两种前提。大卫引用了几处亚里士多德的定义，其

① Papazian译为correction，Topchyan译为specification。大卫的意思就是，在《前分析篇》中，亚里士多德要弥补《解释篇》的缺漏，把假言前提补充进来。

中有几个明显的改动。

(1)《解释篇》16b33—17a4，ἔστι δὲ λόγος ἅπας μὲν σημαντικός, οὐχ ὡς ὄργανον δέ, ἀλλ' ὥσπερ εἴρηται κατὰ συνθήκην· ἀποφαντικὸς δὲ οὐ πᾶς, ἀλλ' ἐν ᾧ τὸ ἀληθεύειν ἢ ψεύδεσθαι ὑπάρχει(每个陈述是能意指的，但[其方式]不是作为工具，而是如我们所说的，按照习惯；并非所有陈述都是“能断明的”，可以“证明真”或“证明假”的陈述[才是能断明的])。

在古亚美尼亚文《解释篇》375中，有相应译文，Եւ է բան ամենայն նշանական, ոչ իբր զգործի, այլ որպէս ասացեալ է, ըստ շարադրութեան[①]. իսկ բացերևական, ոչ ամենայնն այլ նորում ճշմարտելն կամ ստելն իք。

本文中，大卫的古亚美尼亚文译文为，Նախադասութիւն է բան՝ ընդունակ ճշմարտութեան և ստութեան(命题就是获得真或假的陈述)。其中，“获得”，原文为ընդունակ, Topchyan译为receptive, Papazian译为admitting，都比较贴切，因为这个词来自动词ընդունել，即，接受、容纳。大卫的意思就是这种陈述接受真和假两个值，也就是古典逻辑的“二值原则”。希腊文中并没有这方面的含义，亚里士多德用了ἀποφαντικὸς一词。如果按照亚氏的说法，那么这个定义就仅仅包括直言命题，它在陈述直言命题“断明”真假的功能。但按照大卫的译法，假言命题也被包括进来，因为这种命题也有二值。一个假言命题，每个分支都是直言命题，它也“断明”真假。

(2)《解释篇》，“一个断明某事谓述某事、断明某事不谓述某事的陈述”，对于这句，大卫的古亚美尼亚文译文为，բան յայտնող ինչ ըստ ումեքումս և ինչ՝ բաց ումեքում。

这句对比古亚美尼亚文《解释篇》375—376，Եւ այց պարզն

① 即“综合”一词，与συνθήκην同源，这里表示“习惯”。

է բացերևութիւն. որպակ՝ իմն զումեմնէ, կամ ապ ումեք (…) և ստորասութիւն է՝ բացերևութիւն ուրումն զումեմնէ. իսկ բացասութիւն՝ ուրումն ապ ումեքէ(断明某事是简单明确的，断明某事谓述某事，或不谓述某事；肯定是断明某事谓述某事，否定是断明某事不谓述某事)。

这一段在《解释篇》中未见，大卫有可能误记，也有可能仅仅概述大意，并未直接引用。按照Topchyan(2010: 69)的猜测，可能来自《解释篇》17a20—21, Τούτων δὲ ἡ μὲν ἁπλῆ ἐστὶν ἀπόφανσις, οἷον τὶ κατά τινος ἢ τὶ ἀπό τινος(这些当中，断明是简单的，比如谓述某事或不谓述某事)。其中的ἀπόφανσις，来源于"断明"一词。有的学者译为proposition，有的译为statement，有的译为sentence，总之它是λόγος(陈述)中具有真假值的陈述，有一些陈述是没有真假值的，比如奥斯丁的述行句(performative)。[1]这句就是在说直言前提或直言语句，它用谓词肯定或否定谓述主词。

另见17a25—26，这一句更接近大卫所引，Κατάφασις δέ ἐστιν ἀπόφανσίς τινος κατά τινος. ἀπόφασις δέ ἐστιν ἀπόφανσίς τινος ἀπό τινος(肯定命题就是断明某事谓述某事的断言，否定命题就是断明某事不谓述某事的断言)。

(3)《解释篇》，"'假设'通过意义的列举做出"，这句含义不明。原文为，ի ձեռն թուելոյ նշանակութեանց լինէր ստորադրութիւն。"假设"，Papazian译为了description，这个译法不确。Topchyan之后加了括号，补充了句意，"[about the categorical already]"。"意义"，原文为նշանակութիւն，希腊文对应了

① 见V.6。《解释篇》17a23—24说，Ἔστι δ' ἡ μὲν ἁπλῆ ἀπόφανσις φωνὴ σημαντικὴ περὶ τοῦ εἰ ὑπάρχει τι ἢ μὴ ὑπάρχει(简单的断言就是能指出某事存在或不存在的语音)。

σημασία，也见IX.7和XIII.1。“列举”，为թուել，即，计算、枚举。引入“假设”一词，意思就是说《解释篇》中已经涉及了假言情况，所以“一个断明某事谓述某事、断明某事不谓述某事的陈述”这一句仅仅讨论直言。Topchyan(2010:69)认为大卫的意思是，“断明某事谓述某事”是第一层意义，“断明某事不谓述某事”是第二层意义。但这与假设有什么关系，他并未指出。我猜想，大卫是说，假言前提的假设要靠设定前提的肯定和否定来完成，这个设定过程就是从肯定到否定的“列举”。当然，这句话如果去掉，文意似乎反倒更流畅。

大卫一共引用了下面三处讨论命题的文字：

(1)《解释篇》：“命题就是获得真或假的陈述”；

(2)《解释篇》：“一个断明某事谓述某事、断明某事不谓述某事的陈述”；

(3)《前分析篇》：“命题就是一个陈述，它断明某事谓述某事”。

他认为(1)有直言，也有假言；(2)涉及直言前提；(3)原子命题(前提)，可以成为直言，也可以组建为假言。对于(2)和(3)，同样的措辞，大卫采取了不同的处理，目的是要得出假言前提有可能从亚里士多德的讨论范围之中推出。在大卫的时代，逻辑学的发展决定了他必须采用这种方式阐发前人，即便亚氏并未明确定义这种更为复杂的命题模式。

3. Իսկ աստ ասացեալ՝ զԱռաջարկութիւն բան զոլ յայտնողական ինչ ըստ ումեքումն, սահմանական արար զբացասութիւնն: Բայց թէպէտ զորակն նեղ ասաց, ոչ ասացեալ, թէ՝ և ինչ բաց ումեքէ, սակայն զքանակն սփռեաց, ասելով, եթէ՝ Բայց սա կամ ընդհանուր է և կամ մասնական

և կամ առանսահմանելի: Քանզի զըստ իւրաքանչիւրսն ոչ յիշեաց՝ որպէս պարունակեցելոցն առ անսահմանելեացն. քանզի ըստ իւրաքանչիւրքն առ անսահմանելիք: Բայց զանազանին յայլոց առանսահմանելեաց, քանզի բնաւորեալք ունել՝ ոչ ունին, իսկ նոքա ոչ բնաւորեալք են և ոչ ունին.քանզի ոչ ոք կարէ ասիլ՝ ոք Սոկրատէս կամ ամենայն Սոկրատէս և կամ այլազգ, զի ըստ իւրաքանչիւրքն ապականելիք, իսկ մասնականքն անապականք, քանզիմիշտ է ոք մարդ, իսկ Սոկրատէս ապականելի է:

Ընդ այսոսիկ հանդերձ աստուծովն առաջիկայ պրակք:

3. 而在这里，他说，“前提(命题)就是一个陈述，它断明某事谓述某事”，他也定义了否定前提。但是，虽然他简要[①]描述了“质”，但是没有说，“断明某事不谓述某事”，相反，他扩展地讨论[②]了“量”，说，“要么是全称，要么是特称，要么是不定”。他没有说“单称”，因为它们被包含在“不定”之中(单称就是不定)；但是它们又区别于其他不定，因为前者没有后者自然拥有的东西，后者却并非没有前者自然拥有的东西。没有人能说出，“某些苏格拉底”或“所有苏格拉底”等等类似的话；因为单称可以消亡，特称不可消亡——之所以如此，因为总有“某些人”，但是苏格拉底是可以消亡的。

到此，凭上帝之助，而有这一讲。

---

① 原文为նեղ，Papazian译为narrowly，Topchyan译为briefly，前者更佳，因为“质”仅仅被圈定在肯定和否定两种，显然范围严格、不宽泛。

② 用了սփռել这个动词，表示分散、划分。

（四）命题和前提的"质"与"量"

"质"，原文为որակ，希腊文为τὸ ποιόν，即，什么样子的。命题质的方面只有两种，肯定和否定。这在前面已讨论了很多。量的情况见下，亚里士多德《前分析篇》并未直接说质和量，在《解释篇》中也没有，但我们可以看出他对这两者的划分。在《形而上学》1020a34，质被定义为"实体的差异"（ἡ διαφορὰ τῆς οὐσίας），包括了偶性、固有属性、本质方面的差异。因此，谓词对主词的肯定和否定就是对"质"的表述。

"量"，原文为քանակ，希腊文为τὸ ποσόν，即，多少。亚氏区分了三种量，见《前分析篇》24a18，全称（καθόλου，属格作为副词），特称（ἐν μέρει，介词词组作为副词），不定（ἀδιόριστος，形容词）。古亚美尼亚文分别为ընդհանուր、մասնական和առան—սահմանելի。"不定"，加了否定前缀առան，词干为动词սահմանել（确定）。Ebert & Nortmann（2007: I, 212—213）总结了两条亚里士多德处理命题形式的模式，第一条涉及了量：亚氏总使用单数的"πᾶς"（每一个、every、jeder），没有使用复数（即全部、所有、all、alle），用单数的"任何一个或某一个"（τις, irgendeiner）代替"一些"（some, einige）。

在《解释篇》17a39，他认为事物不是一般（καθόλου），就是特殊（καθ' ἕκαστον）。这里并未涉及不定的情况。在17b2—3又说，ἀνάγκη δὲ ἀποφαίνεσθαι ὡς ὑπάρχει τι ἢ μὴ ὁτὲ μὲν τῶν καθόλου τινί, ὁτὲ δὲ τῶν καθ' ἕκαστον（[命题]必然断明，某物要么整体地属于或不属于某物，要么部分地属于或不属于某物）。

其中的καθ' ἕκαστον即"单称"，亚氏举了例子，如τις ἄνθρωπος（某个人），也就是某个个体。全称之中又出现了不定，它没有限定词，亚氏暗示了它等于特称（17b36）。但在《解释篇》中，亚氏没有专门规定"特称"。因此，这种规定还没有体现出"量"。

它规定了事物的个别和一般，个体与类的关系。后来逻辑学把单称也归入了全称，但在这里是没有意义的。

到了20a9—10的时候，他明确表示全称的πᾶς不是指事物的普遍一般，而是就词项而言，这一种类词项之下所有个体词项，他仍然使用了καθόλου一词，但含义已经转变，后世理解为了词项的“周延”(distributed)。也即，πᾶς ἄνθρωπος一词并非表示“人”这个类(整个人)，而是对这个类所有个体的描述(所有人，每个人)，这就明确提出了“量”，换言之就是，对于所有属于人的x。而πᾶς ἄνθρωπος量词的否定就得出了特称命题，也即，“并非所有人”，就是“有些人并非”，即，“至少存在着一个x且属于人，它并非”。这样，个体性(苏格拉底)、特殊性(哲人)和普遍性(人)就全被提出，在康德和黑格尔关于量的规定中，我们也能看到这三者。

在《前分析篇》24a18开始，亚氏界定了量，也是大卫目前评注的地方：λέγω δὲ καθόλου μὲν τὸ παντὶ ἢ μηδενὶ ὑπάρχειν, ἐν μέρει δὲ τὸ τινὶ ἢ μὴ τινὶ ἢ μὴ παντὶ ὑπάρχειν, ἀδιόριστον δὲ τὸ ὑπάρχειν ἢ μὴ ὑπάρχειν ἄνευ τοῦ καθόλου ἢ κατὰ μέρος (我谓全称为[谓词]属于[主词]全部或不属于任何一个[主词]；特称即，[谓词]属于某个[主词]，或不属于某个[主词]，或不属于[主词]全部[而属于某些]；不定即，谓词不关涉全部或部分而属于[主词]或不属于[主词])。这里没有提到单称命题。

明确指出质与量的，见亚历山大《〈前分析篇〉评注》11.31(2.2.1)和26.25(2.5.3)，在质的方面，后一处又将肯定与否定同模态相联系，按照必然性、现实性(实然性)、或然性(可能性和偶然性)，一共有六种命题。斐洛珀诺斯《〈前分析篇〉评注》12.18—21，在量的特称上，斐氏用了μερικὸς；不定则用了ἀπροσδιόριστος。后一个词比较XI.4。

（五）单称命题

“前者没有后者自然拥有的东西，后者却并非没有前者自然拥有的东西”，这句话意思就是，不定命题，如“粉笔是白的”，可以加限定量词，“所有粉笔是白的”或“某些粉笔是白的”，这是此类命题自然拥有的。而单称命题就不行了，大卫给出了例子。而单称命题之前不能加这样的量词，这种性质，不定命题是具备的。

“可以消亡”，原文为，ապականելի，来自动词ապականել和ականել（削弱），这个消亡带有毁灭的性质，暗示了物质上的不存在。物质个体可以失去存在这一性质，但特称命题涉及了某个集合中的元素，当这个集合还存在时，特称命题的“量词和主词”是不会消亡的。比如“有些哲学家”，只要“哲学家”这个集合还在，就“至少存在一个x属于哲学家”，x存在，则“有些哲学家”就还存在。它是观念的共相，所以不会消亡。个体的“量”是独特的，不存在所谓一个苏格拉底、两个苏格拉底这样的说法。

亚里士多德在概述三段论、也就是在《前分析篇》中，几乎没有提到单称命题或个体词。[①]其中的原因，各家学者已经论述得比较充分了。[②] 下面三种看法是主流，其中第一种侧重哲学；第二种比较简易；第三种偏重逻辑规则。

首先，在《前分析篇》43a25—43，亚氏明显区分了三种词项，但他所讨论的却是存在者：[③]

(1) 不能谓述其他事物，只能被谓述。这是个体（τὰ καθ' ἕκαστα）或可感的事物，如卡里阿斯这种个体，它们对应了词项中的专名。

---

① 但见《前分析篇》47b15, 70a16—20，出现了一些人名作为个体主词。在《解释篇》中，这种情况是正常的。Ebert & Nortmann（2007: I, 211）注释3也指出了这一点，亚氏并没有不承认单称命题。在讨论显示法的时候，他也用了个体词作为主语。

② 这方面见Patzig（1968:4—8）的解释，他也总结了卢卡西维茨、Ross等人的观点。

③ 卢卡西维茨对此还提出了批评，见Patzig（1968:5）的回应。

(2) 谓述其他事物的，但是其他东西不会先谓述它们，这是事物的第一性质(包括固有属性和本质等)，对应了词项中的范畴。比如，存在就是谓述其他事物的，它在先，而不是其他事物先谓述它。范畴来自于第一原则，由努斯直观，不可定义。

(3) 既能谓述其他事物，也能被其他事物谓述，如人可以谓述卡里阿斯，也能被动物谓述，这是事物的种类或共相，但也包括一些普遍的第二性质(比如红色这种偶性)。对应了词项中的种类或共相词项。

种类属于一种固有属性。比如，哲学家是会辩证法的人，会辩证法是本质(举例而已)，而人这个属是哲学家的固有属性，有之不必然为哲学家，无之必不然。偶性可以谓述其他事物，但也可以被其他事物谓述，如杯子是红色的，红色是颜色。

这样看来，亚里士多德研究的词项主要来自(3)，因为(1)仅仅是个体，在感觉这边，(2)是最普遍的事物，在努斯这边，因此大部分词项都来自于中间这一类(43a41)。

Ross持这种观点，当然，他忽视了逻辑层面的原因。这种理解是从哲学的角度来谈，最早提出的就是斐洛珀诺斯《〈前分析篇〉评注》68.14—16。因为(3)是知识的来源(包含了经验词项和非经验的抽象词项)，(1)的知识来自(3)(仅仅一个没有任何性质的个体是毫无知识的)，而(2)是直观，因此不增加知识，但对知识起建构作用。

Striker(2009:76)对此提出了反驳，因为上述看法仅适合于证明，但是一般推论的范围不必这么狭小，它所涉的词项或内容的范围比证明要广(25b23—31)，毕竟它包含了修辞术、论辩术等推论，它们必然涉及单称词项。同时，证明也还是要研究个体，比如针对某个三角形，考察其内角和。

如果斐洛珀诺斯和Ross正确的话，那么亚氏不讨论单称词项，就是为了证明做准备，他不必再关注如何适用于修辞术和论辩术(它们都有相应的论著)，所以Striker的反驳并不合理。

其次，就逻辑形式而言，(1)无法作为谓词，(2)无法作为主词，所以都被排除了。这是卢卡西维茨的说法。但这种情况并不符合实际，因为在很多格式中，这种词项是可以出现的。比如Babara式，个体词就可以出现。

Scheibe(1967:457)、王路(1991:149)、Ebert & Nortmann(2007: I, 210)和Striker(2009:76)均认为个体词无法换位，这是亚里士多德不讨论的理由，这个说法很直接和简单。同样的道理也可以用于普遍词项。

第三，就亚氏逻辑内部原则而言，Patzig的解释贴近亚氏的理论，尽管有些同义反复。他总结了《前分析篇》中的推论公理(P、S、M是先后出现在大小前提中的三个词项)：

(1) 每个出现在推论中并作为变元P(S)值的词项都至少有一个正确的下位(subordinate)词项：对于所有P(S)，都有一个M，使得MaP(MaS)而非PaM(SaM)成立。

(2) 每个出现在推论中并作为变元P(S)值的词项都至少有一个正确的上位(superordinate)词项：对于所有P(S)，都有一个M，使得PaM(SaM)而非MaP(MaS)成立。

(3) 每个出现在推论中并作为变元P(S)值的词项都至少有一个相反的词项，对于所有P(S)，都有一个M，使得MeP(MeS)成立——以至于M定义的类中的元素不能谓述P(S)。

(1)和(2)就能排除单称词项，(3)和(1)排除普遍词项。但这并没有解释亚氏为何设定这三个公理。

后世逻辑学一般把单称命题放入全称，但是大卫提出了古典逻辑学的看法。单称属于不定。而不定与全称和特称都相关。那么大卫是不是认为个体词也可以属于特称呢？苏格拉底是哲学家，换成特称命题即：对于某一个(亚氏通常都用单数)苏格拉底来说，它是哲学家，或，至少存在一个x，它是苏格拉底且属于哲学家。[①] 显然，单称命题在表达上更适合特称命题，它是对一个个体进行的存在判断。大卫将之放入不定命题是合理的。

第七节　论前提（二）

1. Սահմանեալ զառաջարկութիւնն՝ իջանէ և ի տեսակս առաջարկութեան, երկու տարակուսանս առնելով մեզ տարակուսիլ: Առաջին՝ եթէ ընդէ՞ր յաղագս հաւաքաբանութեան ելոյ դիտաւորութեան, և այսք և յաղագս հանուր առաջարկութեան: Երկրորդ՝ թէ ընդէ՞ր ի տեսակս առաջարկութեանցն զանազանութեան զտրամաբանականն միայն ասէ առաջարկութիւն և զապացուցականն, իսկ զիմաստականն և զքերթողականն ոչ ասէ: Արդ, առ առաջինն ասեմք, եթէ իջեալ ի տեսակս առաջարկութեանցն՝ ոչ ինչ ընդհատ ի հանրականումն մնաց, քանզի զանազանին առաջարկութիւնք ոչ ընդ հանրականիւն իւրեանց սահմանաւ, քանզի մի սահման է, այլ՝ այլովք ոմամբք: Իսկ առ երկրորդն ասեմք, եթէ իջեալ ի տեսակս առաջարկութեանցն՝ զհուպսն տարորոշէ, այս ինքն՝ զբացացուցականն և զտրամաբանականն: Եւ այսք յաղագս այսորիկ:

1. 定义了前提之后，［亚里士多德］又向下讨论了[②]前提的种

① 蒯因就是这么消除单称命题的，见Quine(1980:7—8)和(1982:278—83)。按他的方式，我们也可以把这个单称命题改为“有一个x，它被苏格拉底化(Socratize)且属于哲学家”，这就是特称命题。

② 即իջանել，意为下降，从一般前提(属)下降到了特殊前提(种)。

类，这让我们有些疑问[①]，原因有二：首先，既然目标相关推论，那为何要涉及这些与一般前提有关的内容呢？第二，在各种各样的前提中，他为何只是讨论了论辩术和证明的前提，而没有讨论智术和诗术的前提呢？

对于第一点，我们说，当他向下讨论前提的种类时，已经顺利讨论完一般前提，而种种前提在一般定义上并无不同——因为定义只有一个——相反，要借助其他某些东西。

对于第二点，我们说，当他向下讨论前提的种类时，他区分了相近的[②]两种前提，即，证明性和论辩术式的前提，这就足够了。

(一) 一般前提与特殊前提

在前面，亚里士多德讨论了一般前提，即"断明某事谓述某事的陈述"。他指明了这种前提是其他前提的普遍定义。接下来在《前分析篇》24a24—24b15中，他又转到了证明性前提和论辩术式前提的差别上。这种转向，看起来有点突兀，所以大卫提出了两点疑问。

第一点，《前分析篇》目标是一般推论，为何要讨论一般前提和特殊前提（"这些与一般前提有关的内容"[③]显然指特殊前提）。大卫的回答包含了一般和特殊的辩证关系，各种前提的定义是共同的，但各自又有自己的独特方式。这可以类比一般推论和特殊推论的关系。一般定义就是形式，它没有特殊内容，特殊前提为这个形式提供了材料和研究对象。有多少种推论，就有多少种前提。

"已经顺利讨论完一般前提"，这句为ոչ ինչ ընդհատ ի

① 即տարակուսիլ，比较տարակայ（迷路、误入歧途）。

② 即հուպ，对应了希腊文προσέχης。

③ 原文为այսք և յաղագս հանուր առաջարկութեան。

հանրականումն մնաց，直译就是在一般的[前提]上，不再有什么妨碍了。大卫认为亚里士多德已经把一般前提顺利论述完了。Papazian译为 “there is no difference that remained from the general premise”，意思是一般前提上并没有特殊前提的差异(种差)。他把ինչ ընդհատ译为差异，也不无道理。Ընդ—հատ，前半部分为在下，后半部分为片段，种差恰恰就是属之下的分殊。

“要借助其他某些东西”，这句为այլովք ոմամբք，Topchyan译为in certain other ways，Papazian译为by means of some other things，后者更贴近原文。特殊前提只有 “P谓述S” 这种形式是不够的，必须与相应题材联系，也就是 “其他东西”。

（二）论辩术与证明的相同性

第二点，既然讨论特殊前提，为何突出证明性和论辩术式前提。在前面I.3，大卫讨论了五种推论，这五种推论对前提的要求是不同的。其中，智术是论辩术的反面，修辞术与论辩术相对相通，诗术与智术一样，都以虚假为重，而证明以论辩术为基础(与辩证法相联系)。因此，五种前提里，证明最高，论辩术总领其他三种归于前者。这样看来，首先，诗术和智术都是论辩术的反面，没必要涉及，知道正面，就知道反面，何况诗术本身虚假，前提在理性上并无太多要求(在想象和形象上要求较多，但已经超出了推论本身的规则)。其次，修辞术与论辩术是ἀντίστροφος的关系，故而知道论辩术，就能过渡到修辞术，两者都处理意见，虽然用途不同，但殊途同归(《修辞术》处理甚详)。那么，最终只有证明和论辩术需要论述了。这两者，论辩术为一般推论/一般前提的形成做了准备，①

① Düring(1966:55—56,69)认为《论题篇》保留了学院派的辩证法方法或驳诘法(ἔλεγχος)，这也是柏拉图早期对话的方法：断定反题，然后一步步让原来的命题走向矛盾命题。《论题篇》主干的写作时间与《前分析篇》差不多同时，但尚未构想出《前分析篇》的分析法，不过这个问题已经被考虑到了。

后者为科学推论/科学前提做了准备，因此二者相近。

这种关系在《前分析篇》46a28—30被明确指出，ἕξομεν περὶ ἅπαντος οὗ μὲν ἔστιν ἀπόδειξις, ταύτην εὑρεῖν καὶ ἀποδεικνύναι, οὗ δὲ μὴ πέφυκεν ἀπόδειξις, τοῦτο ποιεῖν φανερόν. καθόλου μὲν οὖν, ὃν δεῖ τρόπον τὰς προτάσεις ἐκλέγειν, εἴρηται σχεδόν· δι' ἀκριβείας δὲ διελδιεληλύθαμεν ἐν τῇ πραγματείᾳ τῇ περὶ τὴν διαλεκτικήν(对于证明相关的每一件事，我们都要去发现和证明[与之有关的]“证明”；让在自然本性上不具备证明的事情显露出来。总体上，应该以什么方式选择前提，[我们之前]差不多都说过了；我们在与论辩术有关的研究中已经精确地讨论过了)。《论题篇》(即“与论辩术有关的研究”)选择前提的方法是逻辑学形成的关键，在这种方法中，普遍的逻辑形式才显露出来。事物的逻辑就是从前提到推论被逐步显明的。

其次，在《论智术式反驳》(也属于《论题篇》)183a37—183b1又谈到了论辩术推论的逻辑意义，Προειλόμεθα μὲν οὖν εὑρεῖν δύναμίν τινα συλλογιστικὴν περὶ τοῦ προβληθέντος ἐκ τῶν ὑπαρχόντων ὡς ἐνδοξοτάτων· τοῦτο γὰρ ἔργον ἐστὶ τῆς διαλεκτικῆς καθ' αὑτὴν καὶ τῆς πειραστικῆς(我们愿意去发现某种能够推论的能力，它针对那些从现成之事、也即最公认的意见当中得出的问题；因为这就是论辩术自在的活动，也是验证法[1]的活动)。显然，论辩术的推论已经为验证法(科学验证)铺平了道路。[2]

---

① 见《形而上学》1004b25，ἔστι δ' ἡ διαλεκτικὴ πειραστικὴ περὶ ὧν ἡ φιλοσοφία γνωριστική(论辩术能够验证哲学可以领会的东西)。

② 也见183b—6，论辩术不仅像智术一样，反驳对方，正反相推，重要的在于确定正确的立场，当然也就是哲学立场，这都为科学的建立提供了条件，οὐ μόνον πεῖραν δύνασθαι λαβεῖν διαλεκτικῶς ἀλλὰ καὶ ὡς εἰδώς, διὰ τοῦτο οὐ μόνον τὸ λεχθὲν ἔργον ὑπεθέμεθα τῆς πραγματείας, τὸ λόγον δύνασθαι λαβεῖν, ἀλλὰ καὶ ὅπως λόγον ὑπέχοντες φυλάξομεν τὴν θέσιν ὡς δι' (转下页)

两者的差别在《论题篇》中讨论很多，这里重提，是为了超越论辩术的推论。下一节会讲到它们的区别。

2. Յետ որոց ասէ զզանազանութիւն բացացուցականի առաջարկութեան և տրամաբանականի և առ այժմ տարորոշէ զնոսա իմիմեանց և պիտոյիւք, և նիւթով: Եւ պիտոյիւք, եթէ՝ Տրամաբանականն հակասութիւն հարցանէ, և առաջարկութիւն առնու ոչ զբոլորն, այլ՝ զմասն ինչ հակասութեան. նայժմ սահմանէ այսպէս, եթէ՝ Տրամաբանական նախադասութիւն է ուսողումն՝ հարցումն հակասութեան, իսկ հաւաքաբանողումն՝ տրամառութիւն երևեցելոյ և ներկարծաւորին: Իսկ ի Յաղագս մեկնութեան այսպէս սահմանէզնա, ասելով. Տրամաբանական է հայցումն պատասխանւոյն միոյ նախադասութեան կամ միոյ մասնկան հակասութեան: Վասն որոյ և տարակուսեն, եթէ զիա՞րդ զտրամաբանական հարցումն հարցումն հակասութեան ասէ, իսկ ի Յաղագս մեկնութեան միոյ պատասխանւոյ հայցումն և կամ միոյ մասին նորա: Առ որ Ամոնիոս ասէ լուծումն իմն այսպիսի. եթէ՝ երկոքեան ճշմարիտ գոն, զի և որ զբոլոր հակասութիւնս հարցանէ տրամաբանականն, յայտ առնեն ուրացողական պատասխանիքն՝ համոյացեալքն լռեցելումն մասնումն, իսկ զմի առաջարկութիւն ներգործութեամբ, զմիւս ևս մասն զօրութեամբ յայտնելով: Եւ այսք յաղագս այսորիկ:

(接上页注②)ἐνδοξοτάτων ὁμοτρόπως(不仅能以论辩术的方式把握，还能够获知；由此，我们不仅设定了研究所说的结果——能掌握论证，我们还可以设定论证并以[与对手]相同的方式、通过最公认的意见来捍卫立场)。

2. 在这之后，他论述了证明性前提和论辩术前提；他将两者区别开，这通过两点：一为用途，二为相关的主题事务。

通过用途，[他说]论辩术前提询问矛盾，而[证明]前提不取[矛盾的]整体，而是取一部分。他给出如下定义："论辩术前提(命题)对于提问者来说，是关于矛盾的问题；对于推论者来说，是一个有关似真和意见之事的设定。"而在《解释篇》中，他也定义了，说："论辩术的[提问]是对一个回答的要求：或者针对一个命题，或者针对矛盾的一个部分。"由于这个原因，有些人颇为不解，为何他说论辩术的问题是"关于矛盾的问题"，而在《解释篇》中，却说，"对一个回答的要求"或[所回答之事的]"一部分"？

对此，阿姆莫尼尤斯提出了下面这个解答：这两个说法都对，因为人们说出否定的回答时，它对于未回答的部分已经表达了"是"①，通过这一点就能看出，论辩术前提询问了矛盾整体——这"现实地"指明了一个前提，"潜在地"指明了另一个命题。

对于这个问题，上述回答足矣。

(三)论辩术前提和证明性前提的两点区别

大卫指出了证明性前提和论辩术前提有两点差别，一个是用途，一个是主题事务(նիւթ)。阿姆莫尼尤斯《〈前分析篇〉评注》19.13—16的看法相同，用ὕλη(材料)指主题事务；斐洛珀诺斯在他的评注21.25—30中看法也相同，一个是用途，一个是ἡ φύσις τῶν πραγμάτων(事实的本性)。

《前分析篇》24a24—24b13，亚里士多德讨论了这两者的差别，这段文字非常重要。它表明了《前分析篇》已经超越了《论题篇》。

① Հաճոյացնել，表达认可的意思，希腊文有可能是κατανεύειν(赞同)。

第一，证明性前提和论辩术前提在选取形式上不同(用途不同)：διαφέρει δὲ ἡ ἀποδεικτικὴ πρότασις τῆς διαλεκτικῆς, ὅτι ἡ μὲν ἀποδεικτικὴ λῆψις θατέρου μορίου τῆς ἀντιφάσεώς ἐστιν (οὐ γὰρ ἐρωτᾷ ἀλλὰ λαμβάνει ὁ ἀποδεικνύων)(证明性前提与论辩术式前提不同。因为，证明的设定[设定的命题，之后需要证明]属于矛盾的某一方[进行证明的人不会询问，而是做出设定])。因此证明的前提不是“询问”，而是陈述一个谓述，只能从矛盾命题中选取一个。论辩术前提的形式特点为：ἡ δὲ διαλεκτικὴ ἐρώτησις ἀντιφάσεώς ἐστιν.(论辩术的提问属于矛盾双方)。论辩术可以选取一对矛盾中的任何一个命题。

虽然两者的共同之处在于，ὁ ἀποδεικνύων καὶ ὁ ἐρωτῶν συλλογίζεται λαβών τι κατά τινος ὑπάρχειν ἢ μὴ ὑπάρχειν. ὥστε ἔσται συλλογιστικὴ μὲν πρότασις ἁπλῶς κατάφασις ἢ ἀπόφασίς τινος κατά τινος τὸν εἰρημένον τρόπον(进行证明和提问的人，都设定了某事谓述某事或不谓述某事，以此来推论。这样，能够推论的前提就简单地以前面说的方式分为“肯定某事谓述某事”或“否定某事谓述某事”两种陈述)，但是两者前提的必然性又有不同，这引出第二点：

第二，在主题事务上不同，ἀποδεικτικὴ δέ, ἐὰν ἀληθὴς ᾖ καὶ διὰ τῶν ἐξ ἀρχῆς ὑποθέσεων εἰλημμένη, διαλεκτικὴ δὲ πυνθανομένῳ μὲν ἐρώτησις ἀντιφάσεως, συλλογιζομένῳ δὲ λῆψις τοῦ φαινομένου καὶ ἐνδόξου, καθάπερ ἐν τοῖς Τοπικοῖς εἴρηται(如果证明的前提是真的，那么就通过来自第一原则的假设来把握它；论辩术前提对于询问者来说是一个属于矛盾的提问；对于推论者来说，是一个对似真[①]和意见的设定，正如《论题篇》中所说的)。证明的前提必然为真，而且依靠努斯直观为真；论

① 即，看起来的，表面成立的事情，也就是似真，不必然为真。

辩术前提仅仅是似真和概率性的。

这种必然性的差别导致了一个走向科学，一个通向意见，如《论题篇》105b30—37所说，Πρὸς μὲν οὖν φιλοσοφίαν κατ' ἀλήθειαν περὶ αὐτῶν πραγματευτέον, διαλεκτικῶς δὲ πρὸς δόξαν([我们哲学家]必须为了遵循真理的哲学而研究它们[前提]，而为了意见，就以论辩术的方式)。

在《论题篇》100a18开始，亚里士多德明确了论辩术的目的，Ἡ μὲν πρόθεσις τῆς πραγματείας μέθοδον εὑρεῖν ἀφ' ἧς δυνησόμεθα συλλογίζεσθαι περὶ παντὸς τοῦ προτεθέντος προβλήματος ἐξ ἐνδόξων, καὶ αὐτοὶ λόγον ὑπέχοντες μηθὲν ἐροῦμεν ὑπεναντίον(这部作品的目的就是探寻我们能够针对所有既定问题从意见来进行推论的方法，我们同时还要支持论证以免说出自相矛盾的话)。

《论题篇》104a8—15，对适用于论辩术的前提进行了规定，ἔστι δὲ πρότασις διαλεκτικὴ ἐρώτησις ἔνδοξος ἢ πᾶσιν ἢ τοῖς πλείστοις ἢ τοῖς σοφοῖς, καὶ τούτοις ἢ πᾶσιν ἢ τοῖς πλείστοις ἢ τοῖς μάλιστα γνωρίμοις, μὴ παράδοξος· θείη γὰρ ἄν τις τὸ δοκοῦν τοῖς σοφοῖς, ἐὰν μὴ ἐναντίον ταῖς τῶν πολλῶν δόξαις ᾖ. εἰσὶ δὲ προτάσεις διαλεκτικαὶ καὶ τὰ τοῖς ἐνδόξοις ὅμοια, καὶ τἀναντία τοῖς δοκοῦσιν ἐνδόξοις εἶναι, κατ' ἀντίφασιν προτεινόμενα, καὶ ὅσαι δόξαι κατὰ τέχνας εἰσὶ τὰς εὑρημένας (论辩术前提是一个询问，它是所有人或大多数人或有智慧之人接受的意见，同时不会让这些[有智慧之人]或所有人或大多数人或名人觉得悖理。因此，只要某件事情与众人的意见毫无相反，则某人设定了一件有智慧者认为如此的事情[①]。那些与意见相似的事情就是论辩术的前提；与那些相反于看起来如何的意见矛盾的事情，

① 即τὸ δοκοῦν，意见的另一种说法，词源相同，即看起来如何的事情。

也是[论辩术的前提]，那些合乎这门技艺、被探寻的意见就是[论辩术的前提])。

对于上述第一点，大卫在本小节给出了直译，Տրամաբանական նախադասութիւն[①] է ուսողումն՝ հարցումն հակասութեան, իսկ հաւաքաբանողումն՝ տրամառութիւն երևեցելոյ և ներկարծաւորին(论辩术前提[命题]对于提问者来说，是关于矛盾的问题；对于推论者来说，是一个有关似真和意见之事的设定)。

"似真"，原文为երևեցելոյ，动词երևեցել，对应希腊文φαίνομαι，即显现、表面上的，因此不是必然真，它对应了意见。

"意见之事"，原文为ներկարծաւոր，对应希腊文ἔνδοξος。这个词前缀ներ—，即在内，词根即կարծ，即，意见。整个构词上与希腊文一致，与δόξα同义；它是"在意见之中、合乎意见"，比较παράδοξος，这是超出意见，即悖理。意见就是指普遍接受的可能性之事，Topchyan译为what is reputable；Papazian译为what is generally accepted。见《论智术式反驳》183a37以下说...περὶ τοῦ προβληθέντος ἐκ τῶν ὑπαρχόντων ὡς ἐνδοξοτάτων([推论能力]针对那些从现成之事、也即最公认的意见当中得出的问题)。意见都是现存的事情，但未必必然发生，只不过众人主观认为会如此。

"设定"，原文为տրամառութիւն，前缀տրամ—即希腊文διά—，词根即把握，整个词对应了希腊文διάληψις。亚里士多德原文用的是λῆψις。这个设定指确定某个命题为前提。

（四）矛盾与矛盾律

大卫在本小节中还意译了上述第一点，原文为Տրամաբանական հակասութիւն հարցանէ, և առաջարկութիւննառնու ոչ

① 这里使用对应"命题"的那个词，中译仍然译为前提。

զբոլորն, այլ՝ զմասն ինչ հակասութեան(论辩术前提询问矛盾，而[证明]前提不取[矛盾的]整体，而是取一部分)。

“询问”，原文为հարցանել，与拉丁语的poscere同源。这是论辩术重要的一环。问者提出问题，对方要回答。这个问题(πρόβλημα)来自一组矛盾。

这里重要的是“矛盾”问题。“矛盾”，原文为հակասութիւն，动词հակասել，前缀հակ—对应了希腊文前缀ἀντί—，词根为“说”，对应了希腊文φημί。它指一组矛盾关系的命题。见《解释篇》17a33，ἔστω ἀντίφασις τοῦτο, κατάφασις καὶ ἀπόφασις αἱ ἀντικείμεναι(就让肯定陈述和否定陈述的对立为矛盾吧)。对于涉及一个个体的单称命题来说，S是P与S不是P自然是矛盾关系。但对于量词逻辑来说，并非只要是肯定和否定陈述就是矛盾关系，还有其他条件。

在17b17和17b20，亚氏就区分了肯定陈述和否定陈述的“相反”(ἐναντίος, contrary)与“矛盾”关系。[①]他举了例子：

每个人是白的—并非每个人是白的(有的人不是白的)为矛盾关系，即，主词相同，但肯定命题全称，否定命题没有全称。只有a和o，i和e这种肯定命题和否定命题才是矛盾关系；

每个人是白的—没有人是白的(οὐδεὶς ἄνθρωπος λευκός)为相反关系，这组关系就“量”而言，有可能同时为假，所以不是矛盾，只是相反关系。但就“质”而言，没有人是白的即，每个人不是白的—每个人是非白的，它恰恰和“每个人是白的”构成了矛盾关系，此时量词如果为不定，则“人是白的/人是非白的”构成了矛盾关系。

亚氏逻辑学的对当方阵如下图：[②]

---

① 也见《前分析篇》59b10以下。

② 有一些关系，亚里士多德并未明确交代，但可以推出。

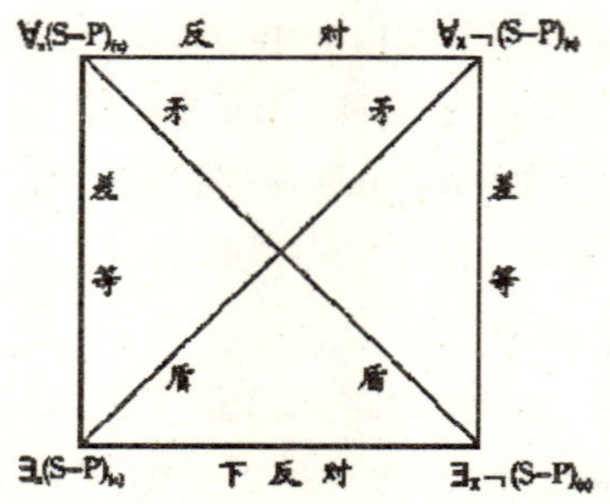

矛盾关系在亚里士多德那里联系了矛盾律，这见于《形而上学》1005b19—20，τὸ γὰρ αὐτὸ ἅμα ὑπάρχειν τε καὶ μὴ ὑπάρχειν ἀδύνατον τῷ αὐτῷ καὶ κατὰ τὸ αὐτό(同一个事物不可能同时就同一个方面而言既属于又不属于同一个事物)。就认识者而言，1005b23—24又说，ἀδύνατον γὰρ ὁντινοῦν ταὐτὸν ὑπολαμβάνειν εἶναι καὶ μὴ εἶναι(任何人都不可能认为同一个事物既存在/是，又不存在/是)。[①]

在1011b13—14，亚氏表达了矛盾律，ὅτι μὲν οὖν βεβαιοτάτη δόξα πασῶν τὸ μὴ εἶναι ἀληθεῖς ἅμα τὰς ἀντικειμένας φάσεις(所有意见[②]中最确定的就是，对立的陈述不会同时为真)。

1011b16—19，ἐπεὶ δ' ἀδύνατον τὴν ἀντίφασιν ἅμα ἀληθεύεσθαι κατὰ τοῦ αὐτοῦ, φανερὸν ὅτι οὐδὲ τἀναντία ἅμα ὑπάρχειν ἐνδέχεται τῷ αὐτῷ(既然一对矛盾不可能同时谓述同一个事物而成真，那么显然，一对相反者也不可能同时属于同一个事物)。这里的相反者指一对相反的谓词。

在1011b26—28，亚氏对矛盾律做了一个经典定义，同时也定

---

① 《理想国》436b就表达过类似的看法，δῆλον ὅτι ταὐτὸν τἀναντία ποιεῖν ἢ πάσχειν κατὰ ταὐτόν γε καὶ πρὸς ταὐτὸν οὐκ ἐθελήσει ἅμα(显然，同一个事物不会同时、就同一个方面、相对同一个事物做出相反的事情，或承受相反的事情)。

② 这里的意见，很多学者译为信念或原则，因为它不再是或然的真理。

义了真和假，τὸ μὲν γὰρ λέγειν τὸ ὂν μὴ εἶναι ἢ τὸ μὴ ὂν εἶναι ψεῦδος, τὸ δὲ τὸ ὂν εἶναι καὶ τὸ μὴ ὂν μὴ εἶναι ἀληθές, ὥστε καὶ ὁ λέγων εἶναι ἢ μὴ ἀληθεύσει ἢ ψεύσεται: ἀλλ᾽ οὔτε τὸ ὂν λέγεται μὴ εἶναι ἢ εἶναι οὔτε τὸ μὴ ὄν（“说‘是’不是，说‘不是’是”为假；“说‘是’不是，说‘不是’不是”为真；这样，说“是或不是”的人要么说真话，要么说假话：但是，“是”和“不是”都不会说成“是或不是”）。这个定义后来被塔斯基(Tarski)的T模式很好地表达了出来，即，“S是P”是真的，当且仅当S是P。他通过语言分层重新定义了亚氏的真理观。

不论是论辩术还是证明，都要针对矛盾，但两者处理矛盾的方式是不同的。

（五）论辩术前提的问答方式

(1) 论辩术前提有两个方面，对于提问者，它是一个问题；当这个提问者进行推论时，问题或疑问前提就成为了陈述句，进入了推论过程，成为了推论前提或命题。Slomkowski(1997:19)论述了论辩术前提的提问形式，一般以ἆρα开头；而论辩术的问题，一般以πότερον...ἢ οὔ形式提问。它们的特点都是针对一对矛盾的一个方面提问，因此回答者只能答“是”或“否”，这也是矛盾律的典型特征。比如，询问所有S是P吗？那么答案只能是肯定P，或否定P。用T模式来看，就是“所有S是P(或所有S不是P)”是真的，当且仅当所有S是P(或所有S不是P)。论辩术的提问就要将对方限定在非真即假。①

大卫引了《解释篇》的一段话，他的译文为，Տրամաբանական է հայցումն պատասխանւոյն միոյ նախադասութեան կամ միոյ

① 容易出现的问题就是“说谎者悖论”。

մասնկան հակասութեան(论辩术的[提问]是对一个回答的要求：或者针对一个命题，或者针对矛盾的一个部分)。

这段话见《解释篇》20b22—23，ἡ ἐρώτησις ἡ διαλεκτικὴ ἀποκρίσεώς ἐστιν αἴτησις, ἢ τῆς προτάσεως ἢ θατέρου μορίου τῆς ἀντιφάσεως。大卫的翻译略有不同。原文的ἐρώτησις被省去。

古亚美尼亚文《解释篇》386也有一段译文，Արդ եթէ հարցումս տրամաբանական ըն պատասխանատուութեան է խնդիր, կամ առարկելոյն, և կամ միւսոյ մասին հակասութեան: Իսկ առարկութիւն հակասութեան մոյր է մասն(论辩术的提问承担的任务就是要求推演到反面[1]，或要求矛盾的某一个部分：矛盾的一部分就是相反者[之一])。这段译文与原文有些不符。

"要求"，原文为հայցումն，词根为հայց(要求)或այց(寻找、关心)，拉丁文aerusco与之同源。Papazian和Topchyan都译为request，它与英文question同源。实际上հայց就有要求对方回答的含义。论辩术由于是对话式的，因此问题必须能够让对方以"是或否"来回答。如果问，德性是什么？那么这个问题就不合乎论辩术的标准。对话就不一定进行下去，比如对方说"不知道"。

(2) 这就出现了一个问题，大卫也指出了，就是，一方面，亚里士多德说论辩术的问题"关于矛盾"；另一方面，在《解释篇》中，说"对一个回答的要求"，换言之即是，要求回答之事的一部分。那么论辩术究竟是询问矛盾的两个方面呢，还是只询问一个方面呢？

大卫给出了阿姆莫尼尤斯的解释，这两个说法都正确：

第一，论辩术要求一个回答，因为回答者的答案非"是"即"否"。这都是针对问题的某一个方面。比如，(a)所有人不是可朽

---

① Առարկել的含义是反驳或反对，此处也许指问者要引导答者，使之走向后者观点的反面。后面的առարկութիւն与之同源。

的，是吗？回答“否”，则否定了“所有人不是可朽的”这个命题，反之亦然。因此，《解释篇》的看法正确。

第二，虽然仅仅回答了一个方面，但是对于另一个方面，如“所有人是可朽的”，回答者已经有所暗示。这个方面虽然是“未回答的部分”①，但回答者的“否”已经肯定了这个方面。不论什么回答，都是同时针对两个方面表述了肯定和否定。所以，论辩术提问关涉了正反两个方面。

除了(a)，还有其他三种可能出现的情况：

(b) 对于“所有人是可朽的”，回答“否”，则肯定了“所有人不是可朽的”；

(c) 对于“所有人不是可朽的”，回答“是”，则否定了“所有人是可朽的”；

(d) 对于“所有人是可朽的”，回答“是”，则否定了“所有人不是可朽的”。

这都证明了，提问者一方面“现实地”表明了一个前提，但另一方面“潜在地”表明了另一个前提。回答者的答案划分出了潜在的前提。这是矛盾律决定的结果。

这见阿氏《〈解释篇〉评注》200.16—24，Τούτων οὖν οὕτως ἐχόντων εἰκότως φησὶν ὁ Ἀριστοτέλης ὡς εἴπερ ἡ ἐρώτησις ἡ διαλεκτικὴ ἀποκρίσεώς ἐστιν αἴτησις, οὐ τῆς τυχούσης, ἀλλ' ἤτοι τῆς προτάσεως, τοῦτ' ἔστιν αὐτοῦ τοῦ κατ' ἐνέργειαν ὑπὸ τοῦ ἐρωτήσαντος εἰρημένου μορίου τῆς ἀντιφάσεως καὶ προταθέντος τῷ ἐρωτηθέντι πρὸς ἐπίκρισιν, ὅπερ γίνεται, ὡς ἐλέγομεν, ὅταν ὁ ἠρωτημένος τὸ ναί ἀποκρίνηται ἢ καὶ κατανεύσῃ, ἢ θατέρου μορίου τῆς ἀντιφάσεως, τοῦ κατ'

① լռեցելումն，词根为լռել，即沉默，因为回答者只能对一个方面进行回答，而另一个方面在“沉默中”。

ἐνέργειαν μὲν μὴ ῥηθέντος ὑπὸ τοῦ ἐρωτήσαντος δυνάμει δὲ ἐμπεριεχομένου τῇ ἐρωτήσει, ὡς δηλοῦσιν αἱ ἀρνητικαὶ ἀποκρίσεις(既然上述情况是合理的，那么亚里士多德说，论辩术的提问是对一个回答的要求，不是[要求]一个偶然随便的回答，而是对一个前提的回答；这个过程为，提问者“现实地”说出矛盾的一部分，让被问者能够确定[一个回答]。就像我们刚刚说的，当被问者回答“是”或肯定时，情况就是如此。[同时]，对于矛盾中的另一个部分，这部分虽然没有“现实地”被提问者说出，但它潜在地包含在提问中——如同否定性回答表明的一样)。

也见阿氏《〈前分析篇〉评注》22.23—23.1，Τί δήποτε ἐν τῷ Περὶ ἑρμηνείας λέγων τὴν διαλεκτικὴν πρότασιν ἐρώτησιν εἶναι τοῦ ἑτέρου μορίου τῆς ἀντιφάσεως, ἐν οἷς φησιν ἡ διαλεκτικὴ ἐρώτησις ἀποκρίσεώς ἐστιν αἴτησις, ἢ τῆς προτάσεως ἢ θατέρου μορίου τῆς ἀντιφάσεως, ἐνταῦθα τοὐναντίον λέγει; τὴν γάρ ὅλην ἀντίφασιν φησιν ἐρωτᾶν τὸν διαλεκτικόν. λέγομεν οὖν ὅτι οὐκ ἔστι ταῦτα ἐναντία· καὶ ὅλην δεῖ ἐρωτᾶν τὴν ἀντίφασιν τὸν διαλεκτικὸν καὶ οὐχ ὅλην ἀλλὰ τὸ ἕτερον μόριον· ἐνεργείᾳ μὲν γὰρ τὸ ἕτερον μόριον ἐρωτᾷ, δυνάμει δὲ τὴν ὅλην ἀντίφασιν. δεῖ τὴν διαλεκτικὴν ἐρώτησιν οὕτω προφέρεσθαι ὡς διδόναι τῷ προσδιαλεγομένῳ διὰ μόνης τῆς κατανεύσεως ἢ ἀνανεύσεως τὸ βούλημα ἑαυτοῦ ἡμῖν ἐμφαίνειν(他在《解释篇》中说，论辩术的前提就是针对一对矛盾的某一部分的提问；他说，论辩术的提问就是对一个回答的要求，或对前提，或矛盾的某一个部分；但是为何在此处[《前分析篇》]，他的话截然相反呢：他说，使用论辩术的人询问的是整个矛盾[1]？我们说，这两种看法并没有冲突。使用

---

① 阿姆莫尼尤斯《〈解释篇〉评注》202.17—18点明这是杨布利柯的看法。

论辩术的人应该询问整个矛盾，而且又不是整个矛盾，而是两个部分之一；他“现实地”询问了两个部分之一；同时又潜在地询问了整个矛盾。应该这样给对话者[被问者]提出论辩术的提问，让他只能肯定或否定，我们就能看清他的意图）。这里，关于“潜在地”，阿氏的看法略有不同，他认为对整个矛盾的提问是“潜在地”。

3. Բացացուցականն ոչ հարցանէ, այլ առնու զկարծեցեալսն ճշմարիտ գոլ նմա, թէպէտ և ոչ թուի տրամաբանողումն: Արդ, այսպէս պիտոյիւք զանազանին, այլ և նիւթով, զի բացացուցականումն ենթակայանայ ամենայն որ ինչ ճշմարիտ է, թէ և անկարծելի է. որգոն, թէ՝ արեգակն կարի յոյժ մեծ է քան զերկիր, և երկիր՝ քան զլուսին, թէպէտ և ոտնաչափ երևի արեգակն: Քանզիայս թէպէտ և անկարծելի է, այլ սակայն ճշմարիտ գոյ: Իսկ տրամաբանականումն ամենայն որ ինչ կարծելի է՝ ենթակայանայ, թէպէտ և սուտ գոյ: Իսկ ներկարծելի է և սուտ ասելն, եթէ՝ Աստուած զամենայն ինչ կարէ ներգործել, վասն զի բազմաց ամենեցուն այսպէս թուի: Բայց սուտ է, վասն զի ի չարիս անկարութիւն ունի նոյնպէս և Աստուած՝ սակս անչափ բարւոյն, որ բնութեամբ և ի վեր քան զբնութիւն գոյ գոյացեալ ի նմա: Եւ դարձեալ ներկարծաւոր է և սուտ՝ ասելն, եթէ՝ ամենայնմարմինի տեղւոջ է, քանզի այս թէպէտ և է ներկարծաւոր, բայց սուտ է, քանզի անմոլարն ոչ է ի տեղւոջն. թէ և մակերևոյթ աւիցեմք զտեղին, ոչ ինչ արտաքոյ է անմոլարն՝ոչ մակերևոյթ և ոչ մարմին. թէպէտ և մարմին տացի, զտցի նոյն ինքն տեղական մարմին ի տեղւոջ. և այս յանհունս: Եւ այսք մինչև ցայսչափ:

3. 进行证明的人不会去询问，而是把握在他看来为真的事情，虽然在[论辩术的]论辩者看来未必如此。故而，它们[即证明和论辩术]在用途和主题事务上不同，因为每件为真的事情，即便违背常理，也会成为证明的主题。比如，太阳比地球更大，地球比月亮更大，虽然太阳看起来只有一步之长；①这是真的，尽管违背常理。

相反，每件作为意见的事情，即使是假的，也会成为论辩术的主题。“上帝能做所有事情”，这就是意见(因为很多人这样认为)，但是为假。之所以是假的，因为上帝没有能力②做坏事——因为[存在着]无限的善，它合乎自然而且高于由上帝所生的自然。

“所有物体都有一个位置”，这句话也是意见，也是假的(虽然是意见，但却是假的)，因为恒星体就没有位置。如果我们说一个位置是“可见的表面”，那么恒星体的外部没有任何东西，既没有可见的表面，也没有物体。即使[在恒星之外的某一个位置]被设定上一个物体，那么相同的位置—物体也会在某一个位置上被发现，以至无穷。对于这一点，说得很充分了。

(六)论辩术前提和证明性前提在主题事实方面的区别

前文概述了两种推论的前提有两点不同，本小节讨论第二点不同。前面已经引用了一些文字，另外，亚里士多德在《论题篇》100a27—100a30还说，当推论从真实之事和第一首要之事③推出时，或从这样的事情——即，它们通过某些第一首要之事和真实之事、从相关这两者的知识中把握到了第一原则——中推出时，证明就存在了。而论辩术推论则从意见中进行推论(ἀπόδειξις μὲν

① 原文为ոտնաչափ，长度单位，词根为ոտք(脚)，对应的希腊文为πούς(脚)，类似英文的foot。πούς在希腊尺度中，等于4个παλασταί(长度单位，意为手掌，大约四个手指并排的宽度)，比今天的一英尺大约长八分之一英寸。这里指太阳的直径。

② 原文为ան—կարութիւն，词根为կար，能力和力量；词前加了否定前缀。

③ 即第一原则。

οὖν ἐστιν, ὅταν ἐξ ἀληθῶν καὶ πρώτων ὁ συλλογισμὸς ᾖ, ἢ ἐκ τοιούτων ἃ διά τινων πρώτων καὶ ἀληθῶν τῆς περὶ αὐτὰ γνώσεως τὴν ἀρχὴν εἴληφεν, διαλεκτικὸς δὲ συλλογισμὸς ὁ ἐξ ἐνδόξων συλλογιζόμενος)。这表明了证明的前提或假设是必然为真的，甚至是最高的公理，这些公理无法再从其他地方推出，只能通过理智直观来把握。而论辩术推论的前提只是意见，是或然和概率性的。如果为意见寻找到必然原因的话，它就会转变为必然的真理。

因此，大卫说，"进行证明的人不会去询问，而是把握在他看来为真的事情，虽然在[论辩术的]论辩者[①]看来未必如此"。前半句话对应了《前分析篇》24a25, οὐ γὰρ ἐρωτᾷ ἀλλὰ λαμβάνει ὁ ἀποδεικνύων; 24a27, ὁ ἀποδεικνύων καὶ ὁ ἐρωτῶν συλλογίζεται λαβών τι κατά τινος ὑπάρχειν ἢ μὴ ὑπάρχειν; 以及24a31, ἔσται ἀποδεικτικὴ δὲ πρότασις ἐάν ἀληθὴς ᾖ。证明是一个人进行的证明活动，而不是两个人的对话，所以，他无需去询问他人，而是接受"在他看来为真的事情"，进行推论和证明，如果有错，就改变思路，如果正确，就继续推理，最终的目的就是绝对和必然的真。

而论辩术可以从假的事情进行推论，将对方带入歧途。可以联系亚里士多德《修辞术》1355a30开始所说，ἔτι δὲ τἀναντία δεῖ δύνασθαι πείθειν, καθάπερ καὶ ἐν τοῖς συλλογισμοῖς, οὐχ ὅπως ἀμφότερα πράττωμεν (οὐ γὰρ δεῖ τὰ φαῦλα πείθειν), ἀλλ' ἵνα μὴ λανθάνῃ πῶς ἔχει, καὶ ὅπως ἄλλου χρωμένου τοῖς λόγοις μὴ δικαίως αὐτοὶ λύειν ἔχωμεν. τῶν μὲν οὖν ἄλλων τεχνῶν οὐδεμία τἀναντία συλλογίζεται, ἡ

① 即տրամաբանող，对应了希腊文ὁ διαλεγόμενος，这里指论辩术的问方。Topchyan译为interlocutor，而Papazian译为dialectician，显然后者更确。

δὲ διαλεκτικὴ καὶ ἡ ῥητορικὴ μόναι τοῦτο ποιοῦσιν· ὁμοίως γάρ εἰσιν ἀμ φότεραι τῶν ἐναντίων. τὰ μέντοι ὑποκείμενα πράγματα οὐχ ὁμοίως ἔχει, ἀλλ' ἀεὶ τἀληθῆ καὶ τὰ βελτίω τῇ φύσει εὐσυλλογιστότερα καὶ πιθανώτερα ὡς ἁπλῶς εἰπεῖν (应该有能力说服[人们相信]反面的事情，正如在推论中[做的那样]；[但是]，我们不会[不分对错地]把两者全都做到(因为不该说服[人们相信]低劣的事情)，而是为了让“事情是什么样子”不会为人所不知，且当别人不正当地使用论理时，我们可亲自加以辩驳。其他种类的技艺中，无一能从反面推论，只有论辩术和修辞术能做到这点。因为它们同样都[处理]反面。但是，所有基本事实并非都是等同的，[①]相反，一般来说，恒真、更佳的事情自然是更好推论、更有说服力的)。

这表明了，第一，演说者和论辩家一样，也要学会证明反面(反面不一定是错的，而是相对正面来说)成立，这是推论的基本技术，所以这两者有可能不顾命题的真假，只要能让对方相信。

第二，他们利用的基本事实和前提，有真有假，有好有坏，有恒真、有似真，而且他们可以不用去考虑这些，只要按照自己的意图。比如演说家意在宣扬开战，即便对城邦不利，但只要满足自己的意图，就可以让对方相信。智者利用论辩术巧舌如簧，也是如此。

第三，哲学化的论辩术和修辞术就要看出恒真和更佳的事情。亚氏用证明的标准去改造这两门技艺。当然，他也预设了我们可以自然地知道真和假，真假不是相对的。论辩家和演说者不能颠倒黑白，不可不分正反都试图让人相信，因为，正反两者中，必有一方是错误的。

“看来”，原文为կարծեցեալ，来自动词կարծել(认为、相信

---

① 基本事实有真有假、有好有坏、有必然为真，有或然为真。

和猜测)和名词“意见”即կարծ。希腊文对应动词δοκεῖν，这个动词指人的与格，表示某事在这个人看来如何，或这个人认为某事如何。这种行为就是在表达一个意见，英文有时也译为belief，即近代哲学的重要概念“信念”。

“违背常理”，原文为անկարծելի，来自անկարծ，即“意见”一词加了否定前缀，对应了希腊文的形容词παράδοξος，英文的paradox来自此词。这里指违反意见、信念和常识的内容，但这种内容未必就是假的，绝对和必然的真理也会如此。

大卫在下面举了三个例子，其中涉及了天文学、神学和物理学的知识。

第一个例子，太阳在人们眼中也就一步之长，显然按照“意见”，它小于地球；但实际上，太阳大于地球。前一个判断是通过感觉得到的或然意见；后一个判断按照经验和演绎得出了必然为真的结论。这个例子也见大卫古亚美尼亚文《波菲里〈导论〉评注》38.28—29和希腊文《波菲里〈导论〉评注》。[①]两处原文略有不同，后者为ὁ ἥλιος ποδιαῖος ἡμῖν φαίνεται τῶν πραγμάτων δεικνύντων αὐτὸν ἑκατονταεβδομηκονταπλασίοντα τῆς γῆς ὑπάρχειν(在我们看来，太阳只有一步之长；尽管事实证明了它比地球宽170倍)。

“太阳”，原文为արեգակն，由两个部分组成，前半部分为արեգ(太阳)，后半部分为ակն(眼睛)，直译就是太阳之眼。

“地球”，原文为երկիր，希腊文对应了γῆ，含义也表示大地、土地。亚里士多德《天象论》341a1，指出了地球是一个圈层，外部是一个球面。因此这里译作地球，古希腊天文学并未认为大地是方形的平面，但持地心说的理论。

第二个例子表明论辩术会从意见出发，只要最终能说服对方，

① 见Busse(1904:109)。

因此不管命题的真或假，是必然真，还是或然真。如，上帝是全能的，能做到任何事情。按照大卫的神学观点来说，这就是假的，因为上帝不可能做出恶事。大卫的看法其实也仅仅是意见，只不过他设定为必然真。很容易举出《旧约·约伯记》的例子，上帝让撒旦危害约伯，这实际上就是在作恶。

“因为[存在着]无限的善，它合乎自然而且高于由上帝所生的自然”，原文为，սակս անչափ բարւոյն, որ բնութեամբ[①] և ի վեր քան զբնութիւն զոյ զոյացեալ ի նմա。这句Papazian译的比较准确，on account of the infinite goodness which by nature is greater than the greater than the nature created by him。而Topchyan译为，due to the infinite good existing in him according to nature and above nature，与原文有些出入。事实上զոյ զոյացեալ ի նմա显然不能断开，它指上帝所生的自然。大卫的意思就是，上帝=无限的善，或上帝能做到的全是无限的善；但他创造的自然是具有善恶的，因为亚当和夏娃偷吃了伊甸园的禁果，所以从人的角度，上帝不会是全能的，因为他做不到人能做的恶或自然中存在的恶。当然，从无限的善或天国的角度，上帝是全能的。

“无限的”，原文为անչափ，词根为չափ，即尺度，前面加了否定前缀，因此直译为不可量度，不可测量。

第三个例子仍然论证论辩术的前提未必是必然真的。大卫的反驳过程本身就相当于一个证明，它证明了论辩术第三个例子不是必然的。这个例子的核心就是，并非所有物体都有一个位置，恒星就没有位置。这个观点见斐洛珀诺斯《〈范畴篇〉评注》33.20—23和33.27—29，指出亚里士多德证明恒星没有位置，外部没有任何东西。斐氏的看法是他根据亚氏的观点作出的推测，这个问题其实

---

① 使用了具格，表示by nature。

在历史上具有很大争议。

按照亚里士多德《天象论》的看法，[①]宇宙最外圈是透明的以太(αἰθήρ)[②]，它是恒星和行星材料的来源；宇宙的最外层是恒星天，其内为月层，其外为恒星层(见下图)。又按照《物理学》212a31—b1的看法，天空和宇宙整体虽然也在转动，但是不会改变位置，而恒星与天空同步。所以逍遥学派的特奥弗拉斯托斯和游德墨斯(Εὔδημος)就提出了一个问题，这个高层(外部天体，区别于内部天体)以及整个宇宙是不是没有位置的。后来的斐洛珀诺斯肯定了这个问题，从而认为恒星也没有位置。[③]在《〈物理学〉评注》565.21—566.7中，斐氏反驳了特密斯提尤斯的看法，即，恒星在土星的凸面上有其位置。他认为这种观点违背了亚氏的看法：位置外在于在位置中的东西，前者包含后者，以及位置就等同于在位置中的东西。因为恒星在高层，土星这种行星必定在恒星之内有其位置，所以它不可能再为后者提供位置。所以大卫说，恒星这种物体没有表面，外部也没有东西；恒星只为其他东西提供位置，但没有东西再给它提供位置，它也不需要，因为恒星之外不可能再有其他东西，否则就会如同套盒一样，无穷无尽了。恒星没有位置，如果按照三维空间来理解，显然它的"在……之内"不是以三维的方式处于某物中；我们需要从高维的角度来理解它的"在……之内"(亚氏也区分了这两种"在……之内")。

---

① 见吴寿彭(1999:37)的解说，图取自该本。

② 《天象论》339b26将这个词理解为由永恒(ἀεί)和神性(θεῖον)两词组成。也见《宇宙论》392a5，在那里解释为具有永恒和运动(θεῖν)两个意思。

③ 关于亚里士多德物理学方面对宇宙物体位置的解释及其传统争论见Sorabji(2005b:231—233)，其中引了斐洛珀诺斯对恒星的解释。

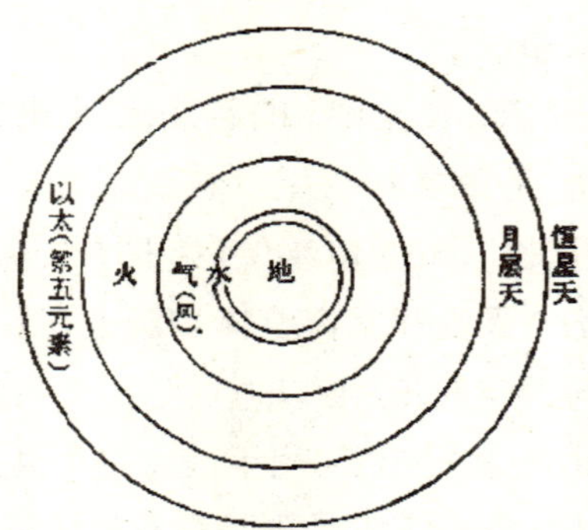

“恒星”，原文为անմոլարն，是形容词，省略了գունդ（球体，希腊文为σφαῖρα）一词。这个词直译是“不会犯错的”，希腊文对应了ἀπλανὴς。词根为մոլար（犯错、出错），动词为մոլել（陷入激动、出错，失去理智），最原始的词源来自մեղ（罪），与古希腊文μέλεος（闲暇）同源。这种描述恒星的方式有点比喻色彩，意思就是恒星沉着冷静、不会被激动，其意思与希腊文一致。恒星并不是不会运动，而是随着天穹运动，与行星有别。

“位置”，原文为տեղ，属于印欧语中词干sed——族，英语的sit与之同源。“位置—物体”，原文为տեղական մարմին，希腊文对应了τοπικὸν σῶμα，即，有位置的物体。见斐洛珀诺斯《〈物理学〉评注》507.13。物体一词，原义指身体和肉体，这里含义扩展指无生命的东西，与英文的body用法一致。

“表面”，原文为մակերես，Topchyan译为“可见的表面”，Papazian仅仅译为表面。位置就是一个空间的广延范围，在高层天空之内的所有物体都必定具有一个位置。

4. Նախադասութիւն է բան ուրումն ըստ ումեքում. որպէս զի թէ ասէր, եթէ նախադասութիւն է, ոչ որպէս թէ երբեմն՝ բան ստորասական կամ բացասական: Քանզի ենթագրական է այսպիսիս, որպէս ի ձեռն բացասութեան նշանակելեացն.

այլ` որպէս այժմու բանս ստորասական` ումեք ուրումն ըստ ումեքումն: Եւ սա` կամ ընդհանուր և կամ ներմասնումն, մասնականն կամանորոշելի.աhանեղեալ զորակն`զքանակնտարածեաց, բացաթուեալ զտեսակս առաջարկութեանցն: Իսկ զըստ իւրաքանչիւրսն եթող. և եթէ որոյ պատճառի` ասացաք:

4. "前提(命题)就是一个陈述，它断明某事谓述某事"，[这句话]是为了说明，它是一个命题，而非如之前[所说][①]是"一个肯定性或否定性[②]的陈述"。[③]因为，[后一句话]是一个描述——通过否定所指的某些事物，或，像此处一样，肯定"某事谓述某事"。

[命题]有全称、特称，部分或不定。在简要地谈及[④]"质"之后，他向"量"展开，列举了前提的种类。他没有说单称，为何如此，我们已经说过了。

（七）哲学定义与哲学描述

第一段文字略有含糊之处。大卫说"一个肯定性或否定性的陈述"是一个描述；虽然按照他的看法，以肯定和否定的方式陈述一个事物，就是描述，但仍然有两种并行的解释：第一种理解，把命题理解为"一个肯定性的或否定性的陈述"，这是一个描述。第二种理解，对任何事物进行肯定或否定的陈述，这是描述。

第一，就命题本身来说，"肯定性或否定性"这两个属性归于陈述(բանս)的时候，一个命题就形成了，但这两个属性都不是必

---

① Topchyan在"[]"中补了"he"，表明是亚里士多德前面所说；Papazian理解为"you"，即读者或人们。

② 原文为ստորասական和բացասական。

③ 这句Papazian译为：because if you say that something is a premise, it is not as if sometimes the statement is affirmative or negative，意思比Topchyan的译文更清楚。

④ 原文նեղեալ զորակն，直译是，把"质"狭隘化，收紧，也就是扼要来谈。

然的。比如S是P，就不一定成立，S不是P也是如此。所有命题的确不是肯定，就是否定，但这不是命题的本质属性，而是偶性。比如说，S是P也可以转为S不是非P；如果代入量词，也可以进行这种肯定和否定的转换。所以，“前提或命题就是一个陈述，它断明某事谓述某事”，是对前提或命题的一个定义（սահման，ὅρος或ὁρισμός），它是必然为真的。而“前提或命题是一个肯定性或否定性的陈述”，则是一个描述，它仅仅陈述了命题的两个偶性。对于命题来说，主词和谓词“谓述关系”的建立才是命题的本质。

第二，对于其他事物而言，针对偶性，首先人们会使用否定，比如，人不是狗，不是牛，不是石头。大卫在本小节也先说的是“否定所指的事物”。肯定的情况，比如，人是直立的，人是两足的，等等。但当谈论人的本质时，就必须要做一个“肯定”的定义，而且这个定义的矛盾和反面是不成立的。这就超越了肯定和否定的相对性，从描述转为了定义。

“描述”，原文为ստորագրութիւն，来自动词ստորագրել，前缀的ստոր—表示在下面，意思同于希腊文的ὑπό；词根来自动词գրել，即写。这个词对应的希腊文为名词ὑπογραφή，动词来自ὑπογράφειν，也对应了英文的underwrite和subscribe；Topchyan译为delineation，Papazian译为description。整个词原义就是签署，在希腊文中往往表示勾勒和草描，或是概貌、对现象的描述，甚至包括图表。这种概述不是为了把握本质，而是在一般意义上勾勒全貌，它也是普遍或抽象的，但不能把握事物的本质。在柏拉图《理想国》504d和548d中，它相反于τελεωτάτη ἀπεργασία（最终的结果或成果），如οὐχ ὑπογραφὴν δεῖ ὥσπερ νῦν θεάσασθαι, ἀλλὰ τὴν τελεωτάτην ἀπεργασίαν μὴ παριέναι（不应该像现在这样，思辨那些表面现象，而是不要忽略最终的结果）。在这里，柏拉图已经点明了描述和定义（最终的本质）的区别。

这两者的区分见大卫古希腊文《波菲里〈导论〉评注》[①]，διαφέρει τοίνυν ὁρισμὸς τῆς ὑπογραφῆς, ὅτι ὁ μὲν ὁρισμὸς ἐξ οὐσιωδῶν φωνῶν συνίσταται πάντως, ἡ δὲ ὑπογραφὴ ἢ ἐξ ὅλων ἐπουσιωδῶν ἢ τινῶν. ἔτι διαφὲρει ὁρισμὸς τῆς ὑπογραφῆς, ὅτι ὁ ὁρισμὸς ἐπὶ ὄντων πάντως λαμβάνεται, ἡ δὲ ὑπογραφὴ καὶ ἐπὶ ὄντων καὶ μὴ ὄντων, ἐπὶ ὄντων μὲν ὡς ἵνα εἴπῃς ὁ ἄνθρωπος ζῷον γελαστικὸν πλατυώνυχον, ἐπὶ μὴ ὄντων δὲ ὡς ἵνα ὑπογράψῃ τὸ κενόν· οὕτω γὰρ ὑπογράφει Ἀριστοτέλης κενόν ἐστι τόπος σώματος ἐστερημένος(因此，定义区别于描述，因为定义完全由“实体式的”[②]语音构成；但描述由整个或某些“附于实体的”语音构成。再有，定义区别于描述，因为，定义完全针对“是者”而被把握；相反，描述针对“是者”和“不是者”而被把握：针对“是者”，如你说，人是会笑、扁平指甲的动物；针对“不是者”，就是描述虚空；如亚里士多德就以这种方式描述说，虚空是失去物体的位置[③])。这里可以对应上面的第二种理解。定义都是S是P的形式，S不是P这种形式不可能成为定义，或者，这种形式必须化约为S是P。而描述，是可以用否定的方式进行，也可以针对被否定掉某种性质或不存在的事物。如“虚空是失去物体的位置”，虚空就是被否定掉了物体，它是“不存在”，只能“不是”某种东西。对于它，人们无法给出定义。同理，比如，人不是有尾巴的。这就是描述，它没有说明人是什么，而是指明人不是什么。当然，在描述中，S是P这种形式也仅仅是偶然的，它的“是”没有说明事物的本质。

---

① 见Busse(1904:130—131)。

② 即形容词οὐσιώδης，这是一个哲学家造出的词，由“实体(是)”和“εἶδος”构成。按照LSJ，伊壁鸠鲁很早使用过这个词；叙利阿诺斯在《〈形而上学〉评注》147.31也用过。词典译为本质的、实体性的、现实的。下文还有一个ἐπουσιώδης。

③ 直译就是被脱离于物体。

在另一处，他说[①]，ὁρισμὸς τοίνυν ἐστὶ καὶ οὐχ ὑπογραφή, καθὸ ἐπὶ μὲν τῆς ὑπογραφῆς δυνατὸν αἱρουμένης μιᾶς φωνῆς τὴν ὑπογραφὴν σώζεσθαι. οἷον εἰ λέγεις ὁ ἄνθρωπος ζῷόν ἐστι γελαστικὸν ὀρθοπεριπατητικόν, σώζεται ἡ ὑπογραφὴ ζῷον γελαστικόν, ἐπὶ δὲ τοῦ ὁρισμοῦ αἱρουμένης μιᾶς φωνῆς οὐκέτι σώζεται ὁ ὁρισμός(故而，定义不是描述；按此，在描述中，当某一个语音[②]去掉之后，描述仍有可能保全。比如，你说，人是会笑的、能直立行走的动物；如果说，人是会笑的动物，那么描述仍然保全。但是，在定义中，当一个语音去掉之后，定义就不再能保全了)。比如，人是理性的动物，去掉"理性的"，那么"人是动物"虽然表达了人所属的"属"，但已经不是定义了。

在《哲学序言》[③]中，他也区分了两者，ἰστέον ὅτι ὁρισμὸς ὑπογραφῆς διαφέρει, ὅτι ὁ μὲν ὁρισμὸς ἐξ οὐσιωδων φωνῶν λαμβάνεται καὶ τὴν οὐσίαν αὐτὴν καὶ τὴν φύσιν τοῦ ὑποκειμένου πράγματος δηλοῖ, οἷον ἄνθρωπός ἐστι ζῷον λογικὸν θνητὸν νοῦ καὶ ἐπιστήμης δεκτικόν, ἡ δὲ ὑπογραφὴ ἀπὸ συμβεβηκότων λαμβάνεται καὶ τὰ παρεπομενα τῷ ὑποκειμένῳ πράγματι καὶ τὰ περὶ τὴν φύσιν αὐτοῦ δηλοῖ, οἷον ὡς ὅταν εἴπω ἄνθρωπός ἐστιν ὀρθοπεριπατητικὸν γελαστικὸν πλατυώνυχον(要知道，定义与描述有差别，因为定义通过"实体式的"语音被把握；它指明"基本事实"[④]的实体本身和本性，如，人是能推理的、可朽的、能够通过努斯和科学进行证明的动物；但是描述则通过偶性被把握，它遵从基本事实，指明与事实本性有关的内容，如，当我说人是直立行走的、会笑的、扁

① 见Busse(1904:142)。

② 指某一个词，因为词被定义为语音。

③ 见Busse(1904:12, 130, 142)，也见Kendall&Thomson(1983:31)。

④ 也可以理解为作为主词的事实。

平指甲的)。[1]这个区分比上述更为精确，而且给出了一个古代关于人的标准定义。这个定义中，除了本质之外，也包括了固有属性。

大卫对定义和描述的划分首先来自亚里士多德，其次来自斯多亚派。

亚里士多德《论题篇》101b38说，ἔστι δ᾽ ὅρος μὲν λόγος ὁ τὸ τί ἦν εἶναι σημαίνων(定义就是一个指明某事是什么的陈述)。在154a27—28，ἐν τῷ τί ἐστι τὸ γένος καὶ αἱ διαφοραὶ κατηγοροῦνται(在"是什么"中，属和种差被作为范畴[或作为谓词谓述主词])。139a28，δεῖ γὰρ τὸν ὁριζόμενον εἰς τὸ γένος θέντα τὰς διαφορὰς προσάπτειν ·μάλιστα γὰρ τῶν ἐν τῷ ὁρισμῷ τὸ γένος δοκεῖ τὴν τοῦ ὁριζομένου οὐσίαν σημαίνειν (被定义者应该放入属中，[我们]再把种差加上；尤其是，在定义中，属看起来就指明了被定义者的实体)。

与本质不同，如果从偶性入手，那得到的就不是定义。亚氏《论题篇》102b4—7讨论了偶性，将之区别于固有属性[2]和定义，Συμβεβηκὸς δέ ἐστιν ὃ μηδὲν μὲν τούτων ἐστί, μήτε ὅρος μήτε ἴδιον μήτε γένος, ὑπάρχει δὲ τῷ πράγματι, καὶ ὃ ἐνδέχεται ὑπάρχειν ὁτῳοῦν ἑνὶ καὶ τῷ αὐτῷ καὶ μὴ ὑπάρχειν (偶性不在上述之列，即，不是定义，不是固有属性，不是属，但它属于实物，有可能属于任何一个东西，又有可能不属于；有可能属于同一个事物，又有可能不属于)。把偶性作为谓词，则命题就是一个描述，而不是定义。定义包含了属和种差，它们构成了一个事物的本质；而固有属性虽然不是本质，却也是事物存在的必要条件，实际上也属于事物的本性之列；仅仅指出事物的"属"，比如人是动物，这也应该算定义的一部分，而不是描述，因为用"属"谓述事

① 大卫在后面还区分了定义与描述性定义等。

② 《论题篇》128b34开始，亚氏阐述了四种固有属性，本质就是固有属性中的一种。

物，会得到一个必然的谓述关系。对于上面第一种理解，也就是对于命题来说，它的属是陈述，种差就是“建立谓述关系或谓述性”，偶性就是“肯定性或否定性”，固有属性就是具有主词和谓词。

后来直到斯多亚派，才明确区分了定义和描述，[①]比如加伦的说法很有代表性，ὅϱος ἐστὶ λόγος κατ' ἀνάλυσιν ἀπαϱτιζόντως ἐκφεϱόμενος(定义就是一个按照分析精确表达的陈述)。其中，ἐκφεϱόμενος一词，很显然联系了亚里士多德《形而上学》1040b2的说法，在那里，亚氏用这个动词专指对“定义”的表达。那么与之相对，ὑπογϱαφή ἐστι λόγος τυπωδῶς εἰσάγων εἰς τὴν δηλουμένην τοῦ πϱάγματος γνῶσιν(描述是一个概述地产生那种显明事物的知识的陈述)。描述就是把事物揭示出来，但不做“分析”，而且并不精确。

5. Բայց ասեմ ընդհանուր՝ ամենայնում կամ ոչ ումեքումն. Ընդհանուր առաջարկութիւնք զերկուս ընդհանուրս առորոշմունս պարունակեալք ունին: Իսկ ներմասնումն՝ ումեքում կամ ոչ ումեքում և ոչ ամենայնում. զմասնական բացասութիւն երկակի անուանէ՝ ոչ ումեքում և ոչ ամենայնում. որպէս՝ ումեմն ստորասութիւն հակակայ ոչ ումեքում ոչ է, իսկ որպէս՝ ընդհանուր ամենայնում ստորասութիւն՝ հակակայիցեալ բացասաբար ոչ ամենայնում: Բայց ոչ ինչ տարբերեսցէ՝ առ ի լինել զերկաքանչիւրոցն հաւաքաբանութեան տարակուսելի տեսութիւն: Ասէ, եթէ ընդէ՞ր հանուր հաւաքաբանութեան ելոյ դիտաւորութեան, և այսորիկ՝ և ընդհանուր առաջարկութեան, ինքն ի տեսակս առաջարկութեանցն էջ: Եւ ասէ, եթէ ոչինչ արգելու զմեզ ի խնդրելոյ զտեսակս

---

① 见Arnim(1903:74—76)论定义一节，加伦的划分见227。

առաջարկութեանց՝ առ ի լինելոյ դիտաւորութեան և յաղագս ընդհանուր առաջարկութեան և ընդհանուր հաւաքաբանութեան: Քանզի հանուրքն բանիւ ոչինչ զանազանին առաջարկութիւնքն. քանզի զամենայն առաջարկութիւն որպէս այսու սահմանէ՝ բան է ուրումն ըստ ումեքում:

Ընդ այսոսիկ հանդերձ աստուծովն առաջիկայ պրակք:

5.“我谓全称为[谓词]属于[主词]全部或不属于任何一个[主词]”：全称前提(命题)包含了两个全称的限定词。“我谓特称即,[谓词]属于某个[主词],或不属于某个[主词],或不属于[主词]全部[而属于某些]”。他用两种方式提到了特称否定：“不属于某个”或“不属于全部[而属于某些]”，这样,肯定的“属于某个”并非与“不属于某个”相对立,相反,全称肯定的“属于全部”，矛盾地对立于“不属于全部[而属于某些]”。

“从两者中任何一方产生推论都是没有差别的”，这个说法令人迷惑。他说了下面这种做法的原因：虽然目标针对一般推论,同样也就是针对一般前提,但为何他要向下讨论前提的种类。而且,他也说了,没什么会妨碍我们考察前提的种类,但是,目标却针对一般前提和一般推论。因为,在一般定义中,前提之间是没有差别的,[之所以如此],原因在于,他在下面定义了一般前提：“一个陈述,它断明某事谓述某事。”

到此,凭上帝之助,而有这一讲。

(八)全称与特称命题的对立和矛盾

本小节是讨论前提的最后一节,总结并且补充了前面讲过的

“量”、“矛盾”问题和“特殊前提与一般前提”的问题。

重要之处是指出了全称与特称命题的相反和矛盾关系。

(1) 大卫先划分了两种特称否定：“不属于某个”或“不属于全部”(部分否定，相当于英语的not all，不是全部，而是一部分)，它们都是SoP。

(2) 因此，SiP与SoP就不是对立的关系——这里指矛盾的对立关系——而是相反关系。

(3) 全称肯定SaP就与SoP构成了矛盾对立关系。

(4) 我们也可以推出，SiP与SeP构成矛盾关系。

“限定词”，原文为առորոշումն，前缀առ—，含义为经由和穿过，对应了希腊文介词διά。词根来自动词որոշել(orošel)，从词源上，很明显来自于希腊文的名词ὅρος(边界、词项、定义或前提)和动词ὁρίζω。整个词对应了希腊文的διορισμός或如Topchyan(2010:206)指出的，对应了希腊文προσδιορισμός。[①] 对于后者，LSJ.I.1释义为further definition、determination和specification，加伦、奥林匹奥多罗斯、达玛斯吉欧斯都曾使用过这个词。Topchyan译为determiner；Papazian译为quantifier，这个译法更强调了这个限定针对的是主词的“量”，见下面VIII.1，大卫明确用它专指“量”上的限定。从亚里士多德的逻辑学开始，量词逐渐成为一个固定的逻辑范畴。

在第二段，大卫引了亚里士多德的一段话，原文为οὐδὲν δὲ διοίσει πρὸς τὸ γενέσθαι τὸν ἑκατέρου συλλογισμόν，这段话针对的是证明性前提和论辩术前提的关系。如前述，这两种前提有两点不同，但亚氏却说从它们推出推论并无不同。这看起来略有矛盾。大卫仍然从特殊推论和一般推论的关系入手，指出了这种不同是针

---

① 也见Topchyan(2010:81)，古亚美尼亚文《解释篇》把προσδιορίσαι译为了առտարոշել。大卫本人的古亚美尼亚文《波菲里〈导论〉评注》也是这样翻译的。

对推论的形式而言，也就是针对前提的普遍形式："断明某事谓述某事"，在这个意义上，两种前提的差别并不会体现出来，因为它们的差别集中于材料内容和真理的必然性上，就一般推论而言，它还没有必然的真理性，而且又能应用于各种题材，故而这两种前提推出推论的过程是一样的。这也符合大卫对逻辑学的规定。

第八节 论词项

1. Բայց սահման կոչեմ, յոր վերլուծանի նախադասութիւն: Յետ սահմանի առաջարկութեան՝ սահմանէ և զսահման, ասելով, եթէ՝ Սահման կոչեմ, յոր վերլուծանի նախադասութիւն. ի ստորոգեալն և յենթակայն. եթէ ոմս է՝ յաղագս որոյ է բան, իսկ ոմս՝ յաղագս նորա ասացեալ, որք տիրապէս մասունք գոն առաջարկութեան: Իսկ այլքն ամենայն զշաղկապի տեղիսն ունին, որպէս էրն. և կամ զքանակն չափեն, որպէս առորոշմունքն, և կամ զորակն, որպէս յեղանակն և կամ բացմունքն:

1."我谓词项是前提分析后所得的东西。"

在定义了前提之后，他也定义了词项，说，"我谓词项是前提分析后所得的东西：[分析为]谓词和主词"；一个是陈述所针对的部分，一个是被述说给前者的部分。它们正是①前提的部分，而其他的成分都处于连接词的位置②，即，"是/存在"③：它们要么衡

① 即տիրապէս，希腊文对应了κυρίως，主要地，本有地，指这两者是前提的固有成分。

② 即տեղի，意为位置和地点。Topchyan译为play the role; Papazian译为have the place。这里的位置是连接词在命题中出现的位置，当然，对于命题而言，连接词是可以省去的。

③ 用了"是/存在"的未完成时էր，比较亚氏常用的ἦν，这是εἶναι的未完成时。亚氏常用"τὸ τί ἦν εἶναι"表示"是其所是"或本质。因为存在是一个"是的状态"，也比较德文gewesen与Wesen的关系。

量作为限定词的“量”；或者衡量作为模态或“开启者”的“质”。

(一) 陈述的三分：主词、谓词与连接词

(1) 在前面V.1和V.7，已经在评注中初步讨论了主词和谓词，这两个都是亚里士多德词项理论的核心，它们超越了语法范畴，指向了逻辑学。按照Bäck(2000:114)的看法(他也引了此处)，亚氏对陈述的划分从语法的两分(名词和动词)，[①]转向了三分(主词、谓词和系词)。主词就是被述说、谓述的词项，谓词就是述说主词的词项。主词的希腊文为τὸ ὑποκείμενον (动词即ենթակայանալ，它的被动ենթակայիլ，对应了希腊文ὑπόκειμαι)或τὸ καθ' οὗ καθηγορεῖται(被谓述者)。谓词的希腊文为τὸ κατηγορούμενον(ստորոգեալն)。谓述的希腊文为τὸ κατηγορεῖσθαι(ստորոգիլն)。

亚历山大《〈前分析篇〉评注》15.1—4指出，ἔστι δὲ ὁ μέν, καθ' οὗ κατηγορεῖται, ὁ ὑποκείμενος ὅρος, περὶ οὗ καὶ ὁ λόγος γίνεται, ὁ δὲ κατηγορούμενος ὁ ἐπιφερόμενος τῷ ὑποκειμένῳ καὶ λεγόμενος περὶ αὐτοῦ(一个是被谓述的部分，是作为主词的词项，陈述针对而产生；另一个是谓述的部分，它附于[②]主词，被述说给它)。

主词首先是个体词及其集合，在形而上学中，τὸ ὑποκείμενον就是载体、基底或基质，它已经统一了质料，其他事物或性质会依附在它之上。

谓词一般都是普遍的或抽象的词项，而且很多不能作为主词。关于谓词，亚里士多德规定了著名的四谓词。见《论题篇》101b17—29，πᾶσα δὲ πρότασις καὶ πᾶν πρόβλημα ἢ ἴδιον ἢ

---

① 也见加伦《辩证法导论》ii.2—3。

② 直译就是被带到某事物上。

γένος ἢ συμβεβηκὸς δηλοῖ· καὶ γὰρ τὴν διαφορὰν ὡς οὖσαν γενικὴν ὁμοῦ τῷ γένει τακτέον. ἐπεὶ δὲ τοῦ ἰδίου τὸ μὲν τὸ τί ἦν εἶναι σημαίνει, τὸ δ' οὐ σημαίνει, διῃρήσθω τὸ ἴδιον εἰς ἄμφω τὰ προειρημένα μέρη, καὶ καλείσθω τὸ μὲν τὸ τί ἦν εἶναι σημαῖνον ὅρος, τὸ δὲ λοιπὸν κατὰ τὴν κοινὴν περὶ αὐτῶν ἀποδοθεῖσαν ὀνομασίαν προσαγορευέσθω ἴδιον. δῆλον οὖν ἐκ τῶν εἰρημένων ὅτι κατὰ τὴν νῦν διαίρεσιν τέτταρα τὰ πάντα συμβαίνει γίνεσθαι, ἢ ὅρον ἢ ἴδιον ἢ γένος ἢ συμβεβηκός(所有前提和所有问题指明了“固有部分”①，或者属，或者偶性。种差因为属于“属”，应该与属放到一起。既然固有部分中，有的意指“是其所是”，有的不意指，那么固有部分应该像上述一样分为两个部分；意指“是其所是”的部分被叫做定义；余下的部分按照通常给它们的名字应该被称作“固有属性”。从上述来看，显然，按照现在的划分，所有部分恰好有四个，定义，或固有属性，或属，或偶性)。

与谓词有关系的还有经典的十范畴，在划分完四谓词后，亚氏又说，103b20—23， Μετὰ τοίνυν ταῦτα δεῖ διορίσασθαι τὰ γένη τῶν κατηγοριῶν, ἐν οἷς ὑπάρχουσιν αἱ ῥηθεῖσαι τέτταρες. ἔστι δὲ ταῦτα τὸν ἀριθμὸν δέκα, τί ἐστι, ποσόν, ποιόν, πρός τι, ποῦ, ποτέ, κεῖσθαι, ἔχειν, ποιεῖν, πάσχειν(这之后，应该划分范畴的属——已经说过，其中有四种。而这些属算来有十个：是什么[本质、实体]，多少[量]，什么样[质]，相对于什么[关系]，在哪里[地点]，在何时[时间]，被设置[状态]②，具有[常性]，做[主动]，受[被动])③。范畴在亚氏那里含义颇多(有的认为指涉事物，有的认为

① 这是广义的固有性质，后面会指代本质之外的固有性质，即通常所谓的固有属性。

② κεῖσθαι和ἔχειν是亚氏常用的一组词，对应了名词διάθεσις(状态，对应英文disposition)和ἕξις(常性)，两者的区别见V.9。

③ 《范畴篇》也涉及了十范畴，但《论题篇》对范畴的解释与“前提和推论”有关。

指语词，有的认为指观念)，学者解释也多有不同。但按照命题和逻辑学来看，范畴可以被理解为“存在自身”的类型，即“是什么”的各种类型，它们是存在的三种固有属性之一，只要事物“是着什么”了，那么就必然在这些范畴上被刻画或被范畴指涉出它的“是/存在”。[①]而谓述这些事物的四种谓词通过“存在”及其范畴来述说给主词(个体)。以范畴来论，四谓词中，种属属于第二实体；固有属性和偶性属于性质；定义是种属和固有属性(本质的固有属性)的复合。

(2) 在《范畴篇》1b25—6，亚氏引入了语法层面的κατηγορία，此时，系词“是/存在”并不在成分当中，名词和动词是主要的两个部分，它们不需要连接词而结合在一起。在逻辑学中，“是/存在”成为了逻辑谓述的关键，亚氏进入了对陈述的三分，这就形成了前提或命题。前文已经指出了亚氏常用的谓述表达有四种：

① P被用来谓述S，即P κατὰ S κατηγορεῖσθαι；

② ὑπάρχειν表示谓述，即，谓词属于主词。前提常以P属于S的方式出现。[②]

③ S在P之内(S ἐν εἶναι τῷ P)。

④ “由S得出P或P随着S”，即主词蕴涵着P。

但不论使用哪种形式，“是/存在”都是表达谓述关系的核心词，省略它，或是用其他词代替，都不能否定这个重要系词的逻辑学和本体论意义。

“衡量”，原文为动词չափել，即丈量和测量，词根为名词

---

① 见Bäck(2000:134—137)，他也总结了κατηγορία在亚氏那里的几种含义：1)那些不用连接词被述说的东西(《范畴篇》中用范畴划分了各种非复合词)；2)名词和动词之类；3)自在存在；4)谓词；5)谓述形式；6)十范畴。另见IV.5引的Shields的观点。

② ὑπάρχειν的谓述形式以及使用它代替“是/存在”的原因见Bäck(2000:124—129)。它呼应了柏拉图那里的分有(μετέχειν)一词。在亚氏那里，它其实就是“是/存在”逻辑含义的表现，在逻辑学中就等同于“是/存在”。

չափ，它本身就可以表示“量”，也指比例和尺度。这里形象地把是/存在理解为尺度，它可以测量事物，标定出事物的各种性质和范畴。Topchyan意译为state。

“模态”，原文为յեղանակ，意为方式或样式；动词为յեղանակել，意为变动和调试。这个词拉丁文为modus，英文为mode，希腊文为τρόπος。这个词在II.5出现过，只是表示方式，而此处联系了模态(modality)逻辑，故中译为模态。

“开启者”，原文为բացմունքն，来自名词բացումն，意思就是开启者。Topchyan(2010:81)认为可能对应了希腊文ἄνοιξις或διάνοιξις，它的动词为ἀνοίγνυμι。但这两个词都不常用，而且上下文的意思也不通。不过在VIII.2，大卫继续使用了这个词。Papazian理解为negation，来自բացասումն，它与բացումն形近，所以有可能文本上出现了问题。模态涉及了模态逻辑，否定涉及了直言命题，这两者都是“质”，而且首次提到了模态问题。

2. Եւ զի կարևոր մասունք առաջարկութեան այսք են, աստուստ է յայտ.վասն զի ամենայն առաջարկութիւն ի հարկէ ենթակայ ունի և ստորոգումն, և թարց երկուց այսոցիկ ոչ երբէք լինի առաջարկութիւն, բայց թարց այլոց լինին առաջարկութիւնք. թարց յեղանակի և բացման, և առստորոգման, առորոշման: Քանզի Սոկրատէս ճեմի ոչ ինչ յայսպիսեաց ունի, իսկ յաւելեալ, եթէ՝ առադրեցելոյ ումեք կամ տրամատեցելոյ զամենայն առաջարկութիւնս պարունակեաց, զոր Յաղագս մեկնութեան բացատրեաց: Քանզի երկուց ելոց հակադրութեանց՝առադրութեան և բացառութեան, տրամատութեան և շարադրութեան, զմին յիշելովյերկաքանչիւրոցն հակադրութեանց՝ և զայլն ստորակնարկէ, ի ձեռն առադրութեան զբացառութիւնն

յայտնելով, իսկ ի ձեռն տրամատութեան՝ զշարադրութիւնն: Եւ իւրաքանչիւրում ումեք ի չորիցս յայսցանէ առադրեցելոյ [կամ տրամատեցելոյ] գոլոյ կամ ոչ գոլոյն՝ ութ լինին ընդ ամենայն. որգոն՝ առադրութիւն գոլոյ, առադրութիւն ոչ գոլոյ, բացառութիւն գոլոյ, բացառութիւն ոչ գոլոյ, տրամատութիւն գոլոյ, տրամատութիւն ոչ գոլոյ, շարադրութիւն գոլոյ, շարադրութիւն ոչ գոլոյ: Արդ, զամենայն առաջարկութիւն պարունակեաց:

2. 上述这些都是前提的重要部分，下面这一点可以证明：每个前提必然包含了一个主词和一个谓词；没有哪个前提不具有这两者，但是没有它们[连接词]，前提仍然存在：没有模态、没有“开启者”、没有“附加谓述”、没有限定词，[前提都仍然存在]（如“苏格拉底走”，这句话就没有这些成分）。

[亚里士多德]说，[“是”或“不是”]可以“附加”到某个[词项]或与之“分离”，由此，他囊括了所有前提，正如他在《解释篇》中所言。虽然有两对相对立的[方式]：“附加和消去”，“分离和综合”，而且他[只是]提到了一对相对立的[方式]，然而，他也指明了另一对：用附加，指明消去；用分离，指明综合。“是”或“不是”被添加于这四个[方式]，即，“是”的附加——“不是”的附加；“是”的消去——“不是”的消去；“是”的分离——“不是”的分离；“是”的综合——“不是”的综合。这样，他囊括了所有前提。

（二）“是/存在”与词项的关系

在第一段，大卫指出，前提的三分成分中，最重要的是主词和谓词。如斐洛珀诺斯《〈前分析篇〉评注》24.28—25.6所言，ὅρον δὲ καλῶ εἰ ὃν διαλύεται ἡ πρότασις. Τῶν προτάσεων οὐ μόνον ἐξ ὑποκειμένου καὶ κατηγορουμένου οὐσῶν ἀλλὰ καὶ ἐκ τρίτου προσκατηγορουμένου καὶ τρόπου, τί δήποτε τὴν πρότασιν εἴς τε τὸν ὑποκείμενον καὶ κατηγορούμενον διαλύεσθαί φησι μόνους; καὶ λέγομεν ὅτι κυρίως ταῦτα τὰ δύο εἰσὶ μόνα τῆς προτάσεως μέρη, τό τε περὶ οὗ ὁ λόγος καὶ τὸ περὶ ἐκείνου λεγόμενον, ὅσα δὲ ἄλλα παραλαμβάνεται ἐν τῇ προτάσει, συνδέσμου χρείαν πληροῖ(我谓词项是前提分析后所得的东西。既然前提不仅来自主词和谓词，还来自第三种“附加谓词”和模态，那么，为何他说，前提只能分析为主词和谓词呢？我们回答说，这两者正是前提的部分；一个是陈述所针对的部分，一个是被述说给它的部分；至于其他在前提中被把握的东西，起到了连接词的作用)。

阿姆莫尼尤斯《〈前分析篇〉评注》24.3—10说，ὥσπερ οὖν ἡ πρόσθεσις τοῦ ἔστιν ἐσήμανεν τὰς προτάσεις τὰς ἐχούσας τὸ ἔστιν τρίτον προσκατηγορούμενον ἀλλ' αὐτόθεν τὸν κατηγορούμενον συνημμένον τῷ ὑποκειμένῳ. πάλιν τῶν μετὰ τρόπου προτάσεων εἴρηται ἐν τῷ Περὶ ἑρμηνείας ὅτι ὁ τρόπος οὐκ ἔστιν μέρος τῆς προτάσεως ἀλλὰ σύνδεσμος καὶ οἱονεὶ γόμφου χώραν ἐπέχει· συνδεῖ γὰρ τὸν κατηγορούμενον τῷ ὑποκειμένῳ(恰如有“是”的前提指明了：前提具有作为第三部分的“是”，它是附加谓词，但通过它所在的位置，谓词与主词连接。对于有模态的前提，《解释篇》已经说过，模态不是前提的一部分，而是连接词；犹如木桩扎入土地，因为[系词]把谓词与主词连接起来)。

斐洛珀诺斯称系词为“附加谓词”，既然是附加的，那么去掉它也是可行的。[①]模态、否定(质)、限定词(量)都是如此，而且这三

① 希腊文的系动词常常去掉，而且由于“是/存在”容易产生的歧义，很多智者对它提出了质疑和消解，比如高尔吉亚，还有一些智者主张干脆去掉这个看起来毫无实在意义的词，均见Schiappa(1997:26—27)。

者其实都属于“是/存在”自身的范畴，只要有这三者，就必定有隐藏或显明的“是/存在”在发挥作用。这三者恰恰是康德先验范畴中的三个，另外一个“关系”也属于亚氏十范畴之一。

“附加谓述”，原文为առստորոգումն，对应了斐洛珀诺斯说的προσκατηγορουμένον。亚里士多德在《解释篇》19b20以下说，Ὅταν δὲ τὸ ἔστι τρίτον προσκατηγορηθῇ, διχῶς λέγονται αἱ ἀντιθέσεις.λέγω δὲ οἷον ἔστι δίκαιος ἄνθρωπος, τὸ ἔστι τρίτον φημὶ συγκεῖσθαι ὄνομα ἢ ῥῆμα ἐν τῇ καταφάσει(当第三个部分“是”附加谓述时，对立以两种方式被说出。我说人是正义的；我说，这第三个部分“是”在这个肯定陈述中被设定为名词或动词)。“是/存在”在语法上并非是第三个部分(在这一段前面不远，它们被归入动词)，但在命题逻辑中独立出来。

大卫举了“苏格拉底走”(Սոկրատէս ճեմի)，这个例子由名词“苏格拉底”和动词“走”组成，其中没有模态(虽然动词是现在时直陈式，但没有其他副词表明模态)，没有“否定”(是肯定句)，没有“附加谓述”(没有“是/存在”)，没有限定词(单称个体主词，没有量的限制)。这样，是/存在标定的“质与量”都从命题中消去，但这个命题依然存在。不过在逻辑学中，是/存在仅仅是被省略，实则仍然存在，因此“苏格拉底走”等于“苏格拉底是走着”(Սոկրատէս է ճեմեցեալ)，逻辑命题必定是三分的，只不过在语法上去掉系词，句子仍然能传达语义。

与上述看法截然不同的是亚历山大，他认为“是/存在”不是第三词项，也不是附加谓词，甚至不是词项或谓词。原因即《〈前分析篇〉评注》15.7—11所言，οὐ γὰρ ὅρος ἐν ταῖς τοιαύταις προτάσεσι τὸ ἐστίν, ἀλλὰ προστιθέμενον μὲν σύνθεσιν σημαίνει τοῦ κατηγορουμένου καὶ τοῦ ὑποκειμένου καὶ ἔστι καταφάσεως δηλωτικόν· ἀποφατικῶς δὲ λεγόμενον διαιρεῖ καὶ χωρίζει τοὺς ὅρους ἀπ' ἀλλήλων καὶ ἔστιν ἀποφάσεως δηλωτικόν· εἰς γὰρ δύο ὅρους πᾶσα διαιρεῖται πρότασις. ὅτι γὰρ μήτε ὅρος τὸ ἐστί μήτε ὅρου μέρος, δῆλον εἶναι δοκεῖ ἐκ τοῦ καὶ τὴν κατάφασιν καὶ τὴν ἀπόφασιν τὰς ἀντικειμένας ἐκ τῶν αὐτῶν ὅρων συγκεῖσθαι(在这样的前提中，“是”不是词项，相反，它以附加的方式指明谓词和主词的综合，而且能够断明肯定陈述；以否定的方式，它被说出，则将词项彼此分离和区分，而且能够断明否定陈述；整个前提被分为两个词项。显然，“是”既非词项，也非词项的一部分，因为，相对立的肯定陈述和否定陈述是从相同的若干词项综合而来)。

亚历山大下面又说，看起来，“是/存在”单独来用，还是词项，比如“苏格拉底是”；但其实这种情况仍然不能说明“是/存在”是谓词，因为这种情况是“苏格拉底是‘是着’”的简化，故而“是”仍然不是词项，仅仅是连接的语法成分。

（三）“是/存在”的“附加”与“消去”

《前分析篇》24b17—18在说明词项的定义以及主词和谓词之后说，προστιθεμένου [ἢ διαιρουμένου] τοῦ εἶναι ἢ μὴ εἶναι (同时，“是”或“不是”被附加或分离)。其中“[ ]”中的部分，很多学者没有采纳，比如Striker(2009)、Ebert & Nortmann(2007)。在本小节中，“‘是’或‘不是’被添加于这四个[方式]”一句，Topchyan在“被添加于”后面加了“[或分离于]”。具体评述见Ross(1957:290)。按照下文，“附加”与“消去”是一组，而不是“附加”与“分离”一组。

古代评注中，比如亚历山大也保留了这个部分，见《〈前分析篇〉评注》15.4开始。阿姆莫尼尤斯23.20—22、斐洛珀诺斯26.2—4各自的评注都反驳了亚历山大的看法，这本自杨布利柯。

“附加”，原文为动词 առադրել，也会用到名词

առադրութիւն，词根为դրութիւն，来自动词դնել(dnel)，它翻译的是希腊文的τίθημι和θέσις。整个词对应了希腊文πρόσθεσις和προστίθημι。也见《解释篇》21b26—32。

“分离”，原文为动词տրամատալ，也会用到名词տրամատութիւն，词根为տալ，意为给予、提供，与拉丁语donum、do，法语donner都同源，这里对应了希腊文动词αἱρεῖν。前缀տրամ—同于希腊文δια—。整个词翻译了希腊文διαίρεσις。这里不是柏拉图的划分法，而是从命题中移走。Topchyan译为separate和separation；Papazian译为divide和division。Topchyan(2010:83)指出，在古亚美尼亚文《解释篇》译文中为տրոհութիւն；在大卫古亚美尼亚文《哲学序言》中为տրամատական，希腊文为διαιρετικός。亚里士多德和一些评注者有时也会使用χωρίζειν词族的词。

这个词也见《解释篇》16a12—18，在那里与综合放在一起来谈，περὶ γὰρ σύνθεσιν καὶ διαίρεσίν ἐστι τὸ ψεῦδός τε καὶ τὸ ἀληθές. τὰ μὲν οὖν ὀνόματα αὐτὰ καὶ τὰ ῥήματα ἔοικε τῷ ἄνευ συνθέσεως καὶ διαιρέσεως νοήματι, οἷον τὸ ἄνθρωπος ἢ λευκόν, ὅταν μὴ προστεθῇ τι· οὔτε γὰρ ψεῦδος οὔτε ἀληθές πω...ἐὰν μὴ τὸ εἶναι ἢ μὴ εἶναι προστεθῇ ἢ ἁπλῶς ἢ κατὰ χρόνον(真和假相关综合与分离。名词本身和动词本身各自看起来就像没有综合与分离的思想，如人或白，当没有附加上去时。因为不真，也不假……除非“是”或“不是”绝对地或按照时态附加上去)。显然，是/存在起到了将主词和谓词“综合”在一起或分离开来的功能，同时，在“质”上，衡量出了真假。事实上，个体词如果成句的话，那则是省略了是/存在。

“消去”，原文为բացառութիւն，前缀բաց—往往用来翻译希腊文ἀντι—和ἀπο—这两个前缀。整个词对应了希腊文ἀφαίρεσις，词根仍然为动词αἱρεῖν。Topchyan译为removal,

Papazian译为subtraction；LSJ.II.1译为abstraction，这个词就是“抽象”概念的古代对应词，见《尼各马可伦理学》1142a18和《后分析篇》81b3。它在《解释篇》中并未出现。在《形而上学》1077b9—11，亚氏把“附加”和“消去”放到了一起谈，其中还联系了χωρίζειν(也是分离，同义于διαίρεσις)，属性在λόγος上先于有这一属性的实体(白色先于白人)；但在实体上，后者先于前者。而白色可以从实体上“消去(抽象出)”或“分离”，只能“附加”于实体而存在。那么，“是/存在”也可以消去，它们仅仅是附加于事物的“性质”(甚至确切来说，它们都不是谓词，而是最普遍的事物的必要条件)。“不是/不存在”也可以消去，但“不”会保留。

大卫这一段提到了亚里士多德《解释篇》中对“是/存在”的论述，这见19b19开始，通过将之与其他词项连接，一共有八种形式(例句使用了现代语序)：

“是”的附加	ἄνθρωπος ἐστι λευκὸν
“不是”的附加	ἄνθρωπος οὐκ ἐστι λευκὸν
“是”的消去	ἄνθρωπος λευκὸν
“不是”的消去	ἄνθρωπος οὐκ λευκὸν
“是”的综合	ἄνθρωπος+ἐστι+λευκὸν
“不是”的综合	ἄνθρωπος+οὐκ ἐστι+λευκὸν
“是”的分离	ἄνθρωπος/λευκὸν
“不是”的分离	ἄνθρωπος/οὐκ/λευκὸν

“消去”仍然保留了前提的完整；综合强调的是“是/存在”让两个词项具有了真假值，分离则是让两个词项独立出来，不成命题，没有真假值。

3. Որպէս ասացաք և ցուցաք, այս բայ՝ է. քանզի ընդհանուր առաջարկութիւնք, որպիսի ինչ և է, կամ զօրութեամբ ունին զէն առ ստորոգելով կամ ներգործութեամբ: Զօրութեամբ՝ որպէս Ամենայն մարդ ենթակայցէ և ասի՝ ստորոգիլոյ:

Քանզիթէպէտև ոմանք ի դոցանէ ներգործութեամբ ունին զէն, որպէս՝ Աստուած է, Սոկրատէս է, այլ զոյն առ ստորոգելով զօրութեամբ ունին, վասն զի ամենայն բայ յիւր ընդունելութիւն վերլուծանելով. որզոն՝ Սոկրատէս է, Սոկրատէս գոլով է, Աստուած է, Աստուած գոլով է:

3. 正如我们已经说过和指明的，“是”是动词，因为所有前提，无论是什么类型，都有“是”在谓词旁边，或潜在地，或现实地。“潜在地”即，“每个人躺下”，它作为谓词①被说出。[之所以这样说]，因为，虽然有些词“现实地”有“是”，如，“上帝是”，“苏格拉底是”，但是他们都有“是着”“潜在地”在谓词旁边，因为每个动词也许都可以被分析为它的分词，例如，“苏格拉底是”——“苏格拉底是‘是着’”；“上帝是”——“上帝是‘是着’”。

（四）论“是/存在”的普遍性

《解释篇》19b13—14说，τὸ γὰρ ἔστιν ἢ ἔσται ἢ ἦν ἢ γίγνεται ἢ ὅσα ἄλλα τοιαῦτα, ῥήματα ἐκ τῶν κειμένων ἐστίν（“现在是”或“将是”或“曾是”或“现在出现”之类，按照[我们的]设定，都是动词）。亚里士多德和大卫都认为“是/存在”是一个动词。而如果按照杨布利柯、阿姆莫尼尤斯、斐洛珀诺斯、大卫一脉的看法，“是/存在”还是逻辑上的第三词项或第二谓词，那么它是不是普遍存在于所有前提呢？这个问题也与本体论有一些关联。

大卫的指出，所有前提的谓词都有一个“是”在旁边，或者潜在地，或者现实地。潜在地就是隐藏着，有可能通过句式转换使之出现；现实地就是已经显现出来，作为语法成分发挥作用：

① 原文为ստորոգիլոյ，即属于谓词。

(1) 潜在地：比如，Σωκράτης ἔστι(Սոկրատէս է)，中文译为，苏格拉底存在、苏格拉底是、有苏格拉底。这句其实隐藏了一个第三词项或附加谓词的“是/存在”，因此改写为Σωκράτης ἔστι ὢν(或ὄν)(Սոկրատէս գոլով է)。古亚美尼亚文中գոլ是“是/存在”的不定式。由于古亚美尼亚文中，“是/存在”与古希腊文不同，没有分词结构(ὢν或ὄν)[①]，所以大卫使用了不定式，而且用了具格。英语中可以用being。

又如，“每个人躺下”(πᾶς ἄνθρωπος κατάκειται, ամենայն մարդ ենթակայցէ)[②]，这句其实暗含了“是/存在”，也就可以转为“每个人‘是’躺着”(πᾶς ἄνθρωπος ἔστι κατακείμενος, ամենայն մարդ է ենթակայցեալ)。

(2) 现实地：比如，ἄνθρωπος ἐστι λευκὸν之类的句子。当然也包括ὑπάρχειν或γίγνεσθαι这样的动词。

亚里士多德在《范畴篇》2a11—14说，Οὐσία δέ ἐστιν ἡ κυριώτατά τε καὶ πρώτως καὶ μάλιστα λεγομένη, ἣ μήτε καθ' ὑποκειμένου τινὸς λέγεται μήτε ἐν ὑποκειμένῳ τινί ἐστιν, οἷον ὁ τὶς ἄνθρωπος ἢ ὁ τὶς ἵππος(实体以最主要的、首要的而且最高的方式被说出，它不会被述说给某个主词，也不在主词之内，[③]比如某个人或某个马)。[④]既然大卫认为“是/存在”是谓词(尽管是附

---

① 本文中说可以分析为分词结构(ընդունելութիւն)，这是针对希腊文而言。这个词动词为ընդունել，即接受，比较希腊文分词μετοχή，来自动词μετέχειν，即分有，故而英文分词为participate，中文亦为“分”词。

② 古希腊文例子见亚历山大《〈前分析篇〉评注》21.6。Papazian译为“every man exists”。

③ 《范畴篇》1a24—25指出ἐν ὑποκειμένῳ δὲ λέγω ὃ ἔν τινι μὴ ὡς μέρος ὑπάρχον ἀδύνατον χωρὶς εἶναι τοῦ ἐν ᾧ ἐστίν(我所谓“在主词之内”，指的是：不是作为一部分在其内，[而是]如果不存在于其内，就不可能存在)。存在于主词之内，也就是说脱离于主词就不能存在。但“是/存在”就不是这样，反倒是脱离它们，主词就不能存在。

④ 除了这种第一实体，还有第二实体，在上面所引文字之后，亚氏说，　(转下页)

加谓词)，那么就与亚氏的看法相左(亚历山大的看法与亚氏相同)，但由于亚氏认为“是/存在”是动词，那么也可以推出它是谓词。这种看似的矛盾是后来阐释者要解决的，其方法就是：

第一，将是/存在在逻辑上普遍化，也就是所有动词都必须有一个“是/存在”，或潜在，或现实。这样，“是/存在”就必定是一个普遍的词项，它甚至超越了自身(“是”分析为“‘是’是着”)。它不可能不是词项，即便不是词项，也是句子中无所不在的成分，只要我们想产生命题；

第二，是/存在成为“二级谓词”，不是事物自身的性质(不在主词之内)，而是为了谓述事物、必须先行或首先“附加”的谓词，它先行断定主词的“存在或实存”。没有它，命题就不会形成(但可以省略)，也没有真假。这样，“是/存在”这个谓词就与其他谓词区分开来。①

4. Արդ, այսք, որք զօրութեամբ ունին զէն առկայացեալ, կամ ստորասականք են կամ բացասականք: Եւ ստորասականք զոլով, ստորասութիւն ունին զոլոյն. իսկ զոլդ է, պարտ է իմանալ, որ ի բաց բառնայ ի նոցանէ: Իսկ բացասականք զոլով, բացասութիւն ոչ զոլոյն ունին, քանզի ի բաց բառնայ ի նոցանէ ոչ զոլոյն: Իսկ որք ներգործութեամբ ունին զէն,կամ յեղանակաւ են կամ առանց յեղանակի. առանց յեղանակի, որպէս՝ Սոկրատէս արդար է, Սոկրատէս արդար ոչ է:

(接上页注④)δεύτεραι δὲ οὐσίαι λέγονται, ἐν οἷς εἴδεσιν αἱ πρώτως οὐσίαι λεγόμεναι ὑπάρχουσιν, ταῦτά τε καὶ τὰ τῶν εἰδῶν τούτων γένη(所谓第二实体，即首先被述说的实体(第一实体)属于其中的种，以及这些种的属)。属种属于四谓词，它也以“是/存在”这个形式为先决条件，没有后者，属种就不“存在”。作为个体的“实体”并不是这个“物”本身，而是它得以成为个体的那个形式。

① 见Bäck(2000:11—12)，包括整个第一章。

Արդ, ստորասականք գոլով, առադրութիւն ունին գոլոյն, իսկ բացասականք գոլով, առադրութիւն ունին ոչ գոլոյն: Իսկ թէ յեղանակաւ են, կամ ստորասականք են կամ բացասականք, և ըստ երկաքանչիւրոցդ՝ կամ պարզք գոն և կամ ի գերադրութենէ: Արդ, պարզ գոլովստորասութեան, և յեղանակաւ շարադրութիւն գոլոյx ունի՝ Սոկրատէս մարթաբար:

Ընդ այսոսիկ հանդերձ աստուծովն առաջիկայ պրակք:

4. 那些潜在地具有“是”[1]的前提要么是肯定的，要么是否定的。

当肯定时，它们有一个表示肯定的“是”(应该知道：这个“是”从它们当中消去了)；当否定时，它们有一个表示否定的“不是”(因为“不是”从它们当中消去了)。

那些现实地具有“是”的前提，或者有模态，或者没有。

没有模态的，如，“苏格拉底是正义的”，“苏格拉底是不正义的”。肯定的，则附加一个“是”；否定的，则附加一个“不是”。

有模态的，它们要么是肯定，要么是否定的；在这两种情况中，有的是简单的，有的要通过转换。当肯定陈述是简单的，它也要综合一个带模态的“是”，如，“苏格拉底有可能……”

到此，凭上帝之助，而有这一讲。

(五) 简单前提与“转换”

“通过转换”，原文为ի գերադրութենէ，其中名词

① 本章单独指称的“是/存在”均为գոլ£¬所以Papazian译为“to be”。

գերադրութիւն，意为出类拔萃、卓越。Topchyan根据古希腊文评注，认为对应了古希腊文ὑπέρθεσις，这个说法正确。前缀գեր—同于希腊文的ὑπέρ—；词根դր—也同于θεσις。下面会引斐洛珀诺斯的评注，其中有ἐκ μεταθέσεως，它也与上述两词同义。Topchyan和Papazian均译为transposition，构词上承继了古文。

对于这个“转换”以及“简单”前提，见阿姆莫尼尤斯《〈解释篇〉评注》161.10和28，其中指出这种方式是特奥弗拉斯托斯（及其友人）命名的。这部分评注的是《解释篇》19b19—31，亚里士多德附加了是/存在，由此构成了四个命题：

⑴ 人是正义的（ἔστιν δίκαιος ἄνθρωπος）（肯定陈述）；

⑵ 人是不正义的（ἔστιν οὐ δίκαιος ἄνθρωπος）（肯定陈述，但表否定）；

⑶ 人不是正义的（οὐκ ἔστιν δίκαιος ἄνθρωπος）（否定陈述）；

⑷ 人不是不正义的（οὐκ ἔστιν οὐ δίκαιος ἄνθρωπος）（否定陈述，但表肯定）。

⑴和⑵构成矛盾；⑶和⑷构成矛盾。⑴和⑶谓词是肯定的；⑵和⑷谓词是否定的。⑴和⑷同义，⑵和⑶同义。

对于它们，阿氏说，τῶν δὴ γινομένων ἐν ταῖς νῦν προκειμέναις ἡμῖν προτάσεσι δύο ἀπροσδιορίστων ἀντιφάσεων τὴν μὲν ἑτέραν καλεῖ ὁ Ἀριστοτέλης ἁπλῆν, τὴν ὡρισμένον τὸ κατηγορούμενον ἔχουσαν, ὡς κατ' αὐτὸ τοῦτο τῆς ἑτέρας ἁπλουστέραν οὖσαν, τὴν δὲ ἑτέραν ἀόριστον διὰ τὸ ἀόριστον εἶναι τὸ ἐν αὐτῇ κατηγορούμενον（在目前已经为我们设定好的两个不用再进一步规定的矛盾中，[每个矛盾中]有一方，亚里士多德称之为简单的，它有确定的谓词，它自在地比另一对矛盾更简单；另一方是不确定的，因为前提的谓词是不定的）。后一个被称之为“通过转换”形成的矛盾。

所谓简单的，即δίκαιος这种谓词，而οὐ δίκαιος这种谓词就不是简单的，因为是两个词复合而成。它是“不定的”，见《范畴篇》16a32，非人(οὐκ ἄνθρωπος)就是“不定的”，因为它既不是句子、陈述，也不是命题。

由此，(1)和(3)都是简单的，因为主词和谓词很明确，而且系词“是”一个肯定，一个否定。而(2)和(4)都是需要(3)和(1)进行“转换”才能出现。比如οὐκ ἔστιν δίκαιος ἄνθρωπος(3)转为ἔστιν οὐ δίκαιος ἄνθρωπος(2)，把否定词的位置放到“是”之后；这样，一个否定陈述转为了肯定陈述；反之，(1)这个肯定陈述也能转为(4)这个否定陈述。如果(3)和(1)为真，那么(2)和(4)就为真。

大卫的看法本自斐洛珀诺斯《〈前分析篇〉评注》30.29—31.13，αἱ μὲν δυνάμει ἔχουσι τὸ ἔστιν, ὡς ἡ Σωκράτης περιπατεῖ, αἱ δὲ ἐνεργείᾳ, ὡς ἡ Σωκράτης φιλόσοφός ἐστιν· ἀμφοτέρων δὲ αἱ μὲν καταφατικαὶ αἱ δὲ ἀποφατικαί. τῶν δὲ μετὰ τρόπου, αἵτινες καὶ ἐνεργείᾳ τὸ ἔστιν ἔχουσιν, αἱ μέν εἰσιν ἁπλαῖ αἱ δὲ ἐκ μεταθέσεως, καθ' ἑκάτερον δὲ αἱ μὲν καταφατικαὶ αἱ δὲ ἀποφατικαί. αἱ τοίνυν ἄνευ τρόπου δυνάμει ἔχουσαι τὸ ἔστι καταφατικαὶ ἀφαίρεσιν λέγονται ὑπομεῖναι τοῦ εἶναι, ὡς ἡ Σωκαǫ́της περιπατεῖ, διότι τῆς τελείας οὔσης προτάσεως Σωκράτης περιπατῶν ἐστι·τὸ γὰρ ῥῆμα ἀναλύεται εἰς μετοχήν· ἀφῃρέθη αὐτῆς κατὰ τὴν συναίρεσιν τὸ ἔστιν· αἱ δὲ τούτων ἀποφάσεις ἀφαίρεσιν ἔχειν λέγονται τοῦ μὴ εἶναι, ὡς ἡ Σωκράτης οὐ περιπατεῖ, διὰ τὴν αὐτὴν αἰτίαν. αἱ δὲ ἄνευ τρόπου ἐνεργείᾳ ἔχουσαι τὸ εἶναι καταφατικαὶ λέγονται πρόσθεσιν ὑπομεῖναι τοῦ εἶναι, ὡς ἡ Σωκράτης φιλόσοφός ἐστι, διότι ὁ μὲν κυρίως κατηγορούμενός ἐστι φιλόσοφος, διότι δὲ δύο ὀνόματα δίχα ῥήματος οὐκ ἀπαρτίζει λόγον, προσετέθη τὸ εἶναι οὐχ ὡς μέρος προτάσεως ἀλλὰ τοῦ συνδῆσαι ἕνεκα τοὺς ὅρους· αἱ δὲ ἀποφάσεις τούτων, ὡς ἡ Σωκράτης φιλόσοφος οὐκ ἔστι, πρόσθεσιν ἔχειν τοῦ μὴ εἶναι διὰ τὴν αὐτήν αἴτίαν. πάλιν αἱ μετὰ τρόπου καταφατικαὶ ἁπλαῖ, ὡς ἡ Σωκράτη δυνατόν ἐστι περιπατεῖν

(有些[前提]都潜在地具有"是", 如, 苏格拉底走; 有些则现实地具有"是", 如, 苏格拉底是哲学家。在这两者中, 又有肯定陈述和否定陈述。

在那些具有模态的前提中, 所有现实地具有"是"的前提: 一些是简单的, 一些要通过"转换"[才能形成], 每个又都有肯定陈述和否定陈述。没有模态的前提潜在地具有"是", 它们被称作"消去"[是/存在]的肯定陈述, 它们"依存于"①"是", 如, 苏格拉底走。[之所以这样说], 因为, 这个前提如果完整的话, 则为, 苏格拉底"是"走着。因为, 动词可以分析为分词。[之所以如此], 由于"是"按照"融合"②而从前提中被消去。这一类前提中, 还有一些被称作"消去"[是/存在]后的否定陈述, 它们依存于"不是", 如, 苏格拉底不走, 之所以这样说, 原因同上。

那些没有模态而现实地具有"是"的前提被称作"附加"[是/存在]的肯定陈述, 它们依存于"是", 如, 苏格拉底是哲学家; [之所以如此], 因为"哲学家"是主要的谓词, 也因为[苏格拉底和哲学家]这两个名词如果没有动词, 就不会使陈述完整; 而"是"被附加上去, 却并不是前提的一部分, 而是为了连接词项。在这一类前提中, 否定陈述, 比如, 苏格拉底不是哲学家, 它就是附加了"不是", [之所以如此], 原因同上。

有模态的肯定前提是简单的, 如, 苏格拉底有可能"是"去走)。

---

① 即ὑπομεῖναι, 意思就是等待、承受, 或依存于是。这个词直译就是, 存在于某物之下。

② 希腊文用συναίρεσις表示元音融合为单元音, 这里表示"是/存在"与动词融合。

对于模态命题，也有简单的和“通过转换”的。按照大卫和斐洛珀诺斯举的例子，

“有可能”，原文为մարթաբար，有时也用մարթ，都来自动词մարթել，即发现途径，找出办法，具有能力；指“主观上”有能力做某事，转义为“客观上”某事“能或可能”出现，这就联系了模态逻辑。同源词中，名词մարթանք即技巧或能力；形容词մարթուն即有才智，聪明有能力；副词մարթէ即有可能、也许。这一词族与希腊文的δύναμις、δύνατον在语义和语用上完全相同。

在Topchyan(2010:210)，他将մարթն对应τό ἐνδεχόμενον；而同源的մարթելի对应了τό δύνατον。前者英译为contingent，也见XII.4, XIII.1,3,6, XIV.1，对于此处Topchyan和Papazian均译为副词contingently。但实际上，ἐνδεχόμενον和δύνατον都可以译为“有可能”，前者强调了偶然性和或然性，或者是在某个条件下，将会出现的事情；后者指条件达到一定程度将会出现的事情。但一般来说，亚氏用ἐνδεχόμενον同时指上述这两种情况。

亚里士多德的模态逻辑就常常表示为(S为主词，A为S的宾格[①])：

(1) δυνατόν ἐστι +SA+ P；[②]

用英语来说就是：

(2) it is possible that S is P;

如果把潜在地“是/存在”附加进去，则为(P如果为动词，需要变为分词)：

(3) A“是” P是有可能的；

它的意思即(“有可能的”设为M)：

(4) P谓述S是M；也就是，M谓述(P谓述S)；

---

① 古希腊文不定式主语用宾格表示，少数也有用与格的。

② 古亚美尼亚文沿用了这种语法形式。

用模态逻辑符号来表示为：

(5) $M(S \supset P)$。

模态命题的转换，大卫没有论述，这见《解释篇》22a24—36举的例子：

(1.1) δυνατὸν εἶναι(可能是)；(1.2)οὐ δυνατὸν εἶναι(并非可能是)；

(2.1) ἐνδεχόμενον εἶναι(偶然是)；(2.2)οὐκ ἐνδεχόμεν εἶναι(并非偶然是)；

(3.1) οὐκ ἀδύνατον εἶναι(并非不可能是)；(3.2)ἀδύνατον εἶναι(不可能是)；

(4.1) οὐκ ἀναγκαῖον εἶναι(并非必然是)；(4.2)ἀναγκαῖον εἶναι(必然是)；

(5.1) δυνατὸν μὴ εἶναι(可能不是)；

(5.2) οὐ δυνατὸν μὴ εἶναι(并非可能不是)；

(6.1) ἐνδεχόμενον μὴ εἶναι(偶然不是)；

(6.2) οὐκ ἐνδεχόμενον μὴ εἶναι(并非偶然不是)；

(7.1) οὐκ ἀδύνατον μὴ εἶναι(并非不可能不是)；

(7.2) ἀδύνατον μὴ εἶναι(不可能不是)；

(8.1) οὐκ ἀναγκαῖον μὴ εἶναι(并非必然不是)；

(8.2) ἀναγκαῖον μὴ εἶναι(必然不是)。

亚氏在后面指出了几个模态逻辑的对应关系：

⑴ 八组的每一组都是矛盾关系；

⑵ 1.1, 2.1, 3.1, 8.1是等同的；它们的矛盾项也是等同的；

⑶ 5.1, 6.1, 7.1, 4.1是等同的；它们的矛盾项也是等同的；

⑷ 上述两组之间互为矛盾项(如1.1和5.1)；其矛盾项也互为矛盾项(如1.2与5.2)。

简单的命题，如1.1、2.1、3.2、4.2、5.1、6.1、7.2，它们通过转换可以得到新的更复杂的命题。如，1.1变为5.2；2.1变为6.2等等。

大卫和斐洛珀诺斯对“是/存在”构成的前提总结如下：

A. 现实地具有“是”——既有肯定，也有否定：

无模态的前提：

(a) 简单：S是P；S不是P；

(b) 转换：S是P变为S不是非P；S不是P变为S是非P；

有模态的前提：

(a) 简单：M(S是P)；

(b) 转换：M(S是P)变为非M非(S是P)；

B. 潜在地具有“是”和“不是”(它们被消去，但可以“附加”)——既有肯定，也有否定。

第四章　推论理论

第九节　论推论（一）

1. Հաւաքաբանութիւն է բան, յորում դրիցելոց ոմանց` այլ ինչ առկացելեօքն ի հարկէ հանդիպի զնոյնս այսպէս ունելով: Յետ մասանցն հաւաքաբանութեան` զհուպսն ասեմ, այս ինքն` զառաջարկութիւնս, և զհեռիսն` այս ինքն` զսահմանսն, զայ Արիստոտէլ և զառ ի նոցանէ բաղկացեալ հաւաքաբանութիւնս` յերից իրողութեանց արտաքս առկացուցանելով զնախերգան առաջիկայիս իրողութեան. Ստորոգութեան, Յաղագս մեկնութեան և Վերլուծականացն: Քանզի որպէս ի Ստորոգութեանց յաղագս պարզ ձայնիցն խօսեցաւ, որք են սահմանք, իսկ ի Յաղագս մեկնութեան յաղագս նախադասութեանց, իսկ ի Վերլուծականսնx`յաղագս պարզ հաւաքաբանութեան, նոյնպէս և յարակայում նախերգանումս, սահմանեալ զառաջարկութիւն և զսահմանս, այսպէս զայ ի հաւաքաբանութիւն:

1.“推论是一个语言形式，在其中，当某些事情被设定了，那么其他某个不同于所设定之事的内容必然地会通过这些[被设定的]事情而得出。”

在[论述完]推论的部分之后——一个是[与之]相近的部分，我指的是诸前提；一个是[与之]较远的部分，即诸词项——亚里士多德开始讨论由这些部分组成的推论。同时，他把当前这部著作的《序言》加入了其他三部著作之中，即，《范畴篇》、《解释篇》和《分析篇》。[之所以这样说]，因为他在《范畴篇》中论述了简单的语音，即词项；在《解释篇》中，论述了命题；在《分析篇》中论述了一般推论，同时还在当前这篇《序言》中定义了前提和词项，故[下面]他就开始讨论[1]推论。

大卫从本章开始进入亚里士多德逻辑学的推论，也就是三段论。前面对于推论的部分和元素已经讨论甚详。

本章一上来引出了要评注的一段话，这见《前分析篇》24b18—20，συλλογισμὸς δέ ἐστι λόγος ἐν ᾧ τεθέντων τινῶν ἕτερόν τι τῶν κειμένων ἐξ ἀνάγκης συμβαίνει τῷ ταῦτα εἶναι。

大卫的译文为，Հաւաքաբանութիւն է բան, յորում դրիցելոց ումանց՝ այլ ինչ առկացելեօքն ի հարկէ հանդիպի զնոյնս այսպէս ունելով。

“语言形式”，原文为բան，希腊文为λόγος，Topchyan译为argument，与Striker的译法相同；Papazian译为a form of words；Ebert & Nortmann译为Rede。我取“语言形式”为中译，是因为，此处的λόγος是包含推论（种）的属，而argument（注：中译多为论证）这个译法更多地联系了推论和逻辑，不能包含论证和推论之外的语言形式——在IX.7，大卫就谈到了这个属之下，其他的“语言

[1] 原文即，他“来到了”推论。

形式”，如祈使句和祈愿句组成的话语形式。它们都不是由“谓述句”组成的推论或论证。当然，祈使句可以构成道义逻辑，但只要涉及了“逻辑”，就有谓述和推论，也就超出了祈使的范围(比如，Op，即p“是”应该的，仍然是谓述句)。另外，如果译为“论证”，那么在论证这个属之内，除了推论这个种之外，就只有“归纳(论辩术和证明)和例证(修辞术)”这个种了，这也不合乎IX.7的描述。Patzig(1968:44)译为proposition，这符合他与卢卡西维茨的理解，即推论是一个长的假言命题。

“当某些事情被设定了”，原文为դրիցելոց ումանց，希腊文为τεθέντων τινῶν。这些事情就是三段论的两个前提。

“其他某个不同于所设定之事的内容”，原文为այլ ինչ առկացելեօքն，希腊文为ἕτερόν τι τῶν κειμένων。其中，առկացելեօքն对应了τῶν κειμένων。希腊文这个词被用作τίθημι的被动形式，因此呼应了上面的τεθέντων τινῶν。古亚美尼亚文这个词从构词来看，其实对应了希腊文προσκειμένων。因为前缀առ—对应了προσ—或προ—，词根则来自动词կայանալ(站立)，今日亚美尼亚语还有动词կենալ(站立)，含义上同于希腊文。Topchyan译为supposition，构词的词义上比较接近。此处仍然指三段论的两个前提。这个词，亚里士多德也常用在逻辑学和哲学著作中，如，在前面就用来指“是/存在”的“附加”；又如《前分析篇》30a1，πλὴν διοίσει τῷ προσκεῖσθαι τοῖς ὅροις τὸ ἐξ ἀνάγκης ὑπάρχειν ἢ μὴ ὑπάρχειν，指“必然属于或不属于”“附加”在词项上。另见《解释篇》21a21，《形而上学》1029b31等处。

“必然地……得出”。“必然地”，原文来自名词հարկ，即税收、义务、强制，动词即հարկանել，击打、伤害。与希腊文的πεῖρα同源。希腊文对应了ἀναγκαῖον和ἀνάγκη。“得出”，即动词հանդիպիլ，意为发生、出现、撞上、遇见，翻译的是希腊文συμβαίνειν。这里的必然不是模态含义的，而是逻辑含义的。

对于这个推论定义，大卫在I.7已经指出了，“它可以借助一件事发现另一件事。因为自然从不让万物全都隐藏——否则的话，人们就不能发现什么存在了；但是再有，自然又并未让万物全都成为显明的——否则的话，就不存在人们[主动]探问的东西了。因此，它隐藏了一些事情，又显现了一些事情，故而人们要探寻、搜求和发现。这样，推论就来到[人们]之中，以至于，它通过自然显现的东西来发现自然所隐藏的东西”。

在V.3，大卫解释了词项、命题或前提和推论的关系，词项综合为命题，命题综合为推论，那么显然，词项离推论“最远”，命题离推论“最近”。由此，亚里士多德的著作也分别按这三部分进行解释。也见艾利阿斯《〈前分析篇〉评注》71.15—18。

“《序言》”，原文即նախերգանումս，来自名词նախերգան。见I.1的评注，指《前分析篇》24a10—24b18。

2. Բայց սահմանէ զամենայն հաւաքաբանութիւն. զստորոգականն և կամ զստորադրականն՝ ոչ զայս և ոչ զայն: Քանզի բացատրեցեալդ սահման ամենայնում հաւաքաբանութեան պատշաճի: Իսկ Աղէքսանդրոս՝առյարակայիցս պատմիչ բանից, ասէ, թէ զստորոգականնմիայն սահմանէ հաւաքաբանութիւն՝ երկոքումբք այսոքիւք հաւատարմացուցանելով զբանդ: Միով նառաջնով, եթէ՝ զստորոգական առաջարկութիւն սահմանեաց միայն, իսկ ստորոգականք հաւաքաբանութիւնք ի ստորոգականացն գոն յառաջարկութեանց: Ասէ և երկրորդ պատճառ, եթէ՝ զանազանութիւնս յարադրէ աւարտնոց և անաւարտից հաւաքաբանութեանց, իսկ աւարտեալն և անաւարտն ստորոգականացն միայն զոյ հաւաքաբանութեանց:

2. 但是他定义了所有推论，并不是仅仅定义了直言或假言推论，[他]没有仅仅定义这两者。因为，这里摆出的定义适合所有推论。但是，评注者[①]亚历山大[评论]这段不刊之论[②]时，说，亚里士多德仅仅定义了直言推论，他用下面两个论证来支持自己的说法：第一，亚里士多德仅仅定义了直言前提，而直言推论由直言前提[组成]。他也说了第二个理由：[亚里士多德]进一步[③]区分了完善和不完善推论，而完善和不完善仅仅相关直言推论。

（一）直言推论与假言推论以及亚历山大的两个理由

在VI.1，大卫已经讨论了直言前提和假言前提。此处讨论直言推论和假言推论。推论按照处理的题材和推出的结论必然性，分证明、论辩术、修辞术、智术、诗术五种。但从逻辑形式来讲，分两种，这两种与直言前提和假言前提都相关。[④]

大卫所指亚历山大的看法，见后者的《〈前分析篇〉评注》11.17—11.19，Εἰσὶ δὲ οὗτοι οἱ ὅροι προτάσεως οὐ πάσης ἀλλὰ τῆς ἁπλῆς τε καὶ καλουμένης κατηγορικῆς· τὸ γάρ τι κατά τινος ἔχειν καὶ τὸ καθόλου ἢ ἐν μέρει ἢ ἀδιόριστον ἴδια ταύτης· ἡ γὰρ ὑποθετικὴ οὐκ ἐν τῷ τι κατά τινος λέγεσθαι ἀλλ' ἐν ἀκολουθίᾳ ἢ μάχῃ τὸ ἀληθὲς ἢ τὸ ψεῦδος ἔχει(这些定义并不是针对所有前提，而是针对简单的所谓的直言前提；因为，这种前提的固有属性就是：说某事谓述某事，或全称，或特称，或不定。也因为，假言前提并不是说某事谓述某事，而是以蕴涵或冲突的方式掌握真或假)。

---

① 即պատմիչ，意为叙述者、历史学家，此处指评注者，对应希腊文ἐξηγητής。

② 即առյարակայիցս，意思就是永恒的、不朽的；词根来自形容词յարակայ，即持久稳定的。Papazian译为immortal，Topchyan译为in question。

③ 即动词յարադրել，含义是嵌入，插入，Topchyan译为set out，Papazian译为add。

④ 见Speca（2001:2）。

《〈前分析篇〉评注》17.6—11明确说，ὅτι γὰρ κατηγορικὰς εἶναι δεῖ τὰς λαμβανομένας πρὸς συλλογισμὸν προτάσεις δηλοῦσθαι διὰ τοῦ τεθέντων·ταύτας γὰρ καὶ ὡρίσατο·δείξει γάρ, ὅτι αἱ ὑποθετικαὶ προτάσεις αὐταὶ καθ' αὑτὰς οὐ ποιοῦσι συλλογισμόν(用于推论的前提应该被把握为“直言的”，τεθέντων这个词表明了这一点；因为他[亚里士多德]定义了这些前提。他指出了，假言前提自在地不能产生推论)。他指的是《前分析篇》50a16—28，τοὺς ἐξ ὑποθέσεως συλλογισμοὺς οὐ πειρατέον ἀνάγειν· οὐ γὰρ ἔστιν ἐκ τῶν κειμένων ἀνάγειν,οὐ γὰρ διὰ συλλογισμοῦ δεδειγμένοι εἰσίν, ἀλλὰ διὰ συνθήκης ὡμολογημένοι πάντες(不应该从假设来导出推论；因为不可能从设定的[前提]导出[推论]，[之所以如此]，因为这些推论没有通过推论来证明，相反，由于习惯而被所有人认同)。

又见亚历山大评注42.27—31，προσέθηκε δὲ τὸ πᾶς συλλογισμὸς καὶτοι περὶ τῶν κατηγορικῶν μόνων ποιούμενος τὸν λόγον, ὅτι μόνους τούτους ἡγεῖται κυρίως εἶναι συλλογισμούς, ὡς καὶ προϊὼν δείξει: τῶν γὰρ ἐξ ὑποθέσεως οὐδένα τὸ προκείμενον συλλογίζεσθαι(他添加上了“每个推论”，但是他论述的仅仅是直言推论；因为，他认为，只有这些推论才首要地是推论，正如他后面指出的：从假设而来的推论都不能对预先设定的事情进行推论)。在VI.1，已经指出了亚历山大的说法是错误的，至少没有正确理解亚里士多德“假设”的含义，这种假设与假言是不同的。但亚历山大说亚氏并未讨论假言推论，则是正确的。

就推论的绝对形式来说，按卢卡西维茨(1981)和Patzig(1968)的看法，[①]亚里士多德的三段论恰恰是一个“假言的”陈述。而与

① 也见Ebert & Nortmann(2007: I, 221—222)。

之相反，古代阐释者认为三段论是一种综合具体词项和命题从而得出结论、且两个前提和一个结论是独立的并通过规则并列在一起的逻辑过程，这样，推论就不可能具有假言形式。但是，斯多亚派再到大卫这一派的古代阐释者又都认为推论具有假言形式，那么这种看法就与卢卡西维茨等人的理解并不矛盾，只不过他们并未说推论完全是一个假言陈述。

亚历山大的第二个理由，在他的评注中并未找到对应的文本，Topchyan(2010:87)注释159也持这种看法。除了从推论题材和一般形式来划分推论之外，就推论“逻辑形式的完善性”来看，则有完善与不完善两种推论。它们的确相关直言推论，因为亚里士多德并未明确讨论过假言推论。

3. Առ որս ասեմքմեք նախ և առաջին, եթէ՝ ստորոգականնմիայն սահմանէ առաջարկութիւն՝ որպէս այն, ինչ [ի] Յաղագս մեկնութեան զամենայն առաջարկութիւն սահմանեալ: Բայց թէ ընդէ՞ր զստորոգականն միայն սահմանէ զառաջարկութիւն՝ զպատճառն ասացաք: Բայց լուծանեմք և զերկրորդն այսպէս, եթէ՝ ստորադրականացն զանազանութիւն յարադրէ հուպ ի կատարումս առաջնոյ հատածի առաջնոյ ճառիս, որ առձեռն է: Եւ արդ այսորքիկ առ Աղէքսանդրոս ասացին:

3. 对此，我们首先说，亚里士多德仅仅定义了直言前提，因为他在《解释篇》中已经定义了所有前提；我们已经说过为何他仅仅定义直言前提的原因了。

对于第二点，我们的反驳[①]如下：在我们手头的[这部著作的]

① 即动词լուծանել，含义是解开和拆解，引申为反驳，对应了古希腊文λύειν和ἀναλύειν，也如《分析篇》的篇名：Վեր—լուծական。

第一卷第一章结尾部分，他也区分了假言[和直言推论]。就把这些说给亚历山大吧。

大卫在本小节反驳了亚历山大的两个理由。对于第一点，他在VI中已经做出了解释，在那里，他稍微改动了文本，使得《解释篇》中对前提的定义包含了假言前提。所以亚里士多德在《前分析篇》中只要定义直言前提就可以了。由此，推论也就分为了直言推论和假言推论。

对于第二点，大卫的说法有点含糊，他说亚里士多德已经在《前分析篇》中区分了这两种推论：ի կատարումն առաջնոյ հատածի առաջնոյ ճառիս, որ առձեռն է。而且位置在第一卷的第一章(հատած)的结尾部分(կատարումն，结论部分)。但是现存的《前分析篇》第一卷第一章结尾并无这样的说法。有可能大卫手头的《前分析篇》内容有别，也可能他记错了地方(但这种可能性似乎不大)。对于这两种推论的划分，VI的评注已经阐明，亚氏并未提出"假言性推论"，他说的是"通过假设而来的推论或证明"(《前分析篇》40b23—29，41a38，45b15，50a16—50b4)。但恰恰是后者为后来评注者打通了扩展推论的途径。

4. Այլ վասն զի Արիստոտէլ եթէ զի՞նչ է հաւաքաբանութիւն յարդարէ միայն, թողեալ զեթէէն, իսկ եթէէն յառաջագոյն է քան զզինչէն, բեր ցուցցուք, եթէ է հաւաքաբանութիւն: Բայց զայս առնեմք վասն եփեկտիոսացն փիլիսոփայից, որք անհաւութիւն ախտանան և այսուիկ ի բաց բառնան զհաւաքաբանութիւն՝ որպէս զգործի մտահաւութեան: Բայց բառնան զհաւաքաբանութիւն, այսպէս ձեռնարկելով. Ի ձեռն հաւաքաբանութեա՞ն ցուցանէք, ովճեմականք , եթէ է հաւաքաբանութիւն, եթէ՞ առանց հաւաքաբանութեան: Եթէ առանց հաւաքաբանութեան, ոչ հաւանիմք ձեզ

որպէս ոչ ցուցելոց. Իսկ եթէ ի ձեռն հաւաքաբանութեան՝ զիսկզբանումն հայցելի և զերկբայացեալն խոստովանեալ առնելով: Այլ և յաղագս հաւաքաբանութեան, որ եցոյցն, եթէ է հաւաքաբանութիւն. զնոյնս ցուցէք,նայս՝ յանհունս:

4. 但是，既然亚里士多德仅仅证成了[①] "推论是什么"，却搁置了"它存不存在？"[这个问题](但是，"它存不存在？"先于"它是什么？")，因此，我们要证明，推论存在。我们之所以这样做，因为"悬疑"派的哲学家由于[②]无知而不承认推论是领会的工具。他们反驳推论，做出了如下主张：

"啊！逍遥学派的人，[③]你们是用推论来证明它的存在呢？还是不用它来证明呢？如果你们不用推论，我们就不相信[你们的证明]，因为你们并未证明[推论存在]；如果你们用推论，你们也就是默认了一开始要探究的、有争议的事情[是成立的]。因为，这个[事情]与推论有关，而你们证明的恰恰是推论存在；你们[用这个事情本身]来证明这个事情，这就是无穷后退。"

（二）"存在"先于"本质"

在推论的定义部分，亚里士多德给推论下了一个标准的定义，推论是一个"λόγος"(语言形式)，显然，推论作为"种"，属于"语言形式"这个"属"，而将某事从已经设定之事中必然地得出则是种差。这个定义还是符合亚氏哲学的。但是，亚氏并未讨论推论是否"存在"这个问题。他论述的是推论"是什么"(զի՞նչ է，名词化为

---

① 即动词յարդարել，意为准备，安排，对应了亚里士多德常用的希腊文动词κατασκευάζειν，它的反义词是ἀνασκευάζειν。它既表示证明某个论证，也表示设定一个"定义"。

② 原文即ախտանալ，意为承受，遭受了不好的事情，对应了希腊文πάσχειν。

③ 大卫虽然是柏拉图主义者，但本书是亚里士多德的逻辑学著作，而且逻辑学是逍遥学派奠定和发展的理论，因此悬疑派人士一上来直呼"逍遥学派"。

զզինչէն, 希腊文即τὸ τί ἐστι), 而不是推论的“是/存在”(եթէէն, 即, 是不是存在, 希腊文即τὸ εἰ ἔστιν)本身。在设定它定义的时候, 已经预设了这个东西是“存在”的。这样, 大卫提出了一个古代哲学的重要观点: 存在先于本质, 换言之, 作为谓词的“是(存在)”先于作为系词的“是”。这样, 前面虽然说“是/存在”是附加谓词, 但是, 这个谓词首先判断事物的存在, 其次才是连接其他谓词。当说, “苏格拉底是”时, 意思是, “苏格拉底‘是’是着”, 总是有一个“是”先行成为事物的谓词, 它虽然是二级谓词(所谓二级, 是说它不是事物的性质, 但并非次要于其他谓词), 但却是所有谓词的基础。这种观点与后来存在主义(Existentialism)的“存在先于本质”有相似之处, 但着眼点不同。

“存在”含义的τὸ ἔστιν, 也等同于动词ὕπαρχειν。亚里士多德就经常用这个动词代替“是/存在”, 但两者的含义和功能都是一致的。古代阐释者让这个动词概念化, 常用ὕπαρξις这个阴性的名词, 表示“是的状态或属性”, 比如阿姆莫尼尤斯《〈范畴篇〉评注》6.16; 这个词还表示实体、实在, 或相反于不存在, 或相反于思想意识。它的反义词就是ἀνυπαρξία, 形容词为ἀνύπαρκτος。下面引大卫的文字中也会见到这些词。

这个理论是古代阐释者考察事物的重要基础。大卫在《哲学序言》[①]的开篇就要讨论“哲学”这个问题, 那么作为一种事物, 哲学也涉及了四个普遍问题: δεῖ ἐν ἑκάστῳ σχεδὸν πράγματι τὰ τέσσαρα ταῦτα ζητεῖν κεφάλαια· εἰ ἔστι, τί ἐστι, ὁποῖόν τί

---

① 见Busse(1904:1)。悬疑派曾对哲学存在提出了反驳, 其方式类似下面问题三“‘悬疑’派哲学家质疑推论的存在”中的思路。大卫质疑说, 如果想“证明”哲学不存在, 就要通过“证明”, 而哲学正是“证明”之母, 因此只要使用证明, 就有哲学。如果连证明也反驳, 就也需要“证明”。大卫对哲学存在的证明, 对悬疑派的反驳, 后来东传到了阿拉伯世界, 影响了阿拉伯伊斯兰哲学的奠基人阿尔—铿迪, 见他的《论第一哲学》一书。参Arevšatyan, 载于Calzolari & Barnes(2009:178), 作者引了A.W.Sagadeev的看法。

ἐστι καὶ διὰ τί ἐστι(在每件事情中，都几乎应该探求四件首要之事：它是不是存在；它是什么；它是什么样子；它因为什么[或为了什么目的]而存在)。

对于“存在”，大卫下面做了解释，[①]τῶν γὰρ πραγμάτων τὰ μὲν ἀνύπαρκτά...ὅσα ἡ ἡμετέρα διάνοια διαπλάττεται, τὰ δὲ ὕπαρξιν ἔχει. καὶ τούτων αὖθις τῶν ὕπαρξιν ἐχόντων τὰ μὲν ἀμφιβαλλομένην ἔχει τὴν ὕπαρξιν, ὡς ἄναστρος σφαῖρα ἢ ὡς ἀντίποδες (ταῦτα γὰρ ἀμφιβάλλονται εἴτε εἰσὶν εἴτε οὔ), τὰ δὲ οὐκ ἀμφιβαλλομένην ἀλλ' ὁμολογουμένην, ὥσπερ ἄνθρωπος ἢ βοῦς. καὶ ἐπὶ μὲν τῶν ὕπαρξιν ἐχόντων ἀμφιβαλλομένην δὲ ζητοῦμεν τὸ εἰ ἔστιν, ἐπὶ δὲ τῶν ὁμολογουμένην ἐχόντων τὴν ὕπαρξιν ζητοῦμεν τὸ τί ἐστι(种种事情之中，一部分是不存在之事，是我们的思想虚构出来的；另一部分是具有“存在性”的事情。在这些具有存在性的事情中，有些具有可争议的存在性，比如，没有星体的星球[②]或反足动物[它们的存在与不存在都是有争议的]，另一些则是没有争议、被认可的，比如人或牛[的存在]。在那些具有可争议的存在性的事物中，我们探求“它存不存在”；在那些具有被认可的存在性的事情中，我们探求“它是什么”)。

大卫在《波菲里〈导论〉评注》说，[③]εὐλόγως ἐπὶ τὴν διδασκαλίαν βαδίζοντες ἐῶντες τὸ εἰ ἔστιν ἀπὸ τοῦ τί ἐστι τὴν ἀρχὴν ποιησόμεθα· τοῦτο γὰρ καὶ ἐπηγγειλάμεθα μὴ ζητεῖν εἰ ἐν ψιλαῖς ἐπινοίαις ἐστὶν ἢ ὑφέστηκε. ἰστέον δὲ ὅτι τὸ εἰ ἔστι δικαίως τοῦ τί ἐστι προηγεῖται· δύο γὰρ ἔχει τὸ εἰ

---

① 见Busse(1904:2)。

② LSJ.I.3的解释，这是一种中空的星球。也见VII.7。

③ 见Busse(1904:130)。

ἔστιν ἢ τὸ εἶναι ἢ τὸ μὴ εἶναι· δεῖ οὖν ἡμᾶς πρῶτον τὸ εἰ ἔστι ζητεῖν, ἵνα εἰ μὲν ἔστι, ζητήσωμεν τὸ τὶ ἔστιν, εἰ δὲ μὴ ἔστι, τί ἔστι μὴ πολυπραγμονήσωμεν(我们合理地开始教学，要从“它存不存在”开始[或“它存不存在”是始基)，之后是“它是什么”；因为我们的任务不是要探求“它是不是存在于或实存于赤裸的思想中”。相反，应该知道，“它存不存在”理所应当地先于“它是什么”，这样，如果它存在，我们就探求“它是什么”；如果它不存在，我们就不必操心了)。

（三）悬疑派哲学家质疑推论的存在

“悬疑派”，原文为եփեկտիոսացն(ephektiosac’n)，抄本有不同文字，如եփետկիոսացն£¬եփիկտոոսացն，这里采用了Topchyan(2010)的勘定。它直译了古希腊文形容词ἐφεκτικός(ephektikos)一词，Topchyan英译为Ephectic。希腊文中，这个词的词根来自动词ἐπέχειν，意思是暂缓、停住。因此形容词ἐφεκτικός意为能够暂缓，LSJ释义为practising suspense of judgement。这是怀疑论者常用的手法(另一种就是怀疑)。休谟在《人类理智研究》第五章分析了这种方法。它悬置的是无法达到真理的理论，质疑的就是独断论。这种传统直接影响了笛卡尔(怀疑方法)、休谟和康德(对辩证法的限制)等近代哲学家，甚至现象学的“悬置”都有某些相似之处。中译“悬疑”就是“悬置可疑之处”的意思。

特奥弗拉斯托斯《智者生平》(*Vitae Sophistarum*)1.8.4，指出了皮浪派就使用这种方法。[①]亚历山大里亚的克莱芒(Κλήμης ὁ Ἀλεξανδρεύς)所言甚详，τὸ μὲν δόγμα ἐστὶ κατάληψίς τις

---

① 见Kayser(1871:11)。

λογική· κατάληψις δὲ ἕξις καὶ συγκατάθεσις τῆς διανοίας 〈οὐκ ἂν εἴη αἵρεσις ἡ τῶν ἐφεκτικῶν. καίτοι〉 οὐ μόνον οἱ ἐφεκτικοί, ἀλλὰ καὶ πᾶς δογματικὸς ἔν τισιν ἐπέχειν εἴωθεν, ἤτοι παρὰ γνώμης ἀσθένειαν ἢ παρὰ πραγμάτων ἀσάφειαν ἢ παρὰ τὴν τῶν λόγων ἰσοσθένειαν(哲学理论①是某种逻辑式的领会；领会是理智的常性和状态，〈它不是追求"悬置起来的事情"。相反〉不仅"悬疑派者"，而且每个做哲学理论的人都习惯于针对如下方面"进行悬置"：如理解上的不强之处，或事实中的不清楚之处，或论证中僵持之处②)。③

"领会"，原文为մտահասութիւն，这个词前一个词根来自名词միտ和միտք(理性)，翻译的是希腊文κατάληψίς，上面克莱芒也使用了这个词。它来自动词λαμβάνειν，意思就是把握和抓住。古代哲学中指对心灵对象的直接把握，因此英文常译为apprehension，词源上也有把握的意思，有时也近似于知觉。它的后一个词根与前面的"无知"一词անհասութիւն的词根相同，即հաս，意为到达、礼物、成熟。在大卫《〈范畴篇〉评注》的古希腊文④和古亚美尼亚文(197)文本中也出现了这两个词，"无知"的希腊文为ἀκαταληψία；也见阿姆莫尼尤斯《〈范畴篇〉评注》2.9—14。所以这里的"无知"强调了怀疑论者没有领会能力，因此才会对这一问题持有疑问，如果具有领会力，就不会陷入这种循环中。

---

① δόγμα在这里指哲学判断和建立理论的活动，高于意见(这个词的本义)的层次。下面的δογματικὸς指做哲学理论的人，这种理论要超越差异，达到统一，但如果脱离实际，以至于狂妄教条，就会成为独断论(dogmatism，与δόγμα同源)。

② 即均势，此时，正反两个观点均无法反驳对方，比如"辩证法"的正题和反题，对于这种情况就要悬置。

③ 见Arnim(1903:37)，"〈〉"中的文字是后人所补。

④ 见Busse(1900: 109,110)。

5. Առ որս ասեմք զայսոսիկ, եթէ՝ Ձերովք իսկ ըմբռնեցայք թևօք ըստ առասպելումն, ով մակունականք: Քանզի զնոյն և մեք ասեմք առ ձեզ, եթէ՝ ուստի՞ ասէք, եթէ ոչ է հաւաքաբանութիւն. բացացուցանելո՞վ, եթէ ոչ բացացուցանելով: Եւ զիա՞րդ կարողութիւն է՝ ոչ ելոյ հաւաքաբանութեան ըստ ձեզ՝ հաւաքաբանութեամբ պիտալ, զոր ի բաց բառնալ ձեռնարկէք: Այլ և ոչ յանհունս ելանեմք, քանզի հաւաքաբանութիւնն, որ եցոյց, եթէ է հաւաքաբանութիւն, և զինքն եցոյց, թէպէտ և ոչ որպէս հաւաքաբանութիւն, այլ որպէս հաւաքաբանելի. որպէս և սահման և զինքն սահմանէ, թէպէտ և ոչ որպէս սահման, այլ որպէս սահմանելի: Բայց արդ՝ այսպիսի բան, որ ցուցանէ, եթէ է հաւաքաբանութիւն. այլ այլովն ցուցանելի է: Եւ է հաւաքաբանումն, քանզի բնութիւն ոչ զամենայն ինչ թաքոյց, զի ոչ էր ապա գտանելն, նոչ զամենայնինչ յայտնեաց, զի ոչ էրապախնդրել. այլ՝ խնդրելն և գտանելն: Բայց եկն մարդկային տրամախոհութիւնն հաւաքաբանել յայսպիսւոյ պատճառէ. քանզի տեսանէն զամենայն իրս ոչ ամէննիմբ հաղորդեալս ընդ միմեանս, քանզի ոչ էր ապա այլ այլովգտանել. վասն զի ամենայն ինչ յինքեանս ցուցանիւր, որ զգայութեանց է յատուկ, և ոչ հաւաքաբանութեան: Եւ ոչ դարձեալ՝ ամէննիմբ զանազանեալս իմիմեանց, քանզի ոչ երբէք յերկուց բացասութեանց եզրակացութիւն լինի: Եւ այսորքիկ յաղագս այսորիկ:

5. 对此，我们有如下的话要说：

“啊，悬疑派的人，跟那个寓言一样，你们被自己的羽毛射落。[之所以这么说]，因为我们也可以用同样的话说给你们：你们是通过证明来指出推论不存在呢？还是不靠证明呢？如果照你们说来，不存在推论，那么如何有可能使用推论[来证明推论不存在]呢？再有，我们并未陷入无穷后退之中，因为证明推论存在的那个推论也可以证明自身，虽然它不是作为推论，而是作为可推论者。同理，定义定义自身，虽然它不是作为定义，而是作为可定义者。”

上述论证证明了推论存在，因为自然不会隐藏万物，否则的话，没有人能发现事物了；自然也不会揭示万物，否则的话，就没有人会探究了；而[事实上]我们在发现和探究。

但是人类[之所以]要去推论，却是因为下面的原因：人们看到了，并非所有事物都彼此完全分有相同的[特征]①——否则的话，我们就不会通过其他事情来发现一件事情了，因为万事都自证而明了(这是感觉的固有属性，而不是推论的固有属性)。另一方面来说，事物并非在每个方面上都彼此有差别，因为两个否定陈述是得不出结论的。就说这些吧。

(四)对悬疑派哲学家的反驳

“跟那个寓言一样，你们被自己的羽毛射落”，原文为，ըմբռնեցայք թեւօք ըստ առասպելումն, ով մակունականք ②，直译应该是，“按照寓言，你们因为自己的翅膀而被抓住”。这个寓言(առասպելումն)来自埃斯库罗斯，见Topchyan(2010:91)，原文是说，鹰被由自己羽毛做成的箭射落(这里用Topchyan的译法，原文即“抓住”)，这个意思很适合大卫的论证，因此中译采用了埃斯库

---

① 即հաղորդեալս，用了分词形式，含义是分有。事物彼此分有，就是具有共通之处，也就是具有相同的特征。

② 这个动词前半部分为前缀մակ—，意为向前、向上；词根为动词ունականալ，即习惯于，这里指羽毛长在自己的身上。

罗斯的原文。①古亚美尼亚文的թևոք误译了希腊文的πτεροῖς(羽毛)②，但是全句的含义也并非不通，似乎是说鹰有翅膀可以飞，但恰恰因为翅膀，反倒容易被抓住。希腊文曾被斐洛珀诺斯《〈前分析篇〉评注》31.3—5引用过，φαμεν ὅτι καὶ ὑμεῖς τοῖς ὑμετέροις ἁλίσκεσθε λόγοις，但他把πτεροῖς换为λόγοις；动词仍然用了"抓住"(ἁλίσκεσθε)。所以大卫的文字(包括原来的希腊文)虽然在斐氏之后，反而更贴近埃斯库罗斯原文。

这一小节，大卫直接反驳悬疑派人士对推论是否存在的质疑，能否反驳成功非常关键。事实上，悬疑派的这个怀疑——类似存在论循环——如果成立，那么世界上就没有推论的本质了(乃至一切思想或精神产物本身)，因为如果它的本质存在，则必要追问本质之先的"存在"，可是推论的"存在"是不可能感觉到的，它不是自然的，而是人为构建的，它的"存在"恰恰需要其本质来确证。(除非相信本质先于存在——但这是不合理的，因为桌子的定义不可能先于桌子本身的存在。)他使用了"以子之矛，攻子之盾"的方法：

悬疑派人士得出"推论不存在"这个结论，如果使用了证明(բացացուցանել)③，那么就必定使用了推论——悬疑派恰恰使用了假言推论。这样，他们所反驳的事情已经被他们设定为真了。如果他们不使用证明，那么就毫无真理可言了。

上一小节悬疑派哲学家的质疑以及本小节大卫的反驳，均见斐洛珀诺斯《〈前分析篇〉评注》30.29—31.13，οἱ γὰρ ἐφεκτιοὶ κατασκευάζοντες ὅτι οὐκ ἔστι συλλογισμός, ἔλεγον οὕτως · φατὲ ὅτι ἔστι συλλογισμὸς ἢ οὔ· καὶ εἰ μὲν οὐκ

① Topchyan(2010:8)注释41指出了这个故事后来还被收入公元12—13世纪亚美尼亚寓言中，显然大卫引用这个故事时，它已经从希腊传入了亚美尼亚成为了故事。

② Topchyan(2010:8)用这个例子证明了《〈前分析篇〉评注》不是由大卫本人翻译。

③ 对应了希腊文动词ἀποδείκνυμι，但这里指一般的逻辑证明，也就是一般推论，而不是最严格而且永真的"证明"(ապացուցել)，但这两个词的词根相同。

ἀποδείκνυτε, οὐ πιστεύσομεν ὑμῖν χωρὶς ἀποδείξεως ὅτι ἔστι συλλογισμός· εἰ δὲ ἀποδείκνυτε συλλογισμῷ, δῆλον ὅτι ἄλλῳ χρηστέον ὑμῖν· πάλιν δ' αὖ δι 'ἑτέρου συλλογισμοῦ δέον ὑμᾶς ἀποδεικνύειν ὅτι ἔστι συλλογισμὸς ἀποδεικτικός, κἀκεῖνον πάλιν δι 'ἑτέρου, καὶ τοῦτο ἐπ' ἄπειρον. πρὸς οὕς φαμεν ὅτι καὶ ὑμεῖς τοῖς ὑμετέροις ἁλίσκεσθε λόγοις ·τὸ αὐτὸ γὰρ καὶ ἡμεῖς φήσομεν πρὸς ὑμᾶς. ἢ γάρ ἀπεδείξατε ὅτι οὐκ ἔστι συλλογισμός, ἢ οὐκ ἀπεδείξατε· καὶ εἰ μὲν οὐκ ἀπεδείξατε, διὰ τοῦτο οὐ πιστεύομεν ὑμῖν· εἰ δὲ ἀπεδείξατε, ἀποδείξει δῆλον ὅτι τινὶ χρώμενοι· ὥστε ἔστι συλλογισμὸς δι ' οὗ ἀπεδείξατε. ἀλλ' ἐπειδὴ οὐ μόνον εἰς ἀπορίας αὐτοὺς ἐνεγκεῖν δεῖ ἀλλὰ καὶ τὴν ἀπορίαν ἐπιλύσασθαι, φαμὲν οὕτως, ὅτι ἄλλο ἐστὶ συλλογισμὸς καὶ ἄλλο συλλογιστόν(因为悬疑派人士证成了，推论不存在，他们这样说：你们说推论存在还是不存在呢。如果你们不通过证明，我们就不会相信你们，因为没有证明推论存在。如果你们证明了[推论存在]，则显然可以有如下推论：你们还应该使用其他推论。你们应该用其他推论来证明：具有证明性的推论存在，再用其他推论来证明前者，以至于无穷无尽。我们对他们说，你们被自己的论证给“抓住了”；我们也可以对你们说同样的话：你们是通过证明来证明推论不存在呢，还是没有通过证明呢。如果你们没有通过证明，我们就不会相信你们；如果你们通过证明，那么显然有如下证明：你们使用了某种证明。这样，你们用来进行证明的那个推论就存在了。既然我们不仅没有陷入无穷，而且还消解了无穷，那么我们就这样说：一个是推论，一个是可推论者)。

（五）自证的推论

“证明推论存在的那个推论也可以证明自身……而是作为可

推论者。”这一段，大卫指明了逻辑的自明性。这句原文为，քանզի հաւաքաբանութիւնն, որ եցոյց, եթէ է հաւաքաբանութիւն, և զինքն եցոյց, թէպէտ և ոչ որպէս հաւաքաբանութիւն, այլ որպէս հաւաքաբանելի。这里的“证明”也可以理解为“揭示或显现”，类似现象学说的，事物自己显现出来。这里的推论首先作为了逻辑形式，因此证明了一个它自身之外的事情(恰恰是它自身之外的自身)，但是在这个过程中，它恰恰揭示了这个“揭示其他事物的过程”是普遍而且客观存在的。不论进行什么推论，这个从某件事推出某件事的过程是“先天的”。当悬疑派要求大卫“证明”推论时，已经自然而然地证明了推论是存在的。

换言之，它根本不用再通过自身的逻辑形式证明自己，这个证明过程就证明了自己的存在。我们可以清楚地看到，本体论化的推论(a)高于工具化的推论(b)，只有这样，逻辑才不会脱离世界而仅仅成为思维的工具。因此，与其说推论是证明过程，不如说是哲学描绘的自然世界的形式，它是自足的。而之所以如此，因为它的更高原则需要人通过努斯把握，而努斯不假推论，这是人直接获得的能力，推论是这种能力的外在运用。

下面的“定义”作为对事物本质的断言，本身也是通过证明、分析、辩证法获得的，因此它的“存在”也是不证自明的。但定义和推论必须要完全揭示出事物或自然本来的样子(一开始是未显现的)，否则的话就是无效的。

“可推论者”，原文为հաւաքաբանելի，翻译的是希腊文συλλογιστόν, Topchyan译为syllogizable; Papazian译为that which can be made into a syllogism。所有推论当使用的时候都是工具(b)，当用(b)证明(a)的时候，它证明了一个外于自己的结论，这个过程是推论——从(b)推出(a)。而(b)并未“推论”出自己，它把自己显现为一个可以被另一个推论过程推出的“可推论者”或潜在的推论。正如，定义在定义其他事物时——比如，人是有理性的动物——它并未定义自身，但表明了定义的普遍形式：属加种差。而这个形式必定可以被我们“定义”出来。

（六）感觉论与推论的意义

大卫对推论本性的看法也见I.7，此处又再一次陈述，而且补充了一个原因，就是事物之间具有差异，而不是所有事物同享几个特征（下面引斐洛珀诺斯）。正因此，我们才需要推论，否则的话，事物都一样，那么只要把握几个“一”就一劳永逸了。

而且，事物自己就能证明（揭示）自己，这显然是感觉能做到的事情。在I.5，大卫说，“按照这种模式，这样就存在了三种推论。感觉和想象都不能推论，因为它们都接受自感觉，努斯也同样不能，[因为]它自行直观万事万物。意见也不能推论，因为它只是知道结论。所以只有思想能推论”。感觉不需要推论，因为它可以“自行直观”，如果外部世界是一个事物之间没有差异的世界，那么感觉接受什么就是什么了，换言之，事物无非就是几种感觉而已。自然也没有隐藏什么东西，人们只要被动接受就可以了。而推论恰恰是人主动运用思想的表现，它可以超越感觉和现象去面对事物本身及其本质。进一步来看，如果推论运用合理，那么就能在更高层次上发现世界的普遍原则，努斯在这个层次上发挥着功能，它超越了思想，它恰恰是“自证而明”的，在它看来，事物又恰恰“彼此完全分有相同的[特征]”。

“事物并非在每个方面上都彼此有差别，因为两个否定陈述是得不出结论的”。这句Topchyan（2010:91）认为文本有可能有损坏，因为上下文逻辑关系不明。前半句是说事物并非又全都有差别，还是有共同之处，这是对上一方面的转折。可以推出，大卫后面想说，正因为有共同之处，所以推论才可以建立。如果事物全都是不同的，毫无共同之处，那么我们只能得到一些“否定陈述”，这样就可以接上后半句，而且原因很清楚：三段论中，两个否定的大前提是不会产生结论的。所以必定要有肯定断言，这样才能建立知识。

比较斐洛珀诺斯《〈前分析篇〉评注》31.30—32.1, Ἐπεὶ οὖν ἐδείξαμεν ὅτι ἔστι συλλογισμός, ἀκόλουθον ζητῆσαι πόθεν ἦλθεν εἰς ἔννοιαν ἡ ψυχὴ τοῦ συλλογίζεσθαι διὰ τὸ τά πράγματα ὁρᾶν μήτε πάντῃ ἀλλήλοις κοινωνοῦντα μήτε πάντῃ διαφέροντα(既然我们证明了推论存在，那么接下来就要探究：灵魂为什么通过看见事物——在所有方面都不是彼此相同，在所有方面也不是彼此相异——可以达到推论的思维)。

6. Յետ որոց եկեսցուք ի նոյն ինքն ի հաւաքաբանութիւն, զոր սահմանէ այսպէս. Հաւաքաբանումն է բան, յորում դրիցելոց ոմանց՝ այլ ինչ առկացելեօքն ի հարկէ հանդիպի զնոյնս զոլ: Այս սահմանն սեռ ունի, քանզի բանx՝սեռ է բացացուցականին, տրամաբանականին, ճարտասանականին, իմաստականին, քերթողականին, և բաղկացուցիչ զանազանութիւնս: Իսկ զանազանութեանց ոմանք ի նիւթոյ են, որպէս՝ .ոմանց դրիցելոցն, իսկ ոմանք՝ ի տեսակէ, որպէս՝ այլ ինչ առկացելեօքն ի հարկէ, և այլքն ամենայն՝ ի կարգումն: Իսկ տեսակ հաւաքաբանութեան՝ [յ] եզրակացութեանցն: Բայց հաւաստեսցուք զիւրաքանչիւր ոք ի բառից առանձին:

6. 下面，我们要来到推论本身，他的定义如下：“推论是一个语言形式，在其中，当某些事情被设定了，那么其他某个不同于所设定之事的内容必然地会通过这些[被设定的]事情本身而得出。”这个定义包含了“属”——因为语言形式是证明性、论辩术、修辞术、智术和诗术[推论]的“属”——以及“构成性差异”。[①]这里涉及的某些“差异”，有些来自质料，如“某些事情被设定了”；有些来自形式，“某个不同于所设定之事的内容必然地……”。而推论的形式在于结论。不过，还是让我们逐字逐词地说明一下吧。

（七）属与“构成性差异”

本小节，大卫又给出了一个推论的定义，它与IX.1的略有不同。其中“τῷ ταῦτα εἶναι”在IX.1译为զնոյնս այսպէս ունելով；在本小节译为զնոյնս գոլ。

大卫讨论了这个定义，分析了它的属和种差。在前面VII.4，讨论了大卫对哲学式定义的观点。他在本小节提到了“构成性差异”，即“构成性的种差”，这是一个很重要的概念，原文为բաղկացուցիչ զանազանութիւնս，“构成性”一词的前缀բաղ—，对应了希腊文σύν—；词根来自կաց和կացուցանել，即设置和建立，对应了希腊文动词ἵστημι；整个词对应了希腊文动词συνίστημι和形容词συστατικός。LSJ.IV的释义productive略近似于这里的含义，Topchyan译为constitutive；Papazian译为constituent。

⑴ 在大卫的《波菲里〈导论〉评注》[②]中，他指出了定义中属和种的关系以及“构成性差异”，（他指出了这本自柏拉图，当然也源自亚里士多德），τῶν γενικωτάτων γενῶν οὔκ εἰσι συστατικαὶ διαφοραί, μόναι δὲ διαιρετικαί, πάλιν τῶν εἰδικωτάτων εἰδῶν οὔκ εἰσι διαιρετικαί διαφοραί, συστατικαὶ δὲ μόναι... τὰ γενικώτατα γένη ὁρίζεται μὴ ἔχοντα συστατικὰς διαφορὰς

① 这句Papazian译为：“这个定义包含了‘属’。因为语言形式是证明性、论辩术、修辞术、智术和诗术[推论]的“属”以及‘构成性差异’。”句意略不通。

② 见Busse（1904:181）。

τῶν ὁρισμῶν ἐκ γένους ὄντων καὶ συστατικῶν διαφορῶν καὶ ὅτι κατὰ τοῦτον τὸν λόγον οὐ διαιρεῖται τὰ εἰδικώτατα εἴδη μὴ ἔχοντα διαιρετικὰς φωνάς(“构成性差异”不在最接近属的属[①]中，只有“划分性[②]差异”在其中；反过来说，“划分性差异”不在最接近种的种中，只有“构成性差异”在其中……最接近属的属，它定义的是没有“构成性差异”的属——定义来自属和构成性种差；按照这种逻辑，最接近种的种划分的是没有“划分性语音”的种)。[③]大卫《哲学序言》[④]中也有说明，οἱ ὅροι εἰώθασιν ἀπὸ γένους καὶ συστατικῶν διαφορῶν λαμβάνεσθαι(定义通常要从属和构成性种差来把握)。[⑤]简言之，“构成性差异”与“划分性差异”正反相逆，一个是种确立自身并且“构成”属的差异，也就是定义中的“种差”；一个是属确立自身并且“划分”种的差异。比如，对于动物—人这个属—种来说，动物有灵魂、有感觉，这就是它构建自身为属(属于生物这个更高的属，区别于无灵魂、无感觉的植物)的构成性差异，这些性质具体地表现在个体身上，但普遍地属于整个属；反过来，动物有理性和无理性这组差异，这就是“划分性差异”，它划分了人和动物这两个种，也是具体地表现在个体身上，但分别普遍地属于两个种。[⑥]

---

① 意思就是最高的属，每个属相对于更高的层次又为种，相对于更低的层次又为属。

② 即形容词διαιρετικός，见柏拉图《智者》226c。也见《后分析篇》91b39，联系了逻辑学的划分法。阿姆莫尼尤斯《〈前分析篇〉评注》7.31认为διαιρετική是论辩术的一种，通过论辩对事物进行划分。在古典逻辑学中，它也表示“选言的”，尤其是指不相容的矛盾选言。

③ Topchyan(2010:93)注释176指出了这句话的古亚美尼亚文译文为(128.18—19) Քանզի ամենայն սահման ի սեռէ և ի բաղկացուցիչ զանազանութեանց լինի。

④ 见Busse(1904:11)。

⑤ Topchyan(2010:93)注释176，指出这段的古亚美尼亚文译文为(26.23—25)，Ամենայն սահման բնաւորեցաւ ի սեռէ և ի բաղկացուցիչ զանազանութեանց լինել。

⑥ 例子见Busse(1904:182)。

那么，推论自身也具有“构成性差异”，它使得自身区别于“语言形式”这个属[①]中的其他事物。大卫这里也提到了“语言形式”之下的五个种（从证明性推论到诗术推论），但它们也是“一般推论”的五个种，所以这里似乎暗示一般推论是对这五者的抽象，实际存在的只是这五个推论。这样说明了，亚氏定义一般推论是为了建构证明性推论。

(2) 大卫进一步论述了“推论”定义中“构成性差异”的两个方面：形式（տեսակ, εἰδός）与质料（նիւթ, ὕλη）。哲学总体来说就是分析，如大卫《哲学序言》[②]所言，καὶ γὰρ αὕτη λαμβάνουσα κατὰ τὴν γνῶσιν τὸ εἶδος καὶ τὴν ὕλην ἀποτελεῖ τὰ τέσσαρα στοιχεῖα（哲学按照知识把握形式和质料，展示四种元素[③]）。进而如大卫《波菲里〈导论〉评注》[④]所说，ἐπειδὴ τὰ φυσικὰ πράγματα εἰς ὕλην καὶ εἶδος ἀναλύονται, ἐξ ὧν καὶ σύγκεινται· διδάσκει δὲ ἡμᾶς ὅτι ἀναλογεῖ τῇ μὲν ὕλῃ τὸ γένος τῷ δὲ εἴδει ἡ διαφορά（既然各种自然事物被分析为组成它们的质料和形式，那么哲学就教导我们，属类比于质料；种差类比于形式）。因此，对推论来说，质料就是“某些事情被设定了”，它对应了推论的“属”，即“语言形式”，这些提供了既定可用的语言材料；形式就是“某个不同于所设定之事的内容必然地……”，它对应了推论的“种差”，即，“从某事必然得出某事”，除了推论之外，其他“语言形式”都不能“从某事必然得出某事”（推论中，如诗术虽

---

① 如果译为“论证”，那么另一个种就是“归纳法”或者修辞术中的“例证”，但这样就太狭窄了，不合乎IX.7的看法。译为“语言形式”，那么述行语（祈愿、祈使）、摹仿性语言就是另外的种。

② 见Busse(1904:40)。

③ Topchyan(2010:93)注释177，指出这段的古亚美尼亚文译文为(94.17—18)，Քանզի ինքն անռլով զըստ գիտութեան զնիւթ և զտեսակ, զսկզբունս ամենայնի բացակատարէ՝ զչորս տարերս。

④ 见Busse(1904:91)。

然可以看似“必然地”得出结论，但结论完全假)。

(3)“而推论的形式在于结论”，这句Topchyan补充了“[多有不同]”，但Papazian没有补充，他的译文是“诸推论(用了复数，但没有勘本依据)的形式就是诸结论”。这句的含义可见斐洛珀诺斯《〈前分析篇〉评注》32.9, γένος οὖν τοῦ συλλογισμοῦ ὁ λόγος, διαφοραὶ δὲ τὰ ἐν τῷ συλλογισμῷ λοιπά. θεωροῦνται δὲ αὗται ἐν τῇ ὕλῃ καὶ τῷ εἴδει, ὕλῃ μὲν ταῖς προτάσεσιν, εἴδει δὲ τῷ συμπεράσματι(语言形式是推论的属；推论中余下的成分都是种差。种差按照质料和形式来审视，则质料为前提；形式为结论)。显然，Papazian的译法更准确。所以，推论过程，就是从“质料”得出“形式”的过程，这个形式体现在结论中，表现在整个“必然得出”的过程里，通过它，杂多的质料就被统一。

7. Բան, յորում դրիցելոց ոմանց. դրիցելոցxաաց և ոչ՝ ստորադրիցելոց, ապաթէ ոչ՝ զստորադրականնմիայն սահմանէր: Եւ ոչ ստորոզիցելոց ասաց, ապա թէ ոչ՝ զստորոզականնմիայն սահմանէր: Այլ՝դրիցելոցxաաց, այս ինքն՝ խոստովանիցելոցx, և պարառոցեաց զստորոզականսն և զստորադրականսն: Քանզի առաջարկութիւնքն խոստովանեցեալք ոմանք գոն. և ի ստորոզականսն, վասն զի առաջարկութիւնք, և ի ստորադրականին՝ որպէս շարամերձական և առառութիւն: Եւ զի դրիցելոցնx խոստովանեցելոց է, յայտ է, վասն զի նշանակութեանց դրութիւն է խոստովանութիւն: Իսկ դրիցելոցx ասաց՝ առ հակորոշումն այլոց բանից, որպէս՝ ըղձականին, հրամանականին, և՝ հակորոշեցելոցն բացերևակումն. Քանզի ոչ յուրուք վերայ նոցա նախենթակայէ ինչ երբէք խոստովանեցեալ:

7. “一个语言形式，在其中，当某些事情被设定了”。

他说的是“被设定了”[①]，而不是说“被假设了”，否则的话，他会仅仅定义假言[前提或推论][②]。他也没有说，“被谓述了”，否则的话，他会仅仅定义直言[前提推论]。他说，“被设定了”，意思就是，“被认可了”，他既包括了直言，也包括了假言[推论]。因为前提既可以是某些在直言[推论]中“被认可”的事情，也可以是某些在假设[推论]中“被认可”的事情(比如条件句和模态指示词)。显然，“被设定了”意思就是“被认可了”，因为意义的设定被认可了。他说“被设定了”是为了让这些句子区别于其他诸如“祈愿和祈使”的句子，也为了表明它们之间的差异，因为对于后两者这样的句子，并未预设什么被认可的内容。

(八)条件句、谓述句与非谓述句

本小节开始具体分析推论的定义。主要围绕着“被设定了”(դրիցելոց)这个短语对推论的分类和语言形式的分类进行讨论。

“被认可了”，原文为խոստովանիցելոց，来自动词խոստովանիլ，词根来自动词խոսել或խօսել(说、谈论)，以及名词խօս，从词源上与阿维斯塔语和中古波斯语都有关系，与拉丁语的vox和英语voice都有同源关系。它翻译的是希腊文ὁμολογοῦμαι。大卫的观点见斐洛珀诺斯《〈前分析篇〉评注》33.6—7。前面曾引大卫《波菲里〈导论〉评注》，[③]ἐν δὲ συλλογισμοῖς, ὡς ὅταν λάβωμεν τὸ ζητούμενον ὡς ὁμολογούμενον(在推论中，我们可以将所探求的内容把握为被认可的事情)。这里指“结论”是被认可的事情，它从被认可的前提中推出。这种认可是一种“共通”的认

---

① “被设定”的希腊文和“被假设”的希腊文词根一致(来自τίθημι)，古亚美尼亚文保留了这个特点(词根为դրիցել)。

② 补译的地方，Topchyan仅仅补充了“推论”，但这里首先是说前提。

③ 见Busse(1904:103)。

可，虽然是某人做出，但是具有普遍性。它要么是意见和概率性真理，要么是知识和必然真理，它推出的结论也同样如此。从大卫的文意来看，“被设定”包含了“被假设”和“被谓述”，也就涵盖了直言推论和假言推论。

“条件句”，原文为շարամերձական。前者翻译的是希腊文συναπτικός。它来自动词շարամերձել，对应希腊文动词συνάπτειν。前缀շարա—对应了συν—，词根为动词մերձել或մերձենալ，以及介词մերձ，意为接触和触及。它词源上对应了希腊文μέχρι，但被用来翻译含义相同的动词ἅπτειν。条件句是一种衔接句，通过连词联系在一起。在斯多亚派那里被明确地讨论。比如克吕西珀斯(Χρύσιππος ὁ Σολεύς，公元前279—前206年)首先论述了条件句逻辑(也使用了συναπτικός)[①]，τῶν δ' οὐχ ἁπλῶν ἀξιωμάτων συνημμένον μέν ἐστιν...τὸ συνεστὸς διὰ τοῦ εἰ συναπτικοῦ συνδέσμου· ἐπαγγέλλεται δὲ ὁ σύνδεσμος οὗτος ἀκολουθεῖν τὸ δεύτερον τῷ πρώτῳ, οἷον εἰ ἡμέρα ἐστι, φῶς ἐστι(非简单命题中，有一种是条件句……用“可以构成条件句的”连词“如果”连接在一起；这种连接词表明了第二个句子连接了第一个句子，如，如果是白天，那么有光)。[②]按照之前的看法，比如卢卡西维茨，认为亚里士多德三段论是一个长的条件句，但即使如此，亚氏并未对这种逻辑进行概念化处理。不过在语法和修辞方面，亚里士多德谈论过连接词的功能和复合句(如《修辞术》1407b20，1413b32；《诗学》1456b38)，包含了因果句和并列句。

“模态指示词”，抄本为առաunւթիւն，从构词和古代文本翻译来看，它对应了两个希腊文，即πρόσρησις和προσηγορία，两种文字的词根相同，都是“说”。前者在亚里士多德那里仅仅见

---

① 见Arnim(1903:68)，克氏写过讨论论辩术(辩证法)的作品，此处还提到了第欧根尼。

② 也见Bocheński(1951:89)。

于《前分析篇》25a3，指模态逻辑中“附加”上去的模态标志，通过它区分了实然、必然和或然三种命题。后者在亚氏那里也出现过，如《范畴篇》1a13，意思是命名和表达，斯多亚派那里指“共名”。Papazian采用了抄本的形式，按照πρόσρησις译为prefix。而Topchyan自己修改为առառութիւն，因为它从构词上对应了希腊文πρόσληψις。在亚历山大《〈前分析篇〉评注》390.3—6和阿姆莫尼尤斯评注68.16—17讨论相同内容时，也使用了这个词。这种理解看起来很自然，但առառութիւն并未在词典和古文献中出现过。[①]中译采取了Papazian的看法，因为模态指示词与条件句的联系还是很明显的。

“意义”，原文为նշանակութիւն，词根来自名词նշան，即符号和象征，词源上与中古波斯语和古伊朗语有关，翻译的是希腊文σημασία。这种意义就是“谓述关系”，比如，桌子是木头的，这就表达了意义。而与之相对，祈使句和祈愿句没有这种谓述关系，所以就没有设定意义。

“祈愿和祈使”，原文为ըղձական和հրամանական。前者来自动词ըղձալ和名词իղձ，即希望和期望，词源上与阿维斯塔语有联系，而且与希腊文ἰχαίνειν同源。后者来自名词հրաման，即命令和允许，词源上来自中古波斯语(framānā和fārman)，翻译的是希腊文προστακτικός(但հրամանական没有前缀)、τάξις和πρόσταξις。

对于祈愿和祈使这种“述行语”，亚里士多德多有说明，见《诗学》1456b9，总论诗学的措辞，指出修辞术讨论措辞。措辞的一种探究包括“措辞的程式”(τὰ σχήματα)，“知晓程式属于口头表演的技艺和掌握这门专业技艺的人”(τῆς ὑποκριτικῆς καὶ τοῦ τὴν τοιαύτην ἔχοντος ἀρχιτεκτονικήν)，这包括“命令

① Topchyan(2010:93)注释179也承认了这一点。

(ἐντολὴ)、祈愿(εὐχὴ)、叙述(διήγησις)、恐吓(ἀπειλὴ)和问答(ἐρώτησις καὶ ἀπόκρισις)”。述行语在美学上是常用的，比如诗学和修辞术中激动他人情感的语言，而在逻辑学和哲学上，它们并没有表达出“意义”，也就没有触及世界的本质和属性。

8. Բայց յոգնակի ասաց՝ դրիցելոց, և ոչ եզակի՝ դրիցելոյ, վասն շարամերձականաց և տարալծականաց, և վասն հակադարձմանց, և վասն եզառածիցն, քանզի ի նոսա մի զմիոյ զկնի երթայ: Որգոն, որպէս շարամերձականն՝ Եթէ է արեգակն ի վերայ երկրի, տիւ է. այլ արդ ի վերայ երկրի, ապա ուրեմն տիւ է: Եւ ի տարալծականսն նմանապէս. Կամ տիւ է և կամ գիշեր, այլ ահա տիւ է, գիշեր ապա ուրեմն ոչ է: Նմանապէս և ի հակադարձումն մի զմիոյ զկնի երթայ. որգոն, եթէ՝ Ոչոքքարմարդէ,եոչ ոք մարդ քար է: Եւ զի յեզառածսն մի միում հետևի. բայց պիտային եզառածիցն ճարտասանքն, որգոն՝ Այս անուն պձնող, ապա ուրեմն և շուն. Այս անուն մեռաւ՝ առընթեր կալոփորա , որ եսպան. մեռելումն ապա ուրեմն սպանող: Արդ, այսպիսեացս պիտային հաւաքաբանութեանց և Եսքինէս ընդդէմ Դէմոսթենայ, ասելով. Քանզի որդիատեացն և հայր չար, յաւել, թերևս ոչ երբէք հրապարակութեամբ երևեսցի քաղցրապիտակ: Այսոքիկ ամենեքեան անաւարտք են հաւաքաբանութիւնք:

8. 他使用了复数的“[它们]被设定了”，而不是单数的“[它]被设定了”——比如：条件式、选言式、换位、修辞演绎，在它们中，一件事情从一件事情中得出，[1][这些可以用单数]。

① 原文为մի զմիոյ զկնի երթայ，直译即，一件事情从另一件事情背后走出。

下面是条件式："如果太阳是在地球之上，则是白天；既然它在地球之上，因此是白天。"

选言式同样是[一件事情从一件事情中得出]，如："要么是白天，要么是夜晚，但现在是白天，因此不是夜晚。"

在换位中，也同样如此，如："没有一个石头是人；没有一个人是石头。"

在修辞演绎中，也同样如此。修辞演绎，演说家常用，如："这人是一个放荡子①，所以他是一个通奸者"；"这人死了，有人在他近前；那人就是杀死者的凶手。"爱思基讷斯使用了这样的推论来反驳德谟斯蒂尼，他说，"既然他是一个憎恶自己儿子的人，一个狡猾的父亲，那么无疑地，他在公共事务方面也不是一个有用的②人"。所有这些都是不完善的推论。

（九）四种不完善的推论

大卫在本小节谈到了四种推论，它们有四种不同的前提，都是"一件事情从一件事情中得出"，它们都不符合复数的"被设定了"(τεθέντων τινῶν, τῶν κειμένων和ταῦτα)。使用复数的原因见IX.10。大卫称这四种推论是"不完善推论"，这不但区别于第一格的Babara、Darii、Celarent、Ferio四种完善推论，也区别于第二格和第三格的推论。它们的"不完善"体现在前提的不完整上。有的可以补充少去的前提，比如修辞演绎。这四种也被叫作"非证明性(undemonstrated)论证或推论"。但要注意的是，它们有的往往是有效的，只不过形式上不完善。③

(1) 条件式上一小节已经解释了。这里的条件式不是卢卡西维

① 直译就是爱打扮，油头粉面的人。

② 原文为քաղցրապիտակ，也表示品德的高尚。

③ 见Mates(1961:67—69)，他列了五种。

茨说的“三段论”的条件式，它是一个前件，推出一个后件，即，如果p，则q。

(2)“选言式”，原文为տարալծական，前缀来自տար，常常翻译希腊文的διά，词根为լծակ和լուծ，意为杠杆、轭、横木、支柱，与希腊文ζυγόν和英文yoke同源。整个词翻译的是希腊文διαζευκτικός。这种选言式包含了相容选言式和不相容选言式(但从这个词的构成看，更偏重不相容选言)，后者一般用διαιρετικός。在斯多亚派那里定义了选言式，比如ἐν τοῖς διαιρετικοῖς καὶ διαζευκτικοῖς συλλογισμοῖς φασι τῇ προσλήψει θατέρου τῶν ἐν τῷ διεζευγμένῳ τὸ ἀντικείμενον ἕπεσθαι τοῦ λοιποῦ τῆς συλλογιστικῆς συμπλοκῆς(在不相容选言推论和选言推论中，他们说，一对选言肢里，一方的对立面会随着另一方的附加假设[而得出]，此时就编织成了推论)。[①]也就是，要么p，要么q，既然p，则非q。非q就是p的对立面。这个过程反之亦然。它通过p得出了q，从一件事推出了另一件事。

(3) 换位的情况，后面会讲到。此处举了一个例子，即，SeP换位为PeS，这是亚里士多德举的换位法的第一种。大卫把它也当作一种“推论”，因为它也是从某事必然得出某事。这个例子，也见阿姆莫尼尤斯《〈解释篇〉评注》84.12、84.23、106.31—32和108.33—34。

(4)“修辞演绎”，原文为եզառած，来自եզ(唯一)和առած(公理、陈述、话语)，意思就是“只有一个前提的[推论]”，它对应了希腊文ἐνθύμημα(英文为enthymeme)。但եզառած并不符合ἐνθύμημα的词源和构词含义，属于意译，与之对应的是希腊文μονολήμματος(斯多亚派那里，λῆμμα即前提)。

ἐνθύμημα词根为θυμός(心灵，情感、思想之所在)，前缀为ἐν

---

① 见Arnim(1903:88)，这来自亚历山大的评注。

等同于英语的in。它还有一个动词形式ἐνθυμέομαι，即放在心中忖度、顾虑，如安多基德《论神秘仪式》2和柏拉图《申辩》21b3。以演说为例，名词出现在不少演说家作品中，如伊索克拉底《论互换诉讼》47，τοῖς ἐνθυμήμασιν ὀγκωδεστέροις καὶ καινοτέροις（更拔高夸张更新鲜独创的思想）；在他的《反智术师》16、《游阿格拉斯》10中表示思想和看法；《泛雅典娜节演说》2也有，πολλῶν ἐνθυμημάτων γέμοντας（充满了许多观点和看法）；在爱思基纳斯《论无信义之使节》110中有，προσέθηκέ τι τοιοῦτον ἐνθύμημα τῷ λόγῳ（在言辞［解释或论证］中他加入了这样的论证），用作了推导和结论。在亚里士多德《修辞术》中，ἐνθύμημα成为了重要概念，和论辩术的推论对应专指逻辑论证，突出了思想的形式性。《前分析篇》70a11.2.27，亚氏把演绎定义为“来自诸εἰκός和σημεῖον的推论”，修辞术中常用演绎，因此中译为“修辞演绎”，有时候亚氏直接就说修辞演绎是推论。《论题篇》162a列举了几种推论：φιλοσόφημα（哲学/或证明性推论）、ἐπιχείρημα（论辩术推论）、σόφισμα（智术推论）、ἀπόρημα（论辩术推论反证），显然“修辞演绎”是可以归入其中的。修辞演绎是简练的“三段论”，往往只有一个前提（但也有很多是两前提的）。

大卫这里举了几个例子，第一个例子见于《修辞术》1401b24，阿姆莫尼尤斯、斐洛珀诺斯都引过。古希腊著名演说家爱思基纳斯（Եսքինէս）的例子则见于《反克特西丰》78。第一个例子省略了前提“所有放荡子都是通奸者”、第二个例子省略了前提“所有在死者身旁的人都是凶手”、第三个例子省略了前提“憎恶儿子的狡猾父亲在公共事务方面是没有用的”。

9. Բայց զի՞ կոչեցին անաւարտունք: Այսպէս պարտ է ասել. Այս անուն պճնող. ամենայն պճնող շուն, ապա ուրեմն այս անուն շուն է. Այս անուն մեռավի գիշերումն՝ առընթեր նորա կալով. սպանումնմեռելումն ամենայն ի

սպանողէ է. այսանունապարեմս սպանող է: Նմանապէս և զԵսքինեայ հաւաքաբանութիւն այսպէս պարտ է ասել. Դէմոսթենէս որդիատեաց և հայր չար. ամենայն այսպիսի թերևս ոչ երբէք երևեսցի հրապարակութեամբ քաղցրապիտակ: Բայց պիտային եզառածիցն ճարտաասանք վասն չորից պատճառաց. կամ խնայելովի ժամանակն, քանզի առ հոսանուտն ընտրելովառնէին, կամ շողոքորթելովզդատաւորսն`որպէս զգիտունսն հաւաքաբանից հնարից, և կամ այլազգաբար, որպէս զի ձայնակիցս կալցին զդատաւորսն` որպէս վերալցողս զպակասումս. քանզի ամենայն ոք ընդ ինքեան առաւել հաւատայ ասողում, քան թէ այլում: Եւ այլազգաբար, եթէ կամաւորութեամբ թողուին զմեծ առաջարկութիւնն, վասն զի բազում անգամ սուտ գտանէին, և վասն թաքուցանելոյ զսուտն` այնպէս առնէին:

9. 但是，为什么它们被称作“不完善”呢？因为本应该这样说[就完善了]，“这人是一个放荡子；所有放荡子是通奸者；所以这人是一个通奸者”；“这人死在夜里，那人当时在他近前；每起谋杀都是[在近前的]凶手干的；所以那人是凶手”；[①]同理，爱思基讷斯的推论应该陈述如下：“德谟斯蒂尼是一个憎恶自己儿子的人，一个狡猾的父亲；没有一个这样的人在公共事务方面会有用，[所以德谟斯蒂尼在公共事务方面没有用]。”演说家使用修辞演绎有四点原因：第一，节省时间(因为他们有选择地说，不超过水流[②][的时限])；第二，谄媚裁决者，好像自己精于推论之

① 这句和上一小节那句文本都有问题，只能译出大概的句意，同时有所补译。
② 原文的含义是“违反水钟”，也就是在水钟到点之前。希腊演说者演说是有时间限制的。

法；第三，让裁决者与[自己]一致，因为他们可以自己补充上缺少的部分，而较之其他人，每个人都更相信他们所说的；第四，他们有意忽略大前提，因为他们往往发现它是错的，为了掩盖它，就这么做。

（十）使用修辞演绎的四点原因

本小节插入了一段说明修辞演绎的内容，它讨论了“完善”后的修辞演绎及其四点用途。补充了省略的前提（按本小节说法，一般是大前提）之后，就会得到亚里士多德的四个公理性推论。之所以使用一节篇幅来讨论修辞演绎，首先因为，四种单前提的推论里，只有修辞演绎可以完善为标准推论。其次，也是为了说明修辞术的虚假，表明这种不完善推论与《前分析篇》的“不完善推论”还是有区别的。[①]

四点原因在亚里士多德《修辞术》中都有暗示。第一点，见《修辞术》II.22.3，“因为[对于修辞术]，[听众]不需要进一步的[步骤]，也不需要把握全部内容来得出结论（συνάγειν）；前者由于冗长（μῆκος）而不明晰（ἀσαφὲς），后者因为说的都是明摆的事（τὸ φανερὰ λέγειν）而啰嗦（ἀδολεσχία）”。比起哲学式的推论，修辞术推论更快、更短，而且更直接。第二点，不但在《修辞术》中（亚氏指责修辞术煽动情感，迎合裁决者），在柏拉图《高尔吉亚》中也讲得很详细了，如464c，苏格拉底说修辞术是ἡ κολακευτικὴ [τέχνη]（谄媚的技艺）。第三点，见《修辞术》I.1.3—4，“那些人不谈诸修辞演绎——这是说服法的身体——相反，他们总孜孜探求主题事实之外的事情：因为偏见、怜悯和愤怒这样的灵魂的诸情感并不关涉主题事实，而是指向审判官”。演说家通过这些情感让审判官或裁

---

① 比如A⊃B.A.⊃.B这种单前提形式，亚历山大甚至不认为是推论，虽然它是有效的。见他的《〈前分析篇〉评注》373.31—35，也见Mates（1961:65）。

决者偏向自己，而不是说理，所以“补充缺少的内容”往往是按照自己的目的，而非按照逻辑和事实进行。第四点似乎不见于《修辞术》，但在II.22.3有些近似的内容，“后者[无教养者]以他们所知内容(ἐξ ὧν ἴσασι)来说切近之事(τὰ ἐγγύς)。这样，必须不以所有人的看法(ἐξ ἁπάντων τῶν δοκούντων)，而以特定者的[看法](τῶν ὡρισμένοις)为前提来说”。修辞术不用说“普遍必然为真”的道理，而是针对裁决者或一部分人说他们认可的话，也就是对他们为真的话。这样，通过省略前提就可以掩盖虚假的内容，只把对自己有利的真话说出就行。

这四点原因也见斐洛珀诺斯《〈前分析篇〉评注》33.15—27，与大卫略有出入，τούτοις δὲ κέχρηνται οἱ ῥήτορες τοῖς συλλογισμοῖς ἢ συντομίας χάριν,ἤ διὰ τὸ πρὸς ὕδωρ ῥέον ποιεῖσθαι τοὺς λόγους καὶ μὴ ἐξαρκεῖν τὸν χρόνον πρὸς τὰ λεγόμενα, ἢ διὰ τὸ δοκεῖν τιμᾶν τοὺς δικαστὰς καὶ διὰ τούτου εἰς εὔνοιαν αὐτοὺς προσκαλεῖσθαι ὡς εἰδότας τὰς διαλεκτικὰς μεθόδος καὶ δυναμένους τὴν μείζονα προστιθέναι πρότασιν, ἢ συμψήφους ἢ συγκατηγόρους βουλόμενοι αὐτοὺς ἔχειν τῷ ἐκ τῆς ἀκολουθίας αὐτοὺς προστιθέναι τὴν μείζονα τῶν προτάσεων(演说家使用这些推论，或是为了简练；或是赶在水流之前做完演说，而不会耗尽演说时间；或是看起来尊重裁决者，由此可以[让他们]对自己有好感，仿佛自己会论辩之法，仿佛自己能补充上更强有力的前提；或是希望通过结论补充上更强有力的前提来让裁决者偏向自己作出投票或审判)。

10. Արդ, բարւոք ասաց՝ դրիցելոց ոմանց և ոչ՝ դրիցելոյ ումեք, քանզի ի հաւաքաբանութիւնսն յոլովք դնին: Եւ ասելով դրիցելոցն՝ առակեաց, եթէ է կարի նուազ երկուքն

ամենայն իրօք, վասն զի և բազում առաջարկութիւնս կարողութիւն է դնել ի հաւաքաբանութեան: Եւաստուստ և անուն հաւաքաբանութեան գտաւ, որ նշանակէ բաղհաւաքումն. քանզի բաղ՝ յորոց վերայ առադրի, բազմութիւն նշանակէ, որպէս՝ մարտակից, որպէս՝ որդեկից. նոյնպէս հաւաքակցութիւնք. այս ինքն՝ բաղհաւաքումն՝ սակս բազում ինչ միանգամայն հաւաքաբանելոյ: Քանզի ի սմա ոչ եթէ մի միումն հետևի, այլ բազմաց՝ մին. որգոն՝ Մարդ կենդանի, կենդանի՝ շնչաւոր, ապա ուրեմն և մարդն շնչաւոր:Ապա բազմաց՝այս ինքն՝ կենդանումնxև ներանձնաւորումնx՝ մինն հետևի, այս ինքն՝ մարդ ներանձնաւոր:

Ընդ այսոսիկ հանդերձ աստուծովն առաջիկայ պրակք:

10. 那么，他正确地说，“某些事情被设定了”，而不是“某个事情被设定了”，因为有若干事情在推论中被设定了。他说“被设定了”，这意味着，至少有两个[前提]一定存在，因为在推论中也有可能包含几个前提。因此，“推论”这个名字被造出，意思就是“收集”①，因为当“和”添加到某[单词]上，就表明了“多”：“和……同盟”，“和……同源”；这两者也意味着“收集”②。这样，[之所以叫]“推论”，因为是几个东西被同时“收集在一起”。因为在推论中，一件事情并没有从一件事情中推出，而是从几件事情中推出。比如，“[人是]动物；[动物是]有灵魂的”，则可以得出，“人是有灵魂的”。

到此，凭上帝之助，而有这一讲。

---

① 即名词բաղհաւաքումն，既表示推论，也表示收集，对应了希腊文συλλογή。

② 即名词հաւաքակցութիւն，对应了希腊文ἄθροισμα(阿姆莫尼尤斯所用)。

(十一)推论的得名

本小节说的推论是完善和标准的推论，因此有两个或多个前提，从它们中推出一件事。大卫由此解释了“推论”一词的得名。古希腊文中，推论为συλλογισμός，前缀συλ—(即συν—)意思就是“和或共同”，它表明了“多”，古亚美尼亚文为բաղ—。大卫举了“同盟”(մարտակից)和“同源”(որդեկից)两词都可以配合这个介词。

推论一词的古亚美尼亚文为հաւաքաբանութիւն，另一种加前缀բաղ—的形式为բաղհաւաքումն，它的词根即动词հաւաքել，意为收集。与之对应，συλλογισμός的词根为动词λέγειν，即收集(另一个意思就是“说”，英文收集collection的词根与之相同)。

大卫的说法，本自柏拉图，如《克拉底鲁》412a，有σύνεσις δ' αὖ οὕτω μὲν δόξειεν ἂν ὥσπερ συλλογισμὸς εἶναι(按这种方式，理解看起来就恰如“把事情收集在一起”)。柏拉图关注的也是前缀συν—，而“推论”恰恰是“理解”(来自动词σύνιημι)的基本方式。在《泰阿泰德》186d中，συλλογισμός进一步表示“知识和科学”的推理。

在亚里士多德《修辞术》1371b9，谈到摹仿时说，“摹仿……有推导产生(συλλογισμὸς)：这个是那个(τοῦτο ἐκεῖνο)，以至于人们有所获知”。这种“推导”是符号层面的，即，符号(摹本)意指某个外部事实(原本)，外部事实被“收集”在符号中。

关于推论与“收集”的联系，也见亚历山大《〈论题篇〉评注》425.8—9，阿姆莫尼尤斯《〈前分析篇〉评注》26.2—8，奥林匹奥多罗斯《哲学序言》8.13—16，大卫《波菲里〈导论〉评注》[①]和斐洛珀诺斯《〈范畴篇〉评注》10.32—11.3，他们均认为，推论是ἡ

---

① 见Busse(1904:90)。

συλλογή(或ἄθροισμα)λόγων(对陈述的收集)。这种收集自然是要按照某种规则进行的，而且要能得出结论。

第十节　论推论(二)

1. Այլ ինչ առկացելեօքն ի հարկէ հանդիպի զնոյնս գոլ: Յետ առ ի նիւթոյն զանազանութեանց զայ և առ ի տեսակէն: Այլն առկայանայ, որպէս զի այլ եղիցի եզրակացութիւն առաջարկութեանց, և ոչ մի ինչ ի նոցանէ իցէ նոյն. որգոն՝ Մարդ կենդանի, կենդանին՝ գոյացութիւն, ապա ուրեմն՝ մարդ գոյացութիւն: Արդ մարդ գոյացութիւն, և ոչ մի ինչ որք է յառաջարկութեանցն նոյն գոլ, իսկ ոչ մի ինչ յառաջարկութիւնս նոյն գոլ է՝եզրակացութիւն, այս ինքն՝ բաղեզերումն: Ասացաւ և վասն տարբերեցելոց առ ի ստոյիկեանցն բաղհաւաքմանցն, որք զբաղեզերումն զնոյն առնէին միում յառաջարկութեանց: Որգոն՝ Եթէ տիւ է, տիւ է. այլ արդ տիւ է, ապա ուրեմն տիւ է: Քանզի սոքա սակս թախանձանս ի ներքս ածելոյ և ոչ զգործոյնառնեն, քանզի ոչ եթէ այլ այլով ցուցանեն , այլ՝ զինքն ինքեամբ, այս ինքն՝ զնոյն նոյնիւ:

1.“某个不同于所设定之事的内容必然地会通过这些[被设定的]事情而得出。”在讨论质料方面的种差后，他又开始讨论形式方面的[种差]。添加了“不同于”一词，是为了让结论不同于诸前提，它们不能一模一样。比如，“人是动物；动物是实体[①]；所以人是实体”。“人是实体”[这个结论]就不同于诸前提。结论(即完

① “实体”原文为գոյացութիւն，来自系动词գոլ。

结)[①]不能与前提一样。

之所以说[不同于]，也是为了区别于斯多亚派的重言推论，它让结论与一个前提完全一样。比如，“如果是白天，则是白天；既然现在是白天，因此是白天”。这些[推论]引入[这样的结论]实在无聊，而且对于实践毫无意义；因为它们没有用另一件事证明一件事，而是用一件事来证明它自己，也就是用相同的事情证明相同的事情。

(一) 斯多亚派的重言推论

在上一小节，大卫分析了推论定义的前半部分(质料方面的种差)，本节开始讨论后半部分(形式方面的独特性)。这一小节集中于“不同于”(այլ)一词。在前面，大卫已经指出了，推论就是“从一件事或多件事必然地推出一件事”，那么后一件事可不可以与前提相同呢？也就是说，如果p(或如果p且q)，则p，这种推论是不是一种推论呢？尽管它形式上合法，但是大卫明确否定了这种推论。结论必须是一个全新的谓述，当然它的主词和谓词要来自前提。

“重言推论”，原文为տարբերեցել բաղհաւաքումն，即，有差别的推论，Topchyan认为是古代翻译者的误译。“重言”的希腊文为διφορούμενοι，很容易和διαφερόμενοι(有差别的)混淆。但不排除，可能遗漏了否定词或否定前缀，即“无差别(ἀδιαφόρως)推论”，这个说法，亚历山大也提到过。所谓重言推论，首先就是三段论的大小前提都是一样的；或者其次，结论与某个前提一样。

这种重复性的推论在历史上曾被斯多亚派提出过。亚历山大的《〈前分析篇〉评注》18.16—20和20.10，《〈论题篇〉评注》10.5；阿姆莫尼尤斯《〈前分析篇〉评注》27.35—28.5，斐洛珀诺斯《〈前

---

① 括号中的内容有可能是后加的。“完结”(բաղեզերումն)一词在构词上与“结论”(եզրակացութիւն)相同。

分析篇〉评注》33.23—26均有指出。[①]亚历山大举的例子还有，甲说是白天；甲说的是真话；因此是白天。甲说是白天；是白天；因此甲说的是真话。

重言推论实际上是一种“同一性”的推论(很容易让人联想塔斯基的T模式)，[②]它的功能是确证某事或某命题的成立。这种论证是“有效的”，但不是“推论”。由此，推论必须要超过同一律，因为没有增加知识，没有揭示新的东西。从大卫和亚历山大的介绍看，重复的词项似乎必须是同名的，而不能异名同指，比如，如果有金星，则有长庚星；有金星，则有长庚星。这看起来不属于重言推论。

2. Ինչ. ոչ է արհամարհել զինչդx՝ որպէս զմի փաղառութիւն, քանզի անչափ ունի զօրութիւն, որպէս և որ ոչ ինչ զոլ բաղհաւաքականացն և անբաղհաւաքմանց լծակցութեանց: Վասն զի պարտ է գիտել, եթէ որքանիք լծակցութիւնք նոյն հիւսմանց պահեցելոյ, իսկ նիւթոյն փոխեցելոյ ինչ՝ժողովեն մի և ոչ բազում, այնոքիկ բաղհաւաքականք ասին: Իսկ որքանիք լծակցութիւնք նոյն հիւսմանց պահեցելոյ, նմիոյ սահմանի փոխեցելոյ՝ այլ ինչ և այլ ժողովեն, երբեմն ումեքումն և երբեմն ոչ ամենայնի, այնոքիկ անբաղահաւաքականք ասին:

2.“某个……事情”：这个“某个……事情”不能因为它是一个单音节词——意义不可估量——或者似乎它与可推论的和不

① 见Arnim(1903:87—88)和Mates(1961:65—66)。

② 大卫所举的例子“如果是白天，则是白天；既然现在是白天，因此是白天”并不是无用的推论。第一句的两个白天是语言类型，后一句的两个白天是标志，是在“现在”的例示。这里确定的就是白天这个事物是会在某个具体情境中出现的，当它出现，它就是那种语言类型所指示的东西。正如“如果雪是白的，那么雪就是白的”这个模式一样。但这的确没有增加知识，所以不属于推论的任务。

可推论的连接无关而无视它。[之所以它很重要]，因为人们应该知道，有些连接，当以相同结构建立时，某个事情在内容上会发生改变，但结论是一件事情，而不是多件事情，这样的连接就被叫作“可推论的”。而另一些连接，当相同结构建立时，词项发生改变，那么有时会得出一件事情，有时会得出另一件事情，有时是某些事情，有时什么都没有，这就叫作“不可推论性的”。

（二）可推论的连接与不可推论的连接

亚里士多德在推论定义中使用了一个“某个事情”(τι, ինչ)，这虽然是一个看似不太重要的词，但大卫认为它不可忽视。首先，它是单数词，也就意味着，推论的前提可以多数，但结论只能有一个。其次，推论有不同连接(լծակցութիւն)方式，比如Babara式，Darii式等，对于一种连接方式，是要有某个固定的结论得出，不可能aaa的结构得出了i的结论，推论形式要一致。第三，“某个事情”的内容和质料是不同的，但形式是不变的。如果一个推论保证了这三点，它就是“可推论的”(բաղհաւաքական)，反之就是不可推论的(անբաղհաւաքումն)。所以对于这三点来说，亚里士多德没有使用复数的τι是有缘由的。

“连接”原文为լծակցութիւն，前面出现的选言式(տարալծական)一词与它同词根。它一般指一对事物的连接，希腊文为συζυγία，即共轭。因为大前提和小前提的连接如同车轭相连。对于可推论的形式，亚里士多德做出了描述，也就是我们今天知道的三格十四式。当然还存在一些变体。

亚历山大《〈前分析篇〉评注》52.19—24对两种连接有所解释，συλλογιστικαὶ δὲ καὶ δόκιμοι συζυγίαι λέγονται αἱ μὴ συμμεταβάλλουσαι τῇ τῆς ὕλης διαφορᾷ μηδὲ ἄλλοτε ἄλλοῖον συνάγουσαι τε καὶ δεικνύουσαι ἀλλὰ αἰεὶ καὶ ἐπὶ πάσης ὕλης ὅμοιόν τι καὶ ταὐτὸν εἶδος ἐν τῷ συμπεράσματι φυλάττουσαι. ἡ δὲ συμμεταπίπτουσα τῇ ὕλῃ καὶ συμμετασχηματιζομένη καὶ ἄλλοτε ἀλλοῖον καὶ μαχόμενον ἴσχουσα τὸ συμπέρασμα ἀσυλλόγιστος τε καὶ ἀδόκιμος συζυγία(可推论和可接受的连接被认为是不会随着质料的差别而变化的连接，也不会在不同时间，产生不同的推导和证明；而且这些连接可以恒定地保证对所有质料全都一致，结论形式同一。而随着质料发生变化而且变形，在不同时间，得出不同并且有冲突的结论的连接，就是不可推论的，而且不可接受的)。

3. Ի հարկէ. ի հարկէ ասացաւ, որպէս զի հարկաւոր և կարևոր եղիցի ժողովելն. և ոչ՝ որպէս մակածականացն և յարացուցից, որք ոչ հարկաւոր ինչ ժողովեն: Քանզի ամենայն հաւատ կամ ի հանգիտէն զհանգէտն յարդարէ, կամ ի նուազէն զմեծն, և կամ ի մեծէն զնուազն: Արդ, որ ի հանգիտէն զհանգէտն յարդարէ, ասի յարացոյց. որգոն՝ Ոչ տացուք Դիոնէսիոսումս թիկնապահ մարմնոյ, վասն զի և Պիսիստրատոս առեալ բռնացաւ: Քանզի ոչ հարկաւոր է, թէ՝ Պիսիստրատոս բռնացաւ, և Դիոնէսիոս բռնանայ: Իսկ որ ի նուազէն զմեծն յարդարէ, մակածութիւն ասի. որգոն՝ վասն զի Մարդ և ձի զներքին կլափն շարժեն, ոչ է հարկաւոր, թէ՝ ապաուրեմս և ամենայն կենդանի զներքին կլափն շարժէ, որ ոչ է հարկաւոր փիւնիկաթևի և կոկորդիլոսի և գոճամի, որք զվերին կլափն շարժեն: Իսկ որք ի մեծէն զնուազն հաւատացուցանեն, այնոքիկ բաղհաւաքումս ասին. որք հարկաւոր հաւաքեն, որգոն, եթէ՝ Ամենայն մարդ երկոտանի գոյ, ապա և Սոկրատէս երկոտանի գոյ, որ է հարկաւոր:

3. “必然地”：说“必然地”是为了让结论必然而且必定如此；这不像归纳法和例证，这两者都不能必然地得出某个事情。因为每个证明，要么是用某个同等的事情证成某个同等的事情；要么是用某个更小的事情证成某个更大的事情，或是用某个更大的事情证成某个更小的事情。

用某个同等的事情证成某个同等的事情，叫例证，比如，“我们不应该给狄俄尼修斯设护卫，因为裴西斯特拉托斯在有了护卫之后就成了僭主”。[①][之所以不是必然的]，因为裴西斯特拉托斯成为僭主，狄俄尼修斯并不必然地也会成为僭主。

用某个更小的事情证成某个更大的事情，叫归纳，比如，既然人和马都会活动下颌，但并不必然地，每个动物都会活动下颌，如红鹤[②]、鳄鱼和海豚[③]都是如此，它们的上颌能动。[④]

用某个更大的事情证成某个更小的事情，就是推论，它们必然地得出某个结论。比如，“每个人都是两足的，所以苏格拉底也是两足的”，[⑤]这是必然的。

（三）逻辑必然性

这一小节开始分析“必然地”(ἐξ ἀνάγκης)，大卫举出了三种逻

① 这个例子见《修辞术》1357b25—1358a2，也见Busse(1904:88)，大卫在《波菲里〈导论〉评注》中也用过，对应的古亚美尼亚文为Իսկ յորժամ հաւասարաւն զհաւասարն ցուցանեմք, յարացոյց կոչի. որպէս յորժամ ոք կամելովոչ տալ Դիոնիսի մարմնապահս՝ ասելով. Արք աթենացիք, ոչ տացուք Դիոնիսի թիկնապահս, վասն զի և Պիսիստրատոս առեալ բռնացաւ，也见Busse(1904:89)。也见亚历山大《〈前分析篇〉评注》43.17—21。

② 大卫在《波菲里〈导论〉评注》也举了这个例子，希腊文为φοίνιξ τὸ ὄρνεον；阿姆莫尼尤斯举的例子为φοινικόπτερος。Papazian译为flamingo，即火烈鸟或红鹤。

③ 古亚美尼亚文的单词不见于词典，此处按照了大卫《波菲里〈导论〉评注》对应的δελφίς一词来译。

④ 这几个例子也见Busse(1904:88—89)，亚历山大《〈前分析篇〉评注》43.26—29，斐洛珀诺斯评注的34.20—31。

⑤ 这个三段论不完整，省略了一个前提：苏格拉底是人。

辑形式，其中归纳和例证在形式上差不多，可以算一种，那么逻辑形式无外乎推理(演绎)和归纳两种，而演绎的必然性是绝对的。这种演绎就是以一般推论为基础的证明性推论(形式完善的推论)。

⑴ 逻辑蕴涵的必然性。就大卫此处解释的、推论定义中的"必然"来讲，它指逻辑推理必然性，也就是推论必定能得出一个不会改变的结论。推论本身是一个"如果……那么……"的结构，那么亚氏关注的就是什么前提可以必然推出什么结论。比如Babara式，两个a的前提，必然得出一个a的结论，不可能出现其他情况，这也呼应了上一节的"可推论的连接"。亚里士多德总结的三个格的标准推论都具有这种必然性。当然，内容方面并无限制，这是一种形式必然性。如，所有人都是植物，苏格拉底是人，苏格拉底是植物，这个形式也是必然的，但第一个前提是假的。

⑵ 事实的必然性。这种必然性与内容有关。比如，所有人在吃饭，苏格拉底是人，苏格拉底在吃饭。但这个结论不是必然的，假设它符合事实，但苏格拉底有可能会在某个时候结束吃饭。这个必然性需要具体条件的限定，而且要合乎经验。尤其是对于将来发生的事情，这种必然性就与"可能世界"相关，比如太阳明天必然升起，就一个可能世界而言，这种必然性是成立的。甚至一个错误的逻辑推论形式，也能得出一个内容上正确的结论，比如，有些人是好人，有些人是英俊的，因此，有些好人是英俊的。这个结论是必然的，但这个推理过程(三个i命题)是不正确的。对于这种必然性，希腊人也会用τὸ ἐνδεχόμενον(或然、可能、偶然)来称呼它，见《前分析篇》25a37—40，因为它也是一种可能性，只不过当它发生了，它就是必然的。

⑶ 从形而上学的角度，有的谓词与主词之间会带有"绝对和普遍的必然性"。比如，苏格拉底是人，所有人是动物，这就是必然的，是谓述个体和集合的种属；所有人(或某个人)是理性的动物，所有人(或某个人)不是无理性的动物，这也是必然的(本质)；所有

人是两足的，所有人不是四足的，也是必然的(固有属性)。

就“是”的范畴而言，也都是先天和必然的，如某物是某个时间上的，是在某个空间里，是某种质和某个量等。而且“是/存在”本身也是先天必然的。由此，矛盾律和排中律也是必然的，它们表明了谓述关系的唯一性和确定性。

这种必然命题以a命题或e命题为本(包括单称命题)，[①]它通过全称量词(包括个体词)揭示了一种“普遍性”。命题的必然性是推论必然性的基础。这种必然性带有了形而上学的特点，区别于1和2。[②]在这些必然性当中，有的是绝对的，有的是相对的，比如种属是绝对必然性，本质要依托于种属，如，“所有人是有理性的”(种差)与“所有人是动物”(种属)，人要必然地先是动物，然后才是有理性的，这样人的本质才完整。

(4) 仅就亚氏推论的具体用词来说，亚氏往往使用ἐξ ἀνάγκης，指绝对必然性(ἀναγκαῖον–ἁπλῶς)，有时用ἀνάγκη；用ἀνάγκη指相对或条件的必然性(τίνων ὄντων ἀναγκαῖον)[③]，有时会使用将来时的系动词。[④]前者指结论的谓词与主词的关系是不变、共时和恒真的，以a命题(e命题)为形式。后者以某种条件为基础，或是模态意义上的，ἀνάγκη可以作为模态算子。[⑤]模态必然推论中，前提要至少有一个是模态上的必然

---

① i命题和o命题的必然性可以出现在1中，比如Darii和Ferio；也可以出现在2中，作为某种事实的必然性。

② 也见Patzig(1968: 41)，Maier把前一种必然性理解为绝对必然性，然后区分了相对必然性，Patzig有所批评。但Maier的观点并非完全不合理。

③ 直译就是，当某些事情存在，则必然……。

④ 这两种用词的情况是有例外的，见Patzig(1968:18)，但亚氏对两种必然性的区分是普遍存在的。

⑤ 见Patzig(1968:16—17,28,33,36,39)，尤其是整个第二章。亚里士多德区分两种必然性的文本见《前分析篇》30b31—33，38—40；《后分析篇》94a21—27，91b14—17。这种区分并不是没有问题，Patzig就认为亚氏混淆了蕴涵必然性和事实必然性，所以错误地区分了相对和绝对必然性。不过，我认为亚氏很可能想要区分本体论化逻辑的必然性(形而上学的必然性)与工具性逻辑形式的必然性，如Maier所言。但这种区分确实如Patzig所说的，做得并不成功，而且给人误解。

(apodeictic)命题(《前分析篇》32a6—14)。

Patzig(1968:30)认为这种区分实际上是一样的，都是一个全称量词(universal quantifier)对变元的限定，绝对必然性算子是对个体变元(individual—variables)的限定；相对必然性算子限定的是词项变元(term—variables)。按照他的意思，我们可以说N(SaP)这种形式近似于一个N(∀x[Sx→Px])的条件式，[1]这样，绝对必然性与条件必然性在逻辑形式上是一致的。亚氏处理的是“同一个应用于不同类型命题的必然性”；推论本身就是一个包含绝对必然性和相对必然性的“如果……那么……”的推导过程。

大卫在本小节认为推论“用某个更大的事情证成某个更小的事情”，这其实就是Patzig说的“全称量词”(包含个体词)对变元的约束必然性，在全称量词的范围内(更大的事情)，个体或特称量词的主词(更小的事情)被限定，从而得出了一些必然的谓词。这个过程首先联系了1的逻辑形式的必然性(对1的多种必然形式的进一步抽象)，也有2的内容的必然性，更有3的形而上学的必然性。

需要注意，这个推论的必然性“事实上”相关了所有推论，除了毫无真理可言的诗术推论以及绝对成真(形式和内容都为真)的证明性推论之外，其他所有推论都包含在内。但它们在形式和内容上都有欠缺：论辩术形式上比较标准，但内容以概率性为主，修辞术形式并不严格，内容也以概率性的意见为主，智术形式和内容都以虚假为多。但尽管如此，它们也在不同程度上具有了上述种种必然性，甚至于它们的1的必然性并不比证明性推论少多少，这见下一节的说明。

(四)推论、归纳和例证

在本小节中，大卫区分了推论、归纳和例证，他的标准是前

---

① 不是说亚氏提出了与现代数理逻辑一致的思想，而是可以通过现代数理逻辑发现这两种必然性的一致性，见Patzig(1968:37—39)。

件和后件程度或范围的大小。这个理论也见大卫《波菲里〈导论〉评注》,[①]他谈到了三种πίστις[②], ἐκ τῶν καθόλου τὰ μερικὰ πιστοῦνται ἢ ἐκ τῶν μερικῶν τὰ καθόλου ἢ ἐκ τοῦ ἴσου τὸ ἴσου(它们有的通过一般来证实部分;有的通过部分来证实一般;有的通过同等的事情来证实同等的事情)。第一个就是推论;第二个是归纳;第三个是例证。

阿姆莫尼尤斯《〈前分析篇〉评注》28.21—25, τὸ δὲ ἀνάγκη εἶπεν, ἐπειδὴ ὁ συλλογισμὸς πίστις τίς ἐστιν·πᾶς γὰρ ὁ συλλογιζόμενος ἀποδεῖξαί τι ἐθέλει καὶ πεῖσαι πάντως, δῆλον ὅτι τὸν προσδιαλεγόμενον. ἵνα οὖν χωρίσῃ αὐτὸν τῶν ἄλλων πίστεων, εἶπεν τὸ ἀνάγκη·τριῶν γὰρ οὐσῶν πίστεων, τῆς μὲν ἀπὸ τῶν ἴσων τῆς δὲ ἐπαγωγικῆς τῆς δὲ συλλογιστικῆς,μόνη ἡ συλλογιστικὴ ἔχει τὸ ἀναγκαῖον(他说"必然地",因为推论是某种证实法;因为每个推论者都想要证明某事并且使之在所有方面都令人信服。显然,[是想让]论辩术的答方信服。这样,他就将推论与其他说服法区分开,故而他说"必然地":因为存在三种证实法,一种是通过同等事物,一种是借助归纳,一种是推论;只有推论具有必然性)。

与大卫理论最接近的就是斐洛珀诺斯,见他的《〈前分析篇〉评注》34.13—18, τὸ ἐξ ἀνάγκης προσέθηκε διά τε τοὺς παραδειγματικοὺς καὶ ἐπαγωγικοὺς καλουμένους συλλογισμούς, οἵτινες τὸ ἐξ ἀνάγκης οὐκ ἔχουσι. καθόλου

---

① 见Busse(1904:88)。这段的古亚美尼亚文为Իսկ հաւատարմանալն եռակի գոյ, կամ ի հանրականացն զմասնականսն ցուցանել և հաւատարմացուցանել, կամ ի մասնականացն զհանրականսն,կամ ի զուգէն զզոգն。

② 在亚里士多德《修辞术》中,它指说服法(普遍的形式方面是修辞演绎和例证;特殊的质料方面是逻辑解释、情感和品性)或演说布局的论证环节;往往在狭义上指修辞演绎以及例证,也就专指修辞术的推论。大卫这里用它指一般的推论,对应的古亚美尼亚文为հաւատարմանալն一词。

γὰρ πᾶσα πίστις ἢ ἐκ τοῦ ἴσου τὸ ἴσον πιστοῦται ἢ ἐκ τοῦ μείζονος τὸ ἔλαττον ἢ ἐκ τοῦ ἐλάττονος τὸ μεῖζον.(他加上了“必然地”一词，因为所谓的例证性和归纳性推论都没有必然性。每个证实法或是从同等的事情来证实同等的事情，或是从更大的事情来证实更小的事情，或是从更小的事情证实更大的事情)。

(1)“归纳”，原文为մակածութիւն，来自前缀մակ(在前、在上面)，词根来自动词ածել，即带来，从词源和词义上均对应了希腊文动词ἄγειν。整个词对应的是希腊文ἐπαγωγή，英文一般译为induction。关于归纳法，亚里士多德《论题篇》105a13说，ἐπαγωγὴ δὲ ἡ ἀπὸ τῶν καθ' ἕκαστα ἐπὶ τὸ καθόλου ἔφοδος· οἷον εἰ ἔστι κυβερνήτης ὁ ἐπιστάμενος κράτιστος, καὶ ἡνίοχος, καὶ ὅλως ἐστὶν ὁ ἐπιστάμενος περὶ ἕκαστον ἄριστος. ἔστι δ' ἡ μὲν ἐπαγωγὴ πιθανώτερον καὶ σαφέστερον καὶ κατὰ τὴν αἴσθησιν γνωριμώτερον καὶ τοῖς πολλοῖς κοινόν, ὁ δὲ συλλογισμὸς βιαστικώτερον καὶ πρὸς τοὺς ἀντιλογικοὺς ἐνεργέστερον(归纳法是一种从特殊到一般的过程。比如，如果有知识的舵手是最好的，如果有知识的车手是最好的，那么一般来说，对某个具体事情有知识的人就是最好的。归纳[看起来]更可信，更清楚，而且更易被感觉所知，为大多数人所公认；但推论更有力，反对驳论者更有效果)。

《前分析篇》68b15—68b23的描述更细，Ἐπαγωγὴ μὲν οὖν ἐστι καὶ ὁ ἐξ ἐπαγωγῆς συλλογισμὸς τὸ διὰ τοῦ ἑτέρου θάτερον ἄκρον τῷ μέσῳ συλλογίσασθαι, οἷον εἰ τῶν Α Γ μέσον τὸ Β, διὰ τοῦ Γ δεῖξαι τὸ Α τῷ Β ὑπάρχον...τῷ δὴ Γ ὅλῳ ὑπάρχει τὸ Α...· ἀλλὰ καὶ τὸ Β...παντὶ ὑπάρχει τῷ Γ. εἰ οὖν ἀντιστρέφει τὸ Γ τῷ Β καὶ μὴ ὑπερτείνει τὸ μέσον, ἀνάγκη τὸ Α τῷ Β ὑπάρχειν(归纳和通过归纳的推论就是通过一个端项从另一个端项到中项进行推论。比如，B是A和C的中项；通过C可以

证明A属于B。……A属于所有C，而B也属于所有C。如果C和B能换位，即中项不超出范围，那么A就必定属于B)。

用上面的例子，具体的人就是C(若干个体)，有知识的(人)是B，最好的(人)是A。通过C，证明了A属于B。亚氏先使用了Darapti式，CaA，CaB，所以BiA。然后，CaB换位为BaC，再用Babara式，则BaA。(不过在Babara式中，C为中项；B为端项。)另在《后分析篇》71a10也有讨论，81a40，它与“证明”并列作为获知(也就是科学)的两种手段。

大卫认为归纳“用某个更小的事情证成某个更大的事情”，这就是亚氏说的“从特殊到一般的过程”，也就是用一个个具体事情得到普遍的结论。它就是推论，是推论的特殊形式(可以拆成若干三段论)。[①]在科学中，归纳与证明是相辅相成的，它重视经验，为证明提供了扩展知识的材料，如《后分析篇》100b3所言[②]，“显然，对于我们，必然通过归纳知晓‘起始的事情’(τὰ πρῶτα ἐπαγωγῇ γνωρίζειν)：因为以这种方式，感觉产生了普遍的内容(αἴσθησις τὸ καθόλου ἐμποιεῖ)”，故而“归纳”先于推论和演绎，也就是康德说的，一切知识自经验始。

但归纳的必然性是不确定的——这种必然性就是推论的“普遍性”——除非归纳是完全的；不完全的归纳只能得到较弱的必然性。大卫此处所说的归纳是不完全的，低于推论。

(2)“例证”，原文为յարացոյց，前缀对应了古希腊文前缀παρά－；词根对应了希腊文动词δείκνυμι。整个词对应了古希腊文的名词παράδειγμα和动词παραδείκνυμι。后者的意思是，把一个东西放到另一个东西旁边来证明，也就是旁证或例证。亚里

---

① 归纳和推论的区别见《前分析篇》68b30—35，推论是用中项来证明大的端项谓述第三个词项；归纳是用第三个词项来证明大的端项谓述中项。

② 《修辞术》1393a26，归纳是ἀρχή。

士多德在《修辞术》1356b3(也见《前分析篇》68a10—12)认为例证是修辞术中的归纳；归纳是论辩术中的例证，与之对应，修辞术的修辞演绎对应了论辩术的推论。修辞术由于要节省时间，故而会使用这种更简易的归纳。例证就是归纳的一种更不完全的形式(样本更少)，也就是大卫说的“用某个同等的事情证成某个同等的事情”。它也是一种特殊的“推论”。

在《前分析篇》68b38—41讨论了例证，Παράδειγμα δ' ἐστὶν ὅταν τῷ μέσῳ τὸ ἄκρον ὑπάρχον δειχθῇ διὰ τοῦ ὁμοίου τῷ τρίτῳ. δεῖ δὲ καὶ τὸ μέσον τῷ τρίτῳ καὶ τὸ πρῶτον τῷ ὁμοίῳ γνώριμον εἶναι ὑπάρχον(当端项通过一个相似的第三项被证明属于中项时，这就是例证。应该知道的是，中项要属于第三项，第一项属于[与第三项]相似的那个项)。比如大卫的例子，狄俄尼修斯为第三项，即C；裴西斯特拉托斯为D；中项即“有护卫的[人]”，即B；“僭主”为端项A，结论就是证明所有B是A。实际上就是一个样本的归纳。在《修辞术》中，亚氏从类比的角度论述例证，即，B属于C: A属于C=B属于D: A属于D。

在《修辞术》II.20专章介绍了例证，包括两种方式：(a)讲前事和先例；(b)自编：譬喻(παραβολὴ)和寓言(λόγοι)。由于例证会带有故事性，因此在修辞术中颇有效果，但它已经远远不具有科学归纳的必然性了。

4. Իսկ հանդիպի ասացաւ վասնտրամաբանականացն և իմաստականաց բաղհաւաքմանց, որք զմարթելին և զանկարելին ժողովեն, քանզի տրամաբանականքն զմարթելին ժողովեն, իսկ իմաստականքն՝ զանկարելին: Բայց ուրեք ուրեք զիարկաւորն ժողովեն, սակայն ոչ ըստ ինքեան, այլ ըստ պատահման, և զայն՝ [ըստ] հետևման բաղհաւաքման: Քանզի Սոկրատէս ճեմի, իսկ որ ճեմի,

շարժի մարթելի է, իսկ [ըստ] հետևման բաղհաւաքման՝ հարկաւոր լինի: Եւ թևս ունել Սոկրատում անկարելի է, և մարթելի է [ըստ] բռնութեան բաղհաւաքման. որգոն՝ Սոկրատէս թռչի, և որ թռչի, թևս ունի. ապա ուրեմն և Սոկրատէս թևս ունի: Բայց բացացուցականն միայն և ըստ ինքեան հետևման զհարկաւորն ունի. որգոն՝ Մարդ կենդանի,—որ է հարկաւոր և թարց հիւսման,—իսկ կենդանին՝ ներանձնաւոր. Հարկաւոր այսոքիկ և ըստ ինքեան, հարկաւոր և ըստ հիւսման լինին:

4. 他之所以说“得出”一词，因为论辩术和智术推论都可以产生可能的或不可能的结论：论辩术产生可能的结论，智术产生不可能的结论。但是有时，它们也产生必然的结论，但不是靠它们自己，而是碰巧而成；而[产生必然的事情]靠的是推论的蕴涵。如，“苏格拉底走；任何走着的人或事物都在动”，[这两个陈述]就是可能的，而借助推论的蕴涵，就产生了必然的[结论]。苏格拉底是不可能有翅膀的，但借助推论的力量，下面这个推论反倒成为可能的了，如，“苏格拉底飞；任何飞着的人或事物都有翅膀，所以苏格拉底有翅膀”。与之相反，只有证明性[推论]具有必然的[结论]，如同蕴涵本身一样。比如，“人是动物”，即便不编织[推论]，也是必然的；而“动物是有灵魂的”，这或者自在地是必然的，或者通过编织[推论]而成为必然的。

（五）推论形式与结论的必然性

上一小节已经指出了几种必然性，那么大卫本节围绕着“得出”(συμβαίνει, հանդիպի)一词分析了这些必然性。

第一，“得出”的最宽泛和直接的含义就是“偶然或者自然地产生”，因此，论辩术推论和智术推论(以及修辞术推论，甚至诗术推论)虽然不能得到完全真的结论,但依然“得出”了某种东西。大卫认为亚氏使用这个词就是要包括这些推论。这种必然性就是条件的,相对的,或是事实的必然性。所以大卫说论辩术和智术也会有必然的结论,但却是“碰巧而成的”(ըստ պատահման)。

斐洛珀诺斯《〈前分析篇〉评注》34—35的一段话解释更明确,τὸ δὲ συμβαίνει διὰ τὴν ἀναγκαίαν ὕλην παρείληπται, ἵνα μή τις νομίσῃ τῷ ἀναγκαίῳ τῆς ὕλης ἕπεσθαι τὸ συμπέρασμα μόνῳ, δηλοῦν ὡς εἴτε ἀδύνατοι εἶεν αἱ προτάσεις εἴτε ἐνδεχόμεναι, συμβαίνει πάντως ἀκολουθεῖν τὸ συμπέρασμα (通过质料的必然性,可以具有一种“得出”,但没有人承认仅仅通过质料的必然性就可以得出结论,显然[从质料来看]前提要么是不可能的,要么是可能的,结论只能以这两种方式得出)。

第二,“得出”的严格含义,就是逻辑形式的必然性,通过推论的蕴涵(ըստ հետևման բաղհաւաքման, κατὰ τὴν ἀκολουθίαν τοῦ συλλογισμοῦ),也就是大卫说的,“靠自己”(ըստ ինքեան)产生必然结论。Babara式就是靠自己得出的结论,不假外物,不随着内容而改变。内容为假,对于形式毫无影响;反过来说,形式也无法限定内容。

大卫举了两个例子,第一个例子是两个前提,它们单独拿出来,都是可能命题,但一旦连接起来,成为推论,就可以得出一个“必然结论”:苏格拉底在动,但是这个结论的内容不是“必然的”,或仅仅需要在某个可能世界中才必然。

第二个例子就更清楚了,它的内容是假的,但逻辑形式依然为真,而且必然会得出“苏格拉底有翅膀”这个结论。在这个意义上,论辩术、修辞术、智术都可以保证某些逻辑形式必然为真,但结论的内容可以为假或偶然为真。

第三,“得出”的综合含义,既有形式,又有内容的必然性。大卫说,“只有证明性[推论]具有必然的[结论]”,这个“必然”就是如此。证明性推论除了逻辑形式必然外，还需要经验来证实，所以，“人是动物”这个命题，不用推论，它是直观或经验发现的必然种属关系。借助这个命题，就可以用推论推出“动物是有灵魂的”这个综合命题。整个过程，从形式到内容都是必然为真的，这就是科学运用逻辑的过程。

5. Զնոյնն գոլ. զայս ասաց, այս ինքն՝ եթէ պարտ է բաղեզերումն վասն կացելոց առաջարկութեանց, և ոչ՝ սահմանի ի սմանէ արտաքուստ մակիմացելոյ և կամ պակասեցելոյ. որգոն՝ Անձն ինքնաշարժ, ինքնաշարժն մշտաշարժ, մշտաշարժն անմահ. ապա ուրեմն՝ անձն անմահ: Քանզի այս ոչ եթէ ի կացելոց առաջարկութեանց ժողովեցաւ, այլ՝ ըստ սահմանից ոմանց արտաքուստ մակիմացելոց, որ ասէ, եթէ՝ մշտաշարժն անմահ: Եւ դարձեալ՝ Անձն ինքնաշարժ, ինքնաշարժն մշտաշարժ, մշտաշարժն անմահ. ապա ուրեմն՝ անձն մշտաշարժ: Քանզի աստ աւելորդ է մի առաջարկութիւն, որպէս՝ մշտաշարժն...x. քանզի ոչ ինչ պիտարկի ի բաղեզերումն:

5. “本身”，他这话的意思是，通过被设定的前提，结论是必然的，而且在它们之外，不用再另外构想[①]什么词项了，而且也没有失去什么词项[②]。例如，“灵魂是自动的；自动的东西是恒动的；恒动的东西是不朽的，所以灵魂是不朽的”。[这句就不符合定义]，因为结论不是来自被设定的前提，而是通过在现有前提之外、另外构想出的词项，即，“恒动的东西是不朽的”。

再有一个例子[也不符合定义]，“灵魂是自动的；自动的东西

① 来自前缀մակ(附加或额外)和动词իմանալ(知道和思考)。
② 意思是现有的词项正好，不多不少。

是恒动的；恒动的东西是不朽的，所以灵魂是恒动的”。这里的一个前提是多余的，即，“恒动的东西……”这一句，因为它对结论没什么用。

“本身”，原文为զնոյնն զոլ，直译就是“是其本身”。大卫这里针对的是IX.6的文字，而不是IX.1的文本，这两处在这里有些不同，但希腊文都为τῷ ταῦτα εἶναι，并无与“本身”对应的文字。Topchyan译为are such。这句话文本有可能是大卫记错了，或者古代《前分析篇》抄本有此句。在《前分析篇》24b20—22，亚里士多德在解释推论定义时，有一段话与大卫的文本相似，λέγω δὲ τῷ ταῦτα εἶναι τὸ διὰ ταῦτα συμβαίνειν, τὸ δὲ διὰ ταῦτα συμβαίνειν τὸ μηδενὸς ἔξωθεν ὅρου προσδεῖν πρὸς τὸ γενέσθαι τὸ ἀναγκαῖον(我所谓“通过这些[被设定的]事情本身而得出”，意思就是，通过这些事情来产生必然的[结论]，无需再添加词项之外的成分了)。[①]显然，大卫的“本身一词”对应了亚氏用的διὰ ταῦτα(也有可能ταῦτα被误认为了ταὐτά)。所以不排除亚氏一开始的定义中确实有这个短语。下面会提到斐洛珀诺斯的评注，他讨论的是τῷ ταῦτα εἶναι。

本小节进一步说明了逻辑推论的充分性和必要性。推论需要三个不同词项和两个前提就可以得出必然结论，当必然结论不变时，这个条件就是充分的，无需再增加什么词项和前提了，而且这个条件也是必要的，不能再减少什么词项和前提了。只要这些条件符合，那么就可以得出一个逻辑形式上必然的结论。大卫举了两个例子，第一个例子在三段论之外又多了一个前提，构成了另

① 见XI.1对不完善推论的讨论，这种推论是标准而且有效的，但也需要一些“词项之外的成分”才能转为完善推论，这与X.6说的不合方法的推论是截然不同的，它并不违反此处关于推论的定义。

一个三段论。这个例子谈不上违反了逻辑形式，只不过不是一个推论而已。第二个例子则违反了推论的规则，凭空多出一个词项“不朽的”，而且结论没有出现。斐洛珀诺斯《〈前分析篇〉评注》35.2—17有一长段可以与本小节对照，此处不再赘录。

6. Այսպիսիք են և առ ի ստոյիկեանցն անճարաբար եզերեալք բաղհաւաքմունքն. որգոն՝ Մին հանգէտ գոյ երկում, և երկու հանգէտ գոյ երեքում. ուրեմն մին հանգէտ է երեքում: Եւ դարձեալ՝ Մին մեծ է քան զերկուն, իսկ երկու մեծ է քան զերեքում, ապա մինն մեծ է քան զերեքում: Քանզի այսորքիկ անճարաբար ասին եզերեալ: Քանզի զնուազ առաջարկութիւնն երկիցս առնուն, իսկ զմեծն թողուն. քանզի ասելով՝ Մին հանգէտ երկում, իսկ երկու երեքում հանգէտ, զնուազն երկիցս էառ, իսկ զմեծն եթող, քանզի ոչ մի քան զմի առաւել է. և ի վերայ միւս և այլոյ յարացուցին նոյն բան պատշաճի: Քանզի պարտ էր ներճարապէս այսպէս հիւսել. Մինն երկում, և երկուն երեքում հանգէտ, իսկ որք նոյնում գոն հանգէտ և միմեանց գոն հանգէտ. ապան՝միներեքում հանգէտ: Եւ դարձեալ՝ Մինն քան զերկուսն մեծ՝ մեծի ելոյ քան զերեքումն. իսկ որ քան զմեծն մեծ է, կարի յոյժ ապա և քան զնուազն մեծ. ապա և՝ մին քան զերեքում մեծ: Այս է և ճարաբար եզերիլն: Քանզի թէպէտ և ի վերայ այնոցիկ յարացուցից ճշմարիտ գոյ ժողովեալն զբնութեան ենթակայացելոցն իրողութեանց, այլ ի վերայ այլոց յարացուցիցն ոչ պատկանի բանն. որգոն՝ Այս անուն նորա եղբայր, և այս անուն նորա եղբայր, ապա այս անուն և այս անուն եղբարք գոն միմեանց, որ է սուտ բաղեզերումն: Քանզի մարթ գոյ երկուց ոմանց և այլումն

եղբայր զոլ, բայց միմեանց ոչ զոլ եղբարք: Որգոն` ոմս ունելովզորդի յայլմէ կնոջէ, կին էառ զոմս, որ ունէր զորդի յայլմէ յառնէ: Արդ, որ ի նոցանէ յերկուցն ծնանի, եղբայր զոյմիումս ի հօրէ, իսկմիւսումս ի մօրէ: Երկուքնմիում զոլով եղբարք, միմեանց ամեննին ոչ զոն եղբարք:

Ընդ այսոսիկ հանդերձ աստուծովն առաջիկայ պրակք:

6. 这样的推论也都是斯多亚派的，它们毫无方法的得出结论。

比如，“A等于B，而B等于C，所以A等于C”。[1]

又如，“A大于B，B大于C，所以A大于C”。这些都被叫作毫无方法地得出结论。因为它们使用了小前提两次，但甩下了大前提；如说，“A等于B，而B等于C”，它们就使用了小前提两次，甩下了大前提，因为一个[前提]并不比另一个更大。[2]第二个例子也同样如此。

[第一个例子]本应该按照方法来这样编织[推论]，如，“A等于B，而B等于C；那些等于同一个事物的事物也彼此相等；所以，A等于C”。

[第二个例子应该这样推论]，如，“A大于比C更大的B，而比一个更大的事物还要大的事物要大于稍小的事物，所以A大于C”。这就是合乎方法地得出结论。

虽然[在这两个例子中，斯多亚派的]结论符合事情的本性，而且为真，但在下面的例子中，论证就不合适了。如，“甲是乙的兄弟；乙是丙[3]的兄弟，所以甲是丙的兄弟”，这就是错误的结

---

① 原文用的是一、二、三代指三个事物，中译为ABC。

② Papazian在这句加了引号，他认为是大卫要求补充的前提。

③ 原文为这人、那人、那人，中文用甲乙丙代称。

论。因为这两个人[甲和丙]也许分别是另一个人[乙]的兄弟，但他们彼此不是兄弟。比如，某人和某个女人生育一子[甲]，他和另一个女人结婚，那个女人与另一个男人生育一子[丙]。那么，这两人再生育的孩子[乙]就分别与甲和丙[①]为兄弟。而甲和丙，虽然与乙为兄弟，但两人彼此并非兄弟。

到此，凭上帝之助，而有这一讲。

（六）斯多亚派不合方法的推论

“毫无方法”，原文为անճարաբար，对应了希腊文ἀμεθόδως，词根ճար意为途径和手段。古希腊哲学中，“方法”（μέθοδος）一词较为严格指一整套合乎规则的科学体系和程序，甚至还可以指理论，比如《理想国》533c的ἡ διαλεκτικὴ μέθοδος；《智者》218d，指探求知识的过程。《尼各马可伦理学》1129a5，ἡ δὲ σκέψις ἡμῖν ἔστω κατὰ τὴν αὐτὴν μέθοδον τοῖς προειρημένοις，科学探究本身就是一种方法（这里偏重指探究的实现过程）。而斯多亚派的推论之所以不合方法，因为没有科学性，不符合亚里士多德总结的科学推论方法（这一方法已经在历史中被阐释者公认为值得继承的体系）。这并不是说，必须按照亚氏的理论“教条地”进行推论，而是这些推论没有从“必然的逻辑形式”来推导，仅仅通过偶然的内容，因此没有借助一般和普遍的形式。

如亚历山大《〈前分析篇〉评注》68.21说，一些人按照斯多亚派的路数、不合方法地得出结论，ἄλλα τινὰ παραδείγματα ἀθροίζοντες...πρὸς τῷ καὶ τὰ παραδείγματα, ἃ παρέχονται, μὴ

① 这里简化了中译，原文是与“那个来自父亲的孩子(甲)和那个来自母亲的孩子(乙)”。

τοῖς λαμβανομένοις καὶ τιθεμένοις ἔχειν ἐξ ἀνάγκης ἑπόμενον τὸ συμπέρασμα, μηδε τῷ ταῦτα εἶναι(他们汇集其他例子……附加在论证和它们现有的例子上，不是靠那些被把握、被设定、必然得出结论的[前提]，也就是不靠“[被设定的]事情”)。这种推论是从对事实的经验入手，而不是借助前提本身形成的形式联系。

本小节中总结了斯多亚派的一些不合方法的推论，之前曾反驳了斯多亚的一些推论，它们都是不合方法的，有些内容和形式有误；有些内容对，形式错；有些内容错，形式对；有些内容和形式都对，但这种推论没有推论的必要，属于不证自明的无用推论，比如A=A：①

(1)A=B，B=C，则A=C，这个论证虽然在逻辑学和数学中都是成立的，而且非常直观，但是并不符合标准的推论过程。第一个前提为，A是P1(等于B)；第二个前提为，B是P2(等于C)，然后结论，A是P2(等于C)。显然如大卫所言，小前提“S是P2”出现了两次；而“是P1”这个大前提没有被用到，也就如大卫所言“一个[前提]并不比另一个更大”，因为没有通过大前提建立一个最大的集合。正确的推论就是补充这个前提：“那些等于同一个事物的事物也彼此相等”。也就是把小前提变为C是P1，这样就能利用大前提。关于这个例子，阿姆莫尼尤斯《〈前分析篇〉评注》70.14—22指出斯多亚派的推导过程，不是靠推论的编织(πλοκή)，而是靠“质料”。

(2)A大于B，B大于C，则A大于C，这个论证与上一个相似，仍然“符合事情的本性，而且为真”，但是出现了相同的问题：第一个前提，A是P1(大于B)；第二个前提为，B是P2(大于C)，结论，A是P2；大前提依然没有被用上。所以要补充“比一个更大的事物(B)还要大的事物(A)要大于更小的事物(C)”。这个例子和上面的例子也见斐洛珀诺斯《〈前分析篇〉评注》36.6—14，以及亚历山大的同

① 现代学者的介绍，见Frede(1974:121—124)。

名评注21.28。

(3)第三个例子涉及了关系的传递性，ARB，BRC，则ARC，这是一个在质料方面有可能为假，在形式方面必然假的推论。大卫举了个例子，设R指兄弟关系，那么，同父异母和同母异父的情况就会干扰这种关系。这两个例子也见亚历山大《〈前分析篇〉评注》345.7—15和斐洛珀诺斯同名评注的321.22—35。

第十一节　论完善和不完善推论

1. Բայց աւարտուն կոչեմ բաղհաւաքումն՝ զոչինչ արտաքուստ սահմանումն առկարօտացեալնառ ի լինել բաղեզերումն: Յետ սահմանին բաղհաւաքման գայ ի զանազանութիւն բաղհաւաքմանցն՝ զաւարտուն ասեմ և զանաւարտն, ասելով, թէ բաղհաւաքմանցն ոմանք աւարտունք են, որք յառաջնումն զոն ձևում, իսկ ոմանք՝ անաւարտք, որք յերկրորդումն և յերրորդումն ձևում: Այլ զիա՞րդ ասեմք աւարտուն բաղհաւաքումն. որովհետև անկարօտն կայ սահմանումն: Քանզիանկարօտն կարօտեցելոյն կատարելագոյն. իսկ անաւարտ է, որ կարօտանայ սահմանում ումեք արտաքուստ, իսկ աւարտուն՝ անկարօտն արտաքուստ սահմանումն: Սակս այսորիկ տարաձայնեցան առ միմեանս Մաքսիմոս Ուռհայեցի՝աշակերտ Իամբլիքոսի, և Թեմիստիոս: Քանզի և Թեմիստիոս, ուշ ունելով բաժանման հաւաքմանցն, զոմանս աւարտունս կոչէր, որք յառաջնումն ձևում, իսկ զոմանս՝ անաւարտ, որք յերկրորդումն և յերրորդումն: Իսկ Մաքսիմոս, ուշ ունելովսահմանումն ունողումն, զանկարօտն զամենայն բաղհաւաքումն աւարտուն

կոչէր: Եւ յաղագս այսորիկ առին դատաւոր զՅուլիանոս թագաւոր, որ զյաղթութիւնն ետ Մաքսիմոսումն:

1. “如果一个推论不必为了做出结论而需要外来的词项，那么我说它就是完善的。”

在推论定义之后，[亚里士多德]又开始讨论不同类型①的推论(我指的就是完善和不完善推论)，他说，有些推论是完善的——即第一格那些——有些是不完善的：即，第二格和第三格。但是，我们为何说一个推论是完善的呢？因为它不需要[外来的]词项。因为不需要[其他东西]的东西比起需要[其他东西]的东西来说更无缺陷。需要外来词项的[推论]就是不完善的；完善的推论则不需要外来的词项。

对于这一点，杨布利柯的学生、乌尔海②的马克西穆斯和特密斯提欧斯之间就产生了分歧：特密斯提欧斯也认为推论有不同类型，他说第一格的推论是完善的；第二格和第三格的推论是不完善的；而马克西穆斯认为[推论]都具有[必要的]词项，他说所有无需[外来词项]的推论都是完善的。为此，他们求尤里安大帝仲裁，大帝判马克西穆斯获胜。

(一)马克西穆斯和特密斯提欧斯对推论完善性的分歧

在前面，大卫分析完推论的定义之后，开始分别讨论两种推

---

① 即զանազանութիւն，见V.10，意思就是差别和区别。

② 乌尔海(音译亚美尼亚语的Ուռհա，今日通作Urfa)在今天土耳其东南，古代时期古希腊文称作Ἔδεσσα。马克西穆斯(公元310—370/372年)是新柏拉图主义者，与罗马皇帝尤里安(公元331/332—363年)过从甚密——这显然是尤里安裁决马克西穆斯获胜的原因之一——通称为以弗所的马克西穆斯，这里却称为“乌尔海的”。Topchyan(2010:107)注释223认为有可能是古代翻译者(包括大卫本人)或抄录者弄混了Αἰδέσιος和Ἔδεσσα两词。前者也是新柏拉图主义者，杨布利柯的学生，他是马克西穆斯的老师，所以这句应该是“杨布利柯的学生爱德西欧斯的学生……”。阿姆莫尼尤斯的评注里认为马克西穆斯是杨布利柯的学生希耶里欧斯(Ἱέριος)的学生。

论。这个“种”不是指一般推论之下的特殊推论，因为这是针对推论的内容来讲，相反，这里按照逻辑形式来谈，一种是完善推论，一种是不完善推论，它们在逻辑形式上有区别。对于如何区分这两者，历史上有一次著名的争论，就是马克西穆斯和特密斯提欧斯的辩论。①

(1) 大卫要评注的原文来自《前分析篇》24b23—24，τέλειον μὲν οὖν καλῶ συλλογισμὸν τὸν μηδενὸς ἄλλου προσδεόμενον παρὰ τὰ εἰλημμένα πρὸς τὸ φανῆναι τὸ ἀναγκαῖον(一个推论，除了已经具有的可以显明必然性的成分之外，不再需要其他成分，我称这种推论为完善的)。②

大卫的译文为Բայց աւարտուն կոչեմ բաղհաւաքումն՝ զոչինչ արտաքուստ սահմանումն առկարօտացեալնառ ի լինել բաղեզերումն。他的译法与原文略有不同，缺少了“显明必然性”一句，而且把“词项”译出，亚氏原文并未明指词项。

在《前分析篇》24b20—22，亚里士多德在解释推论定义时说，λέγω δὲ τῷ ταῦτα εἶναι τὸ διὰ ταῦτα συμβαίνειν, τὸ δὲ διὰ ταῦτα συμβαίνειν τὸ μηδενὸς ἔξωθεν ὅρου προσδεῖν πρὸς τὸ γενέσθαι τὸ ἀναγκαῖον(我所谓“通过这些[被设定的]事情本身而得出”，意思就是，通过这些事情来产生必然的[结论]，无需再添加词项之外的成分了)。

---

① Tophcyan(2010:107)注释224，提到了一段阿拉伯文文本保存了特密斯提欧斯对马克西穆斯的回应。特氏认为第一格推论是其他两格推论的原因。特氏的观点在下面X.2也有引用。古代阐释者的讨论见Patzig(1968:69—82)。这段公案也见阿姆莫尼尤斯《〈前分析篇〉评注》31.14—23，他指出波菲里、杨布利柯、波埃托斯(Βοηθός，盛年公元前75—10年，逍遥学派人士，评注过亚里士多德的《范畴篇》，阿姆莫尼尤斯在评注《范畴篇》时常引用他的看法)和马克西穆斯都认为第二格和第三格为完善推论，而且所有推论都是完善的。

② 其中的μηδενὸς ἄλλου προσδεόμενον παρὰ τὰ εἰλημμένα与《前分析篇》24b20—22的τὸ μηδενὸς ἔξωθεν ὅρου句意相似，但所针对的内容不同。如果是相同的，就无法解释第二格和第三格的完善性了，因为它们违反了推论的定义。

显然，大卫对这一句的翻译受到了24b20—22的影响，即τὸ μηδενὸς ἔξωθεν ὅρου προσδεῖν一句。但实际上，对于不完善推论而言，它们也无需什么“外来的词项”且能保证必然有效，所以，亚氏的τὸν μηδενὸς ἄλλου泛指其他的成分或步骤，显然，第二格和第三格转为第一格是需要其他过程的。[①]

在《前分析篇》24b24—26又定义了不完善推论，ἀτελῆ δὲ τὸν προσδεόμενον ἢ ἑνὸς ἢ πλειόνων, ἃ ἔστι μὲν ἀναγκαῖα διὰ τῶν ὑποκειμένων ὅρων, οὐ μὴν εἴληπται διὰ προτάσεων([我称]需要一个或更多个成分的[推论]为不完善的，这些成分由于预设的词项而具有必然性，但它们都并未在前提中被假设)。其中的ἢ ἑνὸς ἢ πλειόνων也不指词项，而指其他成分(新的前提)或步骤。

(2) 亚氏在24b20—26对完善和不完善推论的定义非常明确。大卫在前面IX.8曾讨论了四种不完善推论，在X.6讨论了斯多亚派不合方法的推论，它们都不符合亚氏对“完善”的定义。这些推论的成分残缺，虽然有的内容为真，有的形式为真，有的两者都为真，但不符合标准推论形式。

但是大卫又提出了另一种划分完善和不完善的标准，就是三段论第一格都是完善推论，第二和第三格属于不完善推论。关键在于，这三格推论都是绝对有效的，仅仅是在形式上，后两格可以还原为第一格，因此“不完善”；第一格不可分析，因此“完善”。[②]

这种看法在《前分析篇》26b28—30也有根据，δῆλον δὲ καὶ ὅτι πάντες οἱ ἐν αὐτῷ συλλογισμοὶ τέλειοί εἰσι (πάντες γὰρ ἐπιτελοῦνται διὰ τῶν ἐξ ἀρχῆς ληφθέντων)(显然，所有在这种格中的推论都是完善的[因为，所有这些推论都通过一开始被假设

---

① 见Striker(2009:82)。

② 见Patzig(1968:43)，后来的逻辑学家大多从这个角度分析推论的完善性，而忽略了亚氏一开始的定义。

的内容得以完结])。这是在说第一格。

27a1—27a3说，τέλειος μὲν οὖν οὐκ ἔσται συλλογισμὸς οὐδαμῶς ἐν τούτῳ τῷ σχήματι, δυνατὸς δ' ἔσται καὶ καθόλου καὶ μὴ καθόλου τῶν ὅρων ὄντων(这种格的推论不可能是完善的；它是潜在的，不论它们的词项是全称的，还是不是全称的)。这是说第二格。28a16又指出了第三格不是完善的。

如何调节这两个看似不太相关的划分标准呢？我们可以说，第一，广义的不完善推论包含了一些形式有效但没有推论性或形式并不有效的推论，比如修辞演绎等。这样又有两种理解：(a)广义的完善推论包含了所有的标准三段论，第二格和第三格都是完善而且有效的，这就是马克西穆斯的看法。(b)第二格和第三格是广义的不完善推论，它们是无效的或没有推论性的(阿姆莫尼尤斯《〈前分析篇〉评注》30.32和31.26)。显然(b)是一个不太理想的解释。而马克西穆斯的理解并不能说是全然错误的，但至少他解释不了几个格之间的关系。

第二，狭义的不完善推论指第二格和第三格，它们是“不明显的”或潜在的(δυνατὸς)[①]推论，而第一格则是明显的(φανερός)或不证自明的推论(见《前分析篇》33a31)。[②]狭义的不完善推论是有效的，[③]只不过它的形式结构和有效性没有第一格这么明显，或者说，第二格和第三格推论的“元素”是第一格推论，这个元素是不明显的，被掩盖住了。第二格和第三格都需要“词项之外的成分”或其他步骤才能转换为第一格推论(如使用换位法、归谬法、显示法等)。这就是特密斯提欧斯的看法，这完全符合亚氏的推论理论。

---

① 潜在的完善推论，而不是“潜在的推论”，后者意味着它们还有可能不是推论。这种潜在性是必定能实现的。

② 见Patzig(1968:45,46)，以及第13节。

③ 见Ebert & Nortmann(2007: I,228)。

2. Բայց ասասցուք սակս Թեմիստիոսի, զոր և ինքն միայնագրում ումեմն ասաց այսպէս, թէ՝ Եւ ոչ ես կոչեմ անաւարտ բաղհաւաքումն, որ բնաւ կարօտանայ արտաքուստ իմիք սահմանումն, զի որ սահմանումն կարօտանայ, բնաւ և ոչ բաղհաւաքումն. [սահմանումն] ումեք և ոչ այլում ումեքարտաքուստ՝ ոչհակադարձութեամբմիումն երկուց և ոչ յանկարելի մակածութեամբ: Իսկ անաւարտ կոչեմ բաղհաւաքումն՝ ոչ զայն, որ կարօտանայ արտաքուստն ումեք սահմանումն, քանզի սահմանումն կարօտացեալն և բաղհաւաքումն իսկ ոչ է, այլ զայն, որ այլումն ունի պէտս արտաքուստ առ ի արծարծումն հարկաւորին և ոչ եթէ առ ի լրումն, և կամ հակադարձութեամբ միում կամ երկուց, և կամ յանկարելին մակածութեամբ: Եւ արդ այսոքիկ՝ յաղագս տարբերութեանց բաղհաւաքմանցն:

2. 不过，我们还是谈谈特密斯提欧斯的看法吧，他在自己的一本作品①中说："我不是说那种需要某些外来词项的推论是'不完善的'，因为，需要某些词项的推论就根本不是推论了，[也就是说，它需要的]，是某个外来的词项，而非其他外来的手段，比如通过A和B的换位，或归谬法。我说一个推论是'不完善的'——不是指那种需要外来词项的推论，因为需要某个词项的推论根本不是推论——指的是那种需要某个外来手段'重燃'必然性的推论；它不是完结的，要么靠换位，要么靠归谬法。"关于推论的不同类型，就说这些吧。

① 原文为միայնագիր，原意就是一本书，或一卷，միայն即一或唯一；գիր即字母或书。在CAG, vol.23, pt.3，收有了特氏对《前分析篇》第一卷的评注，但这段文字不见于其中。

(二)特密斯提欧斯对于推论完善性的看法

本小节保存了相当珍贵的特密斯提欧斯对于推论完善性的看法。他明确表示两点看法：第一，所有推论分为完善和不完善推论；第二，完善推论和不完善推论都是自足的，不需要任何外来词项(包括前提)；第三，但不完善推论需要其他步骤才能还原为完善推论，不用还原的就是完善推论，他明确表示了第二格和第三格都是不完善的，因为它们需要换位和归谬法。

他使用了“重燃”一词，原文为արծարծումն，来自动词արծարծել，单词形式上是一个完成时，表示重复，因此含义为重燃、重新激活。这个词很类似古希腊文ἀναζωπυρεῖν。特氏用“重燃”这个词很传神，因为他表明了不完善推论是“不明显的”，需要通过外来的力量将之激活，重新照亮，使它的完善性和必然性显明出来，也就是让人们看到其中蕴含的第一格。

3. Յետ որոյ յարադրէ մեզ և զզանազանութիւնս առաջարկութեանցն՝ զներ բոլորումն և զոչ ներ բոլորումն, զըստ ամենայնումն և զըստ ոչ ումեքումն. և այսոքիկ կամ ստորասականք են, կամ բացասականք: Արդ, ստորասականք գոլով, ի ներ բոլորումն ասին, և կամ՝ ըստամենայնում. իսկ բացասականք գոլով՝ ոչ ի ներ բոլորումն և ոչ ըստ ումեքումն: Բայց եթէ զիա՞րդ այսոքիկ զանազանին ի միմեանց, այն ինչ ուսաք, եթէ յորժամ ասեմք՝ Մարդ կենդանի ի ներ բոլորումն. զմարդն ասեմք զոլ ի կենդանումն: Իսկ եթէ ասեմք՝ Կենդանի ամենայնումն մարդումն, ըստ ամենայնումն ասեմք զայսպիսի առաջարկութիւնս: Իսկ եթէ ասեմք Մարդ ոչ ումեք կենդանումն, ասի՝ ոչ ի ներ բոլորումն. իսկ եթէ ասեմք՝

Կենդանի ոչ ումեք մարդում, ոչ ըստ ումեքում ասի:

3. 这之后，[亚里士多德]为我们着手处理了不同类型的前提："完全在内"或"完全不在内"，"谓述全部"或"全不谓述"①；这些又分肯定或否定两种。如果肯定，它们被叫作"完全在内"或"谓述全部"；如果否定，它们被叫作"完全不在内"或"全不谓述"。我们已经知道了这些彼此之间有何不同：当我们说，"人是动物"，这就是完全在内——我们说，"人在'动物'[这个属]之内"。如果我们说，"动物谓述所有人"，这样的前提就叫作"谓述全部"；如果我们说，"人不在'动物'之内"，这就被叫作"完全不在内"；如果我们说，"动物不谓述任何人"，这就被叫作"全不谓述"。

在讨论完完善和不完善推论之后，《前分析篇》24b26—30谈到了几种前提，τὸ δὲ ἐν ὅλῳ εἶναι ἕτερον ἑτέρῳ καὶ τὸ κατὰ παντὸς κατηγορεῖσθαι θατέρου θάτερον ταὐτόν ἐστιν. λέγομεν δὲ τὸ κατὰ παντὸς κατηγορεῖσθαι ὅταν μηδὲν ᾖ λαβεῖν τοῦ ὑποκειμένου② καθ' οὗ θάτερον οὐ λεχθήσεται· καὶ τὸ κατὰ μηδενὸς ὡσαύτως。这部分在V.10已经提及，大卫在本小节正式加以阐述。正如之前所说，SaP的含义，从外延来说，S在所有满足P的个体组成的集合整体(ἐν ὅλῳ)中；从内涵来说，P作为一个性质(种属、本质、固有属性)存在于S之上，也就是P属于S。③

大卫在此处说前提的类型是"完全在内"和"完全不在内"，

① 这四个词组的古亚美尼亚文为զներ բոլորումն、զոչ ներ բոլորումն、զըստ ամենայնումն、զըստ ոչումեքումն。

② τοῦ ὑποκειμένου这个希腊文之前，有的抄本有一个冠词的复数属格。

③ 关于S完全在P内(直译就是S完全在作为一个整体的P内)这个表达，见Striker(2009:83—84)和Ebert & Nortmann(2007: I,228—229)，亚氏在《前分析篇》讨论构建推论时，在25b32—35以及53a21—23使用了两次；在讨论模态三段论时，在30a1以下使用过一次。

“谓述全部”和“全不谓述”，但这并不包括特称前提。不过它们的矛盾面正是特称命题，“完全在内”和“谓述全部”的否定是o命题；“完全不在内”和“全不谓述”的否定是i命题。之所以亚氏没提特称前提，原因似乎是，他这里是顺着完善和不完善推论说的，这两种前提恰恰是对应这两种推论的，大卫似乎也是这个意思。比如第一格全是从全称前提出发，Babara，Darii，Celarent，Ferio，第二格也是如此，第三格出现了Disamis和Bocardo，它们可以转换为Darii和Babara。这样，标准推论必然要从全称量词的普遍性(肯定或否定)出发，才能获得普遍的逻辑必然性。

4. Բայց տարակուսեն երիս տարակուսանս: Նախ, եթէ՝ զիա՞րդ ասեմք ներ ի բոլորումն կենդանումն կենդանւոյն մարդում և ձիում և եզում յարադրելով: Լուծումն. եթէ՝ վասն զի զբոլոր սահման կենդանւոյն ունի յինքեան մարդն: Երկրորդ տարակուսանք, եթէ ընդէ՞ր յորժամ ասեմք՝ Մարդ կենդանի, ասի ներ բոլորումն, իսկ յորժամ ասեմք՝ Կենդանի ամենայնումն մարդումն, ասի ըստ ամենայնումն: Լուծումն այսորիկ. եթէ՝ վայելուչ է ստորոգիցելումն առանորոշելին, քանզի ի բոլորումդ ստորոգիցելումդ գոյ շարամերձեալ և ոչ առորոշումն. որզոն՝ ներ ի բոլորումն կենդանումն: Իսկ ենթակայումն վայել է առորոշումն, որզոն՝ որպէս յորժամ ասեմք՝ Կենդանի ըստ ամենայնումն մարդումն: Քանզի ամենայնդx առորոշումն շարամերձեալ է մարդումնx՝ ենթակայումն յաւելումն: Երրորդ տարակուսանք, եթէ՝ վասն է՞ր նախակարգեաց զներ ի բոլորումն ըստ ամենայնումն: Լուծումն. եթէ՝ վասն զի վերլուծական է իրողութիւնս, և վայել է վերլուծութեան մանաւանդ վերելութիւն, քան զվայրիջութիւն:

Ընդ այսոսիկ հանդերձ աստուծովն առաջիկայ պրակք:

4. 但是尚有三处不明，[需要解释]如下三个原因：

第一，为何我们把人、马和牛放到动物之旁，说“人完全在动物之内”呢？

解释为：“动物”这个词项把人这个整体包含在它自身之内。

第二，为何当我们说“人是动物”时，这被叫作“完全在内”呢？为何当我们说“动物谓述所有人”时，这被叫作“谓述全部”呢？

对此的解释为：“没有限定词”[①]专属于谓词，因为“完全在内”不是限定词，它与谓词相联系；比如，“完全在动物内”。而限定词专属于主词，比如我们说，“动物谓述所有人”，限定词“所有”与“人”相联系：附加于主词。

第三，为何他把“完全在内”放到了“谓述全部”之前？

解释为：这部论著与分析相关，比起下行来说，上行更专属于分析。

到此，凭上帝之助，而有这一讲。

（三）其余三点疑问

本小节提出了三个疑问，它们实际上深化了前面对前提的讨论。

第一个疑问连同解释，Topchyan译为，why do we say, “[Man] is wholly contained in animal”, placing man, horse and ox alongside animal? Explanation: for the term “animal” contains in itself the whole of “man”。

Papazian的译文不太相同，为，why do we say “in the whole

① 它与量词的“不定”不同，“不定”不是没有限定量词，而是量词未被限定。

of animal", when animal places itself in man and horse and ox? Answer: Because it is on account of the whole definition of animal that man has animal in itself。

这两个译法有几处不同：(a)Papazian认为յարադրելով这个不定式配合动物，而且理解为"动物将自己放置于人牛马之上"，显然，他认为动词յարադրել的意思是"放上"。Topchyan理解为"'我们'把人马牛放到动物之旁"，显然，他认为动词յարադրել意思是放到旁边，因为յարա这个前缀有这个意思，当然它也可以表示放到……之上甚至之内，所以Papazian有上述译法。(b)Topchyan补译了"[man]"，而Papazian没有。(c)Papazian把սահման译为定义，Topchyan理解为词项。

按照Topchyan的译法，大意似乎是，为何说人与牛马一样都是动物呢？回答看起来是同义反复，因为动物这个词项包含了整个人。大卫的意思就是，概念就这么规定了，因此人就属于动物。我们可以推测大卫的意思：不管动物这个词项叫什么名字，但它总是包含了人，也就是说，人总要属于某个更高的属之中，"词项"代表了这个普遍的谓词，它的内容并不重要。而且，人与牛和马之间的差别不足以让人独自成为一个高于它们的属。

按照Papazian的译法，意思是，既然动物置身于人马牛之内(动物成为了普遍于它们的属)，那么我们为何说"[人马牛]在动物之内"呢？因为动物的整个定义决定了人在自身内具有"动物"。也就是说，从集合的外延角度来看，人马牛当然在动物之内；从内涵性质来说，动物这个属存在于人之上，人只要为人，就难以摆脱这个属，因为人也符合动物的定义。

第二个问题，关于限定词见VII.5，指主词的量词限定词。"没有限定词"(առանորոշելի)指不具有"量化的限定词"，显然谓词是这样。

从内涵的角度，P谓述S，所以S的量化是最为重要的，这个命题的意思就是P这种性质在多大程度上限定了S。从外延的角度，S是在P(带有P性质的全部个体集合)之内，这个命题的意思就是，P在多大的范围内包含了S。S和P以不同顺序得出的两个命题，含义不同，但紧密联系。

第三个问题，就是为什么“完全在内”先于“谓述全部”，这是个很小的问题，但大卫敏锐地关注到了其中的含义。

“上行”一词，抄本为վերլուծութիւն，即分析，显然句意重复，Papazian仍然采取了抄本的文字，Topchyan改为文字相近的“上行”(վերելութիւն)。

关于上行和下行，见V.10，从外延来看，上行是逐渐接近范围最广的部分；内涵来看，是从特殊接近一般。显然S完全在P内，这是一个上行的过程，而P谓述所有S，则是一个下行的过程；前者是分析(用一般和少量的元素来涵盖特殊和多样的个体)，后者是综合。

到此，大卫对《前分析篇》第一卷第一章的评注结束。

第五章　论换位法

第十二节　论换位法(一)

1. Եւ վասն զի ի նախադասութեանց ոմանք ստորասականք են, և ոմանք՝ բացասականք: Ուսուցեալ զմեզ Արիստոտէլի զամենայն զոր ինչմիանգամ խոստացաւ, և սահմանեալ զսահմանս, զառաջարկութիւնս և եթէ զի՞նչ է բաղհաւաքումս, ասացեալ է և զզանազանութիւնս նորա՝ զաւարտունն և զանաւարտունն, և զզանազանութիւնսն առաջարկութեանցն՝ զոչ ներ բոլորումս և ներ բոլորումս, և՝ ըստ ամենայնում և ոչ ըստ ումեքումս: Այժմ յայլ տեղի քննութեանց առնու վարդապետութիւն բաղհաւաքմանցն և հակադարձութեանց նոցա, որպէս զի մի, յերկրորդումս և յերրորդումս ձևումս պէտս ունելով հակադարձութեանց և ոչ ուսուցեալ յառաջագոյն, ի վերայ անհաւաստեաց յառաջածեսցէ զբանն, և կամ ուսուսցէ ի միջումս, կտրեսցէ զշարունակութիւնն: Եւ տարակուսեն, եթէ՝ վասն է՞ր ոչ ուսուցանէ մեզ յառաջագոյն և զանկարելին բացածութիւն և թէ՝ զիա՞րդ լինի. վասն զի և նմա պէտս ունի և

յերկրորդումն և յերրորդումն ձևումն:

1. “因为某些前提是肯定的，某些前提是否定的。”在对我们解释完他所承诺的所有内容以及定义完词项、前提、推论是什么之后，亚里士多德也讨论了不同类型的推论：完善的和不完善的，以及不同类型的前提：“完全不在内”，“完全在内”，“谓述全部”和“全不谓述”。在下一处，他考察了关于诸推论的学说以及推论的换位，因为第二格和第三格需要换位，之前并未解释。[在之前]，他并未继续[解释换位法]，而是谈论不清楚的地方，也没有在中间停下来解释它们以免打断连续性。

也有人疑惑说，为何他之前没有对我们解释归谬法呢？归谬法如何形成呢？[之所以这样问]，因为在第二格和第三格中他也需要归谬法。

大卫在前面十一章概述了《前分析篇》全书要点，评注了它的第一卷第一章。从本章开始，他进入了对第一卷第二章的论述。在前面，大卫按照亚里士多德的思路讨论了词项、前提、推论（推论的两种类型，前提的两种类型）。那么在第二章开始，亚里士多德开始讨论直言命题的换位，这与完善和不完善推论相关，而且直接关涉了后面对于三格推论的论述。

在《前分析篇》第二卷第八到第十四章（59b1开始），亚氏系统地讨论了换位法（但要注意，它在推论中的情况还不同于在命题中的情况）、归谬法（也见28b21, 29b6, 50a31）和显示法，这些都是将不完善推论转为完善推论的方法。而在第一卷第二章（包括第三章模态命题的换位）处理的是命题的一般换位规则，它为后面推论的证明体系做了准备。在讨论几个格推论的时候，亚氏也提及了一些关于换位法和归谬法的内容。

“关于诸推论的学说”，原文为վարդապետութիւն բաղհաւաքմանց，前一个单词来自动词վարդապետել，即教授、教导。这里提到的“学说”显然指的是《前分析篇》第一卷第二章(25a1)以下的内容，包括了命题的换位、三个格的安排等内容。似乎有可能到第一卷第二十六章为止，但绝不可能一直到《前分析篇》结束。XII.4又再次出现了这个短语，那里直接指换位法，显然推论的学说立足于换位而展开。

“归谬法”，原文为զանկարելին բացածութիւն，对应的希腊文为εἰς τὸ ἀδύνατον ἀπαγωγή，英文常以拉丁文的形式译为reductio ad impossible(absurdum)。անկարելի的意思就是不可能的，բացածութիւն的意思是回退、还原，词根为动词ածել，即，带来。亚氏有时也会称之为τὸ διὰ τοῦ ἀδυνάτου συλλογίσασθαι(通过不可能的事情来推论)。本节的第三小节会谈到这种方法。

2. Առ որս ասեմք, եթէ բաւական համարեցաւ, զոր նորա մտածութիւն ունիմք: Բայց այժմ զայսոսիկ ուսուցանէ և յարադրէ՝ որպէս ստիպեցուցանօղս, իսկ յառաջելովն զառ ի յանկարելի բացածութիւն ուսուցանէ: Քանզի նոյնպէս և պիտանացուացս առ Ստորոգութիւնսն զոմանս նախակարգեաց զանհաւաստիսն, իսկ զոմանս ի վերջոյ ուսոյց:

2. 对此，我们说，他充分想到了我们会这么认为。目前来说，他解释而且着手处理[换位法]要更紧迫，这之后他才会解释归谬法。同样，在处理与《范畴篇》有关的内容时，也是把不清楚的部分放到首位，把其他的放到后面。

本小节，大卫解释了为什么亚里士多德先讨论换位法，而把归谬法放到了后面。

Papazian没有将“《范畴篇》”一词理解为著作名，而是理解为“诸范畴”这个概念。《范畴篇》的讨论思路是先从同名异义，同名同义开始讨论，然后是事物、种属、范畴，从不清楚的内容开始澄清，最后到达最为普遍的范畴。如果按照Papazian的理解似乎也说得通，亚氏在讨论范畴的时候，也是从最不清楚的实体入手，然后按照次序论述十范畴。

波菲里《〈范畴篇〉评注》60.1—10有一段话表明了《范畴篇》的讨论思路，这也有助于我们理解大卫分析的《前分析篇》的思路(包括上一小节)，大卫的理解与波菲里如出一辙，ἀλλ' οὔτε περιττεύων οὔτε ἐπιλελησμένος τοῦ σκοποῦ περὶ τούτου ποιεῖσθαι πρῶτον λόγον, ἀλλὰ τὰ ἀναγκαῖα πρὸς τὴν παράδοσιν τῶν κατηοριῶν προεκτίθεται, ἵνα μὴ διὰ μέσου ἐκdιδάσκων παρεκβάσεις ποιοῖ καὶ διακόπτοι τὸ συνεχές. ὥσπερ οὖν οἱ γεωμέτραι προεκτίθενται ὅρους τινὰς καὶ ἀξιώματα καὶ αἰτήματα καὶ διαιρέσεις, ἃ χρήσιμά ἐστι προλαβόντα μαθεῖν εἰς σαφήνειαν τῶν θεωρημάτων, οὕτω καὶ ὁ Ἀριστοτέλης προλαμβάνει τὰ περὶ τῶν ὁμωνύμων καὶ συνωνύμων καὶ παρωνύμων καὶ πὰντα ἐφεξῆς χρησιμώτατα πρὸς αὐτὴν τὴν τῶν κατηγοριῶν παράδοσιν, τινὰ δὲ καὶ μετὰ τὴν τῶν κατηγοριῶν παράδοσιν ἐπιδιδάσκων, ὧν τὸ χρήσιμον ἐν τῷ τόπῳ χρὴ παριστάναι(他[亚里士多德]不多不少正中目标，为了这个目标写了第一个论述[指《范畴篇》]，他要从与范畴的传统学说相关的必要内容开篇，以免从中间开始教起会偏离[目标]、打断连续性。恰如几何学家先从某些“项”、公理、公设、划分[①]开篇，当人们预先掌握这些内容时，它们就有助于人们清楚地了解定理。以这种方式，亚里士多德预先掌握了同名异义、同名同义、引申义，然后按照次序掌握了所有对范畴传统学说最有用

① 欧几里得《几何原本》第五卷定义15用διαιρέσις专门指比例的分离。波菲里这里有可能指几何和数学中对概念和数的划分。

的内容，在范畴传统学说之后，他又教授了某些内容，它们都有助于[《范畴篇》]的研究主题)。

可见，换位法之所以放到开始就说(这个时候也许首先是一种技术)，有助于亚氏后面描述三个格的推论，它比归谬法更基础，所以大卫称之为“关于诸推论的学说”。

3. Բայց լինի սա ի բառնալոյ բաղեզերմանն. ի ձեռն հակակայի առաջարկութեանն բաղեզերմանն և միոյ առաջարկութեան, որ յառաջէր, ճսալով և զայն ի բաց բառնալով: Որգոն, ասեմ՝ Մարդ կենդանի, կենդանին ներանձնաւոր,ապան՝ մարդ ներանձնաւոր: Արդ, եթէ ոքասէ զբաղեզերումդ ոչ գոլ, այս ինքն՝ զմարդն ներանձնաւոր, յանդիմանէ ի ձեռն յանկարելին բացածութեան: Այսպէս եղելոյ՝ առնում զհակակայն բաղեզերմանն, որգոն՝զՈչ ոք մարդ ներանձնաւոր առնում և մի առաջարկութիւն, որ յառաջն էր, որ ասէր՝ Ամենայն մարդ կենդանի, և առնեմ երկրորդ ձև այսպէս. Ոչ ոք մարդ ներանձնաւոր, ամենայն մարդ կենդանի ժողովել ի մասնական բացասական, որպէս յերկրորդումս ձևումս. Ոչ ամենայն կենդանի ներանձնաւոր: Բայց աստ մանաւանդ այսպէս. Ոչ ոք մարդ ներանձնաւոր, որ հակակայի սկզբան բաղեզերմանն, և մի առաջարկութիւն սկզբանցն՝ Ամենայն մարդ կենդանի, և ժողովել ի մասնական բացասական. Ոչ ամենայն կենդանի ներանձնաւոր. ամենայնx և ոչ ամենայն. և առնէ հակասութիւն, որում ոչ գոյ հնար ճշմարտակից լինել: Զայն և հակադարձութիւն բաղհաւաքման կոչեն: Եւ այսոքիկ յաղագս այսորիկ:

3. 要做到[归谬法]，就得反驳结论：通过一个与结论相反的前提，然后再保留[第一个]前提，[从而进行推论]。比如，我说，“人是动物；动物是有灵魂的，所以人是有灵魂的”。如果有人说，这个结论——“人是有灵魂的”——是错的，那么他应该通过归谬法来反驳它。比如这样做，我用结论的反面“没有人是有灵魂的”加上第一个前提“每个人是动物”，然后通过第三格，[①] 得出“没有人是有灵魂的；每个人是动物”，用否定的特称[命题]得出结论，按照第三格为：“并非每个动物是有灵魂的。”这样，“没有人是有灵魂的”(它与先前的结论相反)与先前的一个前提“每个人是动物”得出了否定的特称[命题]：“并非每个动物是有灵魂的。”“每个”与“并非每个”是一对矛盾，不可能同时为真。这被叫作推论的“转换”。关于这一点，就说这么多吧。

(一)归谬法

亚里士多德在《前分析篇》41a23—26说归谬法，πάντες γὰρ οἱ διὰ τοῦ ἀδυνάτου περαίνοντες τὸ μὲν ψεῦδος συλλογίζονται, τὸ δ' ἐξ ἀρχῆς ἐξ ὑποθέσεως δεικνύουσιν, ὅταν ἀδύνατόν τι συμβαίνῃ τῆς ἀντιφάσεως τεθείσης(所有通过归谬(通过不可能的事情)得出结论的人都一方面推论出了虚假，另一方面，当矛盾命题被设定，不可能的事情形成，从而以假设的方式证明了一开始的[结论])。41a30—37，τοῦτο γὰρ ἦν τὸ διὰ τοῦ ἀδυνάτου συλλογίσασθαι, τὸ δεῖξαί τι ἀδύνατον διὰ τὴν ἐξ ἀρχῆς ὑπόθεσιν. ὥστ' ἐπεὶ τοῦ ψεύδους γίνεται συλλογισμὸς δεικτικὸς ἐν τοῖς εἰς τὸ ἀδύνατον ἀπαγομένοις, τὸ δ' ἐξ ἀρχῆς ἐξ ὑποθέσεως δείκνυται(这就是归谬推论，通过一开始的假设来证明不可能的事情。这样，既然推论在归谬法中证

---

① 原文为第二格(下面又出现一次)，但大卫这里用的是第三格，古亚美尼亚文“第二”和“第三”很容易混淆，可能是抄写者有误。Papazian保留了原文。

明了虚假，那么它也就以假设的方式证明了一开始的[结论])。[①]在其他地方，亚氏也阐述了归谬法，此处不再一一列举。亚氏用这种方法证明过第二格的Baroco式。

我们也可以证明第三格的Bocardo式成立，它来自Babara式：[②]

(a) BoA 前提

(b) BaC 前提

(c) CaA 假设

(d) BaA (b)和(c)以及Babara式，与(a)矛盾

(e) CoA 归谬，(c)不成立

可以看到，bc构成了一个新的三段论，这个三段论得出了一个与第一个前提矛盾的结论，这样证明了假设是错误的，如果它是错误的，它的矛盾命题必然成立。Bocardo这个“不明显”的推论通过归谬法显明了完善的Babara式，也就是显明它自己的必然性。这个过程中，矛盾律始终起到了重要的作用。

这个过程也可以用来证成Bocardo式，比如把c改为CoA，这是正确的，然后假设CaA成立，继续上面的步骤，得出了矛盾的结论，故而一开始的CoA是正确的。这更为符合亚氏的描述。

大卫在本小节对归谬法的运用和论述似乎有些问题，首先看一下他的步骤：

一开始的推论为Babara式：

(MaP)每个动物是有灵魂的；

(SaM)每个人是动物；

(SaP)因此，每个人是有灵魂的。

结论的反面为SeP命题：每个人不是有灵魂的(即，没有人是有

---

① 归谬法的公式见Detel(1993:164)。

② 见Barnes et al(1991:211)。

灵魂的)，假设它为真，然后利用第一个前提SaM，借助第三格的Felapton式：

(SeP)每个人不是有灵魂的；

(SaM)每个人是动物；

(MoP)有的动物不是有灵魂的(即，并非每个动物是有灵魂的)。

MoP这个否定的特称命题与MaP是一对矛盾，如果后者为真，那么先前假设的SeP是不成立的。

疑问在于：第一，归谬法假设的前提是不是应该与原结论为矛盾关系，而不能是相反关系呢？因为相反关系的SaP和SeP能同时为假。那么看起来，假定SaP为假，那么只有SoP必定为真。即使证明了SeP为假，也不能说明SaP就是真。我们只能证明SeP是不成立的，仅从这点来看，大卫的归谬才是成功的。

对这个问题的回答就是，相反关系是“质”的矛盾，而SaP和SoP的矛盾关系是“量”的矛盾。而S以不定的方式出现(大卫一开始说前提就是“人是动物”，后来加了量词)，这就表明了“S是P”和“S不是P”的矛盾关系。人要么是动物，要么不是动物。所以假设的前提是与原结论相反的前提并无差错。

第二，大卫的例子是某人反驳“我”的论证，而我按照那人的逻辑进行归谬，如果归谬成功，则我的论证不成立，但最后归谬不成功，则证明我的论证成立或至少那人使用的前提无法反驳我。可见，归谬首先被理解为了“驳论”，在一些驳论中出现了不可能之事，故而反过来正面证明了原结论的成立。这和亚氏原有学说稍有出入。而且大卫并未将归谬法用于把第二格和第三格转为第一格。

第三，大卫为什么在结尾称归谬法为“推论的转换”，而“转换”一词就是“换位法”一词，那么归谬法就是换位法吗？还是如Topchyan(2010:113)注释240所言是抄写者错误呢？这里实际上涉及了不同含义的命题的ἀντιστροφή，见XII.5的研究部分。第一个含义，命题的换位比如SeP换为PeS，这是与归谬法并列的“换位法”，它可以运用于将完善推论换为不完善推论。但还有第二个含义，在《论题篇》163a32—36和《前分析篇》59b1—8，ἀντιστροφή都被用来指一种采用“假设”的“转换”方法，而其中并没有出现主词和谓词位置的颠倒。而归谬的“假设”恰恰也是一种“转换”。[①]所以，这里的文本说归谬法是հակադարձութիւն，指的是“转换”，而不是换位。[②]

4. Բայց պարտ է ութ գլուխս ոմանս յառաջագոյն առնուլ յաղագս հակադարձութեան բանի, այս ինքն՝ վարդապետութեան բաղհաւաքմանցն: Նախ, եթէ քանաբա՞ր ասի հակադարձութիւն, և յաղագս որո՞յ արդեօք այժմու բանս է: Երկրորդ, եթէ այս, յաղագս որոյ այժմու բանս է, քանաբա՞ր և յաղագս որո՞յ դիտաւորութեան: Երրորդ, սահմանել զնա յաղագս որոյ բանն է: Չորրորդ, քանաբա՞ր գոլն և հարկաւորն և մարթն. քանզի զայլսն ոչ յիշէ՝ զկարելին և զանկարելին, և զիա՞րդ ըստ իւրաքանչիւր ումեք ի սոցանէ պիտանանայ հակադարձութեան: Հինգերորդ, վասն է՞ր եթող զկարելոյն և զանկարելոյն հակադարձութիւնս: Վեցերորդ, զի՞նչ այնոքիկ, որք ցուցանին ի ձեռն հակադարձութեանցն: Եօթներորդ, զի՞նչ կարգաւորութիւն նոցին: Ութերորդ, ո՞յք ոմանք իցեն յառաջ բերեալքն տարակուսանք:

4. 但是首先，必需考察与陈述的换位(也就是关于诸推论的学说)有关的八个要点。

① 见Ross(1957:446)指出了转换与归谬的联系。

② 也见Patzig(1968:149—156)。

第一，换位以多少种方式被述说呢？当前所说的是哪一种呢？

第二，当前所说的这种以多少种方式被述说呢？为了什么目的呢？

第三，定义当前这种换位。

第四，它以多少种方式实然存在、必然存在或或然存在呢？他并没有提到其他的情况，比如可能还是不可能。换位在每种情况中如何被使用呢？

第五，他为什么遗漏了可能和不可能[的换位]呢？

第六，换位揭示出了什么东西呢？

第七，各种换位的次序是什么？

第八，换位产生的疑点有哪些呢？

（二）换位法的八个要点

本小节开始，大卫进入了全书最后一个部分，对换位法的讨论。大卫提出了八个问题或要点(գլուխս, κεφαλαία)，这些会分别在后面加以评述。

第一，指换位的类型及其不同含义(XII.5)。第二，本书论述的换位有几种类型，论述换位的目的是什么(XII.6—8)。第三，当前这种换位的定义(XII.9—10)。第四，这种换位运用到各种模态时的情况(以及相应前提的类型)(XIII.1—3)。第五，可能与不可能前提的换位问题(XIII.4)。第六，换位的意义，通过换位，我们得到了什么(XIII.5—6)。第七，各种换位的次序(XIV.1)。第八，换位中的疑点有哪些(XIV.2—5)。

斐洛珀诺斯《〈前分析篇〉评注》39.31—40.5也论述了换位法的几个问题，一共有三个：①一般意义上的换位法是什么，以多少种方式(ποσαχῶς)被论述。②当前谈论的是哪种换位。③换位在多少种情况中被考察，这些情况的关系如何。这三点也是亚氏处理的三点(见下一节，但亚氏并未在《前分析篇》中提过这三点，有可能是后人总结)，而其他五点都是大卫进一步提出的。

“换位法”，原文为հակադարձութիւն，来自形容词հակադարձ，即翻转的。前缀հակ—意思就是相反的，词干为դարձ，即转动，联系դուրգն一词，与古希腊文τροχός同源而且同义。古希腊文为ἀντιστροφή一词，动词为ἀντιστρέφειν。

亚里士多德对这个词更为知名的使用是《修辞术》开篇的说的修辞术与论辩术为ἀντίστροφος的关系，他认为修辞术和论辩术一体两用，可以互相类比，两者都具有推论和归纳，只是名称不同，但又同中有异。ἀντίστροφος及其词族借自歌唱队诵诗时的位移，στροφή和ἀντιστροφή指两个方向彼此相反的转动过程。后来扩展为诗歌两个诗行的相互对应，引申为彼此呼应，一个摹仿另一个，对等相当。两个事物的ἀντίστροφος式的联系包括：①平行；②相反；③相对；④可逆和互换；⑤相类和相当。这些关系不可能同时满足。若A和B具有这种关系，则A: a(性质)=B: b(性质)，(1)A和B相似或互换，a和b相似或互换；(2)A和B相反，a和b相反。

5. Արդ, ութ ելոց գլխոց առաջիկայ տեսութեանս, զերիսն միայն յարադրէ: Նախ, եթէ քանաբա՞ր հակադարձութիւն ասի և յաղագս որո՞յ բանս: Արդ, հակադարձութիւն եռակի ասի. կամ ի սահմանս, կամ յառինչսն, զոր և յարադրեաց ի Ստորոգութիւնսնx, յորժամ ասէրն, եթէ՝ Առինչքն առ ի հակադառնալն ասին. Հայր որդւոյ հայր և Որդի հօր որդի: Եւ կամ յառաջարկութիւնսն են, որպէս յայժմու բանս: Այս առաջին գլուխ:

5. 那么，当前的理论要点有八个，可是他仅仅讨论了三个。第一，换位以多少种方式被谈及，哪一个是[当前]所说的呢。

换位以三种方式被述说：或者是词项的[换位]；或者是关系的[换位]（他在《范畴篇》中曾着手处理过，他说，“有关系的事物可以被述说为互联”）：“父亲是儿子的父亲”，“儿子是父亲的儿子”；另一种就是前提的[换位]，也就是当前讨论要[论述的]。这就是第一个要点。

（三）换位法的第一个要点：四种换位

换位一词仅是在《前分析篇》以及逻辑学语境中，中译为换位，但它在其他语境中有不同的含义，它以三种方式被提及（եռակի ասի）。斐洛珀诺斯《〈前分析篇〉评注》40.12—16也谈了这三种换位，τριχῶς ἄρα λέγεται, καὶ ἐν τίσιν ἔγνωμεν, ὅτι ἢ ἐν ὅροις ἢ ἐν προτάσεσιν ἢ ἐν συλλογισμοῖς. περὶ μὲν οὖν τῆς ἐν τοῖς ὅροις ἀντιστροφῆς διείλεκται ἐν Κατηγορίαις, ἐνθα περὶ τῶν πρός τι διελέγετο, ὅτι ὁ φίλος φίλῳ φίλος ἐστὶ καὶ ὁ ἐχθρὸς ἐχθρῷ ἐστιν ἐχθρός（它以三种方式被述说，我们知道有如下这些：在词项，或在前提，或在推论。《范畴篇》中谈论了词项的换位。在那里也谈到了“关系”，如，朋友是朋友的朋友，敌人是敌人的敌人①）。大卫说的三种换位为词项、关系、前提；斐氏的三种换位不同，为词项、前提和推论，但他也提到了关系。显然，前提和推论的换位是《前分析篇》要说的，而词项和关系不在该书讨论之列。而目前《前分析篇》第一卷第二章讨论的换位为前提的换位，而不是推论的换位（第二卷第八章）。这样来看，其实有四种换位：词项、关系、前提和推论，前两个大卫区分开来，斐氏合并在一起；推论的换位，大卫未提。

第一种是词项换位，大卫没有介绍，我们可以在亚里士多德的

---

① 意思就是A相对于B是朋友，则B也就是A的朋友；A相对于B是敌人，B也就是A的敌人。

著作中找到一些例子。

对于“P存在于S”来说，它可以换位为“S是P”。在《论题篇》109a11—27，它被作为检验P是偶性，还是本质和固有属性的方式。他认为(13—14)，ἀπὸ μὲν γὰρ τοῦ ὅρου καὶ τοῦ ἰδίου καὶ τοῦ γένους ἀναγκαῖον ἀντιστρέφειν(从定义、固有属性和属来换位是必然成立的)，而οὐκ ἀναγκαῖον ἐπὶ τῶν συμβεβηκότων τὸ ἀντιστρέφειν(基于偶性来换位不是必然的)。亚里士多德分别举了几个例子，以定义为例(此处不是本质定义)，ὑπάρχει τινὶ ζῴῳ πεζῷ δίποδι εἶναι, ἀντιστρέψαντι ἀληθὲς ἔσται λέγειν ὅτι ζῷον πεζὸν δίπουν ἐστίν。“ζῴῳ πεζῷ δίποδι εἶναι”(属于两足行走的动物)存在于S(τινὶ)，那么换位为，S是两足行走的动物。属和固有属性的换位都成立。

这种换位实际上改变了系动词，即，P“存在于”S，换位，S“是”P。①它看起来好像是同义反复，但一旦换到偶性的情况，就不同了。如，“属于白色的事物”存在于S，换位为，S是白色的事物，这种换位就不成立了。能看出，量词虽然没有涉及，但是前一个S和后一个S的量词是不同的，比如S为人，则第一个S只是某些人，而第二个S虽然是不定的量词，但显然指普遍或全部的人。偶性不是普遍具有的，所以这种换位是不成立的。

《论题篇》103b7—19也提到了一种“换位”，但亚氏并未使用ἀντιστρέφειν这个词，他用的是ἀντικατηγορεῖσθαι，即“反过来谓述”，如P谓述S，则S可以ἀντικατηγορεῖσθαι一开始的谓词P。这种方法直接用于划分谓词。

按照他的划分，主词S和谓词P或可以互换，或不能互换。①如

---

① 王路(1991:13)认为词项换位就是“S是P”换位为“P是S”，并没有提及此处的换位。王路说的那种换位只能限于定义，对于属的情况，显然不行，比如人是动物，动物是人，这就不成立了。但按照此处的换位，则“属于动物”存在于人，换位为，人是动物，显然成立。S是P换位，P是S属于《前分析篇》的命题换位，而且涉及了量词。

果可以互换，则为定义或固有属性，如果指出了事物是什么(τὸ τί ἦν εἶναι)，则为定义，否则就是固有属性。②如果不能互换，这个谓词或者在主词的定义内，或者不在。③如果在定义内，就是属或种差。④如果不在定义内，就是偶性。

这种换位虽然没有例子(而且没有使用“换位”一词)，但我们可以确定亚氏指的就是109a11—27的换位。在这种换位中，P存在于S时，P是一个集合，它内涵地存在于S之上，换位后，P外延地表现为集合，S在P之内。换位的前提就是，P这个集合的共同性质p要普遍地存在于S之上，然后才能说S完全在P之内。这与前面XI.3对“谓述全部(全不谓述)”和“完全在内(完全不在内)”两种命题表达形式似乎有关联，因为亚氏的换位就是对这两种命题的互换。互换的焦点在于S这个主词。

这种换位看起来也是前提的换位，但不同于SeP换为PeS这种，后者可以用于推论，而前者是为了划分谓词，故可以算作词项换位。这样的换位也符合ἀντίστροφος互相缠绕，回环往复的含义，如果仅仅理解为S是P换为P是S，那么这仅仅只是机械地移位。这种换位表明了一种形而上学的必然关系。

第二种是关系(或相对关系)换位，大卫在本小节有所介绍。见《范畴篇》6b27，τὰ πρός τι πρὸς ἀντιστρέφοντα λέγεται(有关系的事物被叫作互联的事物)；大卫原文为առինչքն առ ի հակադարձեալն ասին；Topchyan译为relatives are spoken of in relation to correlatives。意思就是，ARB(或BRA)，没有R这个关系，A和B都不存在，因此可以陈述出A是“B的A”和B是“A的B”这两种形式(以“的”的形式，即τινος)，谓词是一个关系谓词。这两个命题可以互换，A和B的位置产生了“换位”。《范畴篇》举了很多这样的例子。另外也包括变格(同一词的不同格位)和同词根(同一词根的不同单词)的情况，也见《论题篇》125a5—13。

需要注意的是，在《论题篇》149b12—18，亚氏谈到了这种关系换位如果以偶性为基础，不是以自在(καθ' αὑτο)性质为基础，就不可能产生换位了。比如A和B偶然产生了R这个关系，如，苏格拉底是白色事物，按照关系换位，则苏格拉底是白色事物的苏格拉底；白色事物是苏格拉底的白色事物。这显然不成立，因此苏格拉底并不是相对于白色事物才是苏格拉底的，反之亦然(它们有自己所相对的事物)。可见，这种关系换位立足于第一种以形而上学必然关系为基础的换位，当关系仅仅是偶然、不具有这种必然性的时候，换位是不能成立的。

第三种“换位”是推论的转换，在这种语境中，中译不适合译为“换位”了，因为其中并未出现主词和谓词的位置颠倒甚至是词项顺序的改变，相反，是aeio“质”的“转换”，如a换为e或o；e换为a或i。当结论转换后，保留一个前提，那么就能得出一个与另一个前提相反或矛盾的前提，这是推论的一个性质。[①]

在《论题篇》163a32—36，亚氏说，τὸ γὰρ ἀντιστρέφειν ἐστὶ τὸ μεταλαβόντα τὸ συμπέρασμα μετὰ τῶν λοιπῶν ἐρωτημάτων ἀνελεῖν ἓν τῶν δοθέντων· ἀνάγκη γάρ, εἰ τὸ συμπέρασμα μὴ ἔστι, μίαν τινὰ ἀναιρεῖσθαι τῶν προτάσεων, εἴπερ πασῶν τεθεισῶν ἀνάγκη ἦν τὸ συμπέρασμα εἶναι(转换就是人们调换结论，连同余下的问题一起，来反驳给定的内容。因为，如果结论不成立，那么必然地，某一个前提就会被反驳——[之所以如此]，因为所有内容被设定之后，结论是必然成立的)。这就是说，结论调换后，必定会得出一个相反或矛盾的前提。

《前分析篇》59b1—8的意思更为详细，Τὸ δ' ἀντιστρέφειν ἐστὶ τὸ μετατιθέντα τὸ συμπέρασμα ποιεῖν τὸν συλλογισμὸν ὅτι ἢ τὸ ἄκρον τῷ μέσῳ οὐχ ὑπάρ ξει ἢ τοῦτο τῷ τελευταίῳ. ἀνάγκη γὰρ τοῦ συμπεράσματος ἀντιστραφέντος καὶ τῆς

① 见Ross(1957:445)。

ἑτέρας μενούσης προτάσεως ἀναιρεῖσθαι τὴν λοιπήν· εἰ γὰρ ἔσται, καὶ τὸ συμπέρασμα ἔσται(转换就是，人们转移结论，让推论成为：要么端项不谓述中项，要么中项不谓述尾项。必然地，当结论转换之后，两个前提中的一个被保留，那么另一个前提就被反驳了；因为，如果它成立了，那么结论就会成立了)。[①]

亚氏举了很多例子：以第一格Babara式为例，即CaA为结论，两个前提以B为中项(即BaA和CaB)。第一种转换：将结论CaA“转换”为相反的CeA。用CeA和一个前提BaA得出CeB，这是第二格Cesare式。CeB相反于CaB。第二种：还是CaA“转换”为CeA，它和另一个前提CaB按照第三格Felapton式，得出BoA。BoA显然与BaA矛盾。但是用第三格无法得出BeA这个全称前提，因为第三格的结论都是特称的，非i即o(《前分析篇》59b16—18)，所以得出了一个“矛盾”命题。

这种转换也可以假设出结论的矛盾命题。仍以Babara式为例，第一种转换：CaA“转换”为矛盾的CoA。用BaA和CoA得出CoB，这是第二格的Baroco式。第二种：CaA“转换”为CoA，它和另一个前提CaB，得出BoA，这是第三格的Bocardo式，由于第三格，所以只能得出特称命题，与BaA矛盾。

在相反转换和矛盾转换中，被转换的结论CeA和CoA在两次推论中位置都不同。

亚氏后面还分别就各个格的全称推论(结论为全称命题)和特称推论(结论为特称命题)描述了这种转换。这种转换在三个格间建立了一种联系。我们其实也可以用它来归谬，比如按照亚氏列举的转换步骤，对于一个推论，我们没有得出与已知前提相反或矛盾的命题，那就证明这个推论是不标准的。[②]

---

① 也见亚历山大的评注29.8—14。

② 见Ross(1957:446)指出了转换与归谬的联系。

第四种换位就是大卫下面要讲的命题的换位，从《前分析篇》第一卷第二章开始，它与完善和不完善推论的转换有直接的关系。但见下一小节，这种换位也不一定全都是改变主词和谓词的次序，比如XII.7。因此中译译为"换位"是沿用了汉语逻辑学界的叫法，它只能概括XII.6和XII.8这两种更为主要的换位。[①]这种换位的要点在于，转换后的命题必须与之前的命题等值，即真假同步。

6. Երկրորդ գլուխ էր, եթէ այս, որ յառաջարկութիւնս, յաղագս որոյ և այժմու բանս է, քանաբա՞ր, և յաղագս որո՞յ արդեօք է դիտաւորութեան: Եւ սա նոյնպէս եռակի. քանզի կամ պարզ է, և կամ մարթելի, և կամ բաղհակադարձութեամբ: Պարզ է, որ զորակն զնոյն պահէ, իսկ զկարգ սահմանացն փոխէ. որգոն՝ Ոչ ոք մարդ քար և Ոչ ոք քար մարդ: Որակն նոյն մնաց, քանզի երկոքին բացասականք, իսկ կարգ սահմանացն փոխեցաւ միայն, քանզի ստորոգեցեալն ենթակայ եղև, և ենթակայն՝ ստորոգեցեալ: Քանզի յորժամ ասեմք՝ Ոչ ոք մարդ քար, մարդն ենթակայ է, իսկ քարնx՝ ստորոգեալ. իսկ յորժամ ասեմք, եթէ՝ Ոչ ոք քար մարդ, քարնx ենթակայ է, իսկ մարդնx՝ ստորոգեալ:

6. 第二个要点：当前所说的[这种转换]以多少种方式进行，为了什么目的？它也以三种方式：简单的、可能的或有对立的。所谓简单的，即，如果它的质不变，改变词项顺序。比如，"没有人是石头"和"没有石头是人"。质一样，因为两个命题都是否定的，只有词项顺序改变了，谓词成了主词，主词成了谓词。当我们说，"没有人是石头"，"人"是主词，"石头"是谓词；当我们说，"没有石头是人"，"石头"是主词，"人"是谓词。

① 见王路(1991:129)。

（四）换位法的第二个要点

在阐述了亚里士多德逻辑学著作中出现的几种换位法之后，大卫明确了前提的换位是《前分析篇》第一卷第二章开始(具体在25a8)所研究的。他划分了简单的换位、可能的换位、对立的换位，这三种换位里，第二种是不改变词项位置的，仅仅改变“质”，因此并无“换位”，对于这种换位，中译仍然为“转换”，其他两种都译为“换位”。

简单的换位就是改变两个词项的顺序，而“质不变”(量词也没有变)，也就是系动词不动。但不是所有前提的主词和谓词的互换都符合这种换位，比如SaP，改为PaS，这种换位之后，逻辑意义和真假值就发生了改变。相反，只有SeP换位后仍然为真，即PeS。也见IX.8，这是不完善推论的一种。只有这种主词和谓词的互换是真正的“简单换位”，它符合换位的本义，就是正反可以相推，彼此交互。

“有对立的”，原文为բաղհակադարձութեամբ，这是个很奇怪的词，从构词上与古希腊文的对应来看，它等于是συναντιστροφῆς一词，按照Topchyan(2010:115)注释250的看法，这个词仅在斐洛珀诺斯《〈天象学〉评注》28.18中出现过一次(而且还有可能是错词)。对比亚历山大《〈前分析篇〉评注》29.15—16讲前提的换位有σὺν ἀντιθέσει这个词组，大卫《〈范畴篇〉评注》[①]也有τὸ τῇ συναντιθέσει ἀντίστροφον这个词组(它的古亚美尼亚文为հակբաղադրական զուգադարձութիւն)，看起来此处本来应该写作բաղ հակադրութեանբ，但把հակբաղադրական զուգադարձութիւն合在了一起。下面XII.8一开头也出现了这个词。

---

① 见Busse(1900: 158)。

7. Իսկ մարթելի հակադարձութիւն է, որ զորակն փոխէ, իսկ զկարգն սահմանացն զնոյն պահէ: Բայց մարթելի ասի ի նիւթոյն, յորոյ վերայ բնաւորեցաւ ճշմարտել. որգոն՝ Մարթելի գոյ ամենայնում մարդում արդար գոլ, որ է ստորասութիւն. և դարձեալ՝ Մարթելի գոյ ոչ ումեք մարդում արդար գոլ, որ է բացասութիւն: Ահա որակն փոխեցաւ, իսկ կարգ սահմանացն նոյն պահեցաւ. քանզիմֆաց նոյն ստորոգեցեալ, և նոյն՝ ենթակայ: Տարակուսեն ոմանք, եթէ՝ վասն է՞ր որպէս զբացասութիւն էառ, եթէ՝ Մարթի ոչ ումեք մարդում արդար գոլ: Քանզի ի վերայ յեղանակաւ առաջարկութեանցն՝ յեղանակին ի բաց բարձեցելոյ լինի բացասութիւն: Արդ, եթէ յեղանակաւ էր առաջարկութիւնդ,պարտէրասել, եթէ՝ Ոչ մարթի ամենայն մարդում արդար գոլ: Լուծումն սորին, եթէ՝ համազօրի այլում առաջարկութեան, որ ասէ՝ Ոչ հարկաւոր զոք մարդ արդար գոլ, քանզի Մարթի ոչ ումեք մարդումն արդար գոլ Ոչ հարկաւոր զոք արդար գոլ:

7. 如果换位被改变了质，而它让词项的顺序保持相同，那这种换位就是可能的。它之所以被叫作可能的，因为[它相关]的事实自然而然成真。比如，“每个人是正义的，是可能的”，这是肯定陈述；“没有人是正义的，是可能的”，这是否定陈述。质改变了，但词项的顺序相同，因此谓词没变，主词也没变。

有些人疑惑，为什么他[①]以这种方式来做出否定陈述，即“没有人是正义的，是可能的”。因为当前提有模态时，否定前提要反驳模态。那么，既然前提有模态了，就应该说，“每个人是正

① 这个“他”显然指亚里士多德，见《前分析篇》38a33，48a7，48a18，53b32。

义的，是不可能的”。对此的解答是，它与下面这个前提等同：“某个人是正义的，不是必然的”，因为“没有人是正义的，是可能的”，即，“某个[人]是正义的，不是必然的”。

本小节介绍了第二种“换位”，也就是一种转换。它改变质，但是不改变主词和谓词的关系。但是对于实然命题来说，这种换位很难成立，比如SaP，变质为SeP和SoP，显然不能保证等值。但是在模态命题中，这种情况可以出现，因此这种“换位”叫“可能的”，精确来说，就是“与可能性模态有关的转换”。亚里士多德在《前分析篇》32a30—32b1举过这样的转换例子。

这里的“质”不是模态算子的质，而是命题的质。大卫举了一个例子：M(SaP)可以转换为M(SeP)，这两者等值。有人会提出疑问，按照这种转换规则，M(SaP)应该转为非M(SaP)才是，但实际上，这两者是矛盾项的关系，转换过去，肯定不会等值。

按大卫的说法，M(SaP)如果需要否定模态来进行转换，那么它等同于非N(SiP)，而不是非M(SaP)，但这并未构成本小节说的转换，因为是模态算子的质、而非命题的质发生了变化。之所以能这样转换，因为M(SeP)也等同于非N(SiP)，这其实又是一种转换，既改变了模态算子的质，又改变了命题的质。[①]

“可能的”，原文为մարթելի和մարթի，它们分别对应了希腊文τὸ δύνατον和τὸ ἐνδεχόμενον，按照模态来说，前者为可能的(有某种条件的限定，possible，定为P算子)，后者为偶然的(无条件的，很少出现的，contingent，定为K算子)。[②]但ἐνδεχόμενον

---

① 基本的定理见VIII.4，王路(1991: 85—90)和Rini(2011)的概括。大卫这里的例子还涉及了量词。一般来说，p是非必然的，等价于非p是可能的；p是非可能的，等价于非p是必然的。古代阐释方面见阿姆莫尼尤斯(23.11以下)和斐洛珀诺斯(26.11以下)对《前分析篇》的评注。

② 但Ross(1957:295—296)用contingent指δύνατον，这个看法相反于Ebert & Nortmann(2007: I, 268)，我同意后者的理解。

一词有时会包含这两者，有时等同于δύνατον，在后一种情况中，δύνατον表示某个个体或事物自身具有了可以实现某种性质的能力时，情况会随之改变，ἐνδεχόμενον表示这种能力具备后，情况客观会实现。Papazian混用了contigent和possible。这里指的是可能模态，不是偶然模态。在《前分析篇》25a38—40，亚里士多德认为τὸ ἐνδεχόμενον(一般的意义就是“或然的”)有三种含义：必然、不必然(偶然)、可能。

对于后两种，在32b6—8，亚氏解释了它们的含义，他用的是τὸ ἐνδεχόμενον一词，第一种含义是可能性，第二种含义是偶然性。第一种含义(以及25a14—16)正是大卫此处说法“[它相关]的事实自然而然成真”的根据。亚氏说可能性是τὸ ὡς ἐπὶ τὸ πολὺ γίγνεσθαι καὶ διαλείπειν τὸ ἀναγκαῖον...ὅλως τὸ πεφυκὸς ὑπάρχειν(大多数情况下发生，没有必然性的事情……或是一般来说，自然存在的事情)。这种可能性不是“偶然的”，而是概率较大的事情，比如意见所判断的事情就是一种“大多数情况下发生的事情”(《修辞术》和《论题篇》处理的就是这方面事情)；另外，自然而然出现的事情也是一种可能的事情，它没有必然性，比如，一个人是理性的，理性的就不会长存，因为这个人会死去。但是从另一个角度看，当这个人存在时，理性就是一个必然属性，它必然地谓述这个个体，因为它是人自身定义的种差，这种必然性既是绝对的(形式必然)，又是相对的(事实必然)。

8. Իսկ բաղհակադարձութեամբ է հակադարձութիւն, որ և զորակն փոխէ և զկարգ սահմանացն. որգոն՝ Եթէ մարդ՝ և կենդանի, եթէ ոչ կենդանի՝ և ոչ մարդ: Այս բաղհակադարձութեամբ հակադարձութիւն. երկրորդ յեղանակ ստորադրականացն. և յորժամ զստորադրականացն բուռն հարկանիցէ, և յաղագս նորին

ուսուսցէ: Արդ, երկրորդ յեղանակ ստորադրականացն ի բաց բարձմամբ հետևեցելոյն բառնայ զառաջեցեալն. Եթէ ոչ կենդանի, և ոչ մարդ: Իսկ առաջինն դրութեամբ յառաջեցելոյ ներածէ զհետևեցեալն. Եթէ մարդ` և կենդանի, այլ արդ` մարդ, ապա ուրեմն և կենդանի: Բայց բաղհակադարձութեամբ ասի, վասն զի հանդերձ որակաւն և զկարգ սահմանացն փոխէ հակադարձութեամբ ոմամբ: Բայց այժմ յաղագս պարզ հակադարձութեան է բանս:

8. 如果换位的质和词项顺序都改变了，这就是有对立的换位。例如，"如果[某个什么]是人，[它]也是动物；如果[某个什么]不是动物，[它]也不是人"：这就是对立的换位——假言[推论]的第二种方式；当他处理假言[推论]的时候，他会解释它。假言[推论]的第二种方式通过反驳结论来反驳前件："如果[某个什么]不是动物，[它]也不是人。"而前件引入结果就是第一种方式："如果[某个什么]是人，[它]也是动物；既然[它]是人，因此也是动物。"这被叫作"有对立的"，因为通过对立既改变质，又改变词项顺序；但在这里，我们还是[仅仅]谈论简单的换位。

本小节介绍第三种换位，它既换质，也换位，而且同样要保证换位前后的命题等值。大卫举了一个例子：如果S是M，则S是P；如果S不是P，则S不是M。这其实就是利用了Babara式，如果所有S是M，所有M是P，则所有S是P；以及Celarent式，如果所有S不是P，所有M是P，则所有S不是M。这里说的"换位"，不是主词和谓词的改变顺序，而是假言推论两个命题的谓词的位置改变。即，正向的顺序为M在先，P在后；换位后，P在先，M在后，同时两个命题的质都发生了改变。正如Babara式和Celarent式的关系。这种假言推论的第一种方式就是正向的Babara式；第二种方式就是反向的Celarent式。这种换位并非大卫所要讨论的，因此不再详述。

但亚里士多德在《前分析篇》中并未讨论过这种假言推论。它似乎来自于逍遥学派的后人。[①]比如亚历山大《〈前分析篇〉评注》266.3—4提到了质的假言推论，这按照更大、更小和相同来推论。而此处的情况就是，设A为人，那么，A是B，则小于A的东西也是B。就类似于亚历山大的看法。

9. Երրորդ գլուխ էր՝ սահմանել զնոյն զինքն, յաղագս որոյ բանն է, որոյ սահմանն է այսպէս. Պարզ հակադարձութիւն է հաղորդութիւն երկուց նախադասութեանց առաջարկութեանց ըստ երկոցունց սահմանաց՝ որակին նոյնի մնացելոյ, իսկ կարգի սահմանացն փոխեցելոյ, հանդերձ ճշմարտակցելովս: Հաղորդութիւն փոխանակ սեռի յարառեալ զոյ, իսկ երկուց նախադասութեանց ի սահմանս հակադարձութեան: Քանզի նոքա ոչ աւարտաբար հաղորդին, այլ առընչեղ են, որգոն՝ Հայր որդւոյ հայր և Որդի հօր որդի. զի յորդիxհակադարձուցէ: Որպէս անդ ի յանզիցելոյն հակադարձեցաւ, որգոն՝ Ոչ ոք մարդ քար.նի քարէնxհակադարձութիւն եղև, և կամ յորժամ հանդիպի մարդոյնx, յայնժամ ի յանզմանն գտանի: Իսկ այժմ՝ Որդւոյ հայր. ոչ ոք ասի հայրx: Քանզի եթէ էր տիրապէս հակադարձութիւն և որպէս արդարն զուգադարձութիւն, այսպէս պարտ էր հակադարձիլ որպէս և ասացաւ: Բայց այժմ ասեմք. Որդի հօր որդի. և դարձեալ՝ ի բաղհաւաքմունս, վասն զի ոչ անդ հաղորդին երկու առաջարկութիւնք ըստ ամենայնումս:

9. 第三个要点就是定义我们这里谈论的那种[换位]本身。它的定义如下：“简单的换位是两个命题——也就是前提——

① 见Speca(2011:28—29)。

在词项上的共通，而质不变，词项顺序改变，[两个前提]同时为真。”“共通”被认为是“属”；“两个命题……的”也在定义之内，[①]因为[它们]不是完全共通，而是相对。比如，“父亲是儿子的父亲”，“儿子是父亲的儿子”：[父亲]转换为儿子。但是在此处，换位从在末尾的词项开始，即，“没有人是石头”，[换位为“没有石头是人”]：换位从“石头”开始，到“人”结束。而在前一个例子中，“是儿子的父亲”：“父亲”并未被再次提及。[……]。因为倘若它确实是换位，那么实际上也只是“相应”，它本应该以前述的方式换位。故而我们在此处说，“儿子是父亲的儿子”；同样，在推论中，两个前提也不是完全共通的。

（五）换位法的第三个要点:简单换位的定义

大卫本小节给出了简单换位的定义，但是这段话并不见于《前分析篇》。类似的例子见《前分析篇》25a8—13。

“共通”，原文为հաղորդութիւն，对应了希腊文κοινωνία，即共通、共享、相互联系、彼此互转。大卫这里的定义，比较斐洛珀诺斯《〈前分析篇〉评注》42.16—19的定义，ἁπλῆ ἀντιστροφή ἐστι κοινωνία δύο προτάσεων κατ' ἀμφοτέρους τοὺς ὅρους τοῦ μὲν ποιοῦ τοῦ αὐτοῦ μένοντος τῆς δὲ ταξεων τῶν ὅρων ἐναλλαττομένης μετὰ τοῦ συναληθεύειν(简单的换位就是两个命题按照两个词项进行的共通，质保持不变，而词项的顺序调换，[两个命题]同为真)。显然，简单的换位是“共通”这个属的一个种，另外的情况也就是前面讲的其他一些换位，比如，“属于P”存在于S，转换为S是P；关系和相对的转换；推论的转换等。

文本从“‘两个命题……的’也在定义之内”开始，出现了内容

---

① Topchyan到这里就以句号终结，Papazian把下面的“因为”理解为解释之所以说“两个命题……的”的原因。中译采取了后一种看法。

的缺损。我们可以从斐洛珀诺斯的评注(42.16—19)中了解一些。[①]首先，有一些换位是ἀναστροφή，它不能保证转换后也为真，比如，所有人是动物，所有动物是人。这就是现代逻辑教材常说的一种换位，它只是形式上的换位，毫无逻辑意义。其次，质不能出现对立，比如前面的“有对立的转换”。第三，词项顺序不能不发生改变，比如前面的推论的转换，SaP转换为SeP，以及模态的转换，M(SaP)转换为M(SeP)。第四，首尾要相连，诸如A是B的A和B是A的B这样的转换就不是简单换位。因为两个命题首尾是不同的，以AB，AB，AB的形式出现。总之，SeP换为PeS，这种换位是最标准的，质不变，位置改变，两个命题仍然为真，而且首尾交互。

“相应”，原文为զուգադարձութիւն，对应了希腊文ἰσοστροφή，见阿姆莫尼尤斯(35.23)和斐洛珀诺斯(35.29，40.3)的评注。按照LSJ，这个词实际上就是这两人造出的。意思就是同等转换，相互呼应。但是不像SeP和PeS一样，首尾完全相连，彼此交互。

到此，我们可以把亚里士多德涉及的所有换位或转换列表如下：

词项换位，用于检验谓词类别	“属于带有P性质的集合”存在于S，转换为S是P
关联换位，用于相关联的的词项	A是B的A，B是A的B
推论换位，揭示标准推论的性质	转换结论，不换位，换质：SaP转换为SeP
简单换位	质不变，词项顺序改变，保持真值：SeP转换为PeS
调换，没有逻辑意义	质不变，只是把词项顺序改变，不保持真值：SaP转换为PaS，区别于上一种。
可能的换位，用于模态逻辑	模态质不变，命题质改变，词项顺序不变：M(SaP)转换为M(SeP)
有对立的换位	质改变，词项顺序改变：如果S是M，则S是P；如果S不是P，则S不是M。

① 也见Topchyan(2010:119)注释261的看法。但斐洛珀诺斯的文本也不能完全对应大卫的意思。我按照现有的材料做了总结。

通过上述的细致筛选，大卫最终确立了《前分析篇》第一卷第二章所讲的换位是SeP换为PeS这种，其他的换位或转换都不在此处讨论范围内。在这种换位中，SiP换为PiS也是一种；另一种是SaP换为PiS，虽然量词出现了变化，但是质没变，而是词项顺序改变，仍然符合简单换位的原则。

10. Այսառարկեցաւ վասն մարթելոյն հակադարձութեան, որ զորակն փոխէ, և վասն բաղհակադարձութեան՝ այսպէս և զորակն փոխեցելոյ և զկարգ սահմանացն: Հանդերձ ճշմարտակցելոմն. այս առարկի, զի մի մի ոմն յառաջարկութեանցն ճշմարիտ եղիցի, և միւսն՝ սուտ: Բայց զի ոչ ասաց՝ և ստակցելով, վասն զի ճշմարիտքն ոչ երբէք մարտնչին ընդ միմեանս, իսկ սուտքն և ճշմարտումն և ինքեանց մարտնչին. որգոն՝ Ամենայն մարդ շնչէ ճշմարիտ է: Արդ, որք մարտնչին, են երկու առաջարկութիւնք. Ոչ ամենայն մարդ շնչէ և Ոչ ոք մարդ շնչէ, որք և միմեանց մարտնչին: Եւ դարձեալ՝ Ոչ ամենայն մարդ գնայ. և ճշմարիտ առաջարկութեանս այսմիկ մարտնչին այլք երկուք. Ամենայն մարդ գնայ և Ոչ ոք մարդ գնայ: Այլ և միմեանց մարտնչին, քանզի ամենայն ոչ ումեքին ընդդէմ է:

Ընդ այսոսիկ հանդերձ աստուծովն առաջիկայ պրակք:

10. ["而质不变，词项顺序改变，两个前提同时为真"]，[之所以]加上这句话，因为可能的换位，会改变质；有对立的换位既改变质，也改变词项顺序，[为了排除这两者，才加了上述说法]。"[两个前提]同时为真"，[之所以]加上这句话，是为了让一个前提不真时，一个前提就为假；但是他没有说，"[两个前提]同时为假”，因为[两个]真的前提不会彼此不合，相反，假的前提就会与真的前提不合，而且彼此不合。比如，“每个人都呼吸”是真的。那么与之不合的两个前提就是：“并非每个人都呼吸”和“没有人呼吸”，这两个也彼此不合。还有，“并非每个人都走”，其他两个与这个真前提不合的前提为“每个人都走”和“没有一个人走”。它们也彼此不合，因为“每个”相反于“没有一个”。

到此，凭上帝之助，而有这一讲。

本小节进一步解释之前的定义。主要是解释为什么要求两个前提同时为真。原因在于，为真是逻辑推论的目的，换位后得到一个假命题是没有意义的。但是，为何不强调同时为假呢？以SeP和PeS为例，SeP如果为假，要么是SiP为真，要么是SaP为真。而SiP为真可推出PiS为真，则PeS为假。如果SaP为真，则PiS为真，那么PeS为假，故SeP为假，PeS也为假。因此，同时为真的，就会同时为假，不会一真一假——这是大卫说的“不合”。只有命题p(如SaP)的矛盾命题非p(SoP)和相反命题反p(SeP)会与原命题不合，而这两个命题彼此也不合——若SeP为真，它蕴涵了SoP也为真，但反之不必然，有可能一真一假。

第十三节　论换位法（二）

1. Չորրորդ գլուխ առաջադրեցելոց՝ քանաբա՞ր ասի գոյն, և հարկաւորն, և մարթն: Արդ, գոյն երկակի է. կամ այն, որ զասուկ էութիւն յայտնէ, և զթարց յեղանակի առաջարկութիւնս, վասն որոյ և Յաղագս մեկնութեան ճառեաց նաստ, և կամ զվճարեալ մարթն, զորմէ բուռն հարցէ յառաջագոլով խառնակութիւնսն: Եւ զորմե՞

արդեօքաստ զգոլոյ բուռն հարկանէ.նաստեմք, եթէ զայնմանէ, որ զսոսկ էութիւն յայտնէ: Քանզի ինքն իսկ հակորոշեաց զգոլն յայլոց՝ յեղանակաց, ասելով, եթէ՝ Ամենայն նախադասութիւն կամ գոլ է, կամ մարթ, կամ հարկաւոր. որպէս զի ասէր, եթէ ամենայն առաջարկութիւն կամ յեղանակաւ է, կամ թարց յեղանակի, և ի Յաղագս մեկնութեան Առաջարկութիւն է բան՝ յայտնելով ինչ ումեքումն գոլ և ինչ ումեքումն ոչ գոլ: Զի եթէ գոլն այժմ զվճարեալ մարթն յայտնէր, թողոյր արդեօք զթարց յեղանակի առաջարկութիւնսն, և խորթանային երկոքեան իրողութիւնքն Արիստոտէլի. յառաջիկայս՝ որպէս ոչ ուսուցեալ զհակադարձութիւնսն զգոլոցն առաջարկութեանցն, և Յաղագս մեկնութեան որպէս ոչ զամենայն առաջարկութիւն սահմանեալ: Այլ եթէ գոլոյն այժմ զսոսկ էութիւն յայտնելոյ, նախ զհակադարձմունսն վճարելոյ մարթին ասէ գոլոյ, որ ուսուսցէ ապա զնորա հակադարձութիւնսն: Եւ ասեմք եթէ երող զայսոսիկ, որպէս պարունակեցեալսն ընդ հարկաւորումն, քանզի և վճարեալ մարթն է հարկաւոր: Ընդ այսոսիկ և նշանակութիւնք գոլոյն:

1. 提出来的第四个要点是：实然的、必然的、或然的[前提的换位]以多少种方式被谈及呢？

现实的[前提]有两个方面：或是指明赤裸的存在(相关的前提没有模态)，这在《解释篇》和此处，他都谈到了；或是指明实现的或然，他在[讨论若干模态的]混合之前[1]就论及了。

他在此处研究的是哪种现实的[换位]呢？我们回答说，是那

---

① 指《前分析篇》第一卷第三章之前，亚氏在25a1—2列举了几种混合模态，在第一卷第四章会继续讨论它们的换位。

种指明赤裸的存在的[换位]。因为他区分了现实的和其余的内容(即各种模态),他说,“每个命题是实然的、或然的或必然的”,这意思就是,每个前提要么有模态,要么没有模态;而在《解释篇》中,“前提就是指明某事谓述或不谓述某事的陈述”。①因为,如果现实的[前提]指明了实现的或然,那么他就忽视了没有模态的前提,而亚里士多德的两部论著②也就成伪作了——目前这部[《前分析篇》]没有解释现实前提的换位,而《解释篇》也没有定义所有前提。但是既然在这里,现实的[前提]指明了赤裸的存在,那么他也就在实现的或然之前讨论了现实的[前提]的换位,这为了能在后面解释后者的换位。我们说,他省略了后者,将之放入了必然的[换位]中,因为实现的或然也就是必然的。这就是现实的[换位]的含义。

(一)换位法的第四个要点:实然、必然和或然的换位

本小节处理三种模态前提或命题的换位,它们都属于简单的换位,现实的换位,意思就是现实命题或“实然(assertoric)命题”的换位,也就是SeP换为PeS等三种。

这里的մարթ,首先译为“或然的”,因为它主要既包含可能性(P算子),也包含偶然性(K算子)。在大卫当前评注的内容中(25b19),亚里士多德的确尚未区分它们,而是合在一起处理,因为它们都是“不必然的”,③直到32a5才开始明确区分两者,而且不再考虑K算子(因为不是科学推论研究的对象)。在XIII.3,大卫

① 比较《解释篇》17a23—24所言,Ἔστι δ' ἡ μὲν ἁπλῆ ἀπόφανσις φωνὴ σημαντικὴ περὶ τοῦ εἰ ὑπάρχει τι ἢ μὴ ὑπάρχει(简单的断言就是能指出某事存在或不存在的语音)。

② Papazian译为“两件事情”,可能指现实命题和模态命题。

③ 见Ebert & Nortmann(2007: I, 267), Ross(1957:295),两人的看法有些不同。

认为此处所谈的或然性是“大多数情况下出现”的可能性(P)；在XIII.4，大卫会谈到可能前提和不可能前提的换位；在XIII.6，大卫谈到了偶然(K)前提的换位。

首先是实然或现实的前提的换位。现实的前提有两种，一种是指明赤裸的存在(unuկ էութիւն, ψιλή ὕπαρξις, 或赤裸的谓述)，这个说法是一种比喻，意思就是，这个命题“没有模态”等其他附加成分，仅仅表明一个事物“存在着”、“是着”或“是什么”。比如，人是动物，这就看不出模态来，而是一种无时性的命题；苏格拉底是人，所有人都是动物这些命题都是如此。在《解释篇》讨论各种命题时已经指出，aeio四种命题都是。这个意义上的必然性就是没有模态的。

另一种是实现的或然(վճարեալ մարթն)[①]，这就是模态的混合(խառնակութիւն, μίξις)。特密斯提欧斯《〈前分析篇〉评注》24.1, 40.37, 42.28, 47.41；斐洛珀诺斯同名评注187.21都谈到了各种模态的混合：现实的或然(也有或然的现实)、必然的或然(即实现的或然，但不可能有或然的必然)、现实的必然(或必然的现实)。《前分析篇》25a1—2，也就是大卫此处评注的文本说，πᾶσα πρότασίς ἐστιν ἢ τοῦ ὑπάρχειν ἢ τοῦ ἐξ ἀνάγκης ὑπάρχειν ἢ τοῦ ἐνδέχεσθαι ὑπάρχειν，大卫译文为Ամենայն նախադասութիւն կամ գոլ է, կամ մարթ, կամ հարկաւոր。第一个τὸ ὑπάρχειν，就是赤裸的存在；第二个τὸ ἐξ ἀνάγκης ὑπάρχειν，就是必然的存在，即现实与必然的混合；第三个τὸ ἐνδέχεσθαι ὑπάρχειν，指或然的存在(这里其实包含了可能的存在，但大卫在本小节去掉了这个部分)，这是或然与现实的混合，如果存在，则这个或然性成为了现实。这里还没有涉及必然的或然。

---

① վճարել即偿还、支付，因此是兑现之意，希腊文对应的是ἐκβεβηκὸς，即走出、显露出。

《前分析篇》第一卷第三章讨论了模态问题，只要涉及模态，就是“模态的混合”，因为必然、或然、可能的算子都离不开“赤裸的存在”，都必定要“混合”“实然或现实存在”。

大卫在本小节第三段的意思有点复杂，他是想证明此处所谈的换位与现实的前提有关，而且与其中“指明赤裸的存在”的那种前提有关，不关涉模态的混合(比如实现的或然)，这见《前分析篇》25a14—26。因为在这之后，在25a27开始(第一卷第三章)，亚里士多德才开始讨论了必然命题的换位；25a37开始讨论了或然或可能命题的换位。所以此处不可能涉及模态。这与《解释篇》一脉相承，而且之后涉及模态又更进一步。因此大卫说，如果第一卷第二章就涉及了实现的或然，那么“他就忽视了没有模态的前提，而亚里士多德的两部论著也就成伪作了——目前这部[《前分析篇》]没有解释现实前提的换位，而《解释篇》也没有定义所有前提”。这意思就是，假使第一卷第二章涉及了实现的或然，而不是讨论赤裸的存在命题，那么这就和现存的《前分析篇》和《解释篇》相矛盾了。导致了前者并未解释现实前提的换位，后者也没有把所有前提都讨论到(遗漏了与“实现的或然”有关的命题)。

2. Իսկ հարկաւորն՝ և նազանազան գոյ. կամ յարագոյ և կամ լինելոց՝ որպէս ի վ երայ եղիցին. Եղիցի ամառն, Եղիցի ձմեռն: Իսկ յարագոյ՝ կամ մշտնջենաւոր, կամ ապականելի: Մշտնջենաւոր՝ միշտ աստուածայինն բարի, միշտ արեգակն լուսաւորէ, միշտ հուր ջեռուցանէ: Իսկ ապականելի՝ հանդերձ առորոշմամբ. եթէ ենթակայն եղիցի, եթէ ստորոգիցելոցն եղիցի. եթէ ենթակայն՝ եթէ Սոկրատէս շնչէ, եղիցի. եթէ ստորոգելոցն՝ եթէ Սոկրատէս լուանի՝ ցորքան գոյ նմա լուանիլն: Եւ վասն որո՞յ արդեօք հարկաւորի այժմ տրամաձառէ: Ասեմք, եթէ յաղագս միշտ

և նոյնպէս ունելոյն: Ընդ այսոսիկ և զանազանութիւնք հարկաւորին:

2. 必然的[前提]也有几种，或是现在的，或是将来的，即，"将是"[①]："将会是夏天"，"将会是冬天"；[②]现在或者是永恒的，或者是可朽的。永恒的：神总是善的，太阳总是闪光的，火总是热的；但是"可朽的"要带有附加限定：如，当主词存在，[或]，当[它]和谓词一同存在。当主词[存在]，即，当苏格拉底呼吸，他就存在。当[它]和谓词一同存在，即，只要"洗"谓述苏格拉底，他就在洗。他现在讨论的是哪种必然[前提的换位]呢？我们说，是那个总是存在，同样的[③][必然]。这就是必然的种类。

在X.3曾经讨论过几种必然性，这里讨论模态必然的算子。必然前提(ἡ ἀναγκαίος προτάσις, apodeictic premiss)。《前分析篇》25a30—35提到了几种必然前提的换位：N(SeP)换为N(PeS)；N(SiP)换为N(PiS)；N(SaP)换为N(PaS)。而带必然算子的特称命题是不可能这样换位的。实际上这种换位立足于"赤裸的存在"的命题的换位。

必然有现在的和将来的，后者与环境有关，属于预测尚未实现的事情，或是自然时间中将要来到的情况，不在亚里士多德和大卫的讨论之列。前者中，必然又有永恒的和会消失的两种。永恒的就是绝对的必然性，至少对于一个可能世界来说是必然的而且不可变的。可朽的(ապականելի)必然性就是相对必然性，需要条件，比如苏格拉底必然是理性的(因为是人)，但当他死了，这个谓述关系就没有意义了。而对于N(SeP)换为N(PeS)来说，这是不需要任何条件的，即使内容有误或S这个主词消亡了，但这个必然性依然成

① 即动词եղանիլ(同义的լինիլ，不定过去时词干与之相同)的将来时。

② 见阿姆莫尼尤斯《〈前分析篇〉评注》139.2—5，将会发生的事情以各种方式成为现实(τὸ πάντως ἐκβησόμενον)。

③ 即նոյնպէս，相似的，保持相同的样子。

立。它不会是将来才出现的、也不是会消失的、更不需要任何限定条件和载体。如果它不成立，也不是逻辑形式必然性的错误，而是事实必然性的错误。

斐洛珀诺斯《〈前分析篇〉评注》126.8—17指出了三种必然性：首先，亚氏在《解释篇》中说必然性有两种，一种是κυρίως（本有或者固有的），一种是ἐξ ὑποθέσεως（通过假设）。后者也有两种，一是如果主词存在，则必然，比如苏格拉底是动物，先要设定苏格拉底存在；一是如果谓词存在，则必然，比如苏格拉底是动物，先要设定动物是一个存在的属。"本有的"必然性比如太阳是运动的，这就是不变的。而当"假设"的必然成立了，那就接近于本有的必然了，这就是我们常说的必然，也就是第三种必然，它就是假设的主词和谓词成立之后的谓述必然性。大卫对必然性的总结与斐氏有些不同。

3. Իսկ մարթն՝ նա եռակի. կամ ի նուազն, կամ ի յոլովն, կամ ի հանգէտն: Ի նուազն՝ որպէս բախտացի, քանզի պակաս ոք ի փորել ինչ եգիտ գանձ: Իսկ ի յոլովն՝ բնութիւն և նորին նմանօղ արհեստ, քանզի յոլովինգամատնեան առնէ բնութիւն, և արհեստ յոլով հանդիպի իւրում դիտաւորութեան: Իսկ ի հանգէտն՝ մարդկային նախառութեան, քանզի ի մեզ է լուանիլն և ոչ լուանիլն: Եւ վասն որո՞յ արդեօք նշանակեցելոցս այժմու բանս: Եւ ասեմք, եթէ այժմ զայն առնու, որ ի յոլովն է, քանզի արհեստական է, և կարելի է ընդ մակացութեամբ դասել ըստ գիտութեան: Ընդ այսոսիկ և չորրորդ գլուխն:

3. 对于或然的[前提]来说，它也有三种方式：很少[存在的]，或大多数情况下[存在的]，或[存在或不存在]均等的。"很少的"即，凭运气的，因为只有很少人才能发现宝藏，虽然[很多人]都去挖。"大多数情况下"与自然和摹仿自然的技艺有关，因为自然在大多数情况下产生了五指；技艺在大多数情况下达到了目标。“均等的”，与人类选择有关，因为我们洗或不洗，自己选择。目前提到的是哪种或然呢？我们说，他讲的是“大多数情况下”的那种，因为它与技艺有关；当与知识相关时，它能列入科学。这就是第四个要点。

（二）可能性与技艺

《前分析篇》25a37开始，分析了或然性(τὸ ἐνδέχεσθαι)的三种含义，有必然、有不必然、可能性三种。按照大卫此处的看法，不必然即“很少存在”，也就是“偶然”(K)；必然[①]和可能都是“大多数情况下存在”，也就是“可能”(P)；在“可能”中有种特殊情况，就是大卫说的“存在和不存在均等”(P)。大卫认为亚氏“目前提到的”(指25a2)是“可能的”前提，而不是偶然的前提。这种换位也区别于XII.7的那种“转换”。

32b6—8，亚氏解释了它们的含义，他用的是τὸ ἐνδεχόμενον一词，第一种含义是可能性，第二种含义是偶然性。第一种含义(以及25a14—16)为，τὸ ὡς ἐπὶ τὸ πολὺ γίγνεσθαι καὶ διαλείπειν τὸ ἀναγκαῖον... ἢ ὅλως τὸ πεφυκὸς ὑπάρχειν(大多数情况下发生，没有必然性的事情……或是一般来说，自然存在的事情)。32b12说第二种，τὸ ἀόριστον, ὃ καὶ οὕτως καὶ μὴ οὕτως δυνατόν... ἢ ὅλως τὸ ἀπὸ τύχης γιγνόμενον(不定的，以这种方式或不是这种方式都有可能[发生的事情]……或是一般来说靠运气发生的事情)。

---

① 这种用法也许并不规范。比较《前分析篇》32a18—21和《解释篇》22a16。但对于一个将要实现的情况来说，它恰恰是可能性的一种，只不过是必然会实现的可能性。实际上，对于事实而言，并无绝对的必然性，所以这种用法有其合理之处，见Ebert & Nortmann(2007: I, 267)。

后一种情况，“科学和完全证明性的推论”都不会涉及(32b18—20)，因此，如大卫所言，亚氏《前分析篇》要讨论的是P算子的可能性情况(即problematic premiss)，他不考虑那种毫无条件、发生和不发生并无不同、靠运气出现的事情。当然，“偶然”前提组成的推论也是可以构建的(32b22—23)。

“大多数情况下”(ի յոլովս, ἐπὶ τὸ πολύ)是亚里士多德常用的短语，与永恒的相对，是一种概率性的事件，甚至在日常当中也被认为是必然的。这种事件是人们普遍遇到的，它是有多种可能性的事件，人们对这种事件的判断形成了“意见”和“信念”。生活中更多的都是这种事件，如果事事都是永恒的、必然的、只有一种方式，那么人们就没必要动用判断了，甚至人们无法展开实践了。在实践中，技艺就是最突出的用来处理可能事件的手段。

大卫认为技艺(արհեստ)[1]是对自然的摹仿(նմանող)[2]，意思是说，技艺也能“创造和制作”出东西，就像自然造出五指一样。而且技艺和自然一样，都不是仅仅产生一种可能性：自然能衍生万物，而且它创造出的树叶都不会完全一样，技艺也能制作出人间的各种器具，风格和形态各异，并不完全雷同。就如《尼各马可伦理学》1140a10对技艺的定义所言一样，ἔστι δὲ τέχνη πᾶσα περὶ γένεσιν καὶ τὸ τεχνάζειν καὶ θεωρεῖν ὅπως ἂν γένηταί τι τῶν ἐνδεχομένων καὶ εἶναι καὶ μὴ εἶναι(技艺使某种事物生成，审视它如何这样。学习一种技艺就是学习使一种可以存在也可以不存在的事物生成的方法)。这种意义上的技艺如果与知识相联系，就属于科学的一种。

亚氏在《修辞术》中着重处理了这种事件，修辞术恰恰是一种科学式的技艺(亚氏试图改造为这样的技艺)。对于这种技艺处

① 来自古伊朗语和古波斯语。

② 来自形容词նման，即相像。

理的事情，1357a23以下说："因为诸决断和考量(αἱ κρίσεις καὶ αἱ σκέψεις)所关涉的事情都有可能以不同方式存在(ἄλλως ἔχειν)；人们商议和考量(βουλεύονται καὶ σκοποῦσι)他们要为之展开行动的事情，行动所做的所有事情都属于这一种，概言之，其中没什么必然。"

所以我们要使用修辞术这种技艺，因为"大多数情况下发生的(τὰ ὡς ἐπὶ τὸ πολὺ συμβαίνοντα)可能之事(ἐνδεχόμενα)必然能从另一些这样的事情中推导出(συλλογίζεσθαι)；而必然之事从必然之事中[得出](这一点，我们在《分析篇》中已经明白)；显然，诸修辞演绎以这些为前提而被说出：有些是必然事件，有些是最大多数情况下[发生]的事情。因为诸演绎以诸可能性(εἰκότων)和标志(σημείων)为前提[被说出]，这样，[可能性和标志]这两者中的每一个必然与那两者[必然和大多数情况下]的每一个对等。因为，可能性(εἰκός)即大多数情况下产生的，不像一些人定义的以绝对的方式(ἁπλῶς)，而是关涉有可能以别的[不同]方式存在的事情(περὶ τὰ ἐνδεχόμενα ἄλλως ἔχειν)"。修辞术就是推导出一个高概率的事件，甚至是这个意义上的近似必然的事件，当然，它的逻辑形式是具有必然性的，比如使用Babara式之类的格。

在这种情况中，如果出现了存在和不存在"均等"的情况，人们就需要选择(նախառութիւն, προαίρεσις)①。这实际上是运用技艺处理可能性事件的一个特殊情况。

4. Հինգերորդ գլուխն, յորում խնդրեմք, եթէ՝ վասն է՞ր եթող զհակադարձութիւնս կարելւոյն և անկարելւոյն: Եւ ասեմք, եթէ զկարելւոյն եթող, որպէս պարունակեցեալս յայնցանեաց, որք մարթին գոլ, իսկ զանկարելին եթող,

---

① 亚里士多德《尼各马可伦理学》专门论述了选择，这个词的含义就是偏选，舍弃一个，拿另一个。

վասն զի հակադարձակի նոյնք զոն հարկաւորին առաջարկութեանցն, և բացասութիւնք բացասութեանց: Քանզի համզիտազօրէ ի փոխադրութենէ ստորասութիւն անկարելւոյն պարզումն ստորասութեան հարկաւորին. որզոն՝ անկար է ոչ զոլ, հարկաւոր է զոլ, քանզի անկար ոչ զոլն հարկաւոր զոլ է: Եւ բացասութիւն բացասութեան՝ ոչ անկար է ոչ զոլ, ոչ հարկաւոր զոլ: Ընդ այսոսիկ և հինգերորդ զլուխն:

4. 我们探究的第五个要点是：为什么他忽略了可能和不可能[前提]的换位？我们说，既然可能前提被包含在或然的[前提]中，所以他忽略了可能[前提]的换位；因为不可能前提以相反的方式同于必然前提，也是否定的否定，所以他忽略了不可能[前提的换位]。通过转移，[①]不可能的肯定[前提]同于必然的全称肯定[前提]。比如，"'不是'是不可能的"，就是"'是'是必然的"，因为"'不是'是不可能的"意味着"'是'是必然的"。否定之否定的情况为，"'不是'不是不可能的"，就是"'是'不是必然的"。这就是第五个要点。

（三）换位法的第五个要点

上面讨论了或然(problematic, ἐνδεχόμενον)前提，那么可能(δυνάτον)与不可能前提(即，带有可能性和不可能性模态算子的前提)的换位有没有涉及呢？显然在文本中是没有的，虽然在《前分析篇》25b1开始，亚里士多德讨论了或然前提的换位：SaP换为PiS；SiP换为PiS，但这讨论的是"偶然"（K算子），不是M算子。[②]对于"大多数情况下"的可能性(而非"很少出现"的偶然)，亚氏为何没有讨

① 即ի փոխադրութենէ，希腊文为ἐκ μεταθέσεως，见VIII.4。

② 见Ebert & Nortmann(2007: I, 277)，他的看法和大卫一致。

论呢？因为“可能前提”就包含在ἐνδεχόμενον中，所以就不再讨论δυνάτον了，换言之，亚氏把K和M算子都涉及了(他当然想区分可能和偶然，比如25b14)，另外，这种换位与必然前提的换位如出一辙，讨论了必然前提的换位，可能前提和不可能前提的换位就清楚了。

对于“不可能的前提”，他也忽略了，其实就是仍然归入了或然前提中，因为它等同于一个必然前提，即非M(p)=N(非p)。在25b5，亚氏说，“或然存在(可能存在)”的意思就是，或是必然(ἐξ ἀνάγκης)存在，或是不必然存在。那么不可能存在就是一种“必然”，即“不是”是必然的。因此大卫认为，非M(e/o)同于N(a/i)；非非M(e/o)同于非N(a/i)。[①]

这方面的阐释也见亚历山大《〈前分析篇〉评注》160.5—17和特密斯提欧斯评注的15.37—16.10，他们都认为可能前提的肯定陈述和否定陈述的换位都同于或然前提的换位。

5. Վեցերորդ գլուխն, եթէ՝ ո՞յք ոմանք են, որք ցուցանին ի ձեռն հակադարձութեանցն: Եւ ասեմք, եթէ՝ գիտելն: Վասն զի ցուցանիւր ի ձեռն հակադարձութեանդ տակաւին ի վերայ գոլոյն և հարկաւորին յեղանակի, եթէ ընդհանուր բացասութիւն առ ինքն հակադարձի. որգոն՝ Ոչ որ մարդ քար և Ոչ որ քար մարդ: Իսկ ընդհանուր ստորասութիւն՝ առ մասնականն. որգոն՝ Ամենայն մարդ կենդանի և Իր կենդանի մարդ: Իսկ մասնական բացասութիւն՝ ոչ առ ինքն և ոչ առ այլ. որգոն՝ Ոչ ամենայն մարդ կենդանի և Ոչ ամենայն կենդանի մարդ: Ոչ ճշմարտակցէ և ոչ ստակցէ, և ոչ է հակադարձութիւն: Այսորքիկ ի վերայ գոլոյն և հարկաւոր յեղանակին. այդպէս ունին, որպէս ասացաւ:

---

① 也见VIII.4。

5. 第六个要点：换位揭示出了什么东西呢？我们回答说：知识。在实然和必然模态的换位——全称否定换位为自身——中已经揭示出了它。比如，“没有人是石头”，“没有石头是人”。全称肯定换位为特称[肯定]，如，“每个人是动物”，“有些动物是人”；特称否定既不能换位为自身，也不能换位为另外的[前提]。比如，“并非每个人是动物”和“并非每个动物是人”。它们不会同时为真，也不会同时为假——这不是换位。对于实然、必然模态，就说这么多了；事情就是上面说的那样。

（四）换位法的第六个要点

第六个要点是表明换位有什么用，或者说，换位后，我们能发现什么。大卫认为我们可以发现知识(գիտելն，认识，Papazian译为understanding)。这种知识似乎不能算来自经验的知识，而是一种推论性的知识。比如，从SeP换位为PeS中，我们得出了一个分析性的知识，这也是大卫前面说的不完善推论的一种。这种换位实际上非常简捷地把多个推论综合到了一起。其他两种换位都是如此。SoP换位的结果不能保证前后两个命题同真和同假。

换位揭示了知识，同时它有助于其他格的推论转换为第一格的推论。比如第二格的Cesare，PeM，SaM推出SeP，这个推论的有效性可以借助第一格和换位来证明：[①]PeM换位为MeP，这样通过第一格Celarent式，可以推出SeP。

6. Իսկ ի վերայ մարթին ստորասութիւնք նոյնպէս ունին. Իք մարդ զնայ և Իք զնայն մարդ: Իսկ բացասութիւն ստորասութեան ներհակաբար ունին, քանզի ընդհանուր բացասութիւն, որ երբեմն հակադարձիւր առ ինքն ի

① 见Detel(1993:I,166)。

վերայ գոլոյն և հարկաւոր յեղանակին, այժմ ի վերայ մարթին ոչ հակադարձի, և ոչ առ ինքն հակադարձի. քանզի ընդհանուրն ի վերայ մարթին նիւթոյ ոչ երբէք ճշմարտէ: Բայց մասնական բացասութիւն, որ երբեմն ոչ հակադարձիւր ի վերայ գոլոյն և հարկաւոր յեղանակին, այժմ ի վերայ մարթին հակադարձի. որգոն՝ Ոչ ամենայն մարդ գնայ և Ոչ ամենայն գնայն մարդ:

Ընդ այսոսիկ հանդերձ աստուծովն առաջիկայ պրակք:

6. 在或然[前提]中，肯定陈述的方式相同："有人走"，"某个走的东西是人"。[1]但是肯定陈述的否定则方式相反。因为在实然和必然模式中换位为自身的全称否定在或然的情况中不能换位，不能换位为自身；因为全称[前提]在或然的情况中不为真。但是在实然和必然模态中不能换位的特称否定[前提]在或然的情况中就可以换位了。比如，"并非每个人走"，"并非每个走的东西是人"。

到此，凭上帝之助，而有这一讲。

（五）或然前提的换位

本小节继续上文的内容。这里谈的依然是或然前提，但处理的是偶然性，[2]当然可能性的情况也在"或然"之内，只不过在涉

---

① 确定这一点的一个具体原因就是，本小节"走和人"的例子也见《前分析篇》32b14（那里是走和动物），它属于解释"偶然"的例子。

② 见Ebert & Nortmann（2007: I, 269,277），即K（Kontingenz）算子，Topchyan理解为contingent。在25b14—15，亚氏就指出了大多数情况下的那种"或然"不同于上述它认为不能换位的"或然"，前者是可能，后者是偶然。但是如果把第一个例子的算子改为M，其实也成立，但这种情况不属于M算子的范围，因为它即使成立，也不会成为"大多数情况下出现"的事情。

及全称否定前提和特称否定前提的换位时，亚里士多德和大卫都以“偶然前提”为例。

首先，K(SiP)换位为K(PiS)是成立的，见《前分析篇》25a40—25b2。但亚氏和大卫认为K(SeP)不能换位为K(PeS)，这见于《前分析篇》25b4—17(在17指明了全称否定前提不能换位)，比如K(SeP)为“所有人不是马是偶然的”，换位为“所有马不是人是偶然的”，这看起来逻辑上说得通。但是这个K(SeP)是个无效的前提，因为马是绝对不能谓述人的，这不是“偶然会出现的”，而是“必然不会出现的”，所以K这个算子毫无意义。这里的必然性是谓述的必然性，不是事实的必然性，是无条件的，因为人的种属是固定的，不会有任何变化。[①]

接下来，在《前分析篇》25b14，亚氏举完了白和外衣的情况之后，说ὅσα δὲ τῷ ὡς ἐπὶ πολὺ καὶ τῷ πεφυκέναι，显然，他用的ὅσα指的是白和外衣的例子，它区别于上面马和人的例子。可以断定，后一个例子的算子是M，而不是K。

因此，如果M(SeP)为“所有外衣不是白的，是可能的”，那么这是有效的，而且可以换位[②]，因为这个SeP不是绝对成立的，是“不必然的”或者只是“可能的”。这里的“必然”和“不必然”是有条件的和相对的，如果国家要求不生产白衣，则这个命题就是可能的，进而是“必然的”；如果没有这种要求，那就是“不必然的”。故而它换位后的“所有白的东西都不是外衣，是可能的”也是成立的。它实际上是对“可能事实”的量化判断，这些可能事实是可以有条件满足的。

但在25b17，亚氏再说全称否定前提不能换位，显然指的是人和马的例子，而后一个例子是可以换位的。因此大卫也按照亚氏的

---

① 见Ebert & Nortmann(2007: I, 278)。

② 见Ross(1957:296)。

意思，指前一种情况。

对于特称否定SoP来说，它在或然的情况中反倒可以换位了(25b18)，比如M(SoP)和K(SoP)可以换位为M(PoS)和K(PoS)[①]，在实然和必然情况中，这种情况不会出现。

第十四节　论换位法（三）

1. Ամենայն նախադասութիւն կամ ի գոլոյն է և կամ ի հարկէ գոլոյն և կամ ի մարթելոյն: Եօթներորդ գլուխ՝ զի՞նչ է կարգ հակադարձութեանցն, որոց այսպէս և ըստ այսմ օրինակի ճանաչի կարգ: Նախադասեաց զգոլն յառաջ քան զհարկաւորն և զմարթն, որպէս զառանց յեղանակի՝ այնոցիկ, որք յեղանակաւ ենն. իսկ զհարկաւորն՝ քան զմարթն, վասն զիմիշտ և նոյնպէս ունի ըստ հակադարձութեանցն գոլումս: Դարձեալ ի հակադարձութիւնս այսոցիկ յառաջագոյն դասեաց զընդհանուր բացասութիւն քան զընդհանուր ստորասութիւն. ոչ միայն զի հակադարձի, և առ ինքն հակադարձի, այլ և զի պիտանի է հակադարձութիւն նորա այլոցն հակադարձութեանց: Իսկ զընդհանուր ստորասութիւն յառաջագոյն դասեաց քան զմասնական ստորասութիւն, թէպէտ և զնա պարտ էր յառաջագոյն դասել, ոչ որպէս առ ինքն հակադարձելով, այլ որպէս հանուր քան զմասնական: Իսկ զմասնական ստորասութիւն յառաջագոյն դասեաց քան զմասնական բացասութիւն, վասն զի մասնական բացասութիւն ամենևին ոչ

① 见Ross(1957:297—298)。

հակադարձի ի վերայ գոլոյն և հարկաւոր յեղանակին: Ընդ որս և է եօթներորդ գլուխն:

1.“每个命题是针对现实的或针对必然现实的，或针对或然的。”

第七个要点就是：几种换位的次序如何呢？它们的次序按这样的方式被[我们]所知，如下：他把实然的[命题]放在了必然的和或然的之前，即，没有模态的[命题]在那些有模态的之前。他把必然的放在了或然之前，因为前者恒常而且不变地进行各种换位，类似于实然[命题的换位]。然后，在这些换位中，他把全称否定[命题]放到了全称肯定[命题]之前，首先因为前者能换位、而且换位到自身，还因为它的换位对其他换位有用。他把全称肯定[命题]放到了特称肯定[命题]之前——虽然后者似乎应该放到前面——这不是因为前者可以换位到自身，而是因为它比特称[命题]更一般。他把特称肯定[命题]放到了特称否定[命题]之前，因为特称否定[命题]不能按照实然和必然的模态来换位。对于第七个要点，就说这么多了。

（一）换位法的第七个要点：几种换位的次序

本小节处理第七个要点，涉及了换位的次序问题。大卫评注的一句见《前分析篇》25a1—2，πᾶσα πρότασίς ἐστιν ἢ τοῦ ὑπάρχειν ἢ τοῦ ἐξ ἀνάγκης ὑπάρχειν ἢ τοῦ ἐνδέχεσθαι ὑπάρχειν。在XIII.1大卫译文为Ամենայն նախադասութիւն կամ գոլ է, կամ մարթ, կամ հարկաւոր，此处译文为Ամենայն նախադասութիւն կամ ի գոլոյն է և կամ ի հարկէ գոլոյն և կամ ի մարթելոյն。实然、必然和或然都改为了属格。亚里士多德列出这句的次序为实然、必然、或然，在大卫看来，这不是偶然安排的。他总结了如下次序：

⑴ 没有模态的命题先于有模态的命题：实然命题先于必然和或然命题。这是因为前者的换位（SeP换为PeS等）是有模态命题的基础，前面已经阐述得很清楚了。

⑵ 有模态的命题中，必然的先于或然。因为必然命题换位与实然命题相同，如N(SeP)换位为N(PeS)与实然命题相同。但或然的情况，前面也讲明，其中K和M的情况还有不同。它们都不如实然和必然命题的换位更基本。

⑶ 除了按照模态之外，按照量词和命题的“质”，换位也有一套次序：

⒜ 全称否定命题SeP在先，因为它的换位仅仅改变主词和谓词的位置，不改变量词和质，而且换位后，两个命题同真。它的换位对于其他换位有基础的作用：

欲证SiP换位为PiS，后者成立。则SiP为非(SeP)，因为是矛盾项，而非(SeP)换位为非(PeS)，非(PeS)即PiS。欲证SaP换位为PiS，后者成立。则SaP蕴涵了SiP，那么按照上面的证明可以推出PiS。

⒝ 其次是全称肯定命题SaP和特称肯定命题SiP。看起来，后者的换位似乎更应该放前，毕竟它也和SeP一样，可以换位到自身。但是SaP更普遍，它蕴涵了SiP，因此SaP换位为PiS这个过程在逻辑上先成立，然后推出SiP换位为PiS，反之则不必然，因为SiP成立，不能得出SaP成立。

⒞ 第三是特称否定命题SoP。前面指出，它的换位只能在模态而且是或然模态的条件下才能确保换位前后的命题同真。它的情况更特殊。

总体上，大卫按照了最普遍、“在分析上最先”先于最特殊、“在综合上最后”的标准来划分换位的次序，这个解释是合理的。大卫的说法本自斐洛珀诺斯《〈前分析篇〉评注》45.24—46.2。

2. Ութերորդ գլուխ՝ տարակուսանք ոմանք։ Նախ, եթէ՝ Զիա՞րդ

ասես, ով Արիստոտէլ, եթէ ընդհանուր բացասութիւն առ ինքն հակադարձի: Քանզի ի բազում իրս ոչ այդպէս գտանեմք. որգոն՝ զի թէ ոչ մի դդում զդանակ հատանէ, և ոչ մի դանակ զդդումն հատանէ. և եթէ ոչ որմ ի ցցում է, և ոչ ցից յորմում է. և եթէ ոչ մի կարաս ի գինւոջ, և ոչ մի գինի ի կարասում: Արդ, այսոքիկ ամենայն հակադարձութիւնք բացասութիւնք գոն առ ինքն հակադարձելոյ, և պարտ էր ճշմարտակցել, սակայն ոչ ճշմարտակցին: Այսք երեք տարակուսանք, որոց մի լուծումն է այս. եթէ՝ ոչ է ողջաբար բոլոր ստորոգելոցն: Քանզի պարտ էր ասել այսպէս. Ոչմիդդում զդանակ հատանէ, և Ոչմիինչ, որ զդանակն հատանէ, դդում է. այլ կամ խարտոց է և կամ այլ ինչ այսպիսի: Եւ դարձեալ՝ վասն զի և ոչմիորմ ի ցցում է, և ոչ ինչ որ ի ցցում է, որմ է. այլ չուան է և կամ պարան. և վասն զի ոչմիկարաս ի գինւոջ, և ոչ ինչ որ ի գինւոջ, կարաս է. այլ հատիճ և կամ թին է:

2. 第八个要点：存在一些疑点。首先[有人会问亚里士多德]：“亚里士多德，为什么你说全称否定命题可以换位到自身呢？”因为在许多情况下，我们并没有看到这一点。比如，没有瓜[1][可以]切刀，那么没有刀[可以]切瓜；没有围墙在桩子中，那么没有桩子在围墙里；没有罐子在酒里，那么没有酒在罐子里。所有这些换位都是否定陈述，换位为自身；它们应该同真，但是，它们并非同真。这三个难解之处[或三个难解的命题]，有一个解释可以解答：并非所有谓词都是合理的[2]。应该以如下方式来说：“没有瓜[可以]

---

① 原文为դդում，对应的是希腊文κολοκύνθη，LSJ释义为round gourd（葫芦），Papazian译为pumpkin（南瓜）。下面的桩子，原文为ցից，对应的是希腊文πάτταλος，Topchyan和Papazian都译为stake。

② 原文为ողջաբար，希腊文为ὑγιῶς，即健康的，逻辑上表示合理，类似英文sound的用法。

切刀”，“没有一个切刀的东西是瓜”，因为[能切刀的东西]是锉刀或其他什么。再有，“没有围墙在桩子里”，那么“没有一个在桩子里的东西是围墙”，因为[在桩子里的东西是绳索]；“没有罐子在酒里”，那么“没有一个在酒里的东西是罐子”，因为[在酒里的东西]是谷粒或葡萄皮。

（二）换位法的第八个要点

本小节开始，大卫处理换位法的最后一个问题，这个问题是一些疑点的汇集。第一个疑点是关于SeP的换位。古代有些人①曾反驳亚里士多德的观点，认为真命题SeP换位后的PeS不一定是一个真命题。

他们举出了三个例子，比如第一个例子，“没有瓜[可以]切刀”（ոչ մի դդում զդանակ հատանէ），换位为，“没有刀[可以]切瓜”（ոչ մի դանակ զդդումն հատանէ）。看起来，S和P颠倒后，原本的真命题确实为假了。但是，这种换位并没有交换真正的P。它所交换的“刀”仅仅是P的一部分。真正的P为“[可以]切刀”，也就是具有“切刀”性质的所有东西，它构成一个集合，那么瓜显然不在其内。换位后，即，“具有切刀性质的所有东西”不是瓜，显然成立。如果仅仅交换P的一部分，那么原有的S成为了P的一部分，换位自然就不会成立。

这个例子之所以会迷惑人，因为它忽视了“是”的存在，从而没有正确区分主词和谓词。按照大卫之前VIII.3的看法，所有命题都有一个“是”，它可以明确地把主词和谓词分别开。对于第一个

① 见Papazian(33)的注释187，这些反对意见，特密斯提欧斯曾指出是麦加拉的游布理德斯(Εὐβουλίδης)提出。游氏亚里士多德同时代人，是麦加拉的欧几里得(不是那个著名几何学家欧几里得)的学生。他著名的观点就是提出了若干经典悖论，说谎者悖论就是其中之一。

句子，如果忽略了“是”，就会认为“切”是连接两个名词瓜和刀的成分，从而认为瓜和刀是主词和谓词。

第二和第三个例子的谓词是介词词组，“在桩子里”和“在酒里”，如果把桩子和酒当作谓词，显然会得出错误的结论。这两个例子略不同于第一个，因为它没有实义动词，但它还是忽略了系词“是”，从而把介词实义化，将之作为了一个连接两个名词的成分。

这几个例子证明了，从“语法”的角度划分的主词、谓词和宾词与“逻辑”的主词、系词和谓词三分是不同的，见VIII.1。语法宾词很容易和逻辑谓词混淆，但前者仅仅是后者的一部分。

3. Բայց տարակուսին և այլ տարակուսանս. եթէ՝ վասն զի ոչ կենդանին ոչ մարդ՝ ոչ մարդն ոչ կենդանի. ձի և կամ եզն: Այլ տարակուսանք, եթէ՝վասն զի ոչ մի գոյացութիւն ի սպիտակումն, այն ինչ և ոչ մի սպիտակ ի գոյացութեանն. և ո՞ւմ արդեօք ստորոգեսցի սպիտակն և կամ յորո՞ւմ ենթակայցէ, եթէ ոչ ի գոյացութեանս: Երրորդ տարակուսութիւնս այսպէս.որ ոչ է ի տեղւոջ՝ ոչ կայ, և ոչ կացեալն ոչ է ի տեղւոջ. և զիա՞րդ է այս ճշմարիտ, եթէ հանդիպի գնալով: Լուծումն այսոցիկ մի. առաջնոյն՝ եթէ ոչ է պարտ զուրացականն ի հակադարձութիւն առմերձիլ ի նենթակայումն՝ և ընդհանուր կիտակացն պատշաճելով: Քանզի յորժամ ուրացութիւն ունին և ենթական, և ստորոգեալն, պարտ է զերկուս ուրացութիւնս ստորոգելում առմերձիլ: Որգոն՝ Ոչ կենդանին ոչ մարդ, իսկ Մարդն ոչ ոչ կենդանի. քանզի ուրացութիւնք, զմիմեանս ի բաց բառնալով, մի ստորասութիւն առնեն. ոչ ոչ կենդանի, այլ՝ կենդանի: Դարձեալ՝ Որ ոչ է ի տեղւոջ, ոչ կայ և Որ կայ՝ ոչ ոչ ի տեղւոջ է: Եւ դարձեալ՝ Ոչ մի

գոյացութիւն յորակումս. այս արդէն իսկ սուտ, քանզի է յորակումս գոյացութիւն, թէպէտ և բնազանցաբար: Քանզի երկակի է ստորոգութիւն,մինըստ բնութեան, իսկ միւսն բնազանցաբար: Ըստ բնութեան՝ յորժամ հանուրքն մասնականացն, և պատահմունք գոյացութեանց ստորոգին: Իսկ բնազանցաբար՝ յորժամ մասնականքն ընդհանուրցն, և գոյացութիւնք պատահմանցն ստորոգին:

3. 有些人因为其他原因感到迷惑:

[第一个疑点], 如果不是动物的东西不是人, 那么不是人的东西——比如马或牛——也不是动物。

另一个疑点就是, 如果实体不存在"在白色中"[①], 那么, 白色也不存在在实体中; 但是, 如果"白色"不在实体中, 它会成为什么东西的谓词呢? 或者, 它会成为什么东西的主词呢?

第三个疑点如下: 不在某一个位置上的东西, 不是在驻留[②]; 不是在驻留的东西不在某一个位置上; 如果某个东西在运动, 那么这个[换位]如何会成真呢?

对于上述, 有一个解释: 对于第一点, 在换位中, 不应该把否定词与主词连接然后运用一般规则。因为, 当主词和谓词都有否定词[③]时, 这两个否定词应该与谓词连接。比如, "不是动物的东西不是人" 和 "是人的东西不是非动物"; 两个否定词彼此否定为肯定: "不是非动物" 即 "是动物"。

第三个, "不在某一个位置上的东西, 不是在驻留" 和 "在驻

---

① 即գոյացութիւն, 与形容词գոյ(存在)和动词գոյանալ(产生)相关, 词典一般释义为substance。这里指带有 "是/存在" 这种 "性质" 或实体范畴的个体。

② 原文为կալ, 即持存、驻留于某处, Topchyan译为standing, Papazian译为have extension(有广延); 后面的 "运动" (գնալ), Topchyan更具体地译为了walking。

③ 谓词的否定词其实否定的是命题, 即S不是P=S是 "非P", 所以大卫称之为谓词的否定词。虽然换位必然还要按照SeP—PeS的换位, 但可以转换为Sa(¬ P)—Pa(¬(¬ S))。

留的东西不是不在某一个位置上”。

第二个，“没有一个实体存在在性质中”，这是错误的，因为实体存在在性质中，虽然这是不自然地①[谓述命题]。[之所以说是不自然地]，因为谓词有两重：一个自然地，另一个是不自然地。自然地，当共相谓述殊相、偶性谓述实体时；不自然地，当殊相谓述共相、实体谓述偶性。

本小节继续讨论全称否定命题换位中出现的疑问。这一组与否定词和谓述关系有关。一共有三个例子：

(1) [所有]不是动物的东西不是人——不是人的东西也不是动物。

(2) [所有]不在某一个位置上的东西，不是在驻留——不是在驻留的东西不在某一个位置上。

(3) 实体不存在在性质中——性质不存在在实体中；

实体不存在在白色中——白色不存在在实体中。

第一个换位，显然如大卫所说是把否定词当作了主词和谓词的成分之一，也就是把命题否定当作了词项否定。按照换位规则，SeP换位为PeS，但例子换为了(非P)eS。正确的换位为，人(或是人的东西)不是“不是动物的东西”。带量词的命题中出现的否定词，首先是命题的否定，它与“是/存在”相连接，表现为e和o两种形式；其次是词项的否定，属于主词和谓词的一部分，比如“所有不是动物的东西”，这个否定词对命题没有否定力。但是，命题的否定可以否定掉词项的否定，比如，“是人的东西”不是“不是动

① 原文为քնազանցաբար，即超越自然，不合自然；Papazian译为了metaphysically，这是词典的释义，符合了“超越自然”这层含义。大卫的说法来自奥林匹奥多罗斯《〈范畴篇〉评注》61.26—29，其中不自然地对应了希腊文παρὰ φύσιν。从文意来看，这种情况是不在自然范围内的，也类似于“形而上学的”，因此Papazian的译法也有道理。

物”，即，“是人的东西”是人。命题的否定也可以转换给词项，比如S不是P，即S是“非P”。

用现代量词逻辑来看，如∀x/∃x(Px ⊃ Sx)，否定有三种：否定个体x；否定整个公式；否定语句Px和Sx，以这种方式，混淆否定词的情况就不会出现了：比如，“不是动物的东西”(¬ S=S’)不是人(P)，为∀x(¬(Px ⊃ S’x))，换位为∀x(¬(S’x ⊃ Px))。

第二个换位情况相似，还是混淆了命题否定与词项否定，正确地换位为：“在驻留的东西”不是“不在某一个位置上的东西”。

第三个换位与前两个不同。句意方面，“在……之中”的解释很复杂，下面有三种可能的说法，第三种是大卫的理解。

(1) 第一种解释，换位前的例句，原文为ոչ մի գոյացութիւն(A) յոբակուածս(B)。Topchyan译为了there is句式，Papazian把前面的白色和实体的例子也译为了这个句式，但此处译为了A是B的结构，B是一个介词词组，系动词“是”被省略。如果是这种译法，那么原句的换位在形式上就是错误的，与前面讨论的错误相同，它没有交换真正的谓词。但大卫并未指出这一点。

(2) 第二种解释，这句也见斐洛珀诺斯《〈后分析篇〉评注》191.28—30，用了动词ὑπάρχει，这个动词的主语是P，与格宾语为S。大卫的原句虽然没有用这个动词，但我们可以按这种方式理解，即，B中的ոբակուամ为主词，A中的գոյացութիւն为谓词。故而大卫下面才会说这是一句不自然的谓述，因为实体谓述了性质。[①]

无论是哪种表达，换位都是成立的，如，所有人不是植物——

---

① 在《范畴篇》一上来，亚里士多德提到了两个词项或事物的两种关系，一个是P谓述S，一个是P在S之中。这里的“P在S之中”不是指谓述关系，比如，人谓述苏格拉底，就“形式”而言，可以用ὑπάρχει这个动词，说“人在苏格拉底之中”或“人属于(belong to, apply to)苏格拉底”；而是指，人并未出现在苏格拉底这个个体(或其他载体或主词)的“质料”之中，我们找不到一个个体承载着“人本身”，只能发现若干个别的人。如亚氏所言，即离开了载体或主词，“人”这个“种”依然存在。这个在……之中指的是P与S之间的形而上学关系。不过，P和S的位置分别对应了谓词和主词。

植物不谓述所有人。换位后：所有植物不是人——人不谓述所有植物。但回到原文的例子，会得出一个奇特的结论：性质不谓述所有实体。如果是这样，那么性质存在于哪里呢？

对“所有实体不是性质——性质不谓述所有实体”这句来说，这里的含义是，实体不属于所有被叫作性质的事物的集合，实体不具有这样一个性质，即“作为性质”。再换一句看，“所有白马不是白色——白色不谓述所有白马”和“所有白马不是白色的——‘白色的’不谓述所有白马”，显然后面一组是错误的；而前面一组是正确的，它讨论的是白马不是白色本身，白色就其自身来说，它不谓述白马，或者说，白马不具有这样一种“存在”，即“作为白色”，因为马不是颜色。但白马属于“白色的事物”之列，白色作为“偶性”是谓述白马的。

那么，当“实体不存在于所有性质之中(实体不谓述所有性质)”换位为“性质不存在于所有实体之中(性质不谓述所有实体)”时，后半句的意思是，所有实体都不是“性质”这种东西。概言之，就其自身而言的“性质”不谓述实体；作为“性质本身”的“性质”谓述实体。

(3) 第三种解释，也就是大卫的解释(主词仍然是实体，谓词为性质)，是比较合理的一种理解。他认为一开始的命题就是错误的，因此这个换位就毫无意义了。

首先，大卫谈到了两种谓述关系，一种是自然的，即共相谓述殊相，偶性(պատահմունք)谓述实体；反面就是不自然的。这里的情况显然是不自然的，实体存在于性质中，也就是实体谓述性质。大卫在《〈范畴篇〉评注》[①]提到了三种谓述(κατηγορία)，自然的、不自然的和按照偶性的(κατὰ συμβεβηκός)，按照偶性的很好理解，而且它包含在了自然的谓述中，下面列出前两种：

---

① 见Busse(1900:169)。

自然的，即属谓述种，如，人是动物。

不自然的，即种谓述属，如，这个会行走的动物是人（τόδε τὸ προσερχόμενον ζῷον ἄνθρωπός ἐστιν）。

那么，按照不自然的谓述关系，实体也可以谓述偶性，如，有智慧的是苏格拉底；白的是纸[①]。这里实际上在性质之后省略了一个实指的“事物”（或特指，或泛指），在希腊文中，表示偶性的形容词用中性定冠词以及自己的中性形式指某个或某种“事物”，实体（第一实体和第二实体）谓述的就是这个或这种带有偶性的“事物”。它实际上是一种同义反复，因为可以调整为，苏格拉底是有智慧的，纸是白的。

由此，大卫认为“[所有]实体不存在在性质（包括白色）中”这句话的事实有误，因为实体存在于性质（包括白色）中。换言之，所有实体与其性质都可以由，S是P转换为“P的[东西]”是S。实体存在于所有性质中=实体谓述所有性质=所有性质都是实体，最后一个命题的意思与前两种解释不同，它指的是所有性质都必须“实体化”，都有实体可以谓述它，换言之，所有实体都有性质，没有赤裸的个体和种属。

这符合《范畴篇》1a24—26对“在……之中”的解释。大卫认为“实体在性质之中”，也即，离开了性质（去除掉全部偶性，以及性质中的固有属性和本质属性），实体就不存在了。

4. Բայց տարակուսին և առ ընդհանրումն ստորասութիւն այսպէս. եթէ՝ զիա՞րդ ասի ընդհանուր ստորասութիւն առ մասնական ստորասութիւն հակադարձիլ: Քանզի եթէ այս

---

① 这是不定的情况，它并没有说所有白的都是纸，也没说所有纸都是白的，可能说话者针对某些白的东西做出了判断。此外，还有全称和特称（包括特指）的情况。如，所有有理性、两足、会语言的是人；有些白的是纸；这个有智慧的是苏格拉底。

ճշմարիտ, տարակուսեսցի ոք արդեօք այսպէս. եթէ՝ վասն զի ամենայն որ կին գոյ, կոյս էր, և ոք, կոյս գոլով, կին էր. և՝ վասն զիամենայնաւագ մանուկ էր,եոքմանուկաւագէր: Լուծումն սորա, թէ և ոչ աստ ողջաբար առաւ ստորոգելոցն ի հակադարձիլն. քանզի պարտ էր այսպէս հակադարձել. Ամենայն կին կոյս էր և Ոք, կոյս գոլովյառաջն , կին է. և՝ Ամենայն աւագ մանուկ էր և Ոք, մանուկ գոլովյառաջն , աւագ է:

4. 有些人也疑惑全称肯定命题，如下：为什么说，全称肯定命题换位为特称肯定命题呢？因为如果是这样，也许人们会有下面的疑惑：

每个是妇女的人曾是处女，那么有个是处女的人曾是妇女；

每个老人曾是年轻人，那么有个是年轻人的人曾是老人。

对此的解答为，换位时，谓词没有被合理安排。因为应该这样换位：“每个妇女曾是处女”，[换位为]“有人，从前是处女，[现在]是妇女”；“每个老人曾是年轻人”，[换位为]“有人，从前是年轻人，[现在]是老人”。

全称肯定命题换位为特称肯定命题是三种标准换位之一，但有人也提出了一些质疑。本小节给出了两个例子，都和时态有关。这两个例子也见斐洛珀诺斯《〈前分析篇〉评注》50.15—31。

第一个：S为“每个是妇女的人”，P为处女。乍一看，换位似乎为，有些(或有个)处女曾是“是妇女的人”。这显然违背了常识，那么是不是这个换位原则有问题呢？其实原因在于“曾是”的位置。换位针对的是实然命题，即使带有模态，也与过去时间无关，它处理的是既定的现在事实。

所以，第一步：“每个是妇女的人曾是处女”应该改写为，“每个是妇女的人不是处女”；

第二步，换位为，“每个处女不是妇女”，即，“每个是处女的人不是妇女”，这个换位实际上是SeP的换位；

第三步，然后将“过去时”的“曾是”补充上，同时命题的“质”变为肯定：“每个‘曾是’处女的人，[现在]是妇女”；

第四步，改为特称命题，“有个‘曾是’处女的人，[现在]是妇女”。

第二个：S为“每个老人”，P为“年轻人”。直接换位显然不对，正确步骤为：

第一步，“每个老人曾是年轻人”，改写为，“每个老人不是年轻人”；

第二步，换位为，“每个年轻人不是老人”，即，“每个是年轻人的人不是老人”；

第三步，将“过去时”的“曾是”补充上，同时，命题的“质”变为肯定：“每个‘曾是’年轻人的人，[现在]是老人”；

第四步，改为特称命题，“有个‘曾是’年轻人的人，[现在]是老人”。

5. Տարակուսին և այլ տարակուսանս այսպէս. եթէ՝ զիա՞րդ ասէ, եթէ մասնական բացասութիւն ոչ հակադարձի ոչ առ ինքն և ոչ առ այլ, զի հակադարձի առ հանուր ստորասութիւն, որպէս ընդհանուր ստորասութիւն՝ առ մասնական ստորասութիւն. որգոն՝ որպէս յորժամ ասէ ոք. Ոչ ամենայն կենդանի մարդ, ամենայն մարդ կենդանի: Լուծումն այսորիկ. եթէ՝ ոչ մնաց նոյն որակ, քանզի ոմն յառաջարկութեանցդ ստորասական է, իսկ ոմն բացասական, զոր ոչ պարտ է ունել պարզ հակադարձութեան, քանզի որակմիշտ զնոյն պահէ, բայց

միայն զկարգ սահմանացն փոխէ:

5. [有些人]也因为其他原因而疑惑，为什么他说，特称否定命题不能换位为自身，也不能换位为其他[命题]？[之所以有这样的疑惑]，因为它的确能换位为全称肯定命题，恰如全称肯定命题[换位]为特称肯定。比如，说，“并非每个动物是人；每个人是动物”。

对此的解答是，质没有保持相同，因为其中一个前提是肯定的，另一个是否定的，这不是一般换位所本有的，因为换位要保持质的相同，仅仅改变词项顺序。

本小节是大卫现存全书的最后一部分。[①]它涉及了特称否定命题的换位问题。亚里士多德认为这种命题的换位是不可行的。但是有人认为，既然SaP换位为PiS，那么SoP也能换位为PaS。但前面其实讲明了，这种换位改变了质，不符合换位的规则。但是可以视为一种特殊的换位，它完成了质和位的转换。这种转换的证明为：SoP和SaP为矛盾命题，因此SaP为假，则PiS为假，PiS为假，则PaS为真。

① Hugonnard—Roche指出，古叙利亚文世界的学者Proba对《前分析篇》的讨论与大卫非常对应，前者在本书截止的部分之后继续讨论了直言推论的各种格和式。那么可以推断本书未完，或大卫没有评注完，或古希腊文本散佚，或本书散佚。他的论述载于Calzolari & Barnes(2009:158—162)。

附录一

古亚美尼亚文《〈前分析篇〉评注》索引[1]

把握/掌握（靠感觉和想象），处理—διαλαμβάνω—բուռն հարկանեմ—grasp (I.4), treat (I.1—2, XII.8, XIII.1)

包含—περιλαμβάνω—պարառոցեմ—embrace (IX.7)

包含于内—περιέχομαι—պարունակիմ—be included (XIII.1)

悖理的/悖论的—παράδοξος—անկարծելի—paradoxical (VII.3)

被设定/成为主词—ὑπόκειμαι—ենթակայիմ (ենթակայանամ)—be supposed (X.6), be the subject of (VII.3, VIII.3)

编织—πλοκή—հիւսումն—construction (X.2,4)

不可能—ἀδυνάτος—անկարելի—impossible (X.4, XII.4, XIII.4)

不可推论的—ἀσυλλόγιστος—անբաղհաւաքական—non—syllogistic (X.2)

---

[1] 本索引参考了Topchyan(2010)的索引。先列中文(按照中文音序排列)，然后依次是古希腊文、古亚美尼亚文、英文，之后的罗马数字表示“节”，阿拉伯数字表示“小节”。在中译文原文中，有的概念与本索引的译法略有出入，因为要考虑到翻译语境，比如ἀπαγωγή，它在前面中译文中多与其他概念组成“归谬法”，而本索引只能译为还原。对应的希腊文多来自于互文以及有翻译关系的古希腊文文本。有少量的古亚美尼亚文概念并无精确的古希腊文对应，只能依据学者们的推测或构造。

不可朽的—ἄφθαρτος—անապական—incorruptible（VI.3）

不理解—ἀκαταληψία—անհասութիւն—unknowability（IX.4）

不完善的—ἀτελής—ոչ աւարտուն, անաւարտ—imperfect（II.7, V.1）

部分—μέρος—մասն—part（III.1—5, IV.1,3—4,6）

部分的/特称的—μερικός—մասնական—particular（I.4, II.7, VI.3, XII.3, XIII.5—6, XIV.1,3—5）

产生——γένεσις—լինելութիւն—generation（II.5—6）

常性—ἕξις—ունակութիւն—disposition（V.9）

陈述/论证—λόγος—բան—statement（VI.1—3, VII.4—5, XII.4—5), argument（IV.1—2,4, IX.1,4—6, X.6）

陈述/语句—φάσις—ասութիւն—utterance（V.6）

成真—ἀληθεύω—ճշմարտեմ—be true（XII.7, XIII.6）

词项—ὅρος—սահման—term（V.1,3—7,10, VIII.1, IX.1,4, XI.1—2, 4, XII.1,5—10, XIV.5）

次序—τάξις—կարգ, կարգաւորութիւն—order（II.1,3, V.3, XII.4,6—10, XIV.1,5）

存在/存在性—ὕπαρξις—էութիւն—existence（XIII.1）

存在者/实体—τὰ ὄντα οὐσιαι—էք（գոյք, գոյութիւնք)—beings（I.8, IV.4）

当前的—παρών—առաջիկայ（I.2,6—8, II.1—4,6,8, III.1, VII.4, XII.5), յարագոյ（XIII.2)—present

得出结论——συμπεραίνω(περαίνω συνάγω)—ժողովեմ（եզերեմ）—conclude（X.2—6,XII.3）

定义—ὁρίζω—սահմանեմ—define（IV.1, V.1, VI.1—2, VII.1—2,5, VIII.1, IX.2—3,6—8, XII.1,4,9, XIII.1）

定义—ὅρισμος—սահմանումն（սահման)—definition（V.5, VI.2, VII.1,5, VIII.1, IX.2,5—6, XI.1, XII.9）

动词/谓词—ῥῆμα—բայ—verb（II.2, V.6, VIII.3）

断明—φάνσις—երևումն—expression（V.6）

对话—διάλογος—տրամաբանություն—dialogue（IV.5）

对立/相反—ἀντίκειμαι—հակակայեմ—oppose（VII.5, XII.3）

对立/相反—ἀντικείμενος—հակակայ—opposite（V.10, VII.5, XII.3）

发现/发明—εὑρίσκω—գտանեմ—find（I.7, II.6—7, IX.5,10）, invent（IX.10）

反驳—ἐλέγχω—յանդիմանեմ—refute（XII.3）

反驳—ἀναιρέω—բառնամ（ի բաց բառնամ）—reject（IX.4—5,XII.3,7—8,XIV.3）

反题/反面—ἀντίθεσις—հակադրութիւն—antithesis（VIII.2）

方法—μέθοδος—հնար—method（IV.1,4—5, IX.9）

分词—μετοχή—ընդունելութիւն—participle（VIII.3）

分析—ἀνάλυσις—վերլուծութիւն—analysis（II.5,8,XI.4）

分析—ἀναλύω—լուծանեմ, վերլուծանեմ—analyze—（II.7—8,V.4,VIII.3）

分有/共有—κοινωνέω—հաղորդիմ—be connected（XII.9）, share（IX.5）, κοινωνία—հաղորդութիւն—connection（XII.9）

否定陈述—ἀπόφασις—բացասութիւն—negation（VI.1—2, VII.4—5, VIII.4, IX.5, XII.7, XIII.4—6, XIV.1—2,5）

否定性的—ἀποφατικός—բացասական（ուրացական, ուրացողական）—negative（VI.2, VII.2,4, VIII.4,XI.3, XII.1,3,6, XIV.3）

附加—πρόσθεσις—առադրութիւն—addition（VIII.2,4）

附加假设—πρόσληψις—առառութիւն—additional assumption（IX.7）

附加谓词/附加谓述—τὸ προσκατηγορούμενον—առստորոգումն—further predication（VIII.2）

感觉/知觉—αἴσθησις—զգայութիւն—perception（I.4—5, IX.5）

格—σχῆμα—ձև—figure（II.7, IV.5, V.7, XI.1, XII.1,3）

工具—ὄργανον—գործի—instrument（III.1—4, IV.1,3—4,6, IX.4）

公认/认可—ὁμολογούμενον ποιέω—խոստովանելի (խոստովանեալ) առնել—take for granted (III.4, IX.4), ὁμολογούμενος—խոստովանեցեալ—taken for granted (IX.7)

构成性差异—συστατικαὶ διαφοραί—բաղկացուցիչ զանազանութիւնք—constitutive differentiae (IX.6)

归纳—ἐπαγωγή—մակածութիւն—induction (X.3, XI.2)

归纳性的—ἐπαγωγικός—մակածական—inductive (X.3)

规则—κανών—կանոն—canon (IV.4), կիտակ (կիտումն)—rule (IV.4—6, XIV.3)

合乎方法地—ἐμμέθοδως—ներճարապէս—methodically (X.6)

划分，分离—διαίρεσις—բաժանումն—division (XI.1), տրամատութիւն—separation (VIII.2)

划分—διαιρέω—բաժանել—divide (IV.1)

还原—ἀπαγωγή—բացածութիւն—reduction (XII.1—3)

换位/换位法—ἀντιστροφή—հակադարձումն (հակադարձութիւն)—conversion (IX.8, XI.2, XII.1,4—5,6,7—10, XIII.1,5, XIV.1—3,5)

技艺—τέχνη—արուեստ, արհեստ—art (III.2—5, IV.1, XIII.3)

假设—διάληψις—տրամառութիւն—assumption (VII.2)

假设—ὑπόθεσις—ստորադրութիւն—hypothesis (VI.2)

将来—ἐσόμενον(μέλλον)—լինելոց—future (XIII.2)

结果/后件—τὸ ἑπόμενον—հետնեցեալն—consequent (XII.8)

结论—συμπεράσμα—եզրակացութիւն—conclusion (I.5,IX.5—6, X.1), բաղեզերումն, բաղեզերութիւն—conclusion (II.6, XI.3), inference (X.1)

结论—τὸ συναγόμενον—ժողովեալն—conclusion (IV.4, X.6)

解释—διδάσκω—ուսուցանել—explain (V.6, XII.1—2,8,XIII.1)

解释—ἐξηγέομαι—պատմել—explain (I.2)

句式—σύνταξις—շարադրութիւն—syntax (V.8)

科学/知识—ἐπιστήμη—մակացութիւն—science（I.1, III.2—4, V.1,9, , XIII.3）

可能的—δυνατός—մարթելի（կարելի）—possible（X.4, XII.4,6—7,10, XIII.4）

可能之事—τὸ ἐνδεχόμενον—մարթն—contingent（XII.4, XIII.1,3—4,6, XIV.1）

可朽的—φθαρτός—ապականելի—corruptible（VI.3, XIII.2）

可争论的—στασιαζόμενος—վէճ—disputable（I.3）

可知的—γνωστός—գիտելի—knowable（I.4）

肯定陈述—κατάφασις—ստորասութիւն—affirmation（IV.4, VI.1, VII.5, VIII.4, XII.7, XIII.4—6, XIV.1,3—5）

肯定性的—καταφατικός—ստորասական—affirmative（IV.4, VI.2, VII.4, VIII.4, XI.3, XII.1）

理解—κατάληψις—մտահասութիւն—apprehension（IX.4）

理论—θεωρία—տեսութիւն—theory（XII.5）, observation（VII.5）

理论哲学和实践哲学—θεωρητικὴ καὶ πρακτικὴ φιλοσοφία—տեսական և գործական փիլիսոփայութիւն—theoretical and practical philosophy（I.6, III.3）

理智/明智/实践智慧—φρόνησις—խոհեմութիւն—intelligence（II.7）

例证—παράδειγμα—յարացոյց—example（X.6）, paradigm（X.3）

连接—συζυγία—լծակցութիւն—syzygy（X.2）

连接词—σύνδεσμος—շաղկապ—connector（VIII.1）

量—τὸ πόσον—քանակ—quantity（VI.3, VII.4, VIII.1）

论辩术—ἡ διαλεκτική—տրամաբանականն—dialectic（IV.4）

论证/主张—ἐπιχειρέω—ձեռնարկեմ—argue（IV.4, IX.4—5,9）

论证/主张—ἐπιχείρημα—ձեռնարկութիւն—argument（III.2,5, IV.1,3—4）

论著—πραγματεία—իրողութիւն—treatise（I.2,6—7, II.2—4,6, V.1,

IX.1, XI.4, XIII.1)

逻辑的/理性的—λογικός—բանական—logical (IV.1), բանաւոր (I.8), բանական (II.6)—rational

逻辑学—ἡ λογική—բանականն—logic (III.1,5, IV.3,6)

矛盾—ἀντίφασις—հակասութիւն—contradiction (VII.2, XII.3)

矛盾地—ἀντιφατικῶς—բացասաբար—contradictorily (VII.5)

没有限定词的—ἀπροσοριστός—առանորոշելի—indeterminable (XI.4)

描述性的—ὑπογραφικός—ենթագրական—delineative (VII.4)

名词—ὄνομα—անուն—noun (II.2, V.6)

明显的—δῆλος,φανερός—յայտնի—revealed (I.7)

明显的—φαινόμενον—երևեցեալ—apparent (VII.2)

明显的事情—τὰ φαινόμενα—երևելիք—appearances (I.4)

命令的/祈使的—προστακτικός—հրամանական—imperative (IX.7)

模态/方式—τρόπος—յեղանակ—mode (VIII.1—2,4, XII.7—8, XIII.1,5—6, XIV.1), manner(II.5)

目标—σκοπός—դիտաւորութիւն—aim (I.1—2, II.1, V.1—2, VII.1,5, XII.4,6, XIII.3)

目的—τέλος—կատարումն—end (I.2, III.3—4)

能产的—ποιητικός—արարողական—productive (V.9)

努斯—νοῦς—միտք—reason (I.4—5)

偶性—τὸ συμβεβηκός—պատահումն—accident (XIV.3)

普遍的/全称的—καθόλου—ընդհանուր (հանուր)—universal (I.4,8, II.8, IV.1, XIII.5—6, XIV.1—5)

祈愿的—εὐκτικός—ըղձական—optative (IX.7)

前件—τὸ ἡγούμενον—առաջացեալն—antecedent (XII.8)

前提/命题/问题—πρότασις, πρόβλημα—նախադասութիւն—proposition (I.5, II.1—2, VI.1—2, VII.2,4, IX.1, XII.9, XIII.1, XIV.1), առաջարկութիւն3—premiss（I.5, II.5—6, V.1,3—7,10, VI.1—3, VII.1,5, VIII.1—3, IX.1,3,9—10, X.1,5—6, XI.3, XII.1,3,5—7,9—10, XIII.1,4, XIV.5）

不定的前提—ἀδιορίστος πρότασις—անորոշելի առաջարկութիւն—indefinite premiss（VII.4）

单称前提—καθ' ἕκαστον πρότασις—ըստ իւրաքանչիւրն առաջարկութիւն—singular premiss—（VI.3, VII.4）

假言前提—ὑποθετικὴ πρότασις—ստորադրական առաջարկութիւն—hypothetical premiss（VI.1—2, IX.3, XII.8）

论辩术前提—διαλεκτικὴ πρότασις—տրամաբանական առաջարկութիւն—dialectical premiss（VII.1—3）

没有限定词的前提—ἀπροσδιορίστος πρότασις—առանսահմանելի առաջարկութիւն—indefinite premiss（VI.3）

全称前提—ἡ καθόλου πρότασις—ընդհանուր առաջարկութիւն—universal premiss（VI.3, VII.4—5）

诗术前提—ποιητικὴ πρότασις—քերթողական առաջարկութիւն—poetical premiss（VII.1),

特称前提—ἐν μέρει(μερικός) πρότασις—ներմասնումն (մասնական) առաջարկութիւն—particular premiss（VI.3, VII.4—5）

一般前提—πρότασις ἁπλῶς—ընդհանուր առաջարկութիւն—premiss in general(VI.1—2, VII.1,5)

证明性前提—ἀποδεικτικὴ πρὸτασις—ապացուցական (բացացուցական) առաջարկութիւն—demonstrative premiss（VII.1—3）

直言前提—κατηγορικὴ πρότασις—ստորոգական առաջարկութիւն—categorical premiss（VI.1, IX.2—3）

智术前提—σοφιστικὴ πρότασις—իմաստական առաջարկութիւն—sophistical premiss（VII.1）

潜在地—δυνάμει—զօրութեամբ—potentially（VII.2,VIII.3—4）

区分/差异—ἀντιδιαστολή—հակորոշումն—distinction（IX.7）

区分—ἀντιδιαστέλλω—հակորոշել—distinguish（XIII.1）

设置—θέσις—դրութիւն—imposition（II.1—3），θέσις—դրութիւն—positing（IX.7, XII.8）

神话的/虚构的—μυθώδης—առասպելուտ—fictitious（I.3）

实体/本质—οὐσία—գոյացութիւն—substance（X.1, XIV.3），գոյութիւն—essence（I.8）

实现—ἐνέργεια—ներգործութիւն—activity（V.9）

事实/事情/事物—πρᾶγμα, πράγματα—իր—fact（II.8），իրողութիւնք（I.8, IV.3—6, X.6），իրք（IV.4, IX.5）—things

思考—ἐπινοέω—մակիմանամ—think of（X.5）

思想/想法—διάνοια—մտածութիւն—notion（XII.2），տրամախոհութիւն—thought（I.4—5,8, IX.5）

探究/探求/考察—ζητέω（ἐρευνάω）—յուզեմ（խնդրեմ）—examine（V.6,VII.5,IX.4），խնդրեմ—inquire（I.7, II.8, III.1, IX.5, XIII.4），քննեմ，քննութեանցառնում—investigate（V.6, XII.1）

探究—ζήτημα(ζήτησις, ἔρευνα)—քննութիւն—investigation（I.2）

探究—σκέψις—խոհմունք—inquiry（I.1, V.1）

特殊的/单称的—καθ' ἕκαστον—ըստ իւրաքանչիւրն—singular（VI.3, VII.4）

提出—προτίθημι—առաջադրեմ—propose（XIII.1）

天上的存在者—οἱ οὐράνιοι—երկնայինք—heavenly beings（I.8）

条件的—συναπτικός—շարամերձական—conditional（IX.7—8）

同类的—ὁμοειδής—համատեսակ—of the same kind（I.8）

推论/三段论—συλλογισμός—հաւաքումն（հաւաքաբանութիւն, հաւաքաբանումն, բաղհաւաքումն）—syllogism（I.3,7—8, II.1—6, IV.4—5, V.1,3,6—7,10, VII.1,5, IX.1—2,4—6,8—10, X.3—4,6, XI.1—2, XII.1,4,9）

不完善推论—συλλογισμὸς ἀτελής—ոչ աւարտուն（անաւարտ, անաւարտուն）հաւաքումն—imperfect syllogism（II.7, V.1,10, IX.2,8—9,

XI.1—2, XII.1）

假言推论—ὑποθετικὸς συλλογισμὸς—ստորադրական հաւաքաբանութիւն—hypothetical syllogism（IX.2,7）

论辩术式推论—συλλογισμὸς διαλεκτικός—տրամաբանական հաւաքումն—dialectical syllogism（I.3—5, II.2, IX.6, X.4）:

普遍推论—ὁ καθόλου συλλογισμός—ընդհանուր հաւաքումն—universal syllogism（II.2, 8）

三种推论—τρία εἴδη τῶν συλλογισμῶν—երեք տեսակք հաւաքմանց—three species of syllogisms（I.4—5）

诗术式推论—συλλογισμὸς ποιητικός—քերթողական հաւաքումն—poetical syllogism（I.3—4, II.2, IX.6）

特殊推论—ὁ κατὰ μέρος συλλογισμός—ըստ մասին հաւաքումն—particular syllogism（II.2, 8）

完善推论—συλλογισμός τέλειος—աւարտուն հաւաքումն—perfect syllogism（II.7, V.1,10, IX.2, XI.1, XII.1）

五种推论—πέντε εἴδη τῶν συλλογισμῶν—հինգ տեսակք հաւաքմանց—five species of syllogisms（I.3）

修辞术式推论—συλλογισμὸς ῥητορικός—ճարտասանական հաւաքումն—rhetorical syllogism（I.3—4, II.2, IX.6）

一般推论—συλλογισμὸς ἁπλῶς—պարզ（պարզաբար）հաւաքումն（հաւաքաբանութիւն）—syllogism in general（I.1—2,6,7, II.1,3,5, V.2, VI.1, VII.5, IX.1）

证明性推论—συλλογισμὸς ἀποδεικτικός—ապացուցական（բացացուցական）հաւաքումն—demonstrative syllogism（I.2—6, II.2, V.2, IX.6, X.4）

直言推论—κατηγορικὸς συλλογισμός—ստորոգական հաւաքանութիւն—categorical（predicative）syllogism（IX.2,7）

智术式推论—συλλογισμὸς σοφιστικός—իմաստական հաւաքումն

—sophistical syllogism (I.3—5, II.2, IX.6, X.4)

推论—συλλογίζομαι—հաւաքեմ (հաւաքաբանեմ)—syllogize (I.5—6,8, II.6, IV.1,IX.5,10)

推论法/推论科学—ἡ συλλογιστική—հաւաքականն—syllogistic (III.1,3,IV.1)

推论性/可推论的—συλλογιστικός—քաղհաւաքական—syllogistic (X.2,4)

谓词—τὸ κατηγορούμενον—ստորոգեալն (ստորոգեցեալն)—predicate (VIII.1—3, XI.4, XII.6—7, XIII.2, XIV.2—3)

谓述/成为谓词—κατηγορέομαι—ստորոգիմ—be predicated (be the predicate)—(IX.7, V.7, VIII.3, XI.3, XIV.3)

谓述—τὸ κατηγορεῖσθαι—ստորոգիլն—predication (VIII.3)

无方法地—ἀμεθόδως—անճարաբար—unmethodically (X.6)

无理性的—ἄλογος—անբան, անասուն—irrational (I.8, IV.2)

无限—τὸ ἄπειρον—անհուն—infinite (VII.3, IX.4—5)

显明(显明)—δηλόω(φανερόω)—յայտնեմ (յայտ առնեմ)—reveal (I.7—8, VII.2, IX.5, XIII.1)

显明，断明—δείκνυμι, ἀποφαίνω—ցուցանեմ, բացատրեմ—show (I.6—7, III.3—5, IV.3, VIII.3, IX.4,7, X.1, XIII.5)

显明/指明—δηλόω—յայտնեմ—indicate (VI.1, VII.2)

显明—φανερόω (δηλόω)—յայտնեմ (յայտ առնեմ)—reveal (I.7—8, VII.2, IX.5,XIII.1)

现实地—ἐνέργείᾳ—ներգործութեամբ—actually (VII.2, VIII.3—4)

限定词/附加解释—προσδιορισμός—առորոշումն—determiner (VII.5, VIII.1—2, XI.4), further specification (XIII.2)

相反的—ἐναντίως—հակադարձակի—contrarily (XIII.4)

想象—φαντασία—երևակայութիւն—imagination (I.4—5)

消去—ἀφαίρεσις—բացառութիւն—removal (VIII.2)

形式/种—εἶδος—տեսակ—form（IX.6, X.1), species（I.2—3, II.4, VII.1,4—5, X.1）

虚假—τὸ ψεῦδος—սուտ, ստութիւն—falsity（I.3, III.3, VI.2, IX.9）

虚假—ψευδής—սուտ—false（I.3,6, VII.3, IX.9, X.6, XII.10, XIII.5, XIV.3）

选言的—διαζευκτικός—տարըծական—disjunctive（IX.8）

要求—αἴτησις—հայցումն—request（VII.2）

一个前提的—μονολήμματος—եզառած—with one premiss（IX.8—9）

移位—μετάθεσις—փոխադրութիւն—transposition（XIII.4）

疑问—ἐρώτησις—հարցումն—question（VII.2）

议题/争议—στάσις—կացումն—issue（I.3）

意见—δόξα—կարծիք—opinion（I.4—5, III.1）

意见的—ἔνδοξος—ներկարծաւոր—reputable（VII.2—3）

意义—σημασία—նշանակութիւն—meaning（IX.7, XIII.1）

音节—συλλαβή—փաղառութիւն—syllable（II.8, X.2）

永恒的—ἀΐδιος—մշտնջենաւոր—eternal（XIII.2）

用途—τὸ χρήσιμον—պիտանացու—usefulness（I.2,6, II.1）

有灵魂的—ἔμψυχος—ներանձնաւոր（շնչաւոր)—animate（IX.10）

语词—λέξις—բառ—word（II.8）

语音—φωνή—ձայն—spoken sound（II.1—3, III.3, V.6, IX.1）

预设—προϋπόκειμαι—նախենթակայեմ—presuppose（IX.7）

原因/理由—αἰτία—պատճառ—cause/reason（I.2—3,4—5, II.4,7, V.2,4—7, IX.2—3,5,9, XI.4）

蕴涵—ἀκολουθία—հետևութիւն（հետևումն)—implication（II.6, X.4）

哲学—φιλοσοφία—իմաստասիրութիւն—philosophy（I.6, III.1—5, IV.1,3—4,6）

真—ἀληθής—ճշմարիտ—true（I.3,6,VII.3,X.6,XII.10,XIII.5,XIV.

2—4)

真—τὸ ἀληθές—ճշմարիտն, ճշմարտութիւն—truth (I.3, III.3, VI.2)

真地—ἀληθῶς—ճշմարտապէս—truly (I.6)

证成—κατασκευάζω—ստորանիւթեմ, յարդարեմ—establish (I.4, II.6—7, IV.1,4, IX.4, X.3)

证明—ἀποδείκνυμι—ապացուցեմ (ապացուցանեմ, բացացուցանեմ)—demonstrate (IV.1, IX.5)

证明—ἀπόδειξις—ապացոյց—demonstration (I.1—2, III.3, IV.3,5—6, V.1—2,9)

证明性的—ἀποδεικτικός—ապացուցական, բացացուցական—demonstrative (I.1, IV.5, VII.3, V.1—2,9)

证实/证明—πίστις—հաւատ—proof (X.3)

证实—πιστόω—հաւատարմացուցանեմ—justify (IX.2), հաւատացուցանեմ—prove (X.3)

知/认识—γιγνώσκω—գիտեմ—know (I.4—5,8, II.4, III.3), ճանաչեմ—cognize, know (I.4, XIV.1)

知识/认识—γνῶσις—գիտութիւն—knowledge (I.6, IV.4,XIII.3,5)

知识/研究—μάθημα—ուսումն—study (IV.4)

指明—εἰδοποιέω—տեսակարարեմ—specify (V.7)

质—τὸ ποιόν—որակ—quality (VI.3, VII.4, VIII.1, XII.6—10, XIV.3,5)

质料—ὕλη—նիւթ—matter (II.4, III.3, VII.2—3, IX.6, X.1—2, XII.7, XIII.6)

主词—τὸ καθ' οὗ κατηγορεῖται(τὸ ὑποκείμενον)—ենթակայ—subject (V.7,9, VIII.1—2, XI.4, XII.6—7,XIII.2, XIV.3)

属—γένος—սեռ—genus (I.2, V.10, IX.6, XII.9)

转移—ὑπέρθεσις—զերադրութիւն—transposition (VIII.4)

着手/放在旁边—παρατίθημι—յարադրեմ—set out (II.5, IX.2—3,

XI.3, XII.2,5), place alongside (XI.4)

子部分—μόριον—մասնիկ—subpart (III.1—4)

字母/元素—στοιχεῖον—տառ—letter (II.8)

自然/本性—φύσις—բնութիւն—nature (I.7, IV.3—4,6, VII.3, IX.5, XIII.3), nature (inborn qualities) (I.8, IV.5, X.6)

自然的—πέφυκε—բնաւորեցաւ—is natural (I.4,8, VI.3, XII.7)

自行直观—αὐτόπτης—ինքնատեսող—seeing oneself (I.5,8)

综合—σύνθεσις—շարադրութիւն—synthesis (II.1—3,8, VIII.2,4)

综合—συντίθημι—շարադրեմ—synthesize (II.6—7)

作品/著作—σύγγραμμα—շարագրութիւն (շարագրած)—writing (I.2, II.1, IV.4)

附录二

古亚美尼亚文《〈前分析篇〉评注》的抄本版本①

大卫古亚美尼亚文《〈前分析篇〉评注》1833年首先在威尼斯刊行，1932年重印，这个版本没有校勘；1967年S.Arevšatyan以威尼斯版为准，编订了新的勘本：

（1）*Դաւթի անյաղթ փիլիսոփայի մեկնութիւն չորեքտասան գլխոց Արիստոտելի ի Վերլուծականն*（*Commentary in Fourteen Chapters on Aristotle's Analytics by David the Invincible Philosopher*）in *Կորիւն, Մամբրէ, Դաւիթ. մատենագրութիւնք նախնեաց*（*Koriwn, Mambrē, David: Works of the Ancients*）, Venice,1833；

（2）*Դաւթի անյաղթ փիլիսոփայի մեկնութիւն չորեքտասան գլխոց Արիստոտելի ի Վերլուծականն*（*Commentary in Fourteen Chapters on Aristotle's Analytics by David the Invincible Philosopher*）in *Դաւթի անյաղթ փիլիսոփայի մատենագրութիւնք և թուղթ Գիւտայ կաթողիկոսի առ Դաւիթ*（*David the Invincible Philosopher's Works and the Letter of the Catholicos Giwt to David*）, Venice,1932；

---

① 本附录以Topchyan（2010:17—28）为准，概述了Topchyan细致的文献研究，最早进行文献勘定工作的是S.Arevšatyan。

(3) *Դաւիթ Անյաղթ, Վերլուծութիւն Ներածութեանն Պորփիւրի* (*David the Invincible, Analysis of Porphyry's Isagoge*), *Critical Text with a Translation into Russian, Introduction and Commentary*, Yerevan: Izdatel'stvo AN Armjanskoj SSR, 1967。

上述三个刊本，以28件抄本为基础，它们分别保存在埃里温中世纪抄本研究所(Erevan Institute of Medieval Manuscripts，Matenadaran，简称M，共27件)和巴黎法国国家图书馆(Bibliothèque nationale de France)抄本No.240/106(简称P)；这些抄本的时间为14世纪到18世纪。最早的三个抄本均为14世纪，是M8132(抄本最后的开页遗失)、M7151(小抄本，文字毁坏程度或缺漏比较严重，语法形式多不合常规)和P240/106。大多数抄本集中于1611—1653年、1731—1740年之间，其中有六个抄本在空白处有评注(scholia)。少数抄本只有部分章节，M5741抄本仅存一页。所有抄本都划分为十四个讲座。除了P抄本只有编号之外，每讲开头都有պրակք和编号。

各个抄本的题目不同，大致有下面几种，M1809和P抄本无题目：

(1) M8132：Վերլուծական Արիստոտէլի，亚里士多德的《分析篇》。

(2) M7151：Վերլուծական Արիստոտէլի վասն հաւաքման，亚里士多德论推论的《分析篇》。

(3) M1763，M1686等14件抄本：Արիստոտէ(ե)լի Վերլուծական，亚里士多德的《分析篇》。

(4) M5741：Արիստոտէ(ե)լի Վերլուծականն է，这是亚里士多德的《分析篇》。

(5) M1764和威尼斯刊本：

Դաւթի անյաղթ փիլիսոփայի մեկնութիւն ԴԺ—ան գլխոցն Արիստոտելի ի Վերլուծականն，哲学家无敌大卫论亚里士多德《分析篇》十四章。

(6) M1714，M1916，M2368，M3207：

Սկիզբն և նախադրութիւն գրոց, որ ասի ըստ Յունաց Անալաւտիկի և հայերէն՝ Յաղագս վերլուծութեան, արարեալ ի մեծ իմաստասիրաց

（M2368为իմաստասիրէն）հելենացւոց Արիստոտէլէ（M2368为Արիստոտիղէ）և թարգմանեալ և մեկնեալ ի Դաւթէ փիլիսոփայէ（M2368为փիղիսոփայէ），一部按希腊文叫作《分析之事》①、按亚美尼亚文叫作《论分析》的作品的序言：由希腊大哲学家亚里士多德所写，哲学家大卫翻译并释义。

⑺ M464：Նորին Դաւթի փիլիսոփայի մեկնեալ զբանս զայս չորեքտասան գլխով՝ յԱրիստոտէլական Վերլուծականացն，哲学家大卫阐释亚里士多德《分析篇》的作品，凡十四章。

⑻ M1691，M1826，M2652：Նորին Դաւթի քաջ փիլիսոփայի հաւաքեալ Առաջնոց（M1826为Առաջնոյ）վերլուծականացն Արիստոտէլի，որ կոչի Վերլուծական，և ըստ յունացն ասի Անալօտիկէ，有才智的哲学家大卫论亚里士多德的《前分析篇》——其题目为《分析篇》，按照希腊文叫《分析之事》。只有第八组抄本指明了《前分析篇》，而且都是18世纪的抄本。

此外，还有5件耶路撒冷抄本；3件威尼斯抄本；2件加拉太（Galata）抄本，这些抄本时间为16世纪到18世纪。

① 希腊文叫τὰ ἀναλυτικά，直译就是，与分析有关的事情或研究，这可以比较亚里士多德对伦理学的称呼。

参考文献

一、原始材料（包括勘本、译本和评注本）

Arevšatyan, S.: *Դաւիթ Անյաղթ, Վերլուծութիւն Ներածութեանն Պորփիւրի*（*David the Invincible, Analysis of Porphyry's Isagoge*）, *Critical Text with a Translation into Russian, Introduction and Commentary*, Yerevan: Izdatel'stvo AN Armjanskoj SSR, 1967.

Arnim, H.von ed.: *Stoicorum Veterum Fragmenta*, Leipzig, 1903.

Barnes, J. et al trans.: *Alexander of Aphrodisias: On Aristotle's Prior Analytics 1.1—7*, Cornell University Press, 1991.

Barnes, J. trans.: *Aristotle's Posterior Analytics*, Oxford University Press, 1993.

Barnes, J.: *Porphyry Introduction*, Oxford University Press, 2003.

Burnet, J.: *Platonis Opera*, Oxford University, 1907.

Busse, A. ed.: *Commentaria in Aristotelem Graeca*（*CAG*）, *Voluminis IV, Pars 1, Porphyrii Isagoge et in Aristotelis Categorias Commentarium*, Reimer, 1887.

Busse, A. ed.: *Commentaria in Aristotelem Graeca*（*CAG*）, *Voluminis IV, Pars 4, Ammonius in Aristotelis Categorias Commentarius*, Reimer, 1895.

Busse, A. ed.: *Commentaria in Aristotelem Graeca (CAG), Voluminis IV, Pars 5, Ammonii in Aristotelis Librum de Interpretatione Commentarius*, Reimer, 1897.

Busse, A. ed.: *Commentaria in Aristotelem Graeca (CAG), Voluminis XIII, Pars 1, Philoponi (olim Ammonii) in Aristotelis Categorias Commentarium*, Reimer, 1898.

Busse, A. ed.: *Commentaria in Aristotelem Graeca (CAG), Voluminis IV, Pars 6, Ammonii in Aristotelis Analyticorum Priorum Librum I Commentarium*, Reimer, 1899.

Busse, A. ed.: *Commentaria in Aristotelem Graeca (CAG), Voluminis XVIII, Pars 1, Elias in Porphyrii Isagogen et Aristotelis Categorias*, Reimer, 1900.

Busse, A. ed.: *Commentaria in Aristotelem Graeca (CAG), Voluminis XII, Pars 1,Olympiodori Prolegomena et in Categorias Commentarium*, Reimer, 1902.

Busse, A. ed.: *Commentaria in Aristotelem Graeca (CAG), Voluminis XVIII, Pars 2, Davidis Prolegomena et in Porphyrii Isagogen*, Reimer, 1904.

Bywater, I. ed.: *Ethica Nichomachea*, Oxford University Press, 1894.

Cohen, M. & Mathews, G. B. trans.: *Ammonius: On Aristotle's Categories*, Cornell University Press, 1991.

Cook, H. P. & Tredennick, H.: Aristotle: *The Categories, On Interpretation, Prior Analytics, with Ancient Greek Text and English Translation and Notes*, Harvard University Press, 1962.

Cousin, V. ed.: *In Platonis Parmenidem in Procli philosophi Platonici opera inedita III*, Hildesheim, 1961.

Detel, W.: *Aristoteles: Analytica Posteriora, mit Übersetzung und Erläuterung*, Akademie Verlag, 1993.

Ebert, T. & Nortmann, U.: *Aristoteles: Analytica Priora, mit Übersetzung und Erläuterung*, Akademie Verlag, 2007.

Hayduck, M. ed.: *Commentaria in Aristotelem Graeca (CAG), Voluminis XVIII, Pars 3, Stephani in librum Aristotelis de interpretatione commentarium*, Reimer, 1885.

Heath, Sir T.L. trans.: *Euclidis Elements*, Dover, 1956.

Heiberg, J. L. ed.: *Euclidis Elementa*, Teubner, 1883—1888.

Hüsler, K. ed.: *Die Fragmente zur Dialektik der Stoiker, Band I—IV*, Friedrich Frommann Verlag, 1987.

Jaeger, W. W. ed.: *Aristotelis Metaphysica*, Oxford University Press, 1957.

Kalbfleisch, K.ed.: *Commentaria in Aristotelem Graeca (CAG), Voluminis VIII, Simplicii in Aristotelis Categorias Commentarium,* Reimer, 1907.

Kayser, C. L. ed.: *Flavii Philostrati Opera, Vol 2. Philostratus the Athenian*, Teubner, 1871.

Kendall, B. & Thompson, R.W.: *Definitions and Division of Philosophy by David the Invincible Philosopher*, Peeters, 1983.

Mueller, I. trans.: *Alexander of Aphrodisias: On Aristotle's Prior analytics 1.8—13*, Cornell University Press, 1999.

Mueller, I. trans.: *Alexander of Aphrodisias: On Aristotle's Prior analytics 1.23—31*, Cornell University Press, 2006.

Mueller, I. trans.: *Alexander of Aphrodisias: On Aristotle's Prior analytics 1.32—46*, Cornell University Press, 2006.

Rescher, N. trans.: *Al—Farabi's Short Commentary on Aristotle's Prior Analytics*, Pittsburg University Press, 1963.

Ross, W. D. ed.: *Aristotle's Prior and Posterior Analytics*, Claredon Press, 1957.

Slings, S.R. ed.: *Platonis Republica*, Oxford University Press, 2003.

Smith, R. trans.: *Aristotle's Prior Analytics*, Hackett Publishing, 1989.

Striker, G.: *Aristotle's Prior Analytics book I, Translated with an Introduction and Commentary*, Oxford University Press, 2009.

Papazian, M. trans.: *David the Invincible's Commetary on Aritotel's Prior Analytics*, http://www.academia.edu/841038/David_Commentary_on_Aristotles_Prior_Analytics, unpublished.

Thomson, R.W. trans.: *The Armenian history attributed to Sebeos. Part I—II, Translation and notes*, historical commentary by James Howard—Johnston; assistance from Tim Greenwood, Liverpool University Press, 1999.

Topchyan, A.: *David the Invincible: Commentary on Aristotle's Prior Analytics, Old Armenian Text with an English Translation, Introduction and Notes*, Brill, 2010.

Wallies, M. ed.: *Commentaria in Aristotelem Graeca (CAG), Voluminis II, Pars1, Alexandri von Aphrodisias in Aristotelis Analyticorum Priorum Librum I Commentarium*, Reimer, 1883.

Wallies, M. ed.: *Commentaria in Aristotelem Graeca (CAG), Voluminis XXIII, Pars 3, Themistii quae fertur in Aristotelis Analyticorum Priorum Librum I*, Reimer, 1884.

Wallies, M. ed.: *Commentaria in Aristotelem Graeca (CAG), Voluminis II, Pars 2, Alexandri Aphrodisiensis in Aristotelis Topicorum Libros Octo Commentaria,* Reimer, 1891.

Wallies, M. ed.: *Commentaria in Aristotelem Graeca (CAG), Voluminis IV, Pars 6, Ammonii in Aristotelis Analyticorum Priorum Liburm I Commentarium,* Reimer, 1899.

Wallies, M. ed.: *Commentaria in Aristotelem Graeca (CAG), Voluminis XIII, Pars 2, Ioannis Philoponi in Aristotelis Analytica Priora Commentaria,* Reimer, 1905.

Wallies, M. ed.: *Commentaria in Aristotelem Graeca (CAG), Voluminis XIII, Pars 3, Ioannis Philoponi in Aristotelis Analytica Posteriora*

Commentaria cum Anonymo in Librum II, Reimer, 1909.

Westerink, L.G. ed., O'Neill, W. trans.: *Proclus: Commentary on the First Alcibiades of Plato*, Prometheus Trust, 1954.

Westerink, L.G. ed.: 'Elias' Commentary on Aristotle's Prior Analytics', *Mnemosyne*, 14, 1961, pp.126—139.

Westerink,L.G ed..: *Pseudo—Elias（Pseudo—David), Lectures on Porphyry's Isagoge*, North—Holland Publishing Company, 1967.

Westerink, L. G. ed.: *Anonymous Prolegomena to Platonic Philosophy with Ancient Greek Text and Translation*, Prometheus Trust, 2011.

Williams, M. F.: *Studies in the Manuscript Tradition of Aristotle's Analytica*, Verlag Anton Hain, 1984.

二、西文研究专著和论文

Anagnostopoulos, G.: *A Companion to Aristotle*, Blackwell, 2009.

Ancona, C.D'. ed.: *The Libraries of the Neoplatonists*, Brill, 2007.

Arevšatyan, S.: 'David l'Invincible et sa doctrine philosophique', *Revue des études arméniennes*,15, 1981, pp.33—43.

Bäck, A.T.: *Aristotle's Theory of Predication*, Brill, 2000.

Baumstark, A.:*Aristoteles bei den Syrern vom V—VIII Jahrhundert: Syrisch—Arabische Biographieen des Aristoteles, Syrische Commentare zur Eisagôgê des Porphyrios*, Teubner, 1900.

Bekerie, A.: 'Historical Overview of Ethiopic Writing System's Possible Influence on the Development ofthe Armenian Alphabet', *International Journal of Ethiopian Studies*, Vol. 1, No. 1, Summer/Fall, 2003, pp. 33—58.

Benakis, L.: 'David der Armenier in den Werken der byzantinischen Kommentatoren des Aristoteles', In: G.A. Brutian（ed.), *David the Invincible. The Great Philosopher of Ancient Armenia*, Armenian SSR Academy of

Sciences, 1983, pp.558—70.

Bocheński, I.M.: *Ancient Formal Logic*, North—Holland Publishing Company, 1951.

Bournoutian, G. A.: *A History of the Armenian People*, Costa Mesa: Mazda Publishers, 1993.

Broutian, G.: 'Persian and Arabic Calendars as Presented by Anania Shirkatsi', Iranian Journal for the History of Science, No.8, 2009, pp.1—17.

Burchard, C. ed.: *Armenia and the Bible*, Scholars Press, 1993.

Byrne, P.H.: *Analysis and Science in Aristotle*, State University of New York Press, 1997.

Calzolari, V.: 'L'école hellénisante', *Age et usage de la langue arménienne*, Editions Entente, 1989, p.110—130.

Calzolari, V.: 'Aux origines de la formation du corpus philosophique en Arménie: quelques remarques sur les versions arméniennes des commentaires grecs de David', in *The Libraries of the Neoplatonists*, C.D'Ancona ed., 2007, pp. 259–278.

Calzolari, V. & Barnes, J. ed.: *L'oeuvre de David l'Invincible et la transmission de la pensée grecque dans la tradition arménienne et syriaque Textes*, Brill, 2009.

收录文章如下：

Arevšatyan, S.: 'David the Invincible in Armenia and other Countries: the Fate of his Legacy'.

Barnes, J.: 'David and the Greek Tradition'.

Calzolari, V.: 'David et la tradition arménienne'.

Calzolari, V.: 'La version arménienne des Prolegomena philosophiae de David et son rapport avec le texte grec'.

Hugonnard—Roche, H.: 'La tradition gréco—syriaque des commentaires d'Aristote'.

Muradyan,G.: 'David the Invincible's Commentary on Porphyry's Isagoge. A Collation of the Greek and Armenian Versions'.

Papazian, M.: 'The Authorship of an Armenian Commentary on Aristotle's Prior Analytics'.

Shirinian, M.E.: 'The Armenian Version of David the Invincible's Commentary on Aristotle's Categories'.

Stepanyan, A.: 'On the Basic Idea of the History of the Armenians by Moses Khorenatsi'.

Sweeting, C.: 'The Relationship between the Armenian Translation of the Commentary on Aristotle's Analytics of David and the Greek Text of the Commentary on Aristotle's Analytics of Elias'.

Topchyan, A.: 'Remarks on David the Invincible's Commentary on Aristotle's Prior Analytics. Its Structure, Contents, Language, and the Problems of Translator and Authorship'.

Cameron, A. & Ward—Perkins, B. & Whitby, M.: *The Cambridge Ancient History, Volume 14: Late Antiquity: Empire and Successors, A.D. 425—600*, Cambridge University Press, 2001.

Cameron, A. & Marenbon, J. eds.: *Methods and Methodologies: Aristotelian Logic East and West, 500—1500*, Brill, 2011.

Clark, M.: *The Place of Syllogistic in Logical Theory*, University of Nottingham Press, 1980.

Corcoran, J.:'Aristotelian Syllogisms: Valid Arguments or True Universalized Conditionals?', *Mind*, 83, 1974, pp. 278—281.

Corcoran, J.: 'Aristotle's Demonstrative Logic', *History and Philosophy of Logic*, 30, 2009, pp. 1—20.

Corcoran, J.: 'Aristotle's Prior Analytics and Boole's Laws of Thought', *History and Philosophy of Logic*, 24, 2003, pp. 261—288.

Correia, M. A.: 'Boethius on Syllogisms with Negative Premises', *Ancient*

Philosophy 21, 2001, pp. 161—174.

Coulie, B.: *Repertoire desmanuscrits armeniens/Census of Armenian Manuscripts. Liste des sigles utilises pour designer les manuscrits*, Association Internationale des études Arméniennes ,edition revue 2002 ,http://www.aiea.fltr.ucl.ac.be/aiea_fr/aiea_presentation.htm.

Cowe, S.P.: 'Review *David Anhaght: The 'Invincible' Philosopher* by Avedis K. Sanjian', *Journal of the American Oriental Society*, Vol. 109, No. 1, Jan. — Mar., 1989, pp. 130—131.

Düring, I., *Aristoteles: Darsellung und Interpretation seines Denkens*, Winter Universitätsverlag, 1966.

Dwight, H. G. O.: 'Catalogue of All Works Known to Exist in the Armenian Language, of a Date Earlier than the Seventeenth Century', *Journal of the American Oriental Society*, Vol. 3, 1853, pp. 241+243—288.

Ebbinghaus, K.: *Ein Formales Modell Der Syllogistik Des Aristoteles*, Vandenhoeck & Ruprecht, 1964.

Einarson, B.: 'On Certain Mathematical Terms in Aristotle's Logic: Part I — II', The American Journal of Philology, Vol.57, No.1, 1936, pp. 33—54; No.1, 1936, pp. 151—172.

Frede, M.: *Die stoische Logik*, Vandenhoeck & Ruprecht, 1974.

Fortenbaugh, W.W. ed.: *Theophrastus of Eresus: Sources for His Life, Writings Thought and Influence*, Brill, 1992.

Greenwood, T.: 'A Reassessment of the Life and Mathematical Problems of Anani Širakac'i ', *Revue des Études Arméniennes*, 33, 2011, pp. 131–86.

Grigoryeva, E. V.: 'Zur Einheit des Werkes Davids des Unbesiegbaren und der Frage nach der Autorschaft der Auslegung der *Analytik* des Aristoteles', *Proceedings of the 17th Conference in Memory of Professor Joseph M. Tronsky, Indo—European Linguistics and Classical Philology—XVII*, June 24—26, 2013, pp. 210—227.

Grigoryeva, E. V.: 'David der unbesiegbare? einige Überlegungen zum Gebrauch des Beinamens in der Griechischen und der Armenischen Traditionen', *Proceedings of the 18th Conference in Memory of Professor Joseph M. Tronsky, Indo—European Linguistics and Classical Philology—XVIII*, June 23–25, 2014, pp. 186—197.

Höffe, O.: *Aristoteles—Lexikon*, Alfred Kröner Verlag, 2005.

Hegel, G.W.F.: *Wissenschaft der Logik. Die objektive Logik: Zweites Buch: Die Lehre vom Wesen*, Philosophische Biblothetik Band 376, Felix Meiner Verlag, 1999.

Hegel, G.W.F.: *Wissenschaft der Logik. Zweiter Band. Die subjektive Logik oder die Lehre vom Begriff* (*1816*), Philosophische Biblothetik Band 377, Felix Meiner Verlag, 2003.

Hegel, G.W.F.: *Wissenschaft der Logik. Die Lehre vom Sein* (*1832*), Philosophische Biblothetik Band 385, Felix Meiner Verlag, 2008.

Hovannisian, R.G. ed.: *The Armenian People from Ancient to Modern Times, Volume I, The Dynastic Periods: from Antiquity to the Fourteenth Century*, St. Martin's Press, 1997.

Hugonnard—Roche, H.: 'Le corpus philosophique syriaque aux VIe–VIIe siècles', in *The Libraries of the Neoplatonists*, C.D'Ancona ed., 2007, pp. 279—291.

Ierodiakonou, K.: 'Aristotle's Use of Examples in the Prior Analytics', *Phronesis*, 47, 2002, pp. 127—152.

Jeu, B.: 'A Note on Some Armenian Philosophers', *Studies in Soviet Thought*, Vol. 13, No. 3/4, Sep. — Dec., 1973, pp. 251—264.

Johnson, F.: 'Apodictic Syllogisms: Deductions and Decision Procedures', *History and Philosophy of Logic*, 16, 1994, pp. 1—18.

Johnson, F.: 'Syllogisms with Fractional Quantifiers', *Journal of Philosophical Logic*, 23, 1994, pp. 401—422.

Johnson, F.: 'Three—Membered Domains for Aristotle's Syllogistic', *Studia Logica*, 50, 1991, pp. 181—187.

Kapp, E.: 'Syllogistic', in *Articles on Aristotle*, Vol. 1, Science, edited by Jonathan Barnes, Malcolm Schofield and Richard Sorabji, Duckworth, 1975, pp. 35—49.

Karamanolis, G. E.: *Plato and Aristotle in Agreement? Platonist on Aristotle from Antiochus to Porphyry* , Oxford University Press, 2006.

Karel, B.: 'La Syllogistique Aristotélicienne, Reconstruction Historico—Logique', in *Penser Avec Aristote*, edited by Sinaceur, Mohammed Allal, Éditions érès, 1991, pp. 429—432.

King, D.: The Earliest Syriac Translation of Aristotle's Categoies, Brill, 2010.

Lombardi, S.M. & Pontani, P. eds.: *Studies on the Ancient Armenian Version of Philo's Works*, Brill, 2011.

Lukasiewicz, J.: *Aristotle's Syllogistic from the Standpoint of Modern Formal Logic*, Oxford University Press, 1951.

Mahé, J.—P.: 'David l'Invincible dans la tradition arménienne', in, I. Hadot, *Simplicius commentaire sur les catégories*, Brill, 1990, pp. 189—207.

Mates, B.: *Stoic Logic*, University of California Press, 1961.

McKirahan, Jr., R.D.: *Principles and Proofs: Aristotle's Theory of Demonstrative Science*, Princeton University Press, 1992.

Muradyan, G.: 'Notes on some Linguistic Characteristics of the Hellenizing Translations', *Revue d'Études Orientales*, 112, 1999, pp. 65—71.

Nersessian, V. N.: 'Armenian Christianity', *The Blackwell Companion to Eastern Christianity*, edited by K. Barry, Blackwell, 2007.

Neumann, C.F.: 'Mémoire sur la vie et des ouvrages de David, philosophe arménien du Ve siècle de notre ère', *Nouveau journal asiatique*, 3, 1829, pp. 49—86 & 97—157.

Olsen, B.A.: *The Noun in Biblical Armenian: Origin and Word Formation: with Special Emphasis on the Indo—European Heritage*, Mouton De Gruyter, 1999.

Parry, K. ed.: *The Blackwell Companion to Eastern Christianity*, Blackwell Publishing Ltd, 2007.

Patzig, G.: *Die Aristotelische Syllogistik*, Vandenhoeck & Ruprecht, 1963.

Patzig, G.: *Aristotle's Theory of the Syllogism, a Logico—Philological Study of Book A of the Prior Analytics*, translated from the German by J. Barnes, D.Reidel Publishing Company, 1968.

Payaslian, S.: *The History of Armenia*, Palgrave Macmillan, 2007.

Peeters, F. E.: *Aristoteles Arabus: The Oriental Translations and Commentaries of the Aristotelian Corpus*, Brill, 1968.

Praechter, K.: 'David Prolegomena', Hermes 45, 1911, pp. 316f.

Quine, W.V. O.: *From a Logical Point of View*, Harvard University Press, 1980.

Quine, W.V.O.: *Methods of Logic*, 4th edn. Harvard University Press, 1982.

Rini, A.: *Aristotle's Modal Proofs*, Springer, 2011.

Smith, R.: 'The Mathematical Origins of Aristotle's Syllogistic', Archive for History of Exact Sciences 19, 1978, pp. 201—210.

Ross, W. D.: 'The Discovery of Syllogism', *Philosophical Review*, 48, 1939, pp. 251—271.

Roochnik, D.: *Beautiful City, The Dialectical Character of Plato's Republic*, Cornell University Press, 2003.

Sanjian, A.K.ed.: *David Anhagt, the 'Invincible' Philosopher*, Scholars Press, 1986.

Scheibe, E.: 'Review of G. Patzig: *Die aristotelische Syllogistik*', *Gnomon*, 38, 1967, pp. 454—464.

Schiappa, E.: *Protagoras and Logos: A Study in Greek Philosophy and Rhetoric*, University of South Carolina Press, 1990.

Schiappa, E.: "Interpreting Gorgias's Being in *On Not—Being or On Nature*", Philosophy & Rhetoric, Vol 30, No.1, 1997, pp. 13—30.

Sedley, D. N.: *The Cambridge Companion to Greek and Roman Philosophy*, Cambridge University Press, 2003.

Sellars, J.: 'The Aristotelian Commentators: A Bibliographical Guide', *Bulletin of the Institute of Classical Studies, Special Issue: Philosophy Science & Exegesis*, Volume 47, Issue S83, Part 1, January 2004, pp. 239–268.

Shields, C.: *The Oxford Handbook of Aristotle*, Oxford University Press, 2012.

Slomkowski, P.: *Aristotle's Topics*, Brill, 1997.

Solmsen, F.: *Die Entwicklung der Aristotelischen Logik und Rhetorik*, Wiedmann, 1929.

Sorabji, R. ed.: *Aristotle Transformed: The Ancient Commentators and Their Influence*, Cornell University Press, 1990.

Sorabji, R.: *The Philosophy of the Commentators, 200—600 AD: A Sourcebook. Logic and Metaphysics*, Cornell University Press, 2005a.

Sorabji, R.: *The Philosophy of the Commentators, 200—600 AD: A Sourcebook. Physics*, Cornell University Press, 2005b.

Speca, A.: *Hypothetical Syllogistic and Stoic Logic*, Brill, 2001.

Tarán, L.: *Anonymous Commentary on Aristotle's De Interpretatione*, Verlag Anton Hain, 1978.

Tarrant, H.: *From the Old Academy to Later Neo—Platonism*, Ashgate Publishing Limited, 2011.

Thomson, R.: *Armenian History Attributed to Sebeos*, Liverpool University Press, 1999.

Topchyan, A.: *The Problem of the Greek Sources of Movses Xorenacis:*

History of Armenia, Peeters Publishing, 2006.

Wardy, R.: *The Birth of Rhetoric*, Routledge, 1999.

Wildberg, C.: 'Three Neoplatonic Introductions to Philosophy: Ammonius, David, Elias', *Hermathena*, 149, 1990, pp.33—51.

三、中文文献（按出版年代排序）

[波兰]卢卡西维茨：《亚里士多德的三段论》，李先焜、李真译，商务印书馆，1981年版。

王路：《亚里士多德的逻辑学说》，中国社会科学出版社，1991年版。

[古希腊]亚里士多德：《天象论 宇宙论》，吴寿彭译，商务印书馆，1999年版。

韩林合：《分析的形而上学》，商务印书馆，2003年版。

[瑞典] 詹斯·奥尔伍德、拉斯·冈纳尔·安德森、奥斯坦·达尔：《语言学中的逻辑》，王维贤等译，北京大学出版社，2009年版。

[美]帕特里克·赫尔利(Patrick Hurley)：《简明逻辑学导论》(第10版)，陈波，宋文淦等译，世界图书出版公司，2010年版。

聂敏里：《存在与实体——亚里士多德形而上学Z卷研究(Z1—9)》，华东师范大学出版社，2011年版。

何博超：《高尔吉亚〈海伦颂辞〉译注》，《古典研究》，香港古典研究基金会，2012年，冬季号。

何博超：《论无敌大卫对亚里士多德的诠释——以古亚美尼亚文《〈前分析篇〉评注》为例》，《世界哲学》，2013年，第5期。

溥林：《〈范畴篇〉笺释——以晚期希腊评注为线索》，华东师范大学出版社，2014年版。

何博超：《古亚美尼亚哲学家无敌大卫》，《中国社会科学报》，2014年2月24日，第563期。

四、语法书和工具书

Adalian, R. P.: *Historical Dictionary of Armenia*, Scarecrow Press, 2010.

Ajello, R.: 'Armenian', in *The Indo—European Languages*, ed. A. G. Ramat and P. Ramat, Routledge, 1998.

Bedrosian, M.: *Classical Armenian to English Dictionary*, Venice: S.Lazarus Armenian Academy, 1875—79.

Godel, R.: *An Introduction to the Study of Classical Armenian*, Dr. Ludwig Reichert Verlag, 1975.

Հրաչեայ Աչառեան, *Հայերէն արմատական բառարան*, in 4 vols (second edition), Yerevan State University, 1971—79.

Huebschmann,H.: *Armenische Grammatik. 1 Theil: Armenische Etymologie*, Breitkopf & Haertel, 1897.

Kouyoumdjian, M.G..: *A Comprehensive Dictionary Armenian—English*, Beirut: Atlas Press, 1970.

Liddell, H.G., et al. (abbr. LSJ): *A Greek—English Lexicon*, 9th ed. , Oxford Clarendon, 1996.

Martirosyan, H. K.: *Etymological Dictionary of the Armenian Inherited Lexicon*, Brill, 2010.

Matasovic, R.: *A Grammatical Sketch of Classical Armenian*, Zagreb, 2009.

Parker, P. M.: *Websters Armenian—English Dictionary*, ICON Classicals, 2008.

Samuelian, T. J.: *Armenian Dictionary in Transliteration*, Hippocrene Books, 1993.

Smith, H.: *Greek Grammar*, Havard University Press, 1956.

Thomson, R.W.: *Introduction to Classical Armenian*, Caravan Books, 1975.

五、网站

德克萨斯大学语言研究中心网站的古亚美尼亚文语法课程及其在线读本：http://www.utexas.edu/cola/centers/lrc/eieol/armol—1—X.html，由Todd B. Krause、John A.C. Greppin和Jonathan Slocum撰写。

亚美尼亚语—英语/英语—亚美尼亚语在线词典：

http://www.nayiri.com/search?l=en&dt=HY_EN&vk_layout=AM+Armenian+Phonetic&r=0&query=。

亚美尼亚语动词变位查询系统：http://ma6.free.fr/index.php?lang=en。

Learning Classical Armenian (Grabar) on the Internet:

https://ia700505.us.archive.org/13/items/LearningClassicalArmenianOnTheInternet/grabar.html。

Papazian个人主页：http://berry.academia.edu/MichaelPapazian。

斯坦福哲学百科全书(SEP)·无敌大卫，由Christian Wildberg撰写：http://plato.stanford.edu/entries/david/

图书在版编目(CIP)数据

无敌大卫及其古亚美尼亚文《亚里士多德〈前分析篇〉评注》研究/何博超著.
--上海：华东师范大学出版社，2015.1

ISBN 978-7-5675-2742-3

I.①无… II.①何… III.①亚里士多德(前384～前322)-哲学思想-研究 ②古希腊罗马哲学-研究 IV. B502.233

中国版本图书馆CIP数据核字(2014)第259964号

企划人　倪为国

无敌大卫及其古亚美尼亚文《亚里士多德〈前分析篇〉评注》研究

著　　者　何博超
责任编辑　彭文曼
封面设计　吴元瑛

出版发行　华东师范大学出版社
社　　址　上海市中山北路3663号　　邮编　200062
网　　址　www.ecnupress.com.cn
电　　话　021-60821666　　行政传真　021-62572105
客服电话　021-62865537　　门市(邮购)电话　021-62869887
地　　址　上海市中山北路3663号华东师范大学校内先锋路口
网　　店　http://hdsdcbs.tmall.com

印 刷 者　上海市印刷十厂有限公司
开　　本　889×1194　1/32
插　　页　1
印　　张　16.75
字　　数　450千字
版　　次　2015年1月第1版
印　　次　2015年1月第1次
书　　号　ISBN 978-7-5675-2742-3/B·890
定　　价　78.00元

出 版 人　王　焰